머리말

이 책의 집필 의뢰가 들어왔을 때, 편집담당자와의 회의에서 정한 규칙이 있습니다. 첫 번째는 유행을 쫓지 않는다. 그리고 두 번째는 최신 장비에 초점을 맞추는 것이 아니라 이펙터의 기본 원리를 중심으로 한다. 이 두 가지 방침은 반짝하고 나타났다가 사라지는 이펙터나 제작기법들에 휘둘리지 않고 책의 생명력을 오래 유지시키기 위함이었습니다.

아날로그 시절에 신서사이저 오퍼레이터로 이 분야에 발을 들여놓은 필자에게 이펙터는 신서사이저의 음색을 만드는 일의 연장선상에 있는 것이었습니다. 당시의 신서사이저는 수많은 노브와 페이더를 가지고 있었으며, 이펙터도 마찬가지였습니다. 노브와 페이더를 조작해서 사운드를 만드는 일은 필자에게 '연주'의 일부분이었습니다. 디지털 시대가 되어 신서사이저에서 노브가 사라졌지만, 이펙터에는 아직도 노브가 남아있습니다. 그리고 빽빽하게 페달 이펙터를 늘어놓고 노브로 '연주하는' 뮤지션은 오히려 늘어났습니다.

이펙터는 직감적으로 즐기는 것입니다. 하지만 더욱 효과적으로 사용하려면 기본적인 원리와 사용방법을 알아두는 것이 매우 중요합니다. 참고로 이 책의 제3장은 이펙터 이외에 연주자와 엔지니어들이 알아두어야 할 다양한 지식을 설명하고 있습니다. 독자 여러분이 이펙터에 관한 이해도를 높이는데 도움이 되었으면 좋겠습니다.

안자이 나오무네

CONTENTS

제1장 이펙터의 개요

1 이펙터의 기본 개념

2 기본적인 연결과 사용방법

제2장 이펙터의 종류

1 다이내믹스 계열

2 필터 계열

3 드라이브 계열

연주자와 엔지니어를 위한

이펙터 교과서

제3장 실전적인 이펙터 사용 방법

이펙터의 개요

우선 '이펙터'의 개념에 대한 설명을 하겠다. 이펙터란 대체 무엇인가? 이펙터에는 어떤 종류가 있는가?부터 레벨, 임피던스 등의 기본적인 주의사항부터 익혀보자.

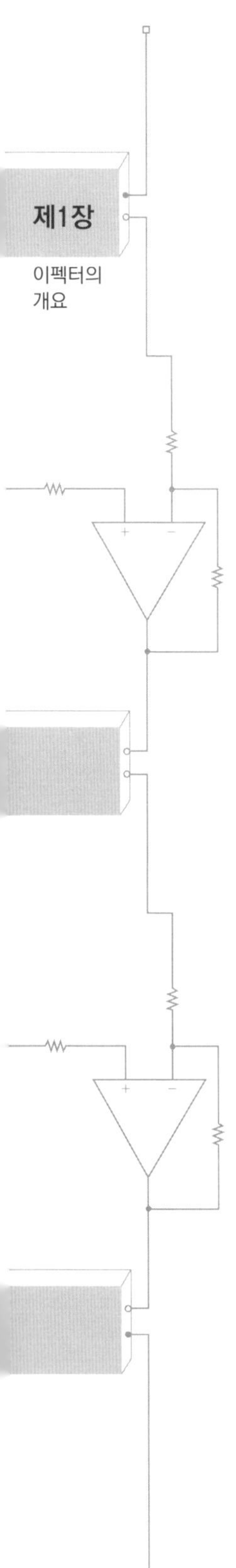

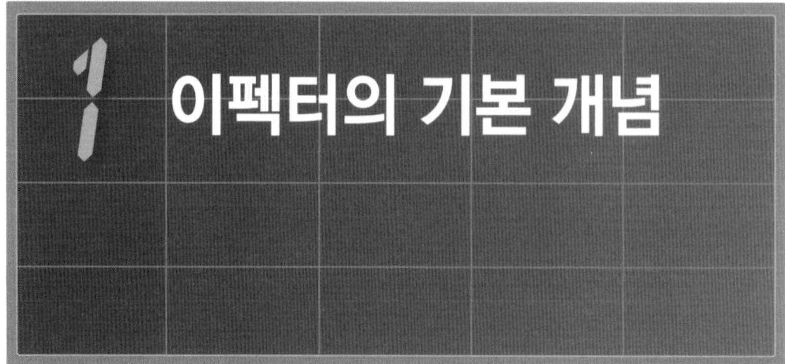

이펙터란 무엇인가? ▶▶▶ 다양한 효과를 만들어주는 톤 메이킹의 마술상자

이펙터를 한마디로 설명하자면 속이기 위한 도구다. 제2장에서도 다루겠지만, 리미터와 이퀄라이저 등의 다이내믹스 계열과 필터 계열 이펙터는 초기의 라디오나 레코드의 음질 한계를 속이기 위해 발명된 것이며, 리버브나 딜레이 등의 공간 계열 이펙터는 작은 스튜디오에서 녹음한 소리의 울림을 마치 큰 교회나 콘서트 홀에서 연주한 것처럼 착각하게 만드는 도구라고 할 수 있다. 이렇듯이 이펙터는 애초에 사람들을 속이기 위해 태어난 물건이다.

하지만 뭔가를 속이기 위한 도구라는 이미지는 오래된 SF영화의 실험실에 놓인 정체불명의 물체처럼 항상 사람들의 흥미를 유발시킨다. 그러한 이펙터가 가진 마술사나 곡예사 같은 매력이 뮤지션과 엔지니어들의 호기심을 자극해서 다양하고 새로운 사운드를 만들어냈다.

기술적으로 보면 이펙터는 '소리를 바꾸는 상자'다. 게다가 그냥 바꾸는 것이 아니라 무언가를 재현해주는 상자다. 리버브는 다양한 울림, 딜레이는 메아리, 디스토션은 앰프의 찌그러짐을 재현한 것이다.

하지만 무언가를 재현하기 위한 이펙터는 실물을 뛰어넘을 수 없다는 한계가 있다. 그런 면에서 완벽한 재현을 목표로 하는 제작자의 의도에서 보면 대부분의 이펙터는 미완성이라고 할 수 있다. 특히 이펙터 개발의 황금기라고 할 수 있는 60년대 후반~70년대 중반에 걸쳐 만들어진 이펙터의 대부분은 당시의 기술적 한계 때문에 현재의 이펙터와 비교하면 크게 완성도가 떨어졌다. 하지만 그 미완성적인 부분이 '진짜와는 다른 사운드', '그 이펙터로만 낼 수 있는 사운드'라는 매력이 되어 뮤지션과 엔지니어들이 열광하게 만들었다.

앰프의 찌그러짐을 재현한 퍼즈는 결과적으로 앰프가 찌그러질 때보다 훨씬 심한 왜곡을 만들어서 기타리스트들의 필수품이 되었고, 오르간용 Leslie(레슬리) 스피커를 재현한 페이저는 레슬리와는 전혀 다른 성격의 사운드로 기타리스트에게 사랑을 받고 있다. 제작자의 입장에서는 미완성이라도 뮤지션과 엔지니어들의 기발한 사용방법으로 전혀 새로운 소리를 만들어내는 마법의 상자로 재탄생된 것이다.

60년대 이후, 이펙터가 급속히 발달한 것은 음악 산업이 라이브 연주에서 레코드 중심으로 바뀐 것과도 깊은 관계가 있다. 특히 록 뮤지션들은 레코딩을 라이브 음악과는 달리 스튜디오에서 만들어내는 새로운 예술형태라고 생각했다. 그래서 록 뮤지션들은 하루 종일 스튜디오에서 이펙터를 가지고 다양한 실험을 했다. 그런 시행착오의 결과, 그들이 생각해낸 이펙터의 세팅과 사용방법은 이펙터 제작자가 의도한 사용방법과 항상 일치하는 것은 아니었다. '스프링 리버브를 발로 찬다', '보컬에 디스토션을 건다', '리버브를 노이즈 게이트로 커트한다'는 식으로 제작자들이 경악할만한 방법으로 사용되었다. 그러니까 이펙터에 관해서는 올바른 사용방법이라는 것은 별 의미가 없는 것이다.

오히려 틀을 깨는 세팅으로 제작자가 예상하지 못했던 사운드를 만들어내는 것이야말로 이펙터를 제대로 사용하는 것이라는 생각이 드는 것은 필자뿐일까?

90년대 중반이 되자 '플러그인'과 '모델링'이라고 불리는 새로운 기술이 등장하면서 이펙터 시장에도 적지 않은 변화를 주었다. 플러그인은 컴퓨터를 사용하는 하드디스크 레코딩 방식에 사용하는 소프트웨어다. 이것은 스튜디오에서 이펙터를 사용하는 방법을 변화시켰지만, 이펙터의 본질 자체를 바꾸지는 않았다.

오히려 이펙터 시장에 더 큰 임팩트를 준 것은 모델링 기술이다. 모델링이란 처리속도가 비약적으로 빨라진 컴퓨터를 사용해서 악기와 이펙터를 재질과 구조, 회로와 부품의 특성까지 재현하는 기술로, 영상 작업의 CG와 같은 것이라고 할 수 있다.

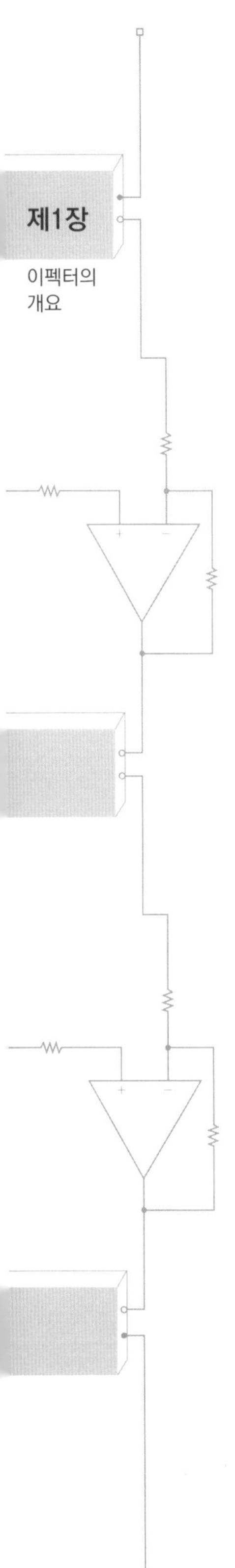

자세한 설명은 제2장의 앰프 시뮬레이터 항목과 칼럼에서 하겠지만, 이 새로운 기술로 인해 실물과 디지털 시뮬레이션의 사운드 차이는 프로 뮤지션조차 알아차리기 힘들 정도가 되었다. 그 결과, 그 전까지는 쉽게 장만할 수 없었던 고가의 빈티지 이펙터와 기타 앰프의 사운드를 누구나 손쉽게 사용할 수 있게 되었다. 이것은 어떤 면에서는 뮤지션이 환영할 일처럼 보이며, 실제로 필자도 적지 않은 혜택을 받았다.

하지만 한 가지 잊지 말아야 할 것은 모델링으로 재현된 소리는 이미 누군가가 사용한 사운드와 세팅이라는 것이다. 만약 당신이 누구도 시도해본 적이 없는 오리지널 사운드를 추구하고 있다면 최신 모델링 이펙터를 구입하기 전에, 이미 자신이 가지고 이펙터들을 완전하게 파악하고 독창적인 사운드를 만들려는 시도부터 하는 것이 좋다.

그렇게 하면 언젠가 당신이 유명한 연주자 또는 엔지니어가 되었을 때, 그 사운드가 차세대 모델링 이펙터의 프리셋이 되어있을지도 모른다.

 이펙터의 종류　▶▶▶　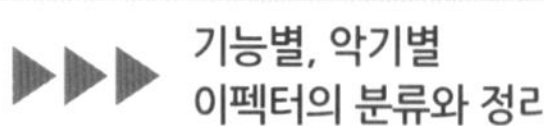

기능과 가격은 물론 크기와 형태, 색상에 이르기까지 악기점에는 정말 다양한 이펙터가 진열되어있다. 디스토션과 와우 페달 등의 기타용 콤팩트 타입부터 고가의 스튜디오용 컴프레서, 수많은 이펙터를 내장한 멀티 이펙터까지 초보자는 물론 어느 정도 악기와 장비에 대한 이해도가 높은 중급자라도 세상에 나와 있는 모든 이펙터를 파악하는 것은 불가능하다.

우선 이펙터에는 어떤 종류가 있는지 정리해보았다.

I 기본 원리, 구조에 따른 분류

이펙터의 기본 원리를 간단히 말하자면 이펙터가 어떻게 소리를 가공하는지를 설명하는 것이다. 예를 들어 같은 디스토션이라도 기타용과 베이스용 그리고 DJ용까지 다양한 디스토션이 있지만, 소리를 왜곡시키는 기본적인 원리는 모두 같다. 자신이 가지고 있는 이펙터를 제대로 사용하기 위해서 기본 원리를 이해하는 것은 매우 중요하다.

이 책의 심장부라 할 수 있는 제2장에서는 다양한 이펙터를 기본 원리별로 다음과 같이 나눠서 설명하고 있다.

① **다이내믹스 계열**: 컴프레서와 리미터, 노이즈 게이트 등의 음량을 컨트롤하는 이펙터
② **필터 계열**: 이퀄라이저와 와우 페달, 필터처럼 음색(배음 구성)을 변화시키는 이펙터
③ **드라이브 계열**: 오버드라이브와 디스토션 등의 소리를 찌그러트리는 이펙터
④ **모듈레이션 계열**: 트레몰로와 코러스 등의 소리의 파형을 주기적으로 변화시키는 이펙터
⑤ **공간 계열**: 리버브와 딜레이 등의 소리에 확산감을 더해주는 이펙터
⑥ **앰프 시뮬레이터**: 앰프, 스피커, 마이크의 조합과 다양한 조건을 재현한 것으로 엄밀하게 따지자면 이펙터라고 보기는 힘들다
⑦ **리스트레이션 계열**: 필터와 다이내믹스 계열을 종합적으로 사용해서 음원에서 불필요한 노이즈 성분만 제거하는 이펙터
⑧ **멀티 이펙터**: 여러 종류의 이펙터를 한 대로 해결할 수 있는 이펙터

Ⅱ 사용목적에 따른 분류

매장에 진열되어있는 이펙터 중에는 기능으로 나누는 방법 이외에 기타용과 베이스용, 또는 DJ용과 스튜디오용으로 사용목적에 따라 나누기도 한다. 예를 들어 같은 컴프레서라도 기타용 콤팩트 타입부터 스튜디오용 랙 마운트 타입까지 다양한 종류가 있다.

사용목적에 따른 이펙터의 차이를 알아보자.

① 유저 인터페이스의 차이
스튜디오와 PA용 이펙터 중에서 랙 마운트 타입은 폭 50㎝ 정도의 동일한 규격

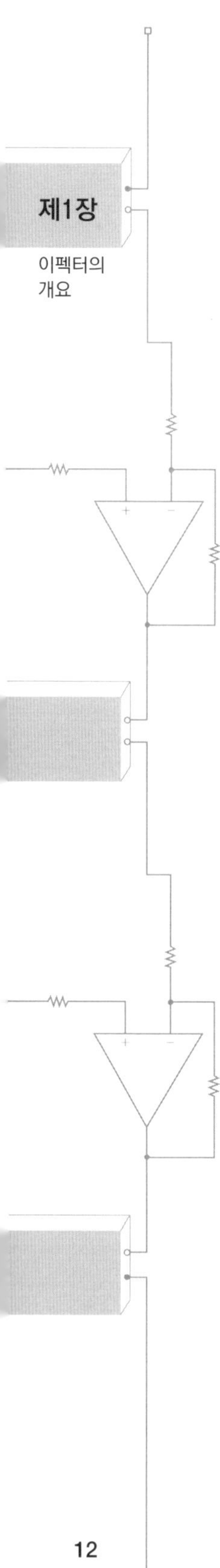

으로 제작되며, 여러 대를 같은 랙 안에 고정해서 사용한다. 대부분의 경우, 세팅을 한 다음에 연주 도중에는 거의 손을 대지 않는 경우가 많다.

이에 비해 기타용과 베이스용 이펙터의 대부분은 발 아래에 두고 풋 스위치 또는 풋 페달을 밟아서 연주 도중에 이펙터를 어느 정도 조절할 수 있다.

DJ용은 턴테이블과 믹서를 함께 사용할 수 있도록 제작되며, 노브와 터치 패드 등으로 이펙터의 다양한 파라미터를 실시간으로 변화시킬 수 있다.

최근에 출시되는 키보드에는 대부분 이펙터가 내장되어있으며, 이펙터의 세팅을 프로그램할 수 있도록 되어있다. 그리고 키보드에 탑재된 슬라이더와 페달을 사용해서 DJ용 이펙터처럼 실시간으로 조작할 수도 있다.

② 입력부와 출력부의 차이

자세한 것은 나중에 설명하겠지만, 악기와 음향기기에는 모두 고유의 출력 레벨과 임피던스가 있다. 악기용 이펙터의 입력부는 악기의 출력 임피던스에 맞춰서, 스튜디오용은 레코딩 믹서와 레코더의 레벨, 임피던스에 맞춰서 설계된다. 출력부도 마찬가지로 악기용 이펙터는 기타 또는 베이스 앰프, 스튜디오용 이펙터는 레코딩 믹서에 맞춰서 제작된다.

입출력용 커넥터에도 여러 종류가 있다. 기타와 베이스용 폰 잭, CD 플레이어와 턴테이블용 RCA, 마이크와 프로용 장비에 사용하는 XLR 등이 주로 사용되는 단자다.

신호의 전송 방법에는 밸런스와 언밸런스의 두 가지가 있다. 일반적으로 악기와 악기용 이펙터, 앰프의 연결은 언밸런스, 스튜디오와 PA용 이펙터는 밸런스로 전송한다.

특수한 입력으로 DJ믹서나 DJ용 이펙터의 Phono 인풋이 있다. 이것은 턴테이블을 직접 입력하기 위한 것으로 Phono EQ라는 아날로그 레코드의 음질을 원래 상태로 되돌리기 위한 회로가 내장되어 있다.

③ 실물과 플러그인의 차이

여기서 말하는 '실물'은 컴퓨터 소프트웨어가 아닌 직접 손가락으로 조작을 하는 이펙터다. 최근에 많은 이펙터들이 디지털로 제작되고 있으며, 그런 이펙터들은 내부에 소형 컴퓨터 칩이 사용된다. 그리고 같은 메이커가 실물과 플러그인 양쪽을 모두 제작하는 케이스가 많으며, 음질과 캐릭터가 거의 같은 경우도 많다. 그럼 실물과 플러그인은 어떤 점이 다를까? 그건 연결방법과 조작감이다.

어떤 기타리스트가 같은 메이커의 콤팩트 타입 앰프 시뮬레이터와 플러그인 타입 앰프 시뮬레이터를 모두 가지고 있다고 가정해보자. 라이브를 할 때는 컴퓨터와 오디오 인터페이스를 스테이지 위에 놓는 것보다 콤팩트 타입을 사용할 것이다. 반대로 이미 컴퓨터에 녹음된 기타 소리에 앰프 시뮬레이터를 적용하고 싶은 경우에는 콤팩트 타입을 오디오 인터페이스에 연결하기보다 플러그인을 인서트하는 편이 훨씬 간단하다.

특히 디스토션 등의 일반적인 악기용 이펙터를 사용해서 녹음된 트랙을 가공한다면 앞서 말한 레벨이나 임피던스의 차이를 신경 쓰지 않고 사용할 수 있는 플러그인이 훨씬 간편하다.

이펙터의 기능과 사용방법은 기본적으로는 악기용이든 스튜디오용이든 차이가 없으므로 이제부터는 악기용과 스튜디오용 이펙터를 구별해서 설명하지 않겠다.

특히 최근에는 스튜디오용 이펙터도 비교적 저렴하게 구입할 수 있게 되어, 예전처럼 '악기용=저렴한 아마추어용', '스튜디오용=고가의 프로용'이라는 인상도 많이 지워졌다. 그리고 악기용 이펙터를 스튜디오 장비와 함께 사용하거나 스튜디오용 이펙터를 악기에 사용하는 경우도 적지 않다. 하지만 이런 경우에는 레벨과 임피던스, 접속단자와 밸런스, 언밸런스 접속의 차이 등의 기초지식을 알고 있어야 제대로 사용할 수 있다. 다음 페이지의 '기본적인 연결과 사용방법'을 잘 익혀두기 바란다.

그리고 플러그인 이펙터도 원리와 사용방법이 하드웨어 제품과 크게 다르지 않다. 따라서 제2장의 내용을 그대로 적용할 수 있다. 플러그인 특유의 주의점과 플러그인과 하드웨어의 차이에 대해서는 제3장에서 설명하겠다.

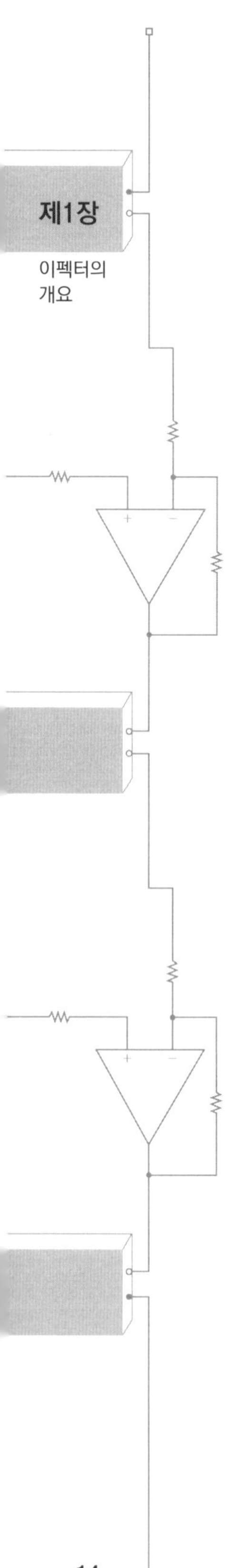

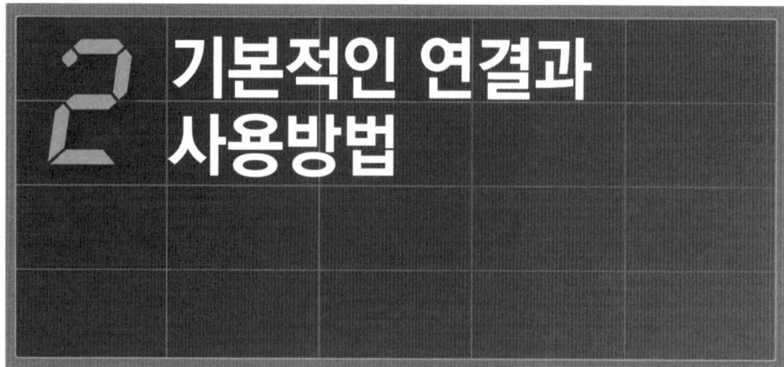

2 기본적인 연결과 사용방법

 기본적인 연결방법 ▶▶▶ 원음을 직접 변화시키는 타입과
원음에 효과음을 더하는 타입

이펙터를 연결방법으로 구분하면 크게 두 종류로 나눌 수 있다. 하나는 원음을 직접 변화시키는 방식이다. 드라이브 계열과 다이내믹스, 필터 계열 그리고 트레몰로, 오토 팬 등의 일부 모듈레이션 계열이 여기에 해당된다.

또 한 가지는 원음에 효과음을 더하는 타입이다. 코러스, 플랜저 등의 모듈레이션 계열과 공간 계열 이펙터가 그러하다. 인서트 타입(드라이브)과 센드 타입(딜레이)의 신호 전송방식을 나타낸 것이 **그림①**이다.

원음을 직접 변화시키는 타입인 디스토션은 기타와 베이스의 원음이 이펙터의 인풋으로 들어가서 내부회로를 통과하면서 변형된 신호를 앰프 또는 믹서의 인풋으로 보낸다(**그림②**).

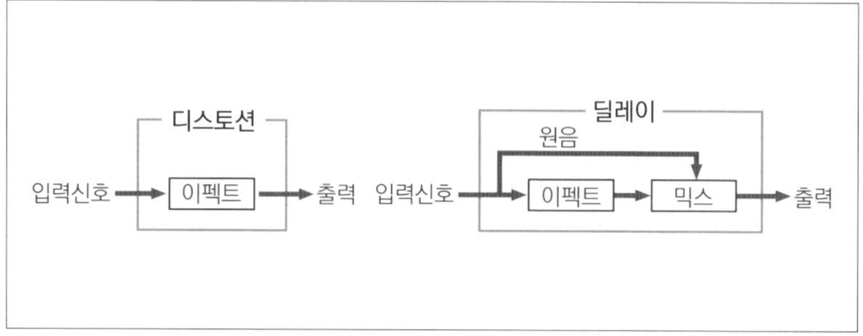

▲그림① 이펙터 내부의 기본적인 신호 흐름

　이미 녹음된 트랙에 이 타입의 이펙터를 사용한다면, 믹서의 인서트 단자에 이펙터를 연결한다. 마이크에 스튜디오용 이펙터를 사용하고 싶은 경우에도 마찬가지다(**그림③**). 어떤 경우든 원음을 직접 변화시키는 타입은 음성신호의 경로에 직렬로 연결한다.

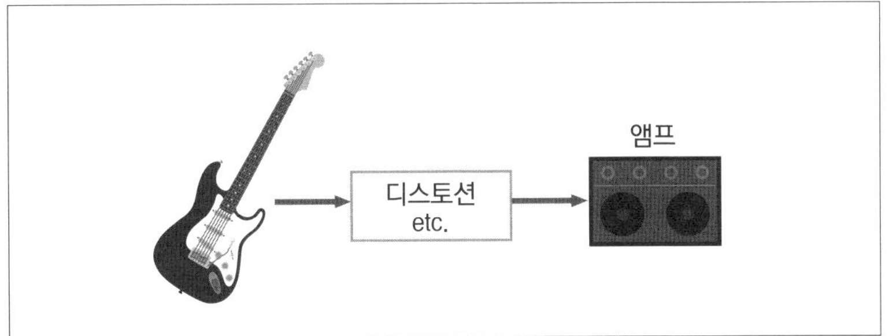

▲그림② 원음을 직접 변화시키는 타입의 연결

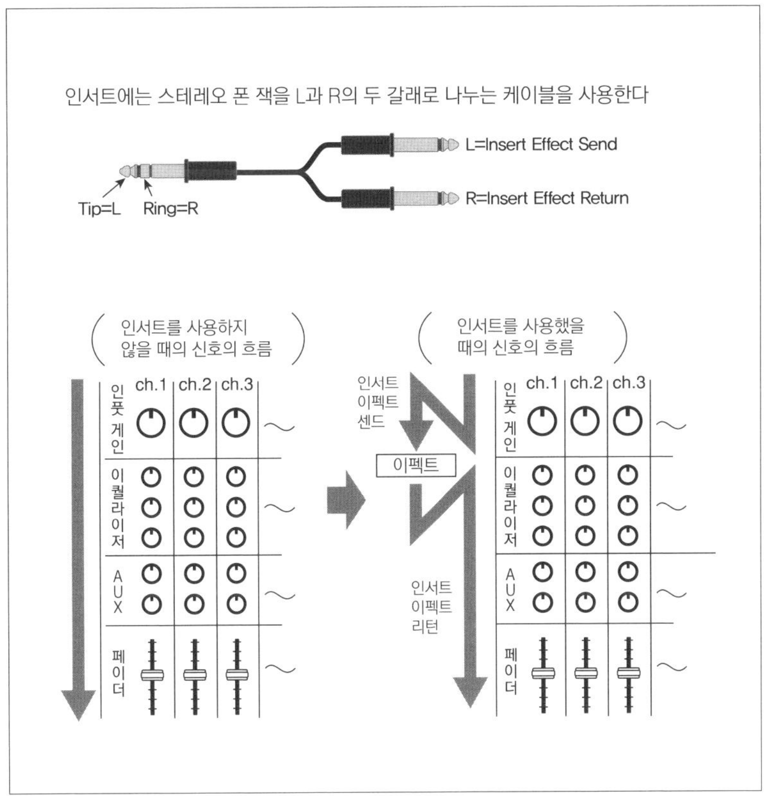

▲그림③ 녹음된 트랙에 믹서를 사용해서 이펙터를 거는 인서트 방식

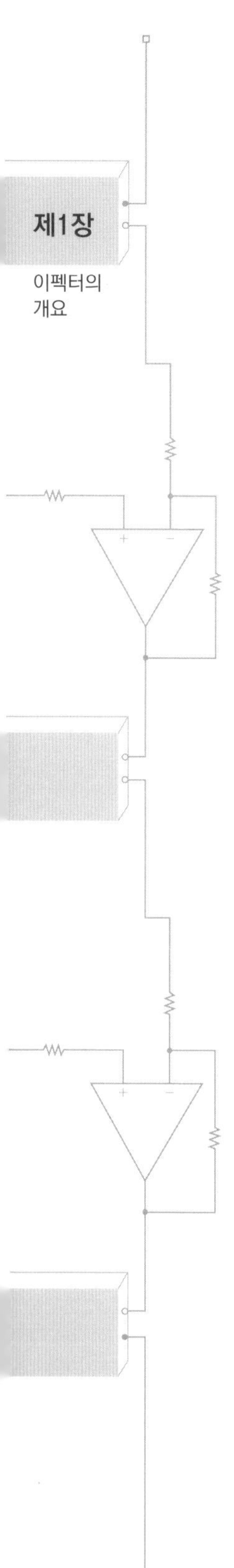

딜레이는 원음과 딜레이음을 섞어서 출력하는 믹스 아웃풋을 사용하면 디스토션처럼 악기→이펙터→앰프의 순서로 직렬연결이 가능하다. 하지만 효과음을 더하는 타입의 이펙터 중 상당수는 원음과 효과음을 서로 다른 아웃풋으로 출력할 수 있도록 되어있다. 각각의 아웃풋의 이름은 기종에 따라 다르지만 'Mix&Dry'와 'Mix&Effect'로 구분할 수 있다.

그림④를 보자. Mix&Dry는 Mix 노브를 a처럼 설정하면 믹스 아웃으로 효과음만 출력되므로 효과음과 원음을 완전하게 분리할 수 있다. 그리고 드라이 아웃에 잭을 연결하면 자동적으로 믹스 아웃은 효과음만 출력하도록 설계된 기종도 많다.

Mix&Effect는 b처럼 설정하면 효과음과 원음을 분리할 수 있다.

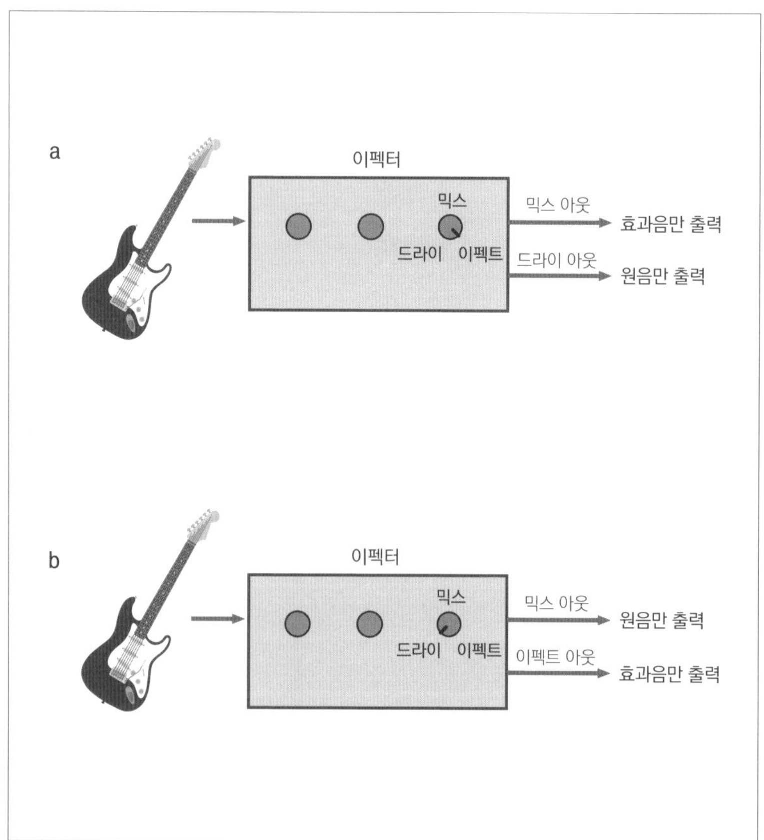

▲그림④ 원음과 효과음을 분리하는 방법

　이렇게 원음과 효과음을 분리해서 출력하면, **그림⑤**a처럼 원음과 효과음을 별도의 앰프에서 출력하거나 효과음에만 다른 이펙트를 추가로 사용하는 것(그림⑤b)도 가능하다.

　또한 이러한 효과음만 출력할 수 있는 타입과 믹서를 조합하면 1대의 이펙터를 여러 악기나 보컬에 사용할 수도 있다. 하지만 이렇게 활용하려면 믹서에 'AUX Send' 또는 'Effect Send'라는 기능이 있어야만 한다. 이 AUX Send와 Effect Send 기능은 믹서의 각 채널에 연결된 악기와 마이크를 마스터 아웃과는 다른 별도의 AUX 아웃으로 출력하는 기능이다. 그리고 AUX기능이 탑재된 믹서의 각 채널에는 AUX 아웃으로 보내는 레벨을 조정할 수 있는 AUX라고 표기된 노브가 달려있다.

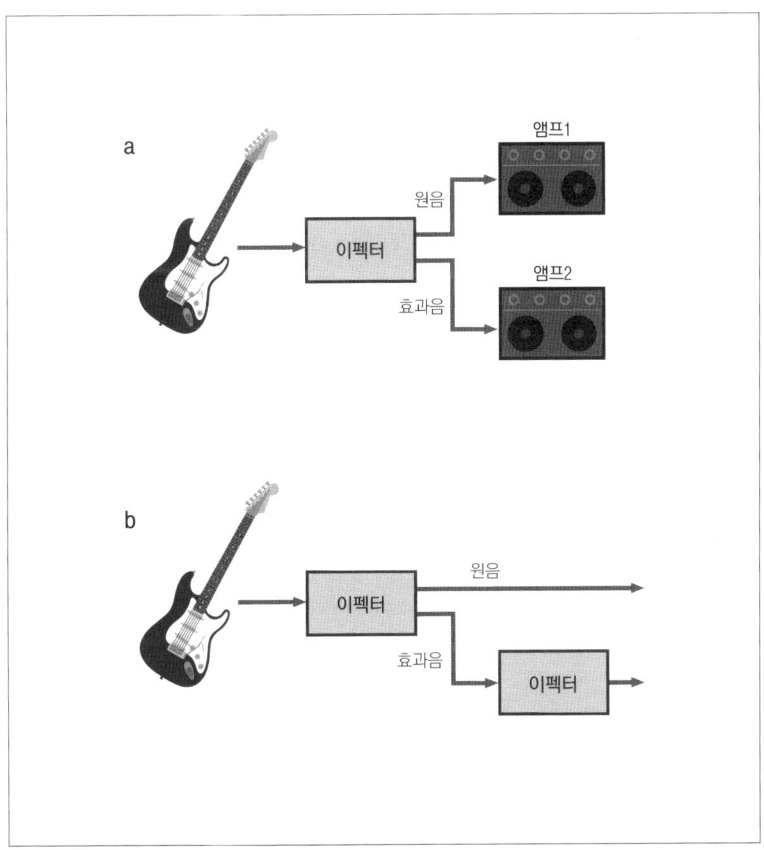

▲그림⑤ 원음과 효과음 분리의 적용 사례

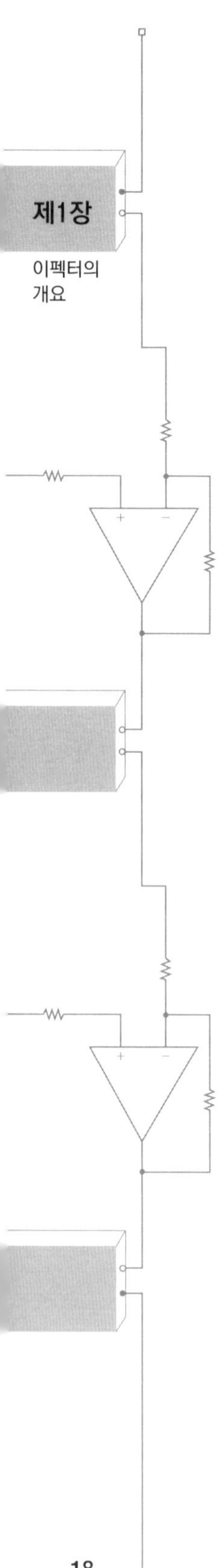

그림⑥처럼 믹서의 AUX Send를 이펙트의 인풋으로 연결하고 이펙터의 효과음만 믹서의 빈 채널로 보내면 믹서에 연결되어있는 모든 악기와 보컬에 같은 이펙터 효과를 사용할 수 있다. 게다가 각 악기와 보컬에 효과음을 주는 정도는 각 채널의 AUX 노브로 개별적인 조정을 할 수 있다. 일반적으로 리버브와 딜레이 등의 공간계 이펙터는 이와 같은 방식으로 연결한다.

DJ용 이펙터는 DJ믹서의 스테레오 아웃→이펙터의 스테레오 인→이펙터의 스테레오 아웃→PA 또는 파워 앰프로 연결하는 것이 일반적이다. 이펙터에 턴테이블을 직접 입력하기 위한 포노 인풋이 탑재된 경우에는 턴테이블과 DJ믹서 사이에 연결하는 경우도 있다. 어떤 경우라도 DJ용 이펙터는 원음을 직접 변화시키는 타입과 원음에 효과음을 더하는 타입 모두 직렬로 연결하는 것이 일반적이다.

이것은 클럽에서 디제잉을 할 때, 공간계 이펙터를 여러 악기와 공유할 필요가 없다는 점과 이펙터를 실시간으로 조정하면서 즉흥적으로 사운드를 바꿀 필요가 있기 때문이다.

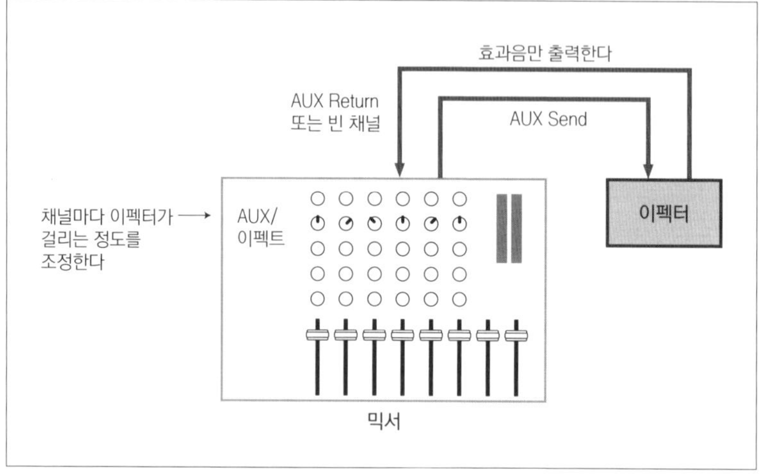

▲그림⑥ 원음에 효과음을 더하는 타입은 AUX Send를 활용한다

커넥터와 밸런스, 언밸런스 ▶▶▶ 커넥터의 종류와 신호를 주고받는 방법의 차이

이펙터 연결의 기본은 앞서 설명했지만, 아직 몇 가지 주의할 점이 남아있다. 하나는 커넥터의 종류와 방식의 차이, 또 하나는 앞에서도 언급한 레벨과 임피던스의 문제다.

우선 자신이 사용하는 악기와 이펙터, 믹서의 커넥터를 확인해보자. 악기용으로 가장 일반적인 것은 폰 플러그와 잭이다. 폰 플러그와 잭은 기타에 사용되는 모노와 헤드폰에 사용되는 스테레오의 두 가지 사양이 있다(**사진①②**). 그리고 이이폰에 사용되는 미니 플러그는 폰 플러그의 사이즈를 줄인 것이라고 할 수 있다(**사진③**).

▲사진① 모노 폰 플러그

▲사진② 스테레오 폰 플러그

▲사진③ 스테레오 미니 플러그

마이크용 커넥터는 일반적으로 XLR 또는 캐논이라 불리는 타입을 사용한다. XLR은 수컷과 암컷이 있으며, 3개의 핀을 가지고 있다(**사진④⑤**).

그리고 RCA 커넥터는 CD나 턴테이블 등 일반적인 스테레오 장비에 사용되는 커넥터다(**사진⑥**). 일반적으로는 흰색과 붉은색, 또는 검은색과 붉은색을 짝으로 사용하는 경우가 많으며, 그 경우에는 붉은색을 오른쪽 신호용으로 사용하는 것이 일반적이다. 그 이유는 붉은색(RED)과 오른쪽(RIGHT)의 이니셜이 같기 때문에 시작된 것이라고 한다.

정리하자면 악기와 음향 장비에 사용되는 주요 커넥터는 폰, XLR, RCA의 세

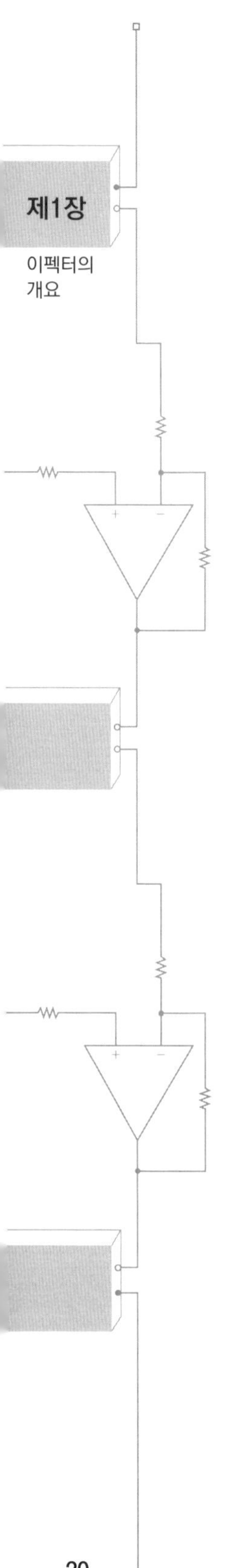

▲사진④ XLR 암컷

▲사진⑤ XLR 수컷

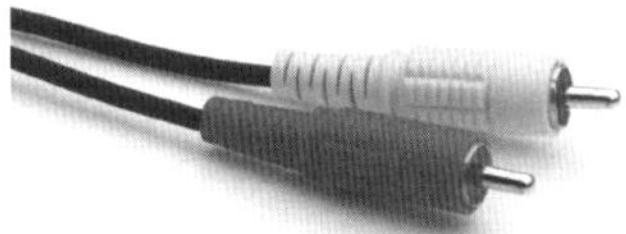

▲사진⑥ RCA 플러그(스테레오 페어)

종류가 있다는 것을 알아두자.

신호를 주고받는 전송방식은 밸런스와 언밸런스의 두 종류가 있다. 예전에는 비싼 프로용 장비의 접속에만 밸런스 방식이 사용되었지만, 지금은 저렴한 가격의 이펙터와 믹서에도 밸런스 방식을 사용한 제품이 늘어나고 있다. 밸런스와 언밸런스의 차이를 알아두면 더욱 좋은 음질을 확보할 수 있을 것이다. 결론부터 말하면 밸런스 접속은 언밸런스 접속에 비해 노이즈에 강하다.

언밸런스 방식은 연결이 간편하고 케이블의 재질이나 실드의 구조가 제대로 갖춰져 있다면 음질면에서 밸런스 방식에 뒤지지 않는다. 그래서 악기와 앰프의 연결, 홈 레코딩처럼 긴 케이블이 필요하지 않은 경우에는 언밸런스로 연결하는 것이 일반적이다.

커넥터로 보면 기타 등의 악기에 사용하는 모노 폰 플러그와 CD와 턴테이블 등의 장비에 사용하는 RCA 핀은 언밸런스 방식이다. 폰 플러그는 끝부분, 핀 플러그는 중앙의 돌기부분이 음성신호를 전송하는데 사용된다. 폰 플러그의 아래쪽과 핀 플러그의 테두리는 실드의 역할을 한다. 쉽게 말하면 전자장비의 어스와 같은 역할이므로 음성신호는 통과하지 않는다.

이에 비해 밸런스 방식은 일반적인 음성신호와 함께 위상을 반전시킨 역상신호를 다른 라인으로 보내고, 입력 받는 장비에서 다시 한 번 위상을 반전시켜서 원래의 음성신호와 섞는다. 이렇게 하면 케이블로 유입된 노이즈를 제거할 수 있다(**그림⑦**). 일반적인 음성신호를 HOT이라고 부르고 (+)로 표기한다. 역상신호를 COLD라고 부르고 (-)로 표기한다.

밸런스 방식의 장점은 길이가 긴 케이블을 사용하는 PA와 대규모 레코딩 스튜디오 등에서 케이블로 유입되는 노이즈를 최소한으로 억제할 수 있다는 것이다. 마이크처럼 신호 레벨이 매우 작은 경우에는 짧은 케이블에서도 노이즈 문제가 발생하기 쉬우므로 밸런스 방식을 사용한다.

밸런스 방식은 HOT과 COLD의 두 가지 음성신호를 보내기 때문에 언밸런스에 비해 하나 더 많은 라인이 필요하다.

때문에 커넥터는 XLR 또는 스테레오 폰을 사용한다. XLR은 일반적으로 1번 핀을 실드, 2번 핀을 HOT, 3번 핀을 COLD로 사용한다. 하지만 경우에 따라서 2번과 3번 핀을 바꿔서 사용하는 장비가 있으므로 연결하기 전에 확인하기 바란다. 스테레오 폰의 경우, 앞부분부터 순서대로 팁, 링, 슬리브라고 부른다. 팁이 HOT, 링이 COLD, 슬리브가 실드이다. 따라서 팁, 링, 슬리브의 이니셜을 따서 TRS 단자라고 부르는 경우도 많다. XLR은 신뢰성이 높지만 스테레오 폰은 언밸런스 방식의 모노 접속에도 사용할 수 있으므로 밸런스와 언밸런스 장비가 혼재된 홈 레코딩에서 아주 유용하다.

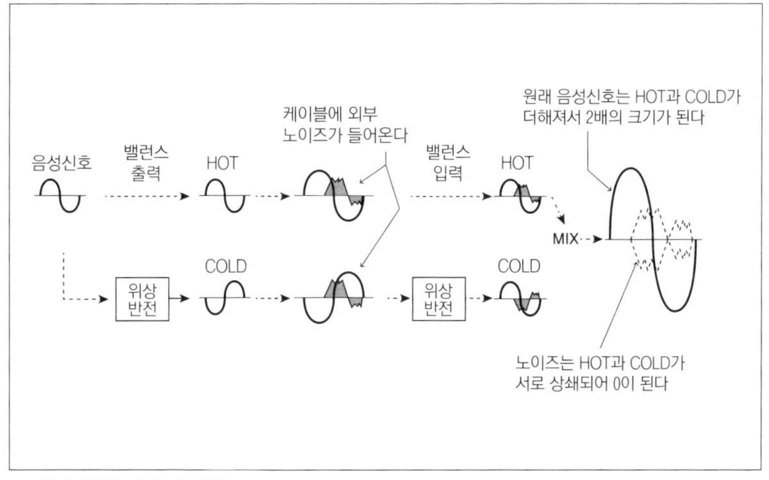

▲그림⑦ 밸런스 방식의 원리

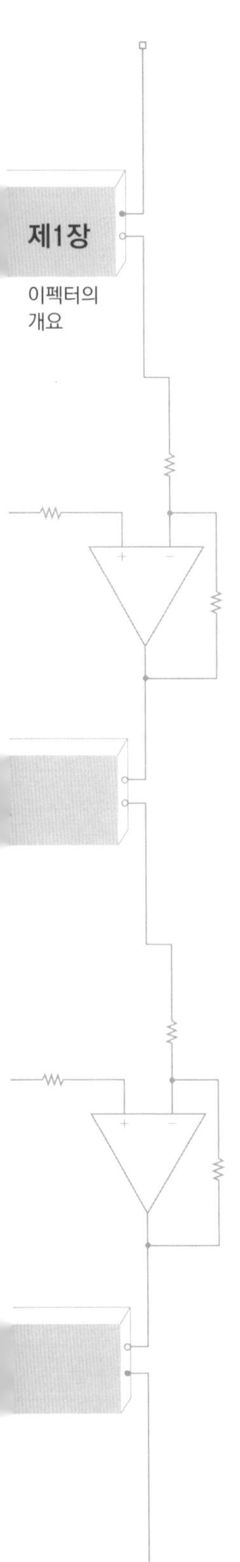

레벨과 임피던스 ▶▶▶ 음량과 내부저항에 따라서 구분하는 연결방법

레벨은 쉽게 말해서 음량이다. 레벨은 크게 나눠 '마이크 레벨'과 '라인 레벨'의 두 가지가 있다. 마이크 레벨은 말 그대로 보컬이나 악기의 생음을 집음하는 마이크의 출력 레벨을 말하며 음량이 매우 작다. 라인 레벨은 키보드나 믹서의 출력 레벨로 마이크 레벨에 비하면 엄청나게 큰 음량이다. 일렉트릭 기타나 베이스는 마이크 레벨과 라인 레벨 중간 정도로 스트라토캐스터처럼 싱글픽업을 사용하는 기타는 마이크 레벨보다 약간 큰 정도, 레스폴처럼 험버커픽업을 사용하는 기타는 그보다 조금 더 레벨이 크다. 그리고 프리앰프를 내장한 액티브 타입의 베이스기타는 라인 레벨보다 조금 작은 정도의 레벨을 출력한다.

스튜디오용 이펙터는 일반적으로 라인 레벨에 맞게 설계되므로 기타와 마이크를 직접 연결하면 음량이 너무 작아서 그대로는 사용할 수 없다. 그리고 아무리 게인을 올려도 인풋의 볼륨이 부족하다고 이펙터의 아웃풋 또는 앰프의 볼륨을 올려서 큰 소리를 내려고 해도 안 된다. 왜냐하면 **그림⑧**처럼 이펙터와 케이블로 유입되는 노이즈가 함께 증폭되기 때문이다. 스튜디오용 이펙터를 마이크와 기타에 사용할 때에는 믹서의 인서트와 앰프의 센드 리턴에 연결하기 바란다.

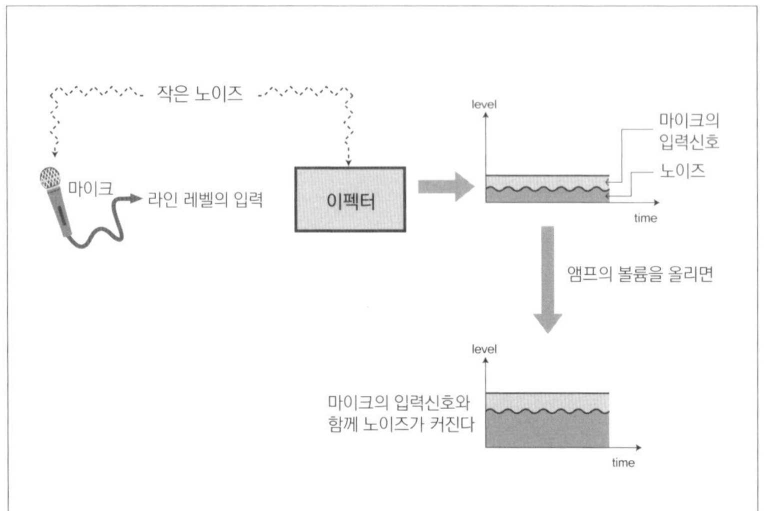

▲그림⑧ 스튜디오용 이펙터를 기타와 마이크에 직접 연결하면 노이즈가 함께 커진다

　그리고 기타용 이펙터를 스튜디오용 이펙터와 키보드 등의 라인 레벨을 출력하는 악기와 함께 사용하려면 악기의 볼륨을 아주 많이 내려서 사용해야 한다. 왜냐하면 라인 레벨의 신호가 너무 커서 기타용 이펙터의 회로 내에서 소리가 찌그러지므로 주의하기 바란다.

　라인 레벨은 키보드와 가정용 CD플레이어 등에서 사용하는 -10dB과 스튜디오와 PA용 장비에 사용하는 +4dB이라는 두 가지 기준의 레벨이 있다. +4dB에서 적절한 음량으로 조정한 것을 그대로 -10dB의 라인 인풋에 입력하면 신호가 찌그러지는 경우가 있으므로 주의하자.

　이번에는 임피던스에 대해서 살펴보자. 임피던스를 단순히 '내부저항'이고 이해하고 있는 사람이 많다. 사실 임피던스에 대한 전기적인 지식은 이펙터를 직접 제작하지 않는다면 필요가 없다고 할 수 있다. 다만 한 가지만은 기억해두자. 임피던스는 항상 '로우 출력, 하이 입력'으로 설정하지 않으면 음질이 나빠진다는 것이다.

　'로우 출력, 하이 입력'이란 두 개의 장비를 연결할 때, 출력 쪽의 임피던스가 입력 쪽의 임피던스보다 낮아야만 한다는 것이다(**그림⑨**). 키보드와 믹서 등의

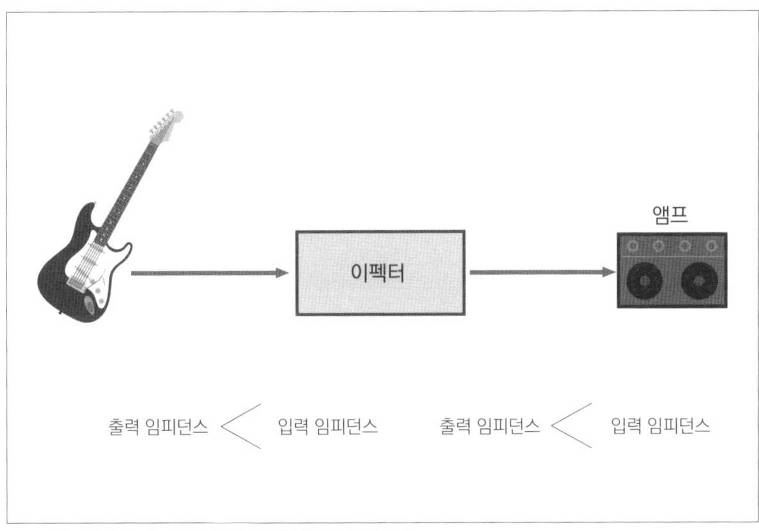

▲**그림⑨** 임피던스는 '로우 출력, 하이 입력'이 기본이다

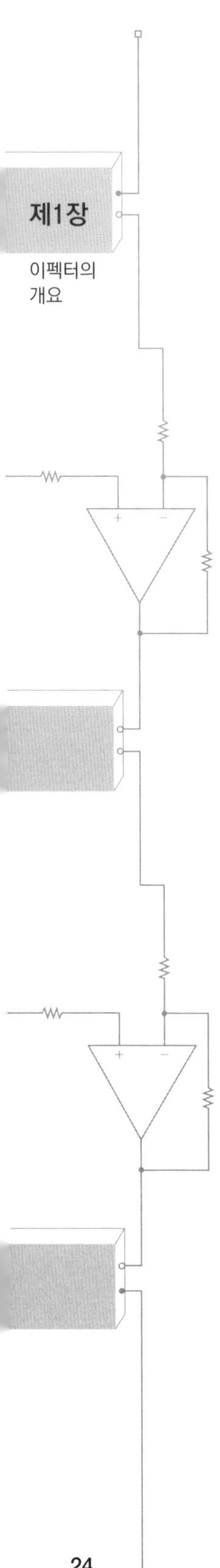

▲사진⑦ BOSS DI-1 다이렉트 박스

라인 레벨을 가진 장비와 마이크는 일반적으로 출력 임피던스가 상당히 낮으므로 이 원칙을 크게 신경 쓸 필요가 없다. 하지만 문제는 기타와 베이스다. 프리앰프를 내장한 일부 타입을 제외한 기타와 베이스의 출력 임피던스는 상당히 높다. 때문에 특히 기타용으로 설계되지 않은 스튜디오용 이펙터와 믹서의 인풋에 직접 기타를 연결하면 노이즈가 증가하거나 고음역이 깎이는 현상이 발생한다.

이것을 방지하기 위해서는 다이렉트 박스(DI)를 통해서 임피던스를 낮춰야만 한다(**사진⑦**). 만약에 다이렉트 박스가 없다면 기타용 이펙터를 사용해도 된다(이펙터는 꺼진 상태라도 상관없다).

기타용 이펙터의 입력 임피던스는 당연히 기타보다 높게 설정되어있고, 출력 임피던스는 어떤 장비에도 접속할 수 있도록 낮게 설정되어 있으므로 이펙터를 통과시키면 그 이펙터가 꺼진 상태라도 기타의 높은 임피던스를 낮출 수 있다.

기본적인
연결과
사용방법

DI와 Re-Amp

다양한 종류가 있는 DI
DI와는 반대되는 역할을 하는 Re-Amp

DI(다이렉트 박스)는 제1장에서도 언급했듯이 기타와 베이스처럼 출력 임피던스가 높은 악기를 믹서와 레코더처럼 입력 임피던스가 낮은 장비에 연결할 때에 임피던스를 맞춰주는 역할을 한다. DI에는 다양한 종류가 있으며, 각 모델마다 음질과 캐릭터가 약간씩 다르다. 가장 일반적인 것은 믹서에서 직접 XLR케이블로 48V 전원(팬텀 전원)을 공급받는 액티브 타입 DI다. 액티브 타입은 출력이 크고 깔끔한 음질이 특징이다.

이에 비해 전원이 필요 없는 패시브 타입 DI는 음질에 변화가 없다는 것이 장점이지만, 출력이 작기 때문에 믹서의 인풋 게인을 올려야만 한다. 때문에 믹서에 내장된 프리앰프가 음질에 큰 영향을 주므로 어느 정도 품질이 좋은 프리앰프와 조합해서 사용해야만 한다. DI에 내장된 트랜스도 음질에 영향을 준다. 고급형 DI는 고음질 트랜스를 사용한다. 진공관을 사용한 튜브 타입 DI도 있다.

DI는 언밸런스 출력(기타용 폰 잭이나 RCA잭)을 밸런스 출력(XLR)으로 변환해주는 역할도 한다. 예를 들어 기타용 페달 이펙터를 PA믹서에 연결하고 싶다면 이펙터의 출력을 일단 DI를 통과시켜 밸런스 XLR로 변환해서 PA로 보내면 더욱 좋은 음질을 낼 수 있다. 하지만 DI는 입력과 출력을 반대로 사용할 수는 없으므로, 녹음이 끝난 음원을 페달 이펙터나 기타 앰프를 통해서 가공하고 싶은 경우에는 DI와는 반대의 역할을 하는 장비가 필요하다. 이것을 리앰프(Re-Amp)라고 하며, 출력이 높고 임피던스가 낮은 밸런스 XLR의 신호를 악기 레벨의 언밸런스의 신호로 변환해준다(**사진①**). 디지털 딜레이와 리버브 등의 일부 이펙터는 리앰프를 사용하지 않아도 믹서 쪽의 출력을 낮추기만 해도 사용할 수 있지만, 드라이브 계열의 이펙터는 입력 레벨과 임피던스가 음질에 직접 영향을 주므로 리앰프를 사용하면 더욱 그럴싸한 드라이브 사운드를 표현할 수 있다.

◀사진① RADIAL Reamp JCR

이펙터의 종류

다양한 이펙터를 기본 원리 차이에 따라 8종류의 카테고리로 분류해서 소개하겠다. 각 카테고리에서는 이펙터의 유래부터 소개하고, 카테고리 안에서도 몇 가지 종류로 나눠서 설명하고 있다. 주요 파라미터와 기본적인 세팅 방법은 본문을 차근차근 읽어보기 바란다.

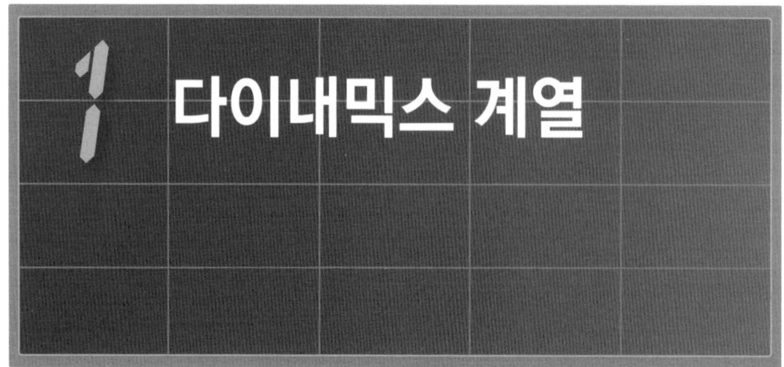

다이내믹스 계열이란? ▶▶▶ 악기와 목소리의 음량을 컨트롤하는 이펙터

자연에는 귀를 잘 기울이지 않으면 들리지 않을 정도로 작은 벌레소리부터 천지를 뒤흔들며 분화하는 화산소리까지 다양한 크기의 소리가 존재한다. 음악에 사용되는 소리만 보더라도 교향곡에서 피아니시모로 연주하는 플루트 솔로와 포르테시모로 연주하는 풀 오케스트라의 어택은 음량 차이가 상당히 크다. 하지만 우리가 평소에 듣고 있는 녹음된 음원의 다이내믹 레인지(최대 음량과 최소 음량의 차이)는 그에 비하면 정말 작다. 그리고 기술적인 제약이 없다고 해도 가정용 오디오로 콘서트홀과 같은 음량으로 음악을 듣는다는 것은 현실적이지 못하다.

그래서 실제 연주의 박력을 음원으로 표현하기 위해서는 녹음하는 단계에서 리스너가 듣기 편하도록 다이내믹 레인지를 재조정할 필요가 있다. 특히 초기의 LP레코드와 아날로그 테이프 레코더는 CD에 비해 다이내믹 레인지가 좁았기 때문에, 연주의 강약을 유지하면서 다이내믹 레인지를 좁히기 위해서 컴프레서와 리미터 등의 이펙터를 사용해야만 했다. 레코딩 장비가 발달하고 음질이 향상되면서 악기에서 발생하는 노이즈가 거슬리기 시작했으며, 이를 해결하기 위해서 노이즈 게이트라는 이펙터가 등장했다.

이처럼 다이내믹스 계열 이펙터들은 필요조건에 의해서 소극적인 목적으로 개발된 이펙터라고 할 수 있다. 하지만 60년대 이후 수많은 아티스트들이 실험적인 음악을 제작하면서 이러한 이펙터들이 본래의 목적과는 완전히 다른 방식으로 적극적인 사운드 메이킹에 사용되기 시작했다. 매뉴얼을 무시한 자유로운 발상이 이러한 이펙터의 잠재적인 가능성을 이끌어낸 것이다. 여러분도 이 책에서 얻은 지식을 바탕으로 독자적인 사용법을 찾아보면 어떨까?

컴프레서, 리미터 ▶▶▶ 소리를 일정한 비율로 압축하는 이펙터

컴프레서와 리미터는 사용방법과 목적에 따라 다른 이름을 가지고 있지만, 기본 원리는 동일하다. 이름에서도 알 수 있듯이 컴프레서와 리미터는 정해진 한계(Limit)를 넘어서는 큰 소리를 사용자가 지정하는 비율로 압축(Compress)하는 이펙터다(그림①).

그림①처럼 입력신호가 정해진 레벨을 초과하면 사용자가 지정한 비율로 압축된다. 압축을 시작하는 레벨을 드레숄드^{Threshold}, 압축하는 비율을 레시오^{Ratio}, 실제로 압축된 음량을 게인 리덕션$^{Gain\ Reduction}$이라고 부른다(그림①a). 입력신호가 드레숄드를 초과하고, 레시오에서 정해진 비율로 압축될 때까지의 시간을 어택 타임$^{Attack\ Time}$, 입력신호가 다시 드레숄드 이하가 된 후 압축을 해제할 때까

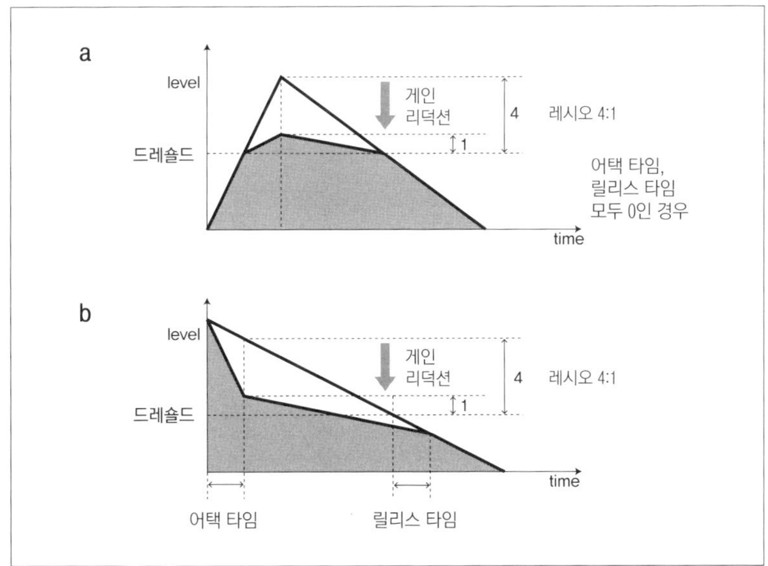

▲그림① 컴프레서, 리미터의 기본 구조

지의 시간을 릴리스 타임Release Time이라고 한다(**그림①b**).

　그림②는 컴프레서와 리미터의 기본적인 회로를 최대한 간단하게 그린 것이다. 입력신호는 일반적인 오디오 신호의 회로와는 별도로 레벨오버를 검출하는 회로에도 보내진다. 레벨오버를 검출하는 회로에서는 입력신호가 드레숄드 레벨을 초과할 경우 오디오 신호가 통과하는 VCA(주1)를 컨트롤해서 레벨오버한 부분을 레시오로 설정한 비율로 압축하는 것이다. 하지만 어택 타임을 최소로 설정해도 실제로 입력신호가 드레숄드 레벨을 넘은 후 압축을 시작할 때까지는 약간의 지연이 발생하는 경우가 있다. 이것은 레벨오버를 검출하는 속도와 VCA의 반응속도의 한계에 의한 것이다. 따라서 레벨오버 검출회로와 VCA의 성능은 컴프레서와 리미터의 성능을 판단하는 중요한 포인트가 된다.

　레벨오버 검출회로에는 RMS값 검출형(주2)과 피크 검출형 등의 여러 종류가 있다. 신호의 음악적인 표현은 RMS값 검출형이 유리하다(음악제작현장에서 사용하는 컴프레서, 리미터의 대부분이 RMS값 검출형이다). 하지만 PA현장의 스피커 오버로드 방지회로와 마스터링 스튜디오의 최종적인 레벨오버 방지에는 피크 검출형 회로를 가진 리미터가 사용된다. 하지만 이 경우에도 음악적으로 부자연스럽게 들리지 않도록 RMS값 검출형의 컴프레서, 리미터와 함께 사용하는 것이 일반적이다.

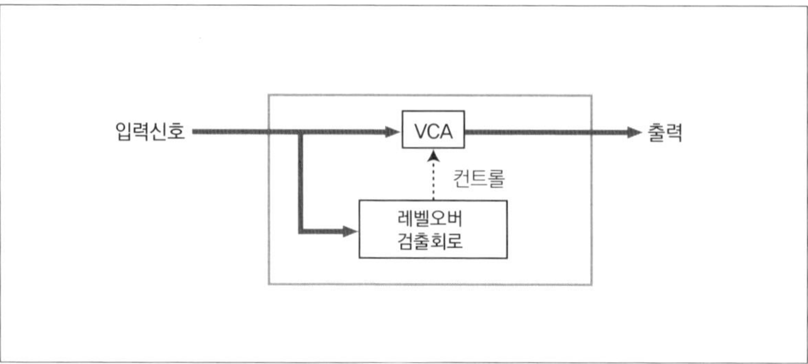

▲그림② 컴프레서, 리미터의 기본 회로

주1 : VCA=Voltage Controlled Amplifier의 약자. 전압제어증폭기라고 한다. 제어단자에 가해지는 직류전류의 크기에 따라서 증폭도가 변한다
주2 : RMS=Root Mean Square의 약자. 실효값(교류전압의 레벨을 나타내는 수치 중 하나)의 단위다. rms로 표기한다

이와 마찬가지로 컴프레서, 리미터를 통한 신호가 보다 음악적으로 자연스럽게 출력되도록 도와주는 하드 니Hard Knee와 소프트 니Soft Knee를 전환할 수 있는 기종도 있다. 니Knee를 직역하면 무릎이라는 의미다. 하지만 여기서는 압축이 시작되는 지점과 끝나는 지점을 꺾인 선 그래프로 나타냈을 때, 어느 정도 급하게 꺾이는지를 나타낸다. 하드 니는 직선적으로 꺾이고, 소프트 니는 완만한 곡선이 된다. 압축효과는 하드 니가 뛰어나지만, 소프트 니가 훨씬 자연스럽게 들리는 경우가 많다.

● 리미터로 사용하는 방법
리미터로 사용하는 방법을 자세히 살펴보자.

지정한 레벨을 초과한 신호의 입력을 제한해서 전체의 레벨을 맞추는 기능을 하는 것이 리미터다. 리미터는 레벨오버를 방지하면서 전체적으로 큰 음량으로 녹음해야 하는 경우에 사용한다. 따라서 리미터의 어택 타임은 음악적으로 부자연스럽지 않은 범위에서 최대한 빨리, 릴리스 타임도 어느 정도 빠르게 설정한다. 그리고 레시오를 10:1 이상의 상당히 큰 수치로 설정하고 지정한 레벨을 초과하는 신호를 정확하게 제한해야 한다. '리미터의 성능이 좋다'는 말은 음질의 변화가 없고, 원음의 뉘앙스를 최대한 유지하면서 레벨을 초과하는 신호를 깔끔하게 제한해준다는 의미다. 따라서 마스터링 스튜디오처럼 원음에 충실한 작업이 아주 중요한 현장에서는 고급 오디오 수준의 부품을 사용한 수 백만~수 천만 원이 넘는 리미터를 사용한다.

더욱 정확하게 레벨을 맞추기 위해서 디지털 리미터와 플러그인 리미터를 함께 사용하는 경우도 있다. 특히 플러그인 리미터는 데이터를 미리 읽어서 이론상 어택 타임을 완전히 0으로 만들 수 있기 때문에 레벨오버를 완벽하게 제한할 수 있다. 이것은 레벨오버가 용납되지 않는 CD마스터링 작업에 필수적인 기능이다. 데이터를 어느 정도 미리 읽을 것인가는 룩어헤드Lookahead와 프리딕트Predict라는 파라미터로 설정한다(**화면①**). 일반적으로 2~5ms 정도로 세팅하고 사용하는 경우가 많다.

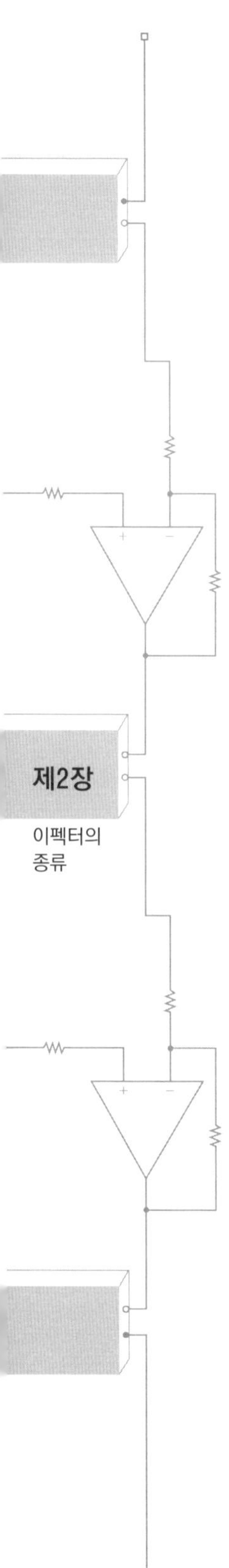

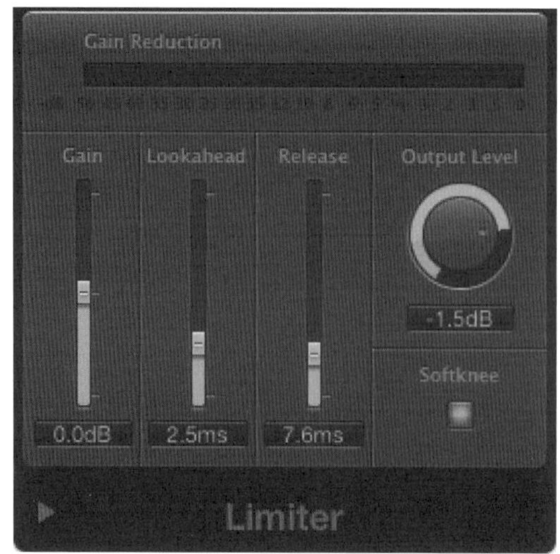

▲화면① Lookahead 기능을 갖춘 APPLE Logic Pro의 번들 리미터

●맥시마이저

마스터링 작업을 할 때 설정한 아웃풋 레벨을 절대로 넘지 않도록 만들어진 리미터를 브릭 월 리미터Brick Wall Limiter라고 한다. 그 중에서도 특히 최종적인 음압을 올리는 것에 특화된 리미터를 맥시마이저Maximizer라고 한다(**화면②**). 드레숄드를 내리기만 해도 간단히 음압을 벌 수 있는 모델도 많지만, 과도하게 사용하면 음질에 변화가 생기므로 주의해야 한다.

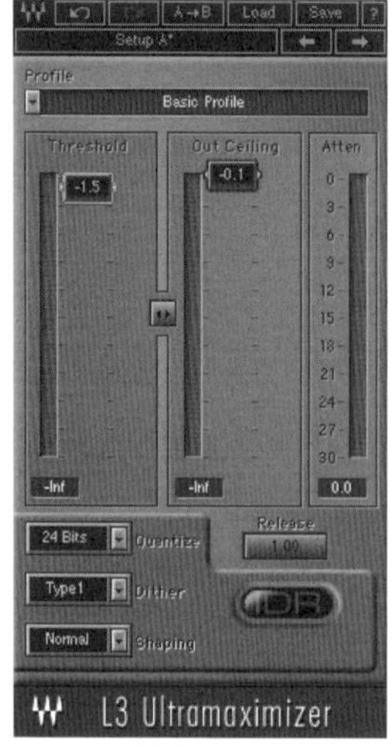

◀화면② WAVES L3 Ultramaximizer

● 컴프레서로 사용하는 방법

이번에는 컴프레서로 사용하는 경우를 생각해보자. 앞서 말했듯이 컴프레서와 리미터는 같은 이펙터이며 사용방법과 효과에 따라 구별하지만, 그 경계선이 매우 애매하다. 리미터가 음질을 바꾸지 않고 음량을 제한하는 것에 비해, 컴프레서는 소리의 압축을 사용해서 음색의 변화를 주기 위한 목적으로 사용하는 경우가 많다.

그림③은 기타 사운드를 컴프레서로 압축한 것이다.

그림③a처럼 드레숄드를 높게 설정하면 리미터처럼 레벨을 어느 정도 제한할 뿐이지만, 그림③b처럼 드레숄드를 낮춰서 압축을 심하게 하면 감쇠되어야할 기타 소리가 오르간처럼 서스테인이 길어진다. 이러한 서스테인 효과는 악기용 컴프레서의 대표적인 사용방법 중 하나로, 이러한 사용방법에 포인트를 맞춰서 제품화 한 것을 서스테이너라고 부르기도 한다.

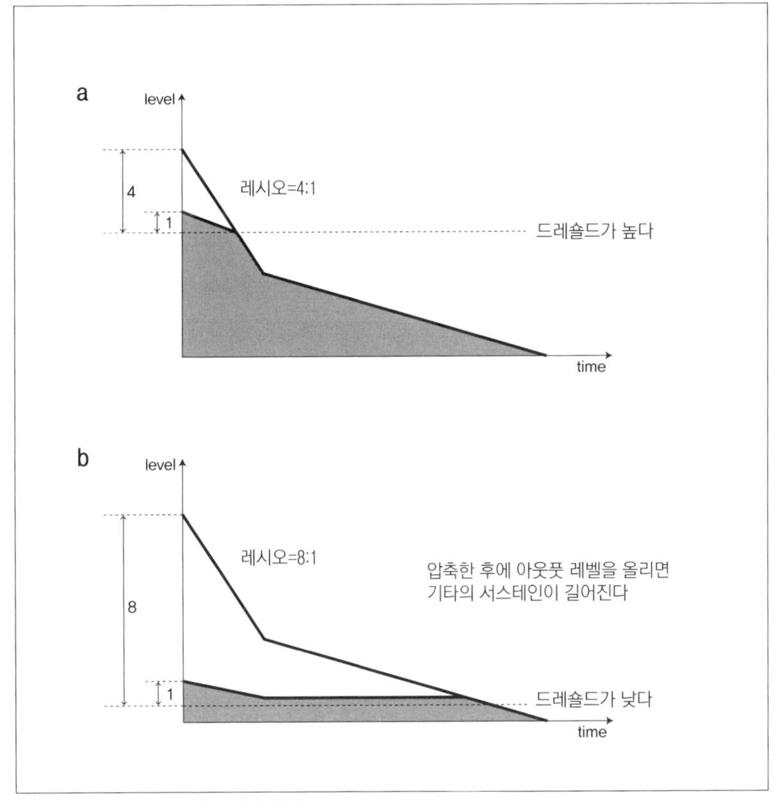

▲그림③ 드레숄드에 의한 효과의 차이

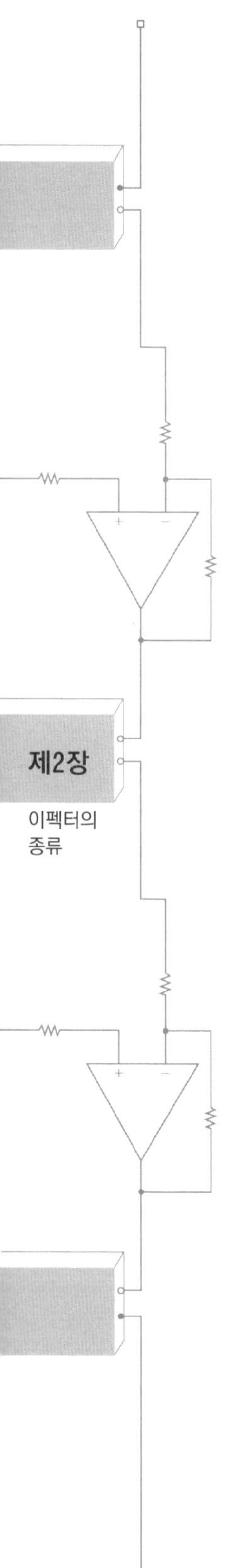

드레숄드를 낮게 설정한 컴프레서를 드럼, 베이스 등의 리듬 파트에 사용하면 박력있는 사운드를 만들 수 있다. 강약의 차이가 심한 리듬 파트를 심하게 압축하면 **그림④**처럼 베이스와 킥 드럼, 스네어 등의 큰 소리와 하이햇 등의 작은 소리간의 음량 차이가 줄어서 약한 소리의 음압이 전체적으로 올라가고, 결과적으로 더욱 박력 있게 들린다.

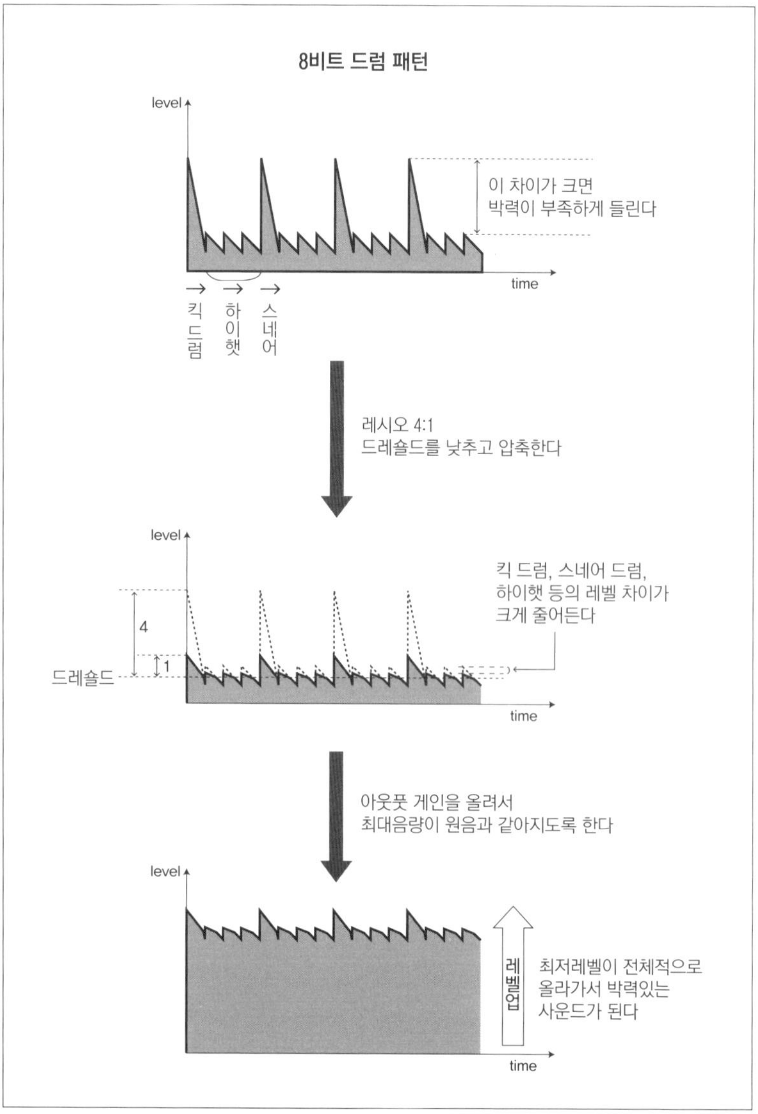

▲그림④ 리듬 파트에서의 컴프레서 효과

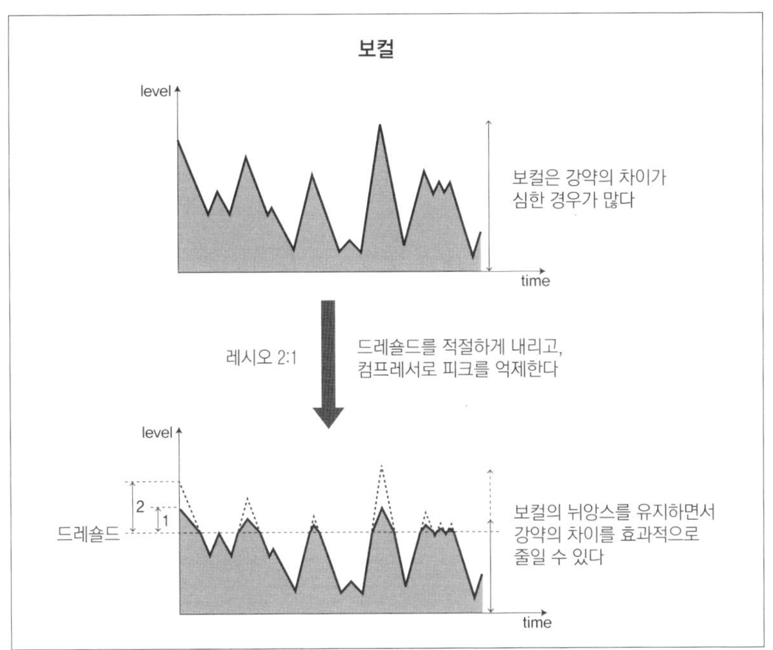

▲그림⑤ 보컬에서의 컴프레서 효과

　그림⑤처럼 보컬과 베이스처럼 다이내믹 레인지가 넓은 음원에 2:1~4:1 정도로 가볍게 컴프레서를 걸면 원음이 가진 강약의 뉘앙스를 유지하면서 다이내믹 레인지를 억제할 수 있다.

　이렇게 컴프레서로 사용할 경우에는 단순히 원음의 충실한 출력보다 상황과 목적에 맞는 사운드를 만드는 것이 더욱 중요한 포인트다. 때문에 일반적인 VCA 타입에 진공관 타입이나 독특한 질감을 더해주는 60년대 이전의 빈티지 제품, 나아가 기타용 콤팩트 타입을 악기와 곡의 분위기에 맞게 조합해서 사용하기도 한다.

　특히 최근에는 진공관 타입을 많이 선호한다. 이것은 디지털 레코딩 시스템과도 관계가 있다. 아무래도 모든 소리를 디지털로 녹음하면 아날로그 테이프와 아날로그 믹서를 통해서 녹음했을 때보다 음질이 딱딱해지는 경우가 많다. 이때 진공관 이펙터를 사용하면 사운드를 어느 정도 부드럽고 따뜻하게 만들 수 있다.

　하지만 이런 효과는 진공관만으로 연출할 수 있는 것은 아니다. 아날로그 특유의 따뜻한 질감을 얻기 위해서 사용하는 빈티지 컴프레서, 리미터에는 진공관 타입 이외에 FET 방식과 Opto 방식을 사용하는 모델도 많다. FET를 간략하게

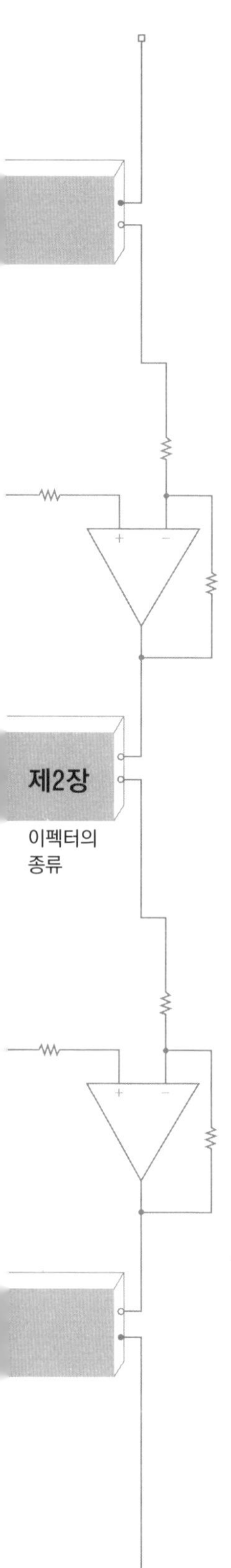

설명하자면 진공관으로 얻을 수 있는 질감을 트랜지스터로 재현한 것이며, Opto 는 음성 신호를 빛으로 바꾸고 회로 내부의 센서가 빛을 감지해서 게인 리덕션 또는 게이트로 활용하는 방식이다.

진공관과 FET 회로는 입력이 이론상의 허용치를 초과하면 새처레이션Saturation 현상이 일어나면서 드라이브가 걸린다(소리가 찌그러진다). 드라이브 계열 이펙터 항목에서 자세하게 설명하겠지만, 쉽게 말해서 '과입력=드라이브가 걸린다= 게인 리덕션을 얻을 수 있다'는 것이다. 어떻게 보면 이것 또한 리미팅의 일종이다. 물론 음질을 변화시키지 않고 음량을 컨트롤하는 것이 컴프레서와 리미터의 목적이지만, 이러한 새처레이션 현상이 진공관과 FET 방식 리미터의 독특한 '음악적인 캐릭터'에 대한 열쇠를 쥐고 있다. 최근에는 값비싼 빈티지 장비를 대체하기 위한 복각모델과 빈티지 회로를 재해석한 다양한 신모델이 각 제조사에서 발매되고 있다. 그 중에서 저렴하지만 프로 엔지니어들에게까지 높은 평가를 받는 제품도 있다.

●컴프레서 효과를 얻을 수 있는 아날로그 테이프

이펙터는 아니지만 아날로그 테이프에 과입력 상태로 녹음을 하면 레벨을 초과한 부분이 테이프의 특성에 의해 자연스럽게 뭉개져서 들리게 된다. 이것을 '테이프 컴프레션Tape Compression'이라고 한다. 테이프 컴프레션의 독특한 댐핑과 따듯한 질감 때문에 아직까지 아날로그 테이프로 레코딩을 고집하는 아티스트가 있다. 그리고 이러한 테이프 컴프레션을 재현해주는 플러그인까지 출시되고 있다(화면③).

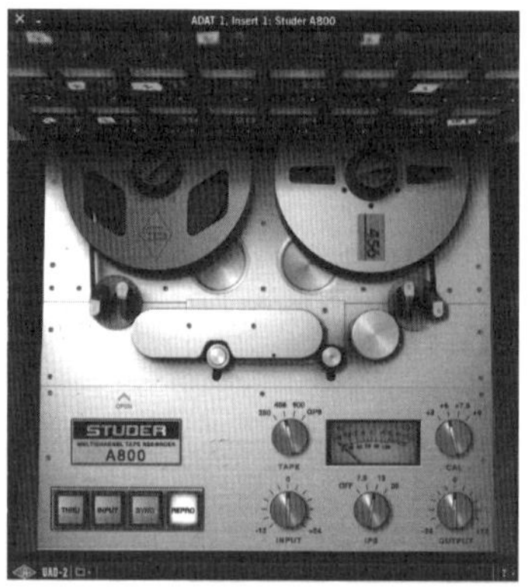

▲화면③ 아날로그 테이프의 사운드를 재현해주는 플러그인, UAD Studer A800

● 사이드 체인, 더커, 디에서

스튜디오용 컴프레서, 리미터 중에는 사이드 체인이라는 입력 단자를 가진 모델이 있다. 이것은 앞에서 설명한(**그림②**, 30페이지) 레벨 검출회로 바로 앞에 다른 신호를 넣기 위한 인풋이다. 사이드 체인으로 들어온 신호는 메인 아웃으로 출력되지 않고 레벨 검출용으로만 사용된다. 이것을 사용하면 입력된 신호를 완전히 다른 신호의 강약에 맞춰서 압축할 수 있다(**그림⑥**).

예를 들어 **그림⑥**의 A가 베이스, B가 킥 드럼이라면, 킥 드럼의 신호가 들어올 때에만 베이스의 레벨을 낮출 수 있다. 이 기술을 사용하는 또 다른 이펙터가 더커Ducker다. 이것은 건물 내 방송 시스템에서 안내방송을 할 때 BGM의 레벨을 낮추는 목적으로 사용한다.

이 기술을 응용한 보컬용 이펙터를 디에서De-esser라고 한다. 허스키한 보컬에 컴프레서 또는 리미터를 세게 걸면 모음은 심하게 압축되지만, 자음은 음압이 낮으므로 그대로 통과해버린다. 그 결과 자음의 레벨이 모음보다 커지므로 '시옷(ㅅ)' 발음이 부각되는 현상이 일어난다. 이런 현상을 방지하기 위해서 음압이 낮은 자음성분을 적절히 압축하는 이펙터가 바로 디에서다. 디에서의 회로는 기본적으로 컴프레서, 리미터와 같다(**그림⑦**). 디에서는 내부 회로에서 고음역을 강

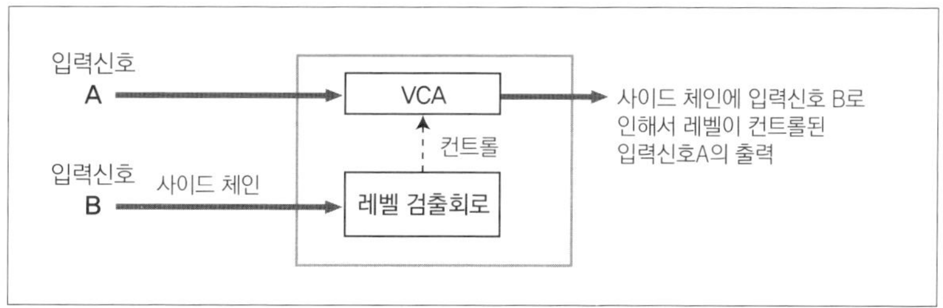

▲그림⑥ 사이드 체인 기능을 가진 컴프레서, 리미터의 기본 회로

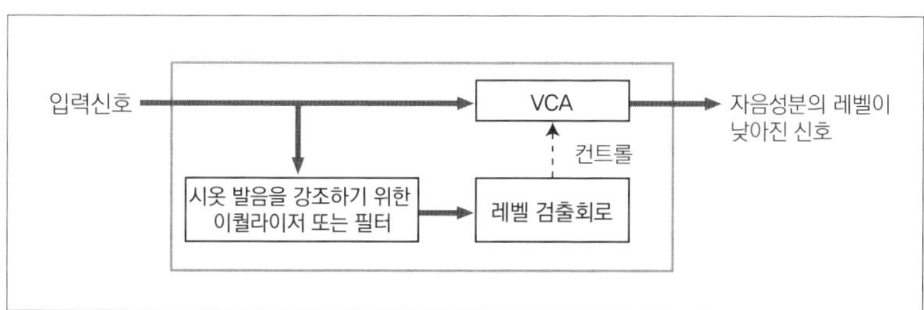

▲그림⑦ 디에서의 기본 회로

1

다이내믹스
계열

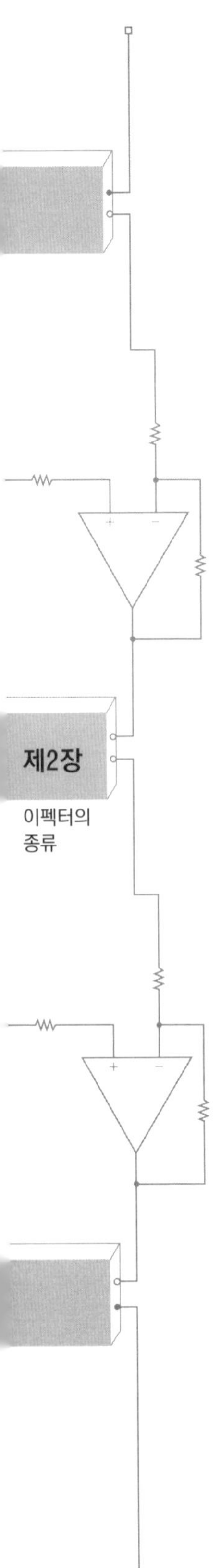

조한 후 레벨 검출회로로 보내면 시옷과 같은 자음성분이 들어왔을 때만 보컬의 레벨이 압축되어, 결과적으로 귀에 거슬리는 자음성분의 레벨을 낮출 수 있다.

물론 사이드 체인 기능을 가진 컴프레서, 리미터와 이퀄라이저를 사용해도 디에서와 같은 효과를 낼 수 있다.

사이드 체인을 사용한다면 **그림⑧**처럼 보컬의 신호를 둘로 나눠서 한쪽은 컴프레서의 인풋으로, 다른 한쪽은 이퀄라이저를 통과시켜서 고음역을 강조한 후 사이드 체인으로 입력한다.

하드웨어 컴프레서에서 많이 볼 수 있는 컨투어Contour라는 기능은 사이드 체인을 위한 필터로, 저음역의 레벨을 낮춰서 컴프레서가 킥 드럼과 베이스 신호에 과잉반응하지 않도록 해준다. 최종적인 믹스에 컴프레서를 세게 걸고 싶지만, 킥 드럼과 베이스에 포함된 중고음역의 밸런스가 무너지는 것을 피하고 싶을 때 유용한 기능이다.

●멀티밴드 컴프레서

멀티밴드 컴프레서는 이퀄라이저와 아이솔레이터의 기능을 조합한 것으로(**화면 ④**), 입력된 신호의 주파수 대역을 3~5구역으로 나눠서 각각의 대역(=밴드)에 컴프레서의 설정을 달리 할 수 있도록 설계되어 있다(**그림⑨**). 이렇게 하면 저음역 대의 압축을 강조해서 두터운 사운드를 만들거나, 보컬을 강조하기 위해서 중고 음역대에만 컴프레서를 조금 세게 걸어서 보컬 트랙 전체의 레벨을 올리는 것도 가능하다. 주파수 대역별로 레벨을 컨트롤할 수 있으므로 이퀄라이저나 아이솔

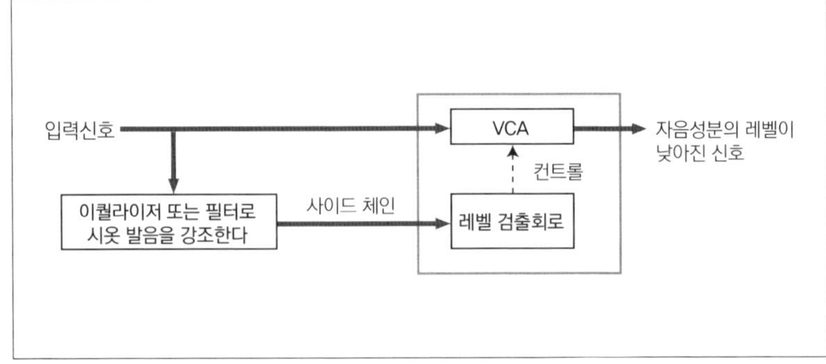

▲그림⑧ 사이드 체인을 이용해서 디에서 효과를 낼 수 있는 방법

레이터처럼 사용할 수도 있다.

이미 믹싱이 끝난 스테레오 트랙의 사운드를 적극적으로 바꾸고 싶을 때에 효과적인 이펙터다.

▲화면④ MOTU Digital Performer의 번들 플러그인 MasterWorks Compressor. 주파수 대역을 여러 구역으로 나눠서 대역마다 모든 파라미터를 독립적으로 설정할 수 있다

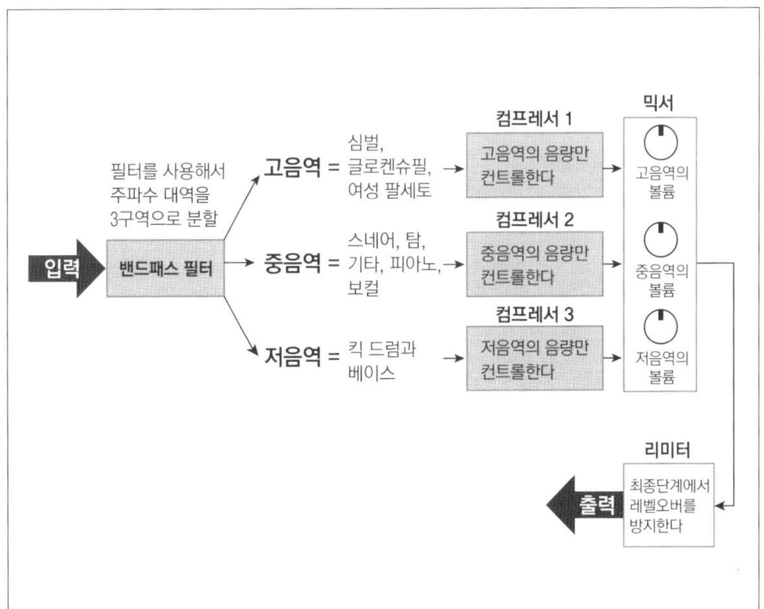

▲그림⑨ 3밴드 멀티밴드 컴프레서의 구조

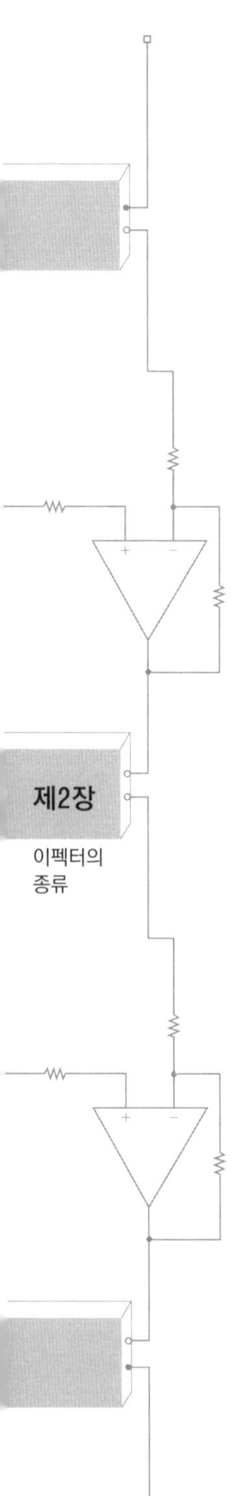

주요 파라미터와 기본 세팅

●컴프레서

그림은 랙 마운트 타입이지만 콤팩트 타입의 설정도 동일하다

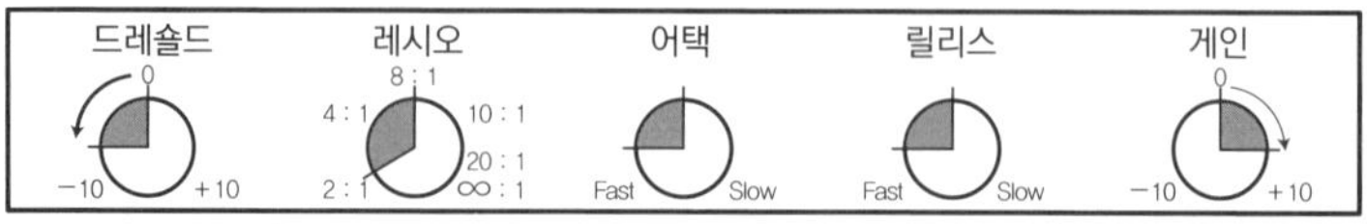

콤팩트 타입에는 이 부분이 고정되어있는 경우가 많다. 일반적으로 레시오는 2:1~8:1, 어택과 릴리스는 조금 빠르게 설정한 다음, 음원에 따라서 미세조정을 한다

드레숄드를 내리면 내릴수록 작은 레벨까지 압축되므로 기타는 서스테인이 길어지고, 드럼은 훨씬 박력 있게 들린다. 다만 압축된 만큼 음량이 내려가므로 아웃풋의 게인을 올려야 한다

●리미터

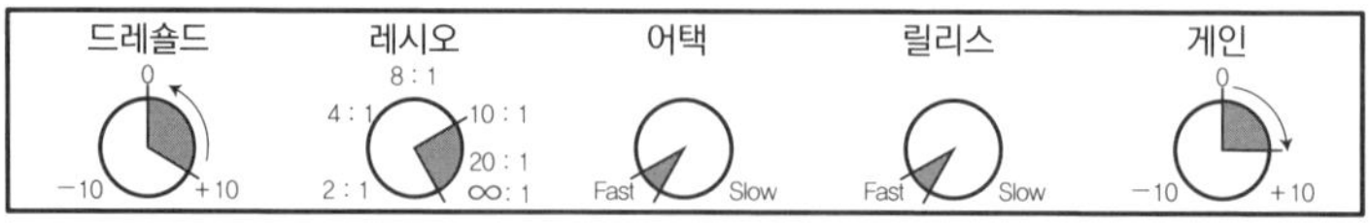

레벨을 초과하는 큰 소리에만 반응하도록 드레숄드를 높게 설정한다

레벨오버를 억제하기 위해서 레시오는 높게, 어택과 릴리스는 부자연스럽지 않은 범위 안에서 최대한 빠르게 설정한다

최종 레벨을 올린다

익스팬더는 컴프레서, 리미터와는 완전히 반대되는 작용을 하는 다이내믹스 계열의 이펙터다. 컴프레서와 리미터가 일정 레벨 이상의 입력신호를 압축해서 다이내믹 레인지를 좁히는 것에 비해, 익스팬더는 일정 레벨을 기준으로 그 이상의 입력신호를 더욱 크게, 그 이하의 입력신호는 더욱 작게 만들어서 결과적으로 다이내믹스 레인지를 넓힌다(**그림⑩**). 하지만 이러한 순수한 익스팬더는 노이즈 리덕션 등의 눈에 띄지 않는 부분에서는 많이 사용되지만 이펙터로는 일반적이지 않다.

익스팬더 중에서도 가장 많이 알려진 것은 불필요한 노이즈를 차단하는 노이즈 게이트다. 일반적으로 연주를 하거나 녹음을 할 때에는 기타 앰프의 노이즈와 냉난방기의 전기 노이즈, 아날로그 테이프의 히스 노이즈 등이 항상 존재한

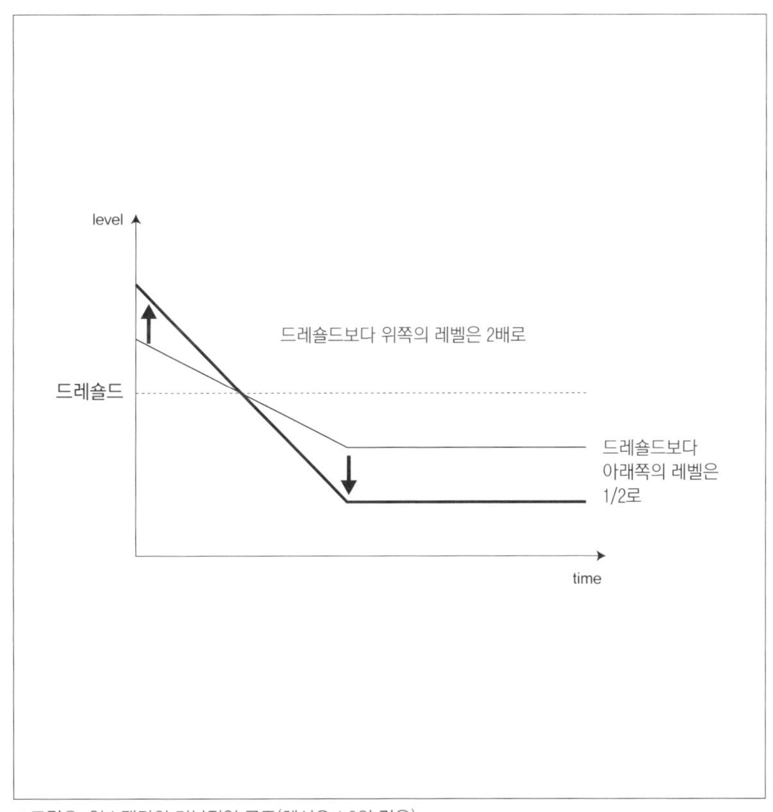

▲그림⑩ 익스팬더의 기본적인 구조(레시오 1:2의 경우)

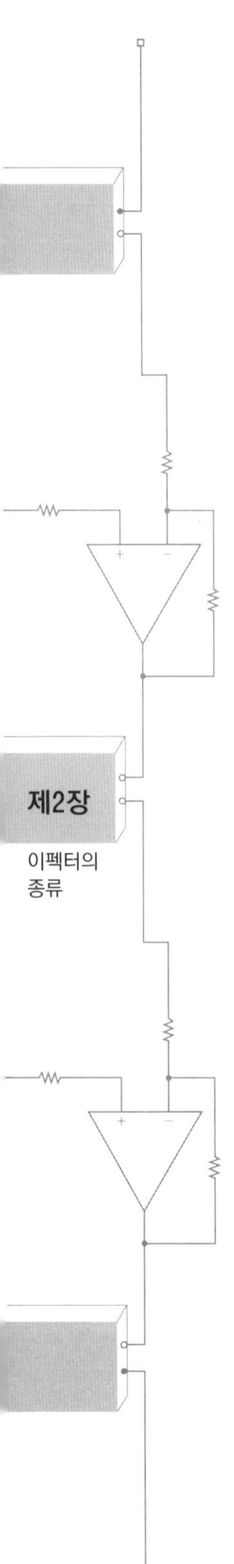

다. 이러한 노이즈는 노이즈 플로어라고 불린다. 악기소리가 울리고 있을 때에는 신경이 쓰이지 않지만, 악기소리가 멈추면 상당히 귀에 거슬린다(**그림⑪**).

이런 식으로 악기를 연주하지 않는 부분의 귀에 거슬리는 노이즈를 커트하는 것이 노이즈 게이트다.

노이즈 게이트는 특정 레벨 이상의 신호를 그대로 통과시키고, 그 이하라면 차단하는 동작을 한다. 이렇게 하면 악기를 연주하지 않는 부분의 앰프 노이즈처럼 음악적으로 필요가 없는 노이즈를 쉽게 차단할 수 있다(**그림⑫**). 게이트가 닫히기 시작하는 레벨은 드레숄드로 설정한다.

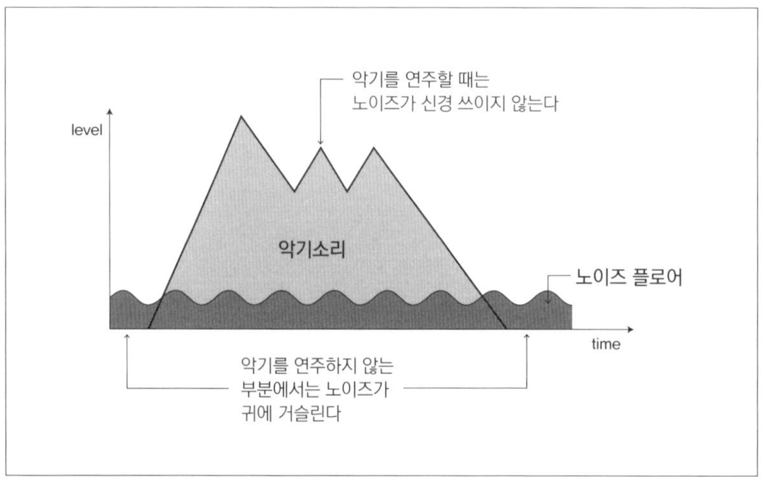

▲그림⑪ 악기소리와 노이즈의 관계

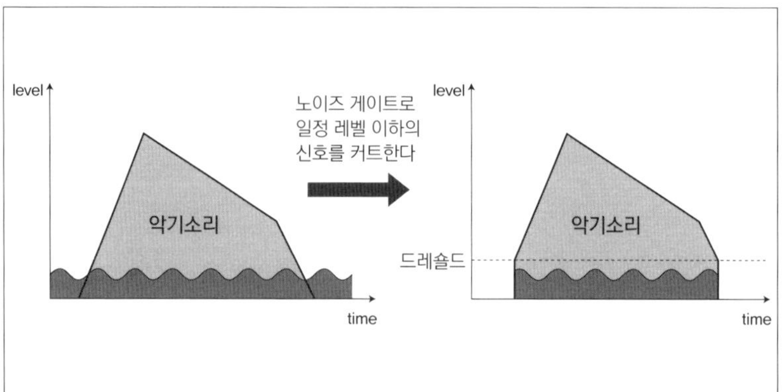

▲그림⑫ 노이즈 게이트의 구조

　입력신호가 드레숄드를 넘어서 닫혔던 게이트가 움직이기 시작하고, 게이트가 완전히 열려서 원래 레벨로 돌아올 때까지의 시간을 어택 타임, 입력신호가 드레숄드 이하로 낮아져서 게이트가 다시 움직이기 시작하고, 게이트가 완전히 닫혀서 소리가 전혀 들리지 않을 때까지의 시간을 릴리스 타임이라고 한다. 일반적으로 어택 타임은 악기소리의 시작 부분이 잘리지 않도록 최대한 빠르게, 릴리스 타임은 악기소리가 감쇠하면서 자연스럽게 끊어지도록 어느 정도 길게 (20~50ms 정도) 설정한다(**그림⑬**).

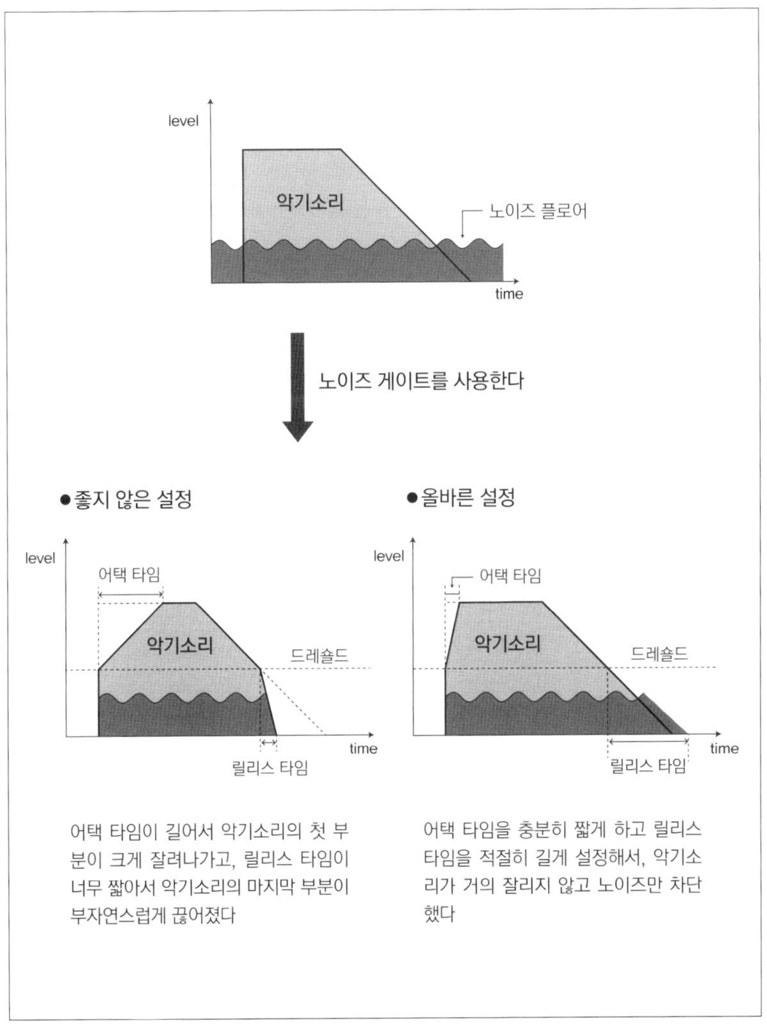

어택 타임이 길어서 악기소리의 첫 부분이 크게 잘려나가고, 릴리스 타임이 너무 짧아서 악기소리의 마지막 부분이 부자연스럽게 끊어졌다

어택 타임을 충분히 짧게 하고 릴리스 타임을 적절히 길게 설정해서, 악기소리가 거의 잘리지 않고 노이즈만 차단했다

▲그림⑬ 노이즈 게이트의 설정 예

다이내믹스
계열

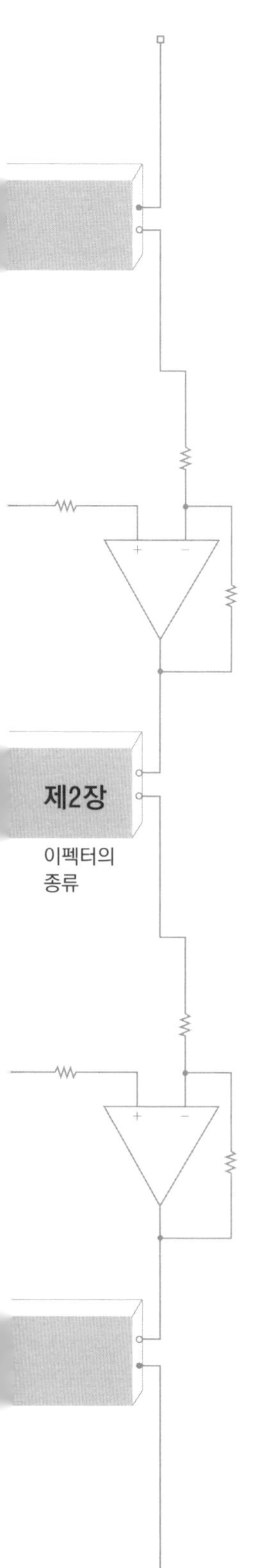

　최근 출시되는 모델들은 비싼 제품이 아니라도 0.1ms 이하의 짧은 어택 타임으로 작동하는 기종이 많다. 반대로 어택 타임을 조금 길게 설정하면 악기소리를 부드럽게 만들 수도 있다. 어택 타임을 길게 설정하면 테이프의 역회전 사운드 같은 특수효과를 만들 수도 있다. 이러한 특수효과 전용으로 만들어진 이펙터가 바로 슬로우 어태커Slow Attacker다. 이것은 일렉트릭 기타의 바이올린 주법(기타 본체의 볼륨을 조작해서 바이올린과 비슷한 소리를 내는 연주법)을 회로를 통해서 표현하기 위한 이펙터다.

　그리고 신서사이저의 엔벨로프 제네레이터(EG)와 같은 기능을 갖춰서 입력신호의 시작(어택)이나 감쇄(디케이)를 자유롭게 컨트롤할 수 있는 제품까지 등장했다. 이것은 엔벨로프 또는 트랜션트 디자이너(화면⑤) 등으로 불리며, 과거에는 아날로그 신서사이저의 외부 입력을 활용해야만 했던 테크닉을 단독 이펙터로 가능하게 해준다. 불필요한 노이즈를 제거하는 소극적인 느낌의 노이즈 게이트를 적극적인 사운드 메이킹을 위한 도구로 발전시킨 것이다.

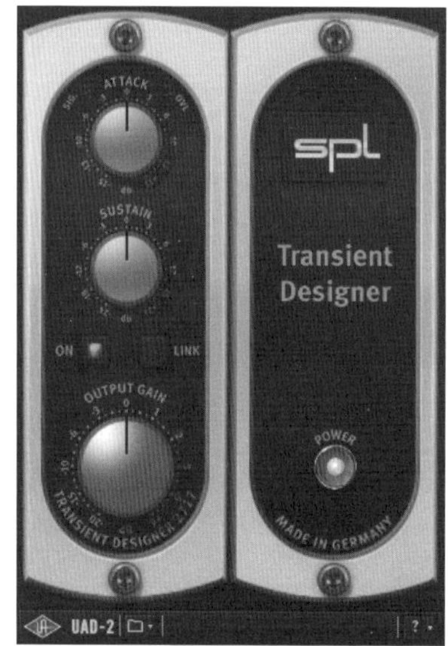

◀화면⑤　트랜션트 디자이너의 원조 SPL의 하드웨어를 모델링한 UAD SPL Transient Designer

주요 파라미터와 기본 세팅

● 노이즈 게이트

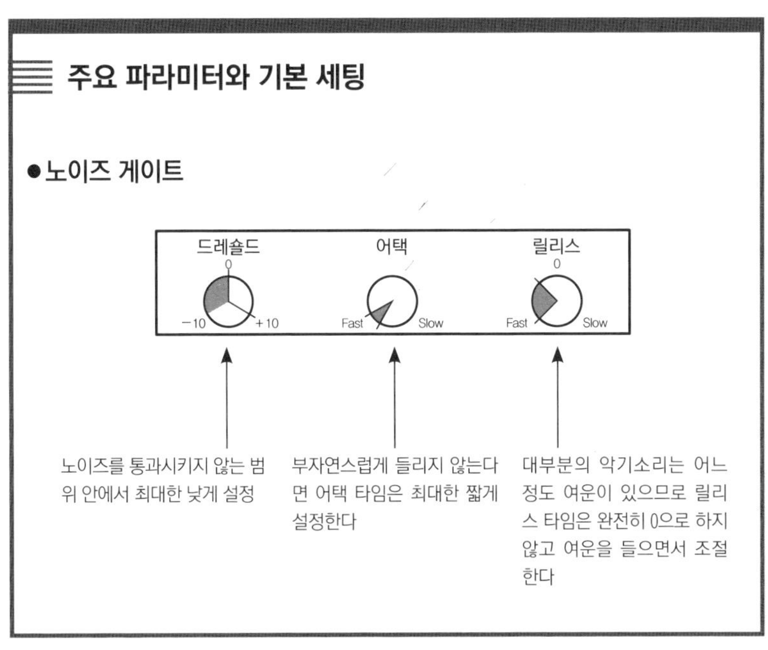

노이즈를 통과시키지 않는 범위 안에서 최대한 낮게 설정

부자연스럽게 들리지 않는다면 어택 타임은 최대한 짧게 설정한다

대부분의 악기소리는 어느 정도 여운이 있으므로 릴리스 타임은 완전히 0으로 하지 않고 여운을 들으면서 조절한다

1

다이내믹스
계열

Gizmotron과 E-bow

기타로 바이올린 소리를 낼 수 있지만
역사에 묻힌 비운의 아이템

레드 제플린의 다큐멘터리 영화 〈The Song Remains the Same〉을 본 사람이라면 지미 페이지가 바이올린용 활로 깁슨 레스폴을 연주하는 장면을 기억할 것이다. 기타도 현악기이므로 바이올린처럼 활로 연주해서 지속음을 내는 것이 가능하다는 것을 가장 알기 쉽게 보여주는 장면이라고 할 수 있다. 서스테인을 길게 유지하기 위해서 컴프레서나 디스토션을 사용해야만 했던 기타리스트들에게 바이올린처럼 긴 서스테인을 유지하는 것은 큰 고민거리였다.

하지만 지미 페이지를 보면 알 수 있듯이, 일렉트릭 기타와 바이올린 활의 조합은 그다지 실용적이지 않으며 제대로 된 효과를 내기도 힘들다. 그래서 기타리스트들의 요구에 맞춰서 개발된 것이 Gizmotron과 E-Bow(**사진①**)라는 전기적으로 줄을 진동시키는 아이템이다.

E-bow는 Electric Bow(전기를 사용하는 악기용 활)이라는 이름처럼 전기적인 진동으로 활을 대신하는 것이다. 구체적으로는 기타줄의 진동을 픽업으로 잡아내고, 픽업을 통한 전기신호를 증폭시켜 다시 줄을 진동시키는 일종의 피드백 효과의 응용이다. 기타를 개조할 필요도 없고, 피크 대신에 오른손에 쥐고 간편하게 사용할 수 있다. 하지만 1줄 밖에 진동시킬 수 없다는 단점이 있다.

Gizmotron은 기타의 브릿지에 장착해서 회전하는 바퀴를 각 줄에 마찰시켜 진동을 발생시키는 도구로, 2줄 이상의 화음 연주까지 가능하다. Gizmotron은 밴드 '10cc'의 멤버였던 케빈 갓레이와 롤 크림이 함께 개발한 것으로, 두 사람은 밴드를 탈퇴한 후에 Gizmotron을 보급하기 위해 'Godley And Creme'이라는 유니트를 결성해서 〈Consequences〉라는 앨범까지 제작했다.

E-bow는 최근에도 사용하는 기타리스트를 많이 볼 수 있지만, Gizmotron은 아쉽게도 일반적으로 보급되지는 못했다. 여담이지만 갓레이와 크림이 유명해진 계기는 Gizmotron이 아니라, 허비 행콕의 'Rock It'을 비롯한 뮤직 비디오의 감독으로 활동하게 된 것이었다.

▶사진① E-bow

2 필터 계열

 **필터 계열이란?** ▶▶▶  미세한 음질 보정부터
과격한 사운드 메이킹까지

필터 계열 이펙터는 전기신호로 바뀐 소리의 주파수 특성을 변화시켜서 음색을
바꾼다. 쉬운 예로, 기타 앰프와 가정용 오디오에 장착되어있는 베이스Bass, 트
레블Treble, 하이High, 미드Mid, 로우Low 등의 톤 컨트롤러를 떠올려보면 대충은 감
을 잡을 수 있을 것이다.

　이러한 톤 컨트롤 또는 마이크와 마이크 프리앰프에 장착되어있는 로우컷 필
터 등은 이펙터의 종류로 구분하자면 모두 이퀄라이저의 일종이다. 그리고 이퀄
라이저는 다이내믹스 계열 이펙터와 마찬가지로 처음에는 매우 소극적인 음질
보정을 위해 개발된 것이다.

　마이크와 테이프는 주파수 특성을 가지고 있으므로, 마이크를 통과한 소리는
사람의 귀에 직접 들리는 소리와 완전히 동일한 것이 아니다. LP와 CD에 기록
할 수 있는 소리도 주파수 특성이 있기 때문에 원음과 완전히 같은 소리가 기록
또는 재생되지는 않는다. 이러한 주파수 특성에 의한 음질의 변화를 수정해서
최대한 원음과 비슷하게 들리도록 하려는 시도가 바로 이퀄라이저가 만들어진
배경이다.

　하지만 60년대 이후, 주파수 특성을 변화시키는 회로를 사용해서 더욱 적극적
인 사운드 메이킹을 위한 도구들이 등장하게 된다. 맨 처음 세상에 나온 것이 일
렉 기타에 사용하는 와우 페달이다. 다음으로 필터를 사운드 메이킹의 가장 중

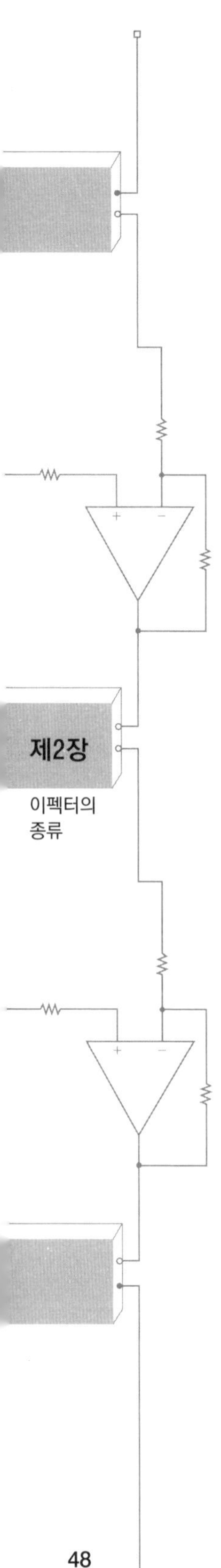

요한 도구로 확립시킨 것이 VCF 모듈을 탑재한 MOOG와 ARP의 아날로그 신서사이저들이다.

현재 많이 사용되고 있는 필터 계열 이펙트는 모두 이퀄라이저 또는 필터 모듈을 응용해서 만들어진 것이다. 그럼 그 원리를 살펴보자.

이퀄라이저, 익사이터 ▶▶▶ 배음구성을 변화시켜서 원하는 사운드를 만들어낸다

이퀄라이저와 익사이터는 모두 입력신호의 배음구성을 변화시켜서 음색을 바꾸는 이펙터다. 음색은 배음의 구성으로 변하게 된다. 어떤 악기든 기음(본래의 음정) 위에 배음이라는 높은 주파수가 여러 종류 겹쳐져서 고유의 음색을 형성한다. 예를 들어 킥 드럼을 주파수 대역이 낮은 소리라고 생각하는 사람이 많지만, 비터(주1)가 드럼의 가죽을 때리는 순간에 발생하는 소리는 스네어 드럼이나 하이햇 등과 비슷한 높은 주파수의 배음이 포함되어 있다. 반대로 고음역 성분이 많은 스네어 드럼은 몸통에서 의외로 낮은 주파수의 울림이 발생한다. 그래서 자신이 원하는 음색에 가까워지도록 배음구성을 변화시키는 것이 이퀄라이저, 익사이터와 같은 필터 계열 이펙터의 기본적인 역할이다.

●두 종류의 이퀄라이저

먼저 이퀄라이저부터 살펴보자. 이퀄라이저 중에서 가장 간단한 구조를 가진 것이 보급형 라디오 등에 내장된 톤 컨트롤이다. 오른쪽으로 돌리면 음색이 밝아지고 왼쪽으로 돌리면 어두워지는 'Tone'과 고음역을 조절하는 'Treble', 저음역을 조절하는 'Bass'는 악기를 연주하지 않는 사람들에게도 익숙할 것이다.

그림①은 트레블과 베이스를 조절하는 2톤 컨트롤 방식의 음색 변화를 알기쉽게 표현한 것이다. 이처럼 정해진 주파수를 경계점으로, 그보다 높거나 낮은 주파수를 부스트하거나 커트하는 이퀄라이저를 쉘빙Shelving 타입 이퀄라이저라고 한다. 트레블을 올리면 정해진 주파수(일반적으로 10㎑ 부근)보다 높은 배음이 강조되어 밝은 음색이 되고, 트레블을 내리면 고음성분의 배음이 줄어들어

주1 : '비터'는 킥 드럼용 풋 페달의 일부분으로, 킥 드럼의 헤드를 때려서 소리를 내는 부분이다

부드러운 음색이 된다. 베이스를 올리면 정해진 주파수(일반적으로 100㎐ 부근)보다 낮은 배음이 강조되어 굵은 음색이 되고, 베이스를 내리면 저음성분의 배음이 줄어들어 가벼운 음색이 된다.

기타 앰프에 흔히 사용되는 3톤 컨트롤 방식(트레블, 미들, 베이스)을 나타낸 것이 **그림②**다. 트레블과 베이스의 역할은 2톤 컨트롤 방식과 동일하지만 미들

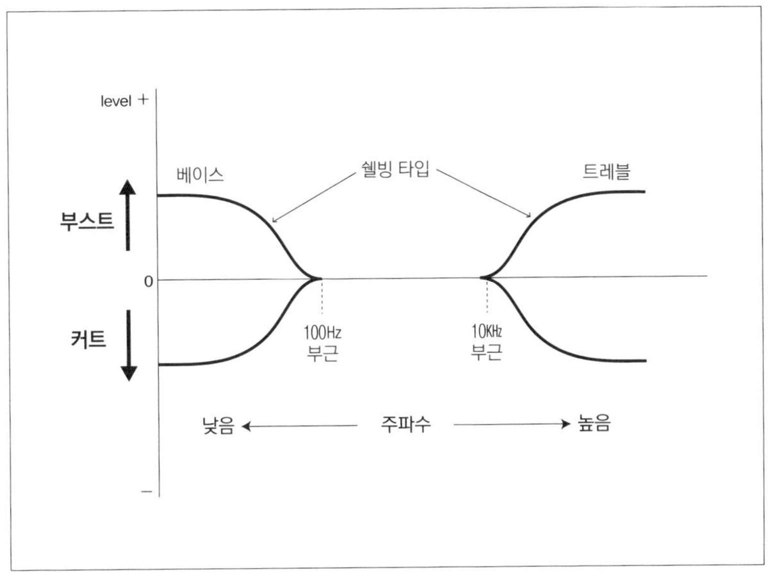

▲그림① 2톤 컨트롤 방식의 쉘빙 타입 이퀄라이저

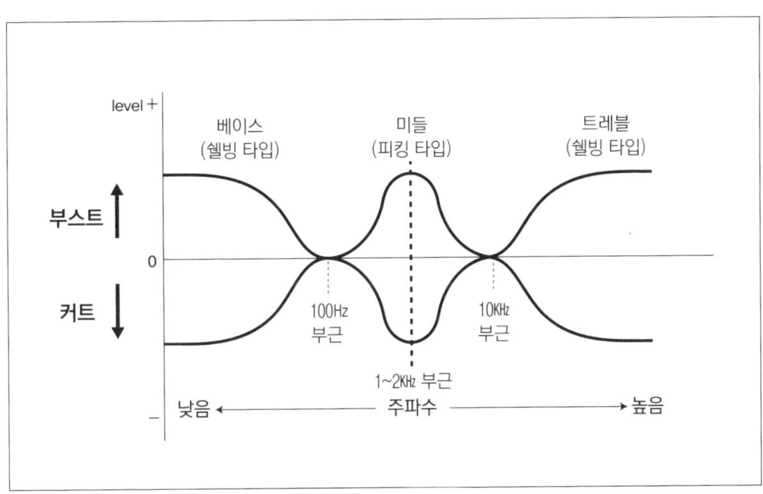

▲그림② 3톤 컨트롤 방식의 미들은 피킹 타입 이퀄라이저를 사용한다

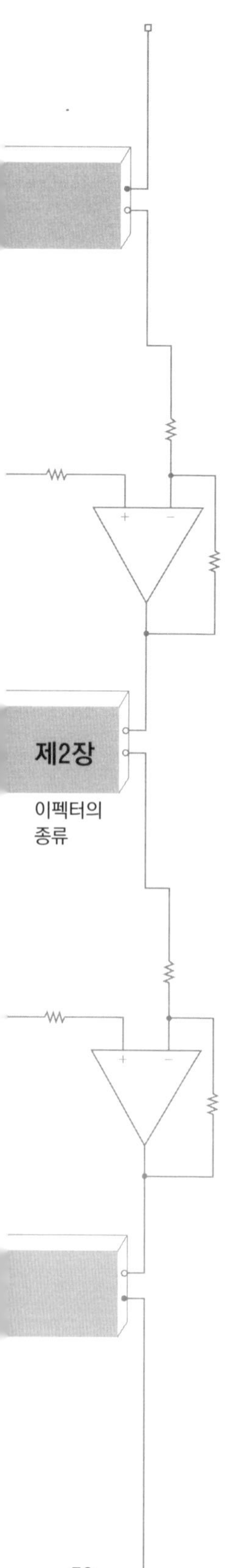

의 역할은 조금 다르다.

미들의 톤 컨트롤이 변화시키는 것은 정해진 주파수보다 높거나 낮은 배음이 아니라, 정해진 주파수와 그 주변의 배음이다. 이처럼 정해진 주파수를 중심으로 그 주변의 배음을 강조하거나 줄이는 이퀄라이저를 피킹Picking 타입 이퀄라이저라고 한다.

이처럼 이퀄라이저는 심플한 톤 컨트롤 방식도 있지만, 훨씬 본격적인 그래픽 이퀄라이저와 파라메트릭 이퀄라이저라는 것이 존재한다.

●그래픽 이퀄라이저

그래픽 이퀄라이저는 앞에서 설명한 3톤 컨트롤의 미들과 같은 방식의 피킹 타입 이퀄라이저를 여러 개 사용해서 세밀하게 나눈 주파수 대역마다 배음 조정을 할 수 있도록 한 것이다. 주파수 대역마다 배열된 슬라이드 페이더의 위치에 따라 주파수 특성을 시각적으로 알 수 있어서 그래픽 이퀄라이저라고 부른다. 개별로 조정할 수 있는 주파수 대역(밴드) 수에 따라 5~10밴드 정도의 악기용부터 10~31밴드의 PA, 레코딩용 모델까지 다양한 종류가 있다(사진①).

그림③은 10밴드 그래픽 이퀄라이저의 작동 구조를 나타낸 것이다. 15~31밴드를 가진 그래픽 이퀄라이저는 주로 PA현장의 모니터 스피커에서 하울링이 발생하기 쉬운 주파수만 내리거나 프런트 스피커의 음색을 현장에 따라서 바꾸기 위해서 사용한다. 때문에 현장이 바뀌어도 신속한 세팅을 할 수 있도록 각 밴드의 주파수는 ISO(국제표준화기구) 규격에 의해 메이커나 기종이 달라도 동일하게 되어있다.

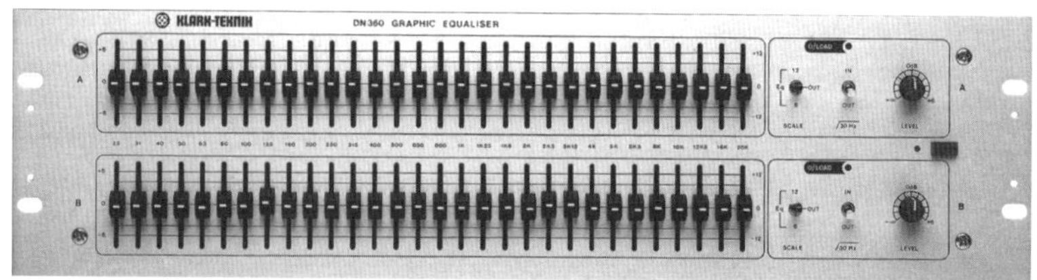

▲사진① 그래픽 이퀄라이저 KLARK TEKNIK DN360. 가지런히 배치된 슬라이더로 어느 주파수를 어느 정도 변화시켰는지 한 눈에 알 수 있다

반대로 악기용은 악기마다 가진 고유의 주파수 대역만을 조절하기 위해서 동일한 5밴드 그래픽 이퀄라이저라도 기타용과 베이스용은 조절할 수 있는 주파수 대역이 다르다.

●파라메트릭 이퀄라이저

각 밴드의 중심주파수가 고정되어있는 그래픽 이퀄라이저에 비해 중심주파수를 바꿀 수 있는 것이 파라메트릭 이퀄라이저다. 레코딩 스튜디오에 있는 믹서의 각 채널에도 탑재되어 있으며, 일반적으로 3~5밴드 정도의 쉘빙 타입으로 구성된다. 그래픽 이퀄라이저에 비해 밴드수가 적은 이유는 각 밴드의 중심주파수를 사용자가 자유롭게 설정할 수 있으므로 세밀하게 주파수 대역을 분할하지 않아도 충분히 원하는 대역을 가공할 수 있기 때문이다. 기종에 따라서는 'Q'라 불리는 주파수 대역의 폭을 좁히거나 넓힐 수 있는 기능을 가진 것도 있다.

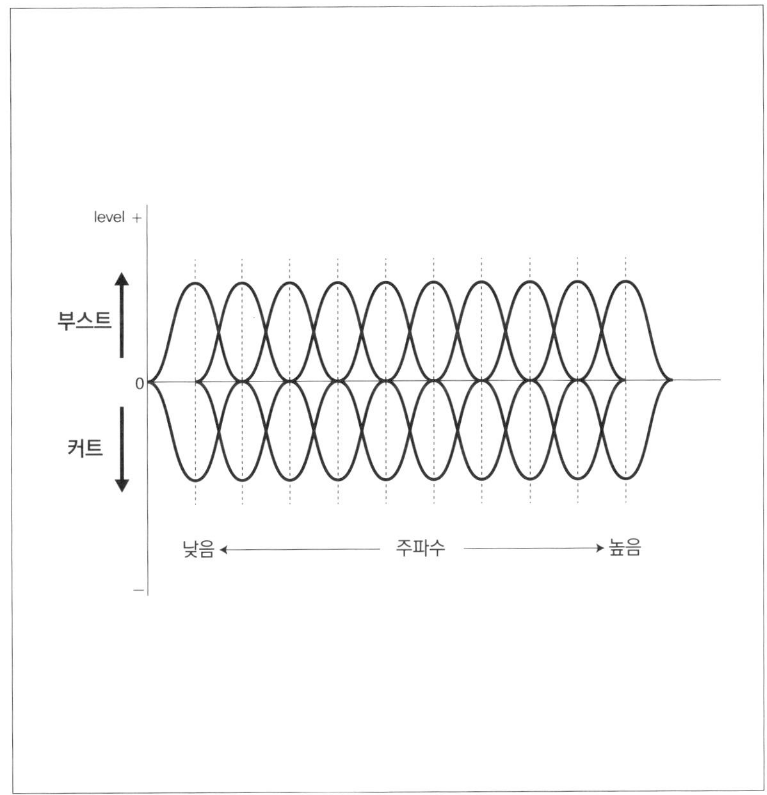

▲그림③ 10밴드 그래픽 이퀄라이저. 10개의 피킹 타입을 사용한다

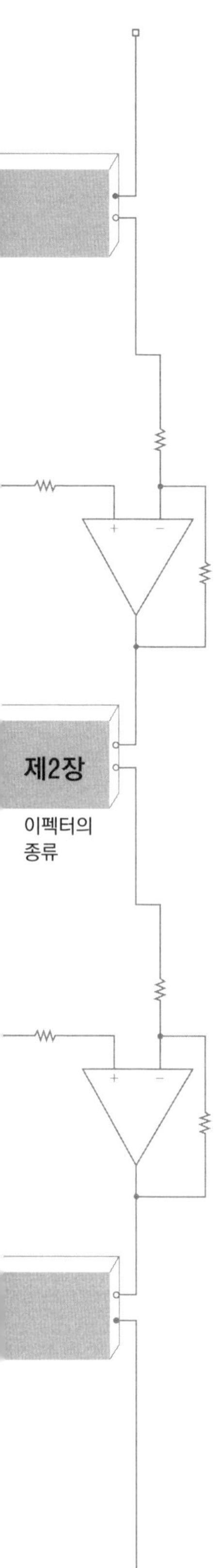

그림④와 그림⑤는 모두 파라메트릭 이퀄라이저의 작동을 나타낸 것이다.

파라메트릭 이퀄라이저는 적은 밴드수로 다채로운 음색을 만들 수 있다. 하지만 그래픽 이퀄라이저처럼 음색을 시각적으로 파악하기 힘들고, 자기가 조정하

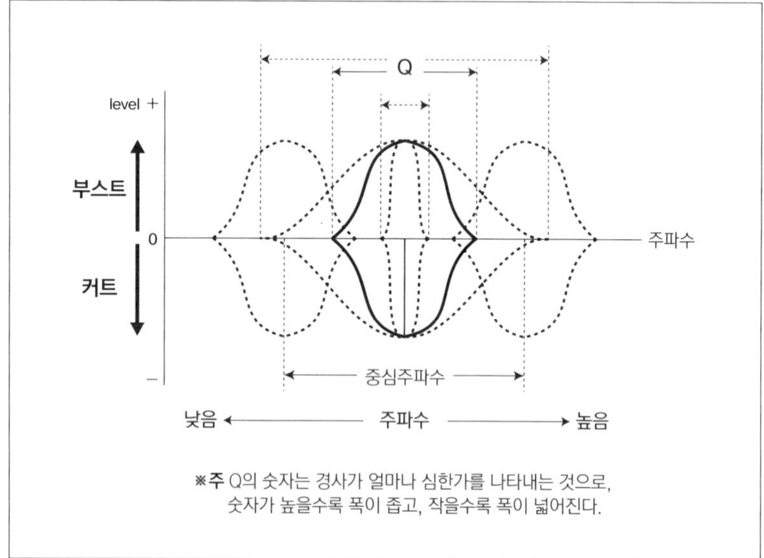

▲그림④ 1밴드 파라매트릭 이퀄라이저의 구조

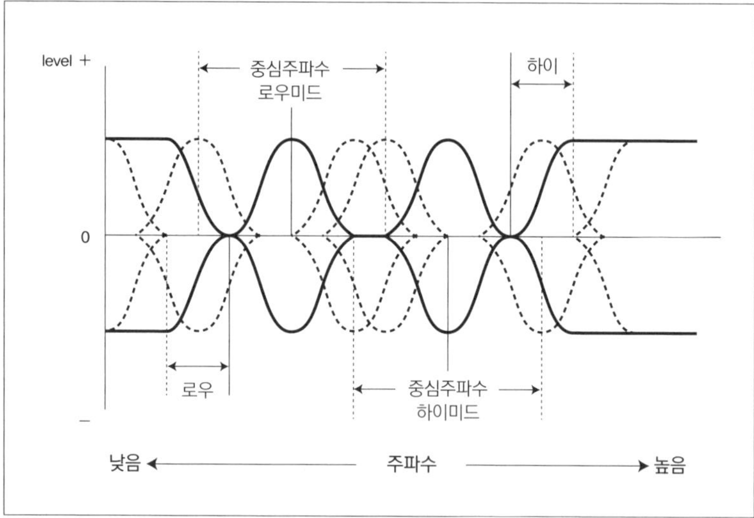

▲그림⑤ 4밴드 파라메트릭 이퀄라이저의 구조(하이와 로우는 쉘빙)

고 있는 주파수를 정확하게 파악하기 힘들다는 단점이 있다. 이로 인해 이퀄라이저에 익숙하지 않은 초보자에게는 어렵게 느껴지기도 한다(**그림⑤**처럼 쉘빙 타입과 피킹 타입을 조합한 4밴드 파라매트릭 이퀄라이저도 있다).

●채널 디바이더, 아이솔레이터

이퀄라이저는 아니지만 같은 원리를 응용한 장비 중에서 채널 디바이더와 아이솔레이터가 있다. 채널 디바이더는 필터를 사용해서 입력신호의 주파수 대역을 2밴드(High, Low) 또는 3밴드(High, Mid, Low)로 분할해서 각각의 대역을 독립된 아웃풋에서 출력하는 것이다. 이것은 각 대역을 전용 앰프나 스피커로 출력하기 위한 것으로, 고급 오디오 시스템과 PA시스템에 주로 사용되지만 이펙터는 아니다. 채널 디바이더에 각 대역의 볼륨과 믹스 아웃을 더한 것이 아이솔레이터라는 이펙터.

아이솔레이터는 클럽DJ들의 요구에 의해 만들어진 이펙터로 이퀄라이저를 사용하는 것보다 정확하게 불필요한 대역을 커트할 수 있다(**그림⑥**). 즉 CD와 LP의 음원 소스에서 베이스나 킥 드럼 등의 저음역만 커트하는 것이 가능하다.

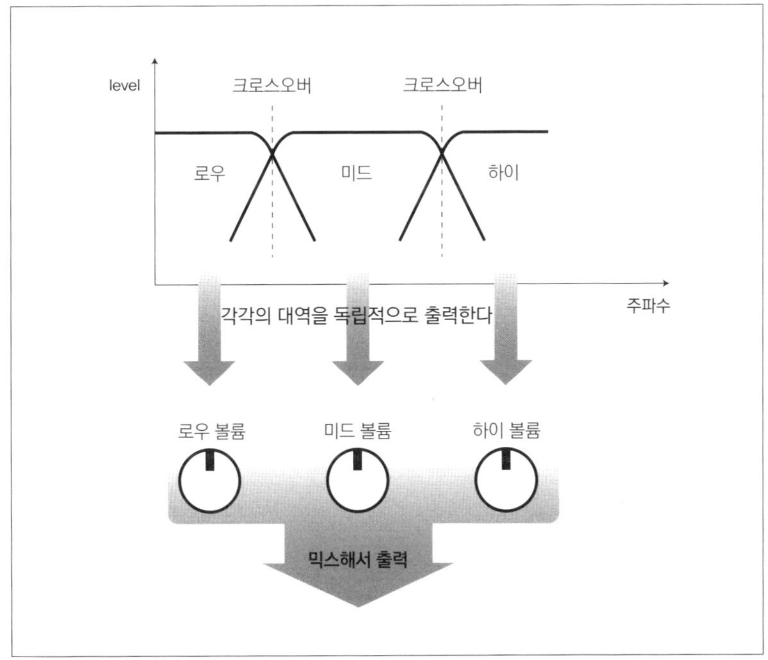

▲**그림⑥** 아이솔레이터의 구조

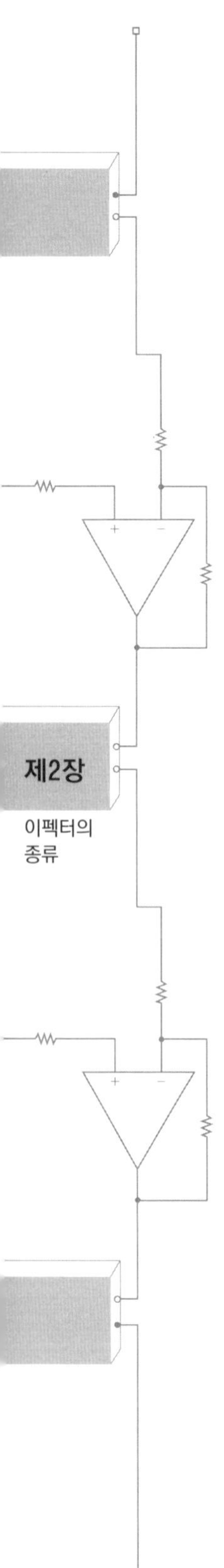

●익사이터

익사이터에 대해 살펴보자. 익사이터 역시 입력신호의 배음구성을 변화시킨다는 점에서 이퀄라이저와 같다. 하지만 이퀄라이저가 원음에 이미 포함되어있는 배음의 양을 변화시키는 것에 비해 익사이터는 원음에 새로운 배음을 추가해서 음색을 변화시킨다(**그림⑦**). 새로운 배음을 만들어내는 방법은 메이커와 기종에 따라 다양하지만, 크게 2종류로 나눌 수 있다. 하나는 원음의 특정 주파수 대역을 부스트해서 새로운 배음을 얻는 방법, 또 하나는 위상을 이동시킨 신호를 추가해서 위상의 간섭에 의해 새로운 배음을 얻는 방법이다.

익사이터는 인핸서Enhancer라고도 하며, 원음을 다른 악기소리에 묻히지 않도록 해주는 것이 본래의 역할이다. 때문에 익사이터를 사용할 때에는 필요 이상으로 과도하게 사용하지 않는 것이 중요하다. 기본적으로 왜곡과 위상의 어긋남

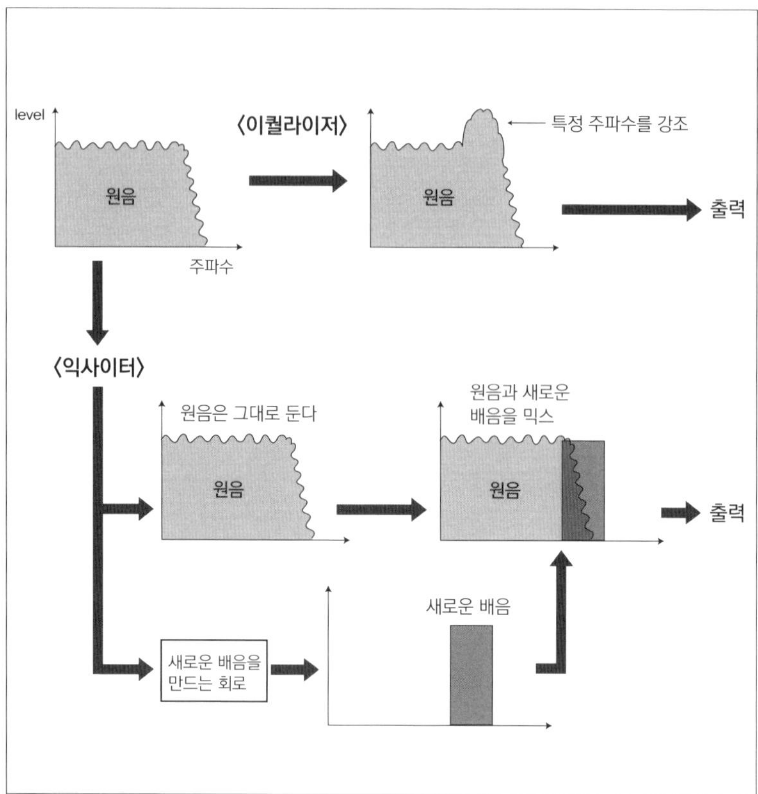

▲그림⑦ 익사이터와 이퀄라이저의 차이

을 이용하는 회로이기 때문에 과도한 사용은 음색 자체를 흐리게 하거나 망칠 수 있다.

　일반적으로 익사이터라고 하면 고음역 특성을 강조해서 샤프한 사운드를 만드는 이펙터를 가리키는 경우가 많지만, 서브베이스라는 매우 낮은 배음을 추가해서 중저음역을 강조하는 서브하모닉 신서사이저도 익사이터의 일종이라고 할 수 있다(**그림⑧**, **사진②**).

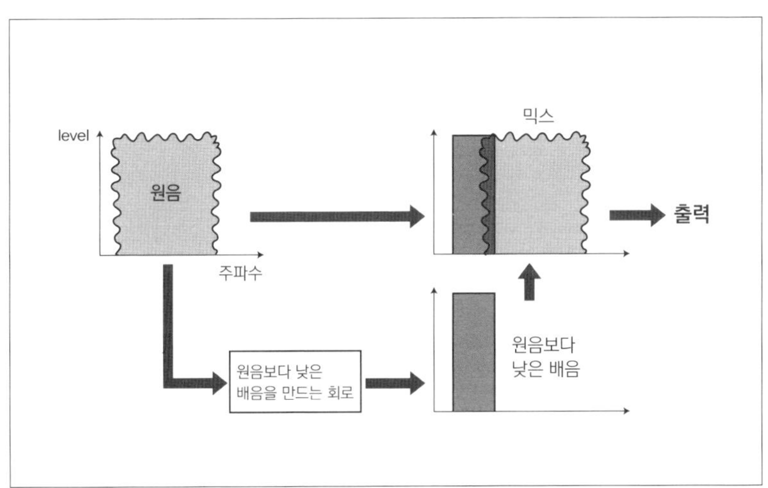

▲**그림⑧** 서브하모닉 신서사이저의 원리

▲**사진②** 서브하모닉 신서사이저의 대표적인 모델 DBX 120A

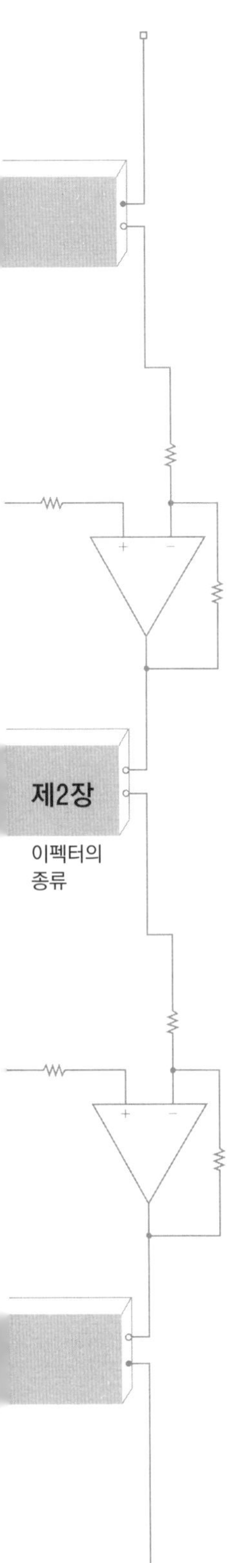

주요 파라미터와 기본 세팅

●3밴드 파라메트릭 이퀄라이저

(하이, 로우=쉘빙, 미드=피킹)

100Hz부근을 기준으로, 기타의 중저음역을 조정하고 싶다면 200~400Hz, 클럽음악의 중저음역은 80Hz이하로 움직여본다

피킹 타입의 대역폭을 결정한다. 노브를 오른쪽으로 돌릴수록 폭이 좁아진다. 보통은 0.5를 기준으로 삼고 조정한다

올리면 선명하고 경직된 음색이 되고, 내리면 부드럽고 둔탁한 음색이 된다

이퀄라이저를 사용하면 당연히 음량까지 변화하므로 음량이 변한만큼 올리거나 내린다

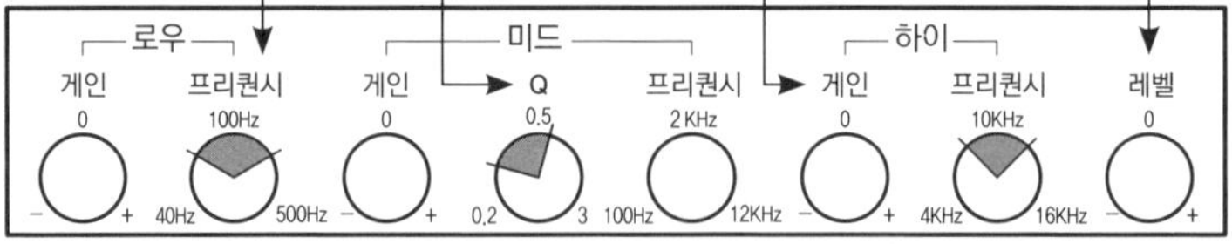

올리면 굵고 무거운 음색이 되고, 내리면 가벼운 음색이 된다

미드를 사용해서 원하는 주파수를 강조하거나 불필요한 주파수를 깎을 때에는 우선 게인을 어느 정도 올린 상태로 프리퀀시의 손잡이를 돌려서 원하는 주파수(또는 불필요한 주파수)를 찾는다. 그런 다음 게인을 0으로 되돌리고 원음을 잘 들으면서 조금씩 조정한다

10KHz 부근을 기본으로 사운드의 윤곽과 공간감을 조정하기 위해서는 12KHz 이상을 조작하고, 적극적으로 음색을 바꾸고 싶을 때에는 6KHz 이하로 해본다

●익사이터

주 : 익사이터는 메이커에 따라서 작동방식과 파라미터 명칭이 다르므로 아래의 그림은 참고만 하기 바란다

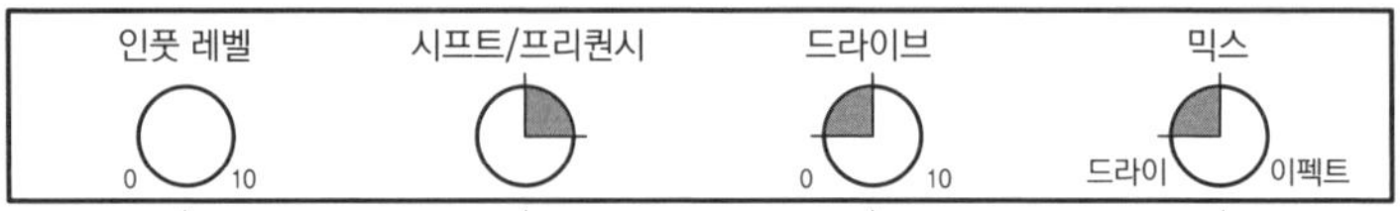

왜곡되지 않도록 적절하게 조정한다

이퀄라이저와 페이즈 시프터의 원리를 이용해서 어느 부분의 신호를 강조할 것인가를 결정한다. 일반적으로는 고음역대의 배음을 강조한다

강조한 배음에 드라이브를 걸어서 새로운 배음을 얻는다. 너무 많이 올리면 음색 자체가 탁해질 수 있으므로 주의하자

효과음이 너무 많으면 사운드 자체가 빈약해지므로, 원음(드라이)을 중심으로 효과음을 조금씩 추가하는 느낌으로 조정하는 것이 좋다

앞서 설명했듯이 현재 이펙터에 사용되고 있는 필터는 원래 아날로그 신서사이저 회로의 일부였다. 하지만 90년대 이후 클럽에서 DJ들이 트랙에 극적인 변화를 주기 위한 목적으로 사용하면서 독립된 이펙터로 주목을 받게 되었다. 예전에도 이미 녹음된 기타나 다른 악기를 아날로그 신서사이저의 외부 입력으로 넣어서 신서사이저 필터로 가공하는 경우는 있었지만, 단독 이펙터로 주목 받은 최초의 필터는 SHERMAN의 Filterbank다(**사진③**).

이것은 여러 종류의 필터와 링 모듈레이터 등의 드라이브 계열 회로를 복잡하게 조합한 것으로, 처음부터 과격한 변화를 만들 목적의 비밀병기로 개발되었다. 스튜디오에서 악기소리에 독특한 효과를 주기 위해서 사용되던 신서사이저 필터는 이때부터 딜레이, 디스토션과 함께 라이브용 이펙터로 진화했다고 할 수 있다.

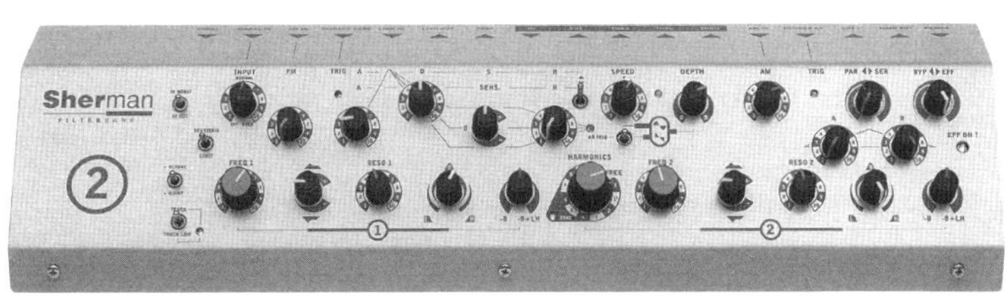

▲사진③ 단독 필터 이펙터의 선구자 SHERMAN Filterbank

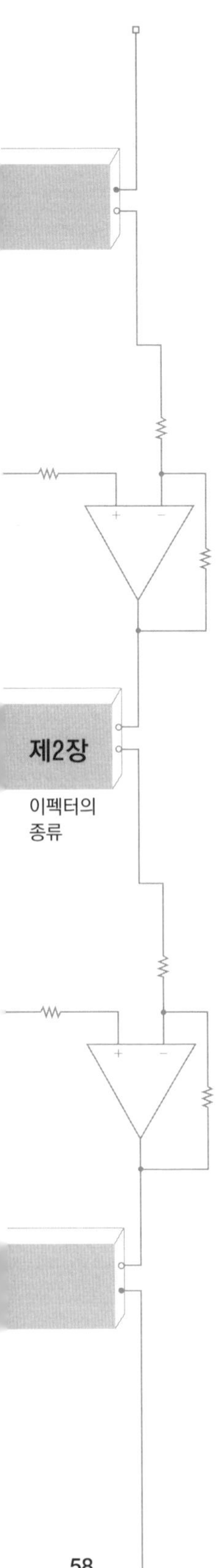

필터에는 몇 가지 종류가 있다. 우선 단독 이펙터에 주로 사용되는 몇 가지를 알아보자.

●로우패스 필터

필터 중에서 가장 많이 사용되는 것은 MOOG Minimoog와 같은 아날로그 신서사이저에 탑재된 로우패스 필터다(**그림⑨**). 이것은 고음성분의 배음을 깎아내는 필터로 어느 주파수까지 깎을 것인가를 '컷 오프 프리퀀시' 파라미터로 설정한다. 컷 오프 프리퀀시를 내리면 높은 배음이 서서히 깎여서 음색은 부드러워지거나, 탁하고 어두운 음색이 된다. 컷 오프 프리퀀시를 끝까지 내리면 대부분의 배음이 깎여서 소리가 거의 들리지 않게 된다.

컷 오프 프리퀀시 부근의 주파수를 강조하는 레조넌스라는 파라미터가 있다.

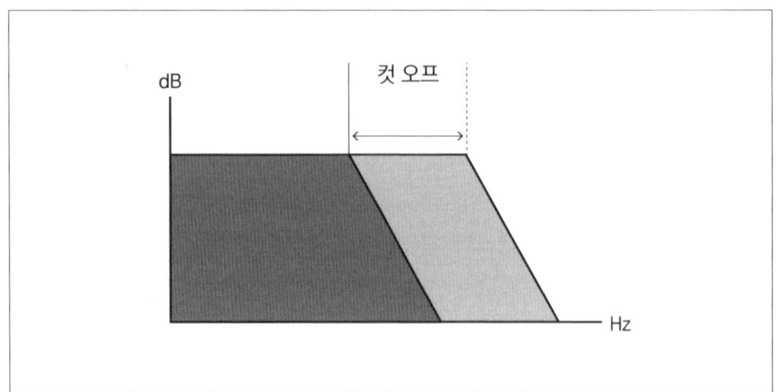

▲그림⑨ 로우패스 필터의 작용

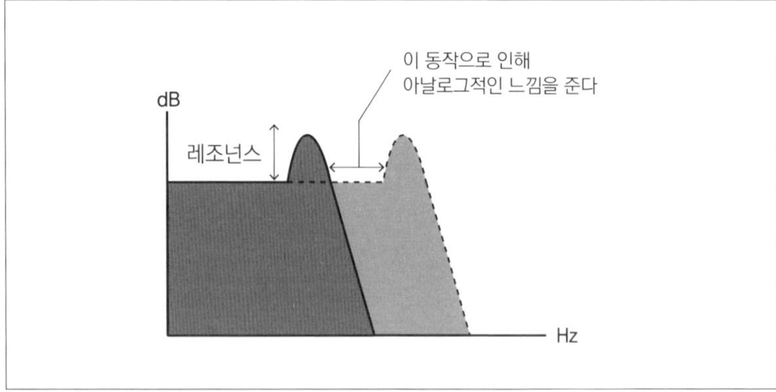

▲그림⑩ 레조넌스에 의한 효과

이걸 높게 설정하면 컷 오프 프리퀀시를 움직였을 때에 아날로그 신서사이저 같은 독특한 음색변화를 표현할 수 있다(**그림⑩**).

로우패스 필터에도 다양한 종류가 있으며, 각각 독특한 음색을 가지고 있다. 지면 관계상 너무 자세한 이야기는 할 수 없으므로, 필터 효과의 차이에 대한 것만 설명하겠다.

필터 효과의 차이는 컷 오프 프리퀀시를 경계로 배음을 깎아내는 각도로 결정된다. 이 각도는 1옥타브 당 몇 데시벨(dB)의 배음 레벨을 깎느냐로 나타내며, 6dB/oct의 각도를 '1Pole' 또는 '6dB-Cut'라고 한다. 참고로 MOOG는 4Pole(24dB-Cut), SEQUENCIAL CIRCUITS Prophet-5는 2Pole(12dB-Cut) 단위로 작동한다(**그림⑪**).

최근에는 2개 이상의 필터를 직렬로 연결해서 6Pole(32dB-Cut)이나 8Pole(48dB-Cut)까지 가능한 기종이 있다. 이 효과의 원리와 표기방법은 로우패스 필터 이외의 필터에서도 동일하게 사용한다. 4Pole 이상의 필터에서 레조넌스를 일정 이상으로 올리면 필터 자체가 발진하는 현상이 발생한다. 이 경우 필터에 입력된 음은 거의 들리지 않게 되고 필터 발진에 의해 얻어지는 사인파만 출력된다. 사인파의 음정은 필터의 컷 오프 프리퀀시에 의해 결정된다.

예를 들어 재생 중인 트랙에 필터를 걸고 레조넌스를 올린 상태로 컷 오프 프리퀀시를 움직이면 아날로그 신서사이저와 비슷한 효과를 연출할 수 있다. 여기서 레조넌스를 더 올려서 발진이 생기는 부분의 컷 오프 프리퀀시를 과감하게

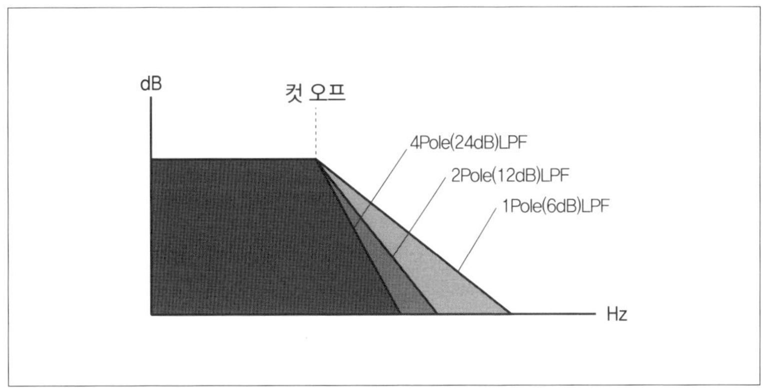

▲그림⑪ 필터의 효과(로우패스 필터)

움직이면 공간계 이펙터와 비슷하면서도 독특한 효과를 낼 수 있다.

●하이패스 필터

다음은 하이패스 필터다. 이것은 이름처럼 로우패스 필터와 정반대의 작용을 하는 것으로, 저음성분의 배음을 깎아내는 필터다(그림⑫). 컷 오프 프리퀀시를 올리면 낮은 배음부터 깎이면서 점점 가벼운 소리가 된다. 컷 오프 프리퀀시를 끝까지 올리면 대부분의 배음이 깎여서 소리가 거의 들리지 않게 된다.

하이패스 필터의 경우는 레조넌스를 올려도 로우패스 필터처럼 아날로그 신서사이저 느낌의 음색변화를 만들기는 어렵다.

대신 컷 오프 프리퀀시를 상당히 낮게 설정한 상태로 레조넌스를 올리면 저음

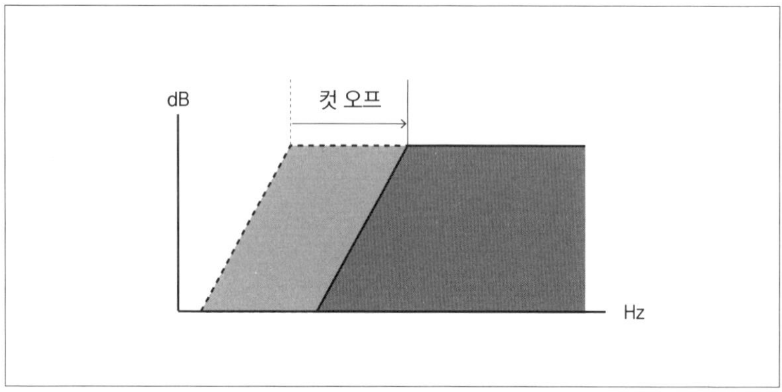

▲그림⑫ 하이패스 필터의 작용

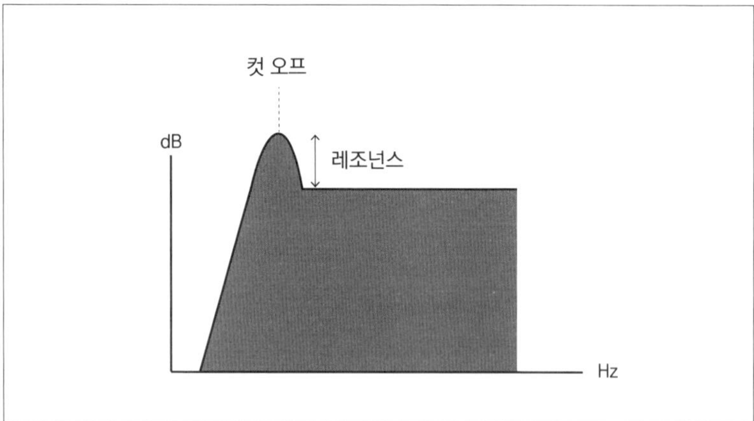

▲그림⑬ 하이패스 필터의 레조넌스를 올리면 저음역을 강조할 수 있다

역을 강조할 수 있다(**그림⑬**). 이 방법으로 저음역을 강조하면 이퀄라이저로 저음역을 부스트할 때보다 더욱 강력한 효과를 얻을 수 있지만, 앰프나 스피커가 망가질 우려가 있으므로 주의하자.

●밴드패스 필터

마지막으로 밴드패스 필터다. 이것은 컷 오프 프리퀀시 부근의 배음만 남기고 위아래의 배음을 모두 깎아내는 필터로, 이것을 응용하면 피킹 타입 이퀄라이저나 나중에 설명할 와우 페달을 만들 수 있다. 이퀄라이저의 특성상 레조넌스가 없는 모델이 대부분이다.

컷 오프 프리퀀시를 중심으로 어느 정도 범위의 배음을 남길 것인가에 따라서 필터 효과의 정도가 정해지는데, 이것을 자유롭게 설정하기 위한 Q와 Band Width 등의 파라미터를 가지고 있는 기종도 있다(**그림⑭**).

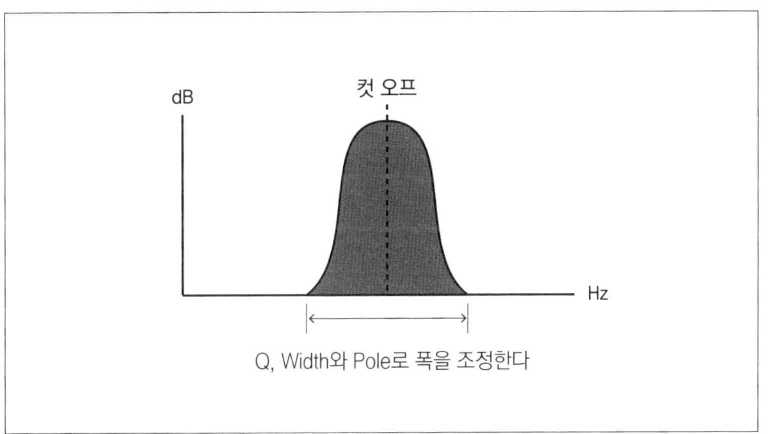

▲그림⑭ 밴드패스 필터의 작용

●파라미터를 움직이는 방법

이러한 필터를 사용한 이펙터는 기본적으로 컷 오프 프리퀀시와 레조넌스를 조절해서 음색에 변화를 준다. 이러한 파라미터를 움직이는 방법으로는

①노브 또는 페달을 사용해서 실시간으로 움직인다
②엔벨로프로 시간적인 변화를 준다
③LFO와 스텝 시퀀서로 주기적인 변화를 준다

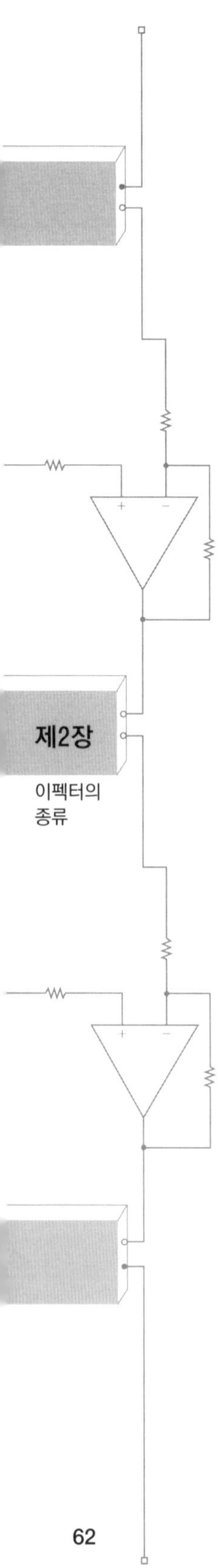

④MIDI 컨트롤 체인지를 사용해서 시퀀서에 변화를 기록한다

등의 방법이 있다.

①에 대해서는 특별히 설명할 것이 없다. 페달을 사용하면 나중에 설명할 와우 페달이 된다.

②는 오토 와우라는 이펙터의 원리다. 필터 이펙터다운 변화 방법은 ③과 ④일 것이다.

LFO 또는 스텝 시퀀서를 사용해서 주기적인 변화를 내기 위해서는 우선 그런 기능이 그 필터 이펙터에 갖춰져 있어야만 한다. 컨트롤 신호의 인풋이 있다면 별도로 아날로그 신서사이저의 LFO모듈을 준비하고 나중에 이 기능을 추가할 수 있지만, 그럴 바에는 처음부터 아날로그 신서사이저의 외부입력을 사용하는 편이 좋다.

LFO에 대한 기본적인 지식은 모듈레이션 계열 이펙터에서 상세하게 설명할 예정이니 참고하기 바란다(92페이지).

LFO에 의한 모듈레이션의 깊이는 뎁스^{Depth} 등의 파라미터로 정한다. 이것이 0으로 되어있으면 아무리 파형이나 스피드를 조정해도 아무런 변화가 일어나지 않으므로 주의하자. 뎁스가 너무 깊으면 컷 오프 프리퀀시가 최대나 최소일 때 완전히 소리가 나지 않게 되는 경우도 있으므로, 우선은 뎁스를 중간정도까지 올린 후 실제로 효과를 들어보면서 가장 적절한 깊이를 결정하는 것이 좋을 것이다.

스피드는 사인파나 삼각파일 때에는 상당히 늦게 설정해서 느리게 꿈틀거리는 효과를 노리는 것이 일반적이다. 그리고 스테레오 사양의 필터 이펙터는 좌우로 움직이는 신호를 상하반전시켜서 좌우로 음상이 움직이며 흔들리는 효과도 낼 수 있다. 구형파나 랜덤파일 때에는 템포에 맞게 설정해서 그룹을 강조하는 것도 효과적이다.

스텝 시퀀서는 아날로그 신서사이저의 시퀀서처럼 음색이나 음정의 변화를 1스텝씩 노브로 설정해서 8~16스텝 정도의 주기적인 변화를 프로그램 할 수 있다. 이 기능을 가진 필터 이펙터는 앞서 말한 LFO처럼 정해진 파형을 사용하는 것이 아니라, 연주자가 직접 컷 오프 프리퀀시와 레조넌스의 변화를 1스텝씩 설정해서 주기적으로 반복시킬 수 있다(**그림⑮**, **화면①**).

① 곡에 맞게 템포를 정한다.
　플러그인의 경우, 자동적으로 곡에 싱크되는 경우가 많다

② 1스텝의 길이를 음표로 지정한다. 8분음표와 16분음표가 일반적이다

③ 몇 스텝으로 반복할 것인가를 지정한다
　1스텝=16분음표라면 16스텝이 1소절이 된다(4/4박자의 경우)

④ 노브와 페이더, 피아노롤
　디스플레이 등으로 각 스텝의
　값을 정한다

⑤ 컷 오프 프리퀀시를 움직이면
　오른쪽 그림처럼 변한다

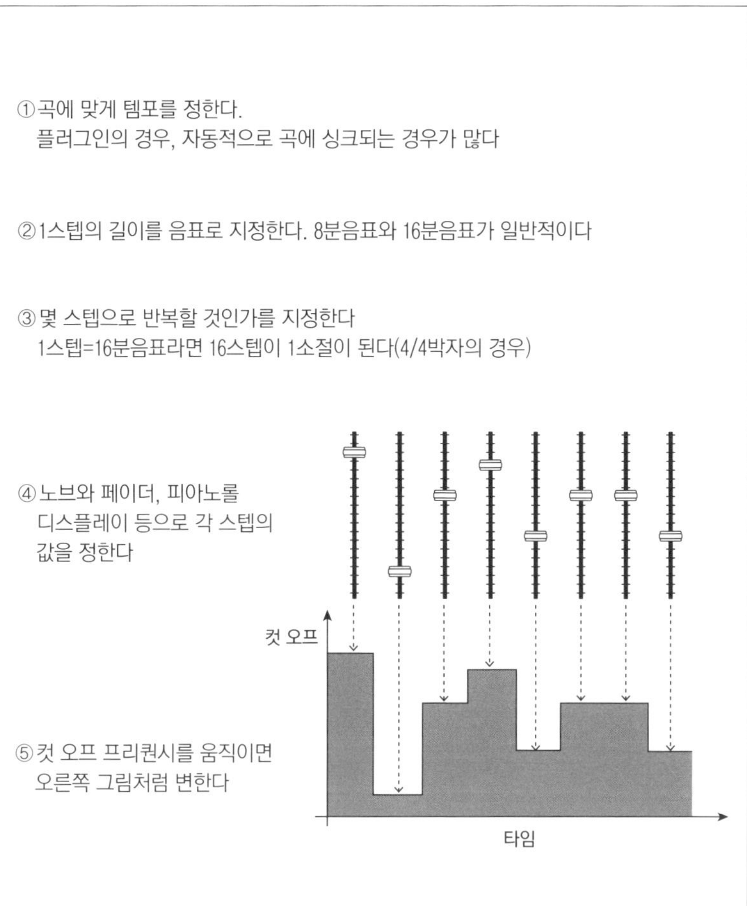

▲그림⑮ 스텝 시퀀서 기능을 가진 필터 이펙트를 사용하는 방법

▲화면① 스텝 시퀀서 기능을 가진 필터 플러그인 STEINBERG StepFilter

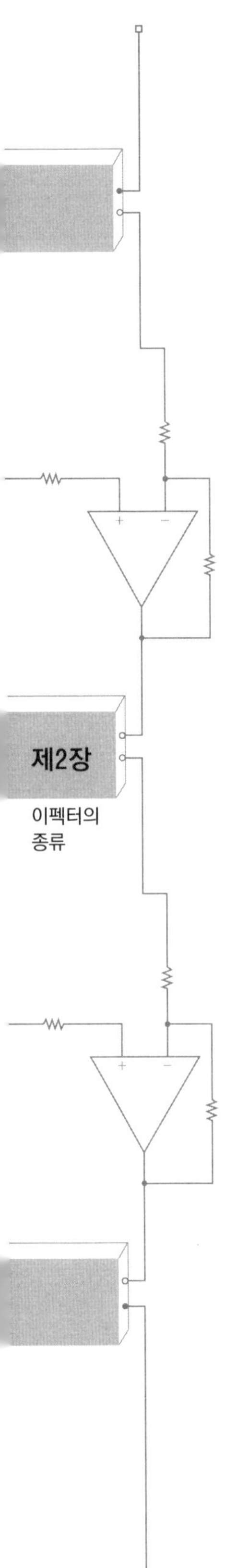

실제로 각 스텝마다 노브를 가진 기종도 있고, 실시간으로 변화시키는 것도 가능하다. 테크노와 하우스 뮤직에서는 이러한 스텝 시퀀서를 사용해서 필터의 움직임으로 프레이즈를 만드는 방법이 많이 사용된다.

만약 사용하고 있는 필터 이펙터에 LFO와 스텝 시퀀서가 없다면, 이러한 주기적인 변화를 만들어낼 수 없다. 그리고 앞서 말했듯이 외부 LFO모듈이나 아날로그 시퀀서를 사용한다면 처음부터 아날로그 신서사이저의 외부 입력을 사용하는 편이 좋다. 하지만 그 이펙터가 MIDI에 대응하고 있거나 플러그인 이펙터라면 좀 더 간단하게 이러한 변화를 줄 수 있다. 그것이 바로 ④의 컨트롤 체인지를 사용한 방법이다.

MIDI의 IN/OUT이 마련된 기종이라면 일반적으로 MIDI를 사용해서 컷 오프 프리퀀시의 파라미터를 외부에서 컨트롤하는 것이 가능하다. 그래서 MIDI시퀀스 소프트웨어 중에서 변화시키고 싶은 파라미터에 대응한 MIDI컨트롤 체인지 정보를 사용해서 그 움직임을 기록하고 시퀀스 소프트웨어를 작동시키면, 필터 이펙터를 원하는 대로 작동시킬 수 있다. 이때 기록할 수 있는 최소단위를 8분음 또는 16분음으로 해두면 스텝 시퀀서 같은 작동을 입력할 수도 있다. 주기적으로 반복되는 변화를 원할 때에는 원하는 변화를 기록한 후에 MIDI데이터를 카피&페이스트로 원하는 만큼 반복시키면 된다. 물론 시퀀스 소프트웨어에 MIDI 데이터를 루프 재생시키는 기능이 있다면 그것을 사용하는 것도 좋다.

플러그인 필터 이펙터는 특별히 MIDI컨트롤 체인지 등을 의식하지 않아도 파라미터의 오토메이션을 입력할 수 있으므로 더욱 간단하다.

이러한 필터 이펙터의 움직임을 시퀀스 소프트웨어에 입력하는 방법은 단순히 LFO와 스텝 시퀀서 대용으로뿐만 아니라, 실시간으로 조작하는 파라미터의 움직임을 기록해서 나중에 저장된 데이터를 재현하는 식으로 사용할 수도 있다. 이것은 테크노와 트랜스 등의 장르에서 많이 사용되는 수법이다. DJ, 클럽 음악용 리듬머신에 내장된 필터 이펙터는 이 방법을 외부 시퀀스 소프트웨어를 사용하지 않고 할 수 있도록 모션 시퀀스라고 불리는 기능을 내장한 모델도 많다(그림⑯).

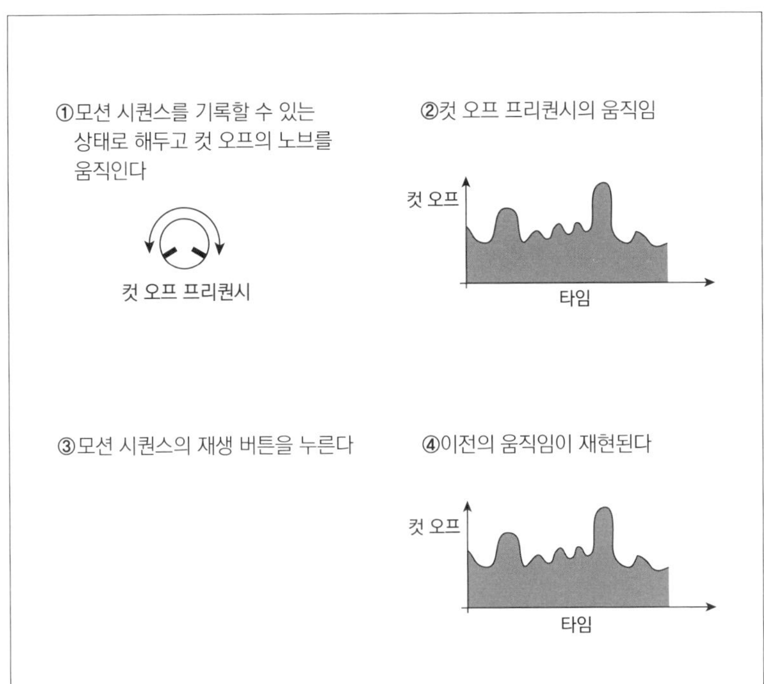

▲그림⑯ 모션 시퀀스 기능의 개요

●와우 페달에서 파생된 필터 이펙터

지금까지 설명한 필터 이펙터는 기본적으로 아날로그 신서사이저의 필터 모듈에서 나뉘어져 발전한 것이지만, 필터 이펙터에는 이와는 다른 또 하나의 중요한 흐름이 있다. 그것은 아날로그 신서사이저보다 빨리 60년대 초기에 등장한 기타용 와우 페달에서 파생된 필터 이펙터의 흐름이다.

페달형 이펙터 중에서도 독보적인 위치를 차지하는 와우 페달은 원래 60년대 중반에 일종의 톤 컨트롤, 또는 특정 주파수를 강조하는 부스터로 개발되었다. 관악기의 플랜저 뮤트(주2)를 대체하기 위한 것으로 만들어졌다는 이야기도 있다.

VOX의 Clyde McCoy라는 와우 페달은 유명한 트럼펫 연주자인 클라이드 맥코이의 이름을 가져온 것으로, 이러한 사실을 보아도 초기의 와우 페달은 일렉트릭 기타 연주자뿐만 아니라 관악기 연주자들을 대상으로 하고 있었다는 것을 알

주2 : 플랜저 뮤트는 관악기에 사용하는 약음기의 일종으로 손에 들고 관악기의 소리가 나오는 부분에 대고 열고 닫는 동작으로 소리에 변화를 준다

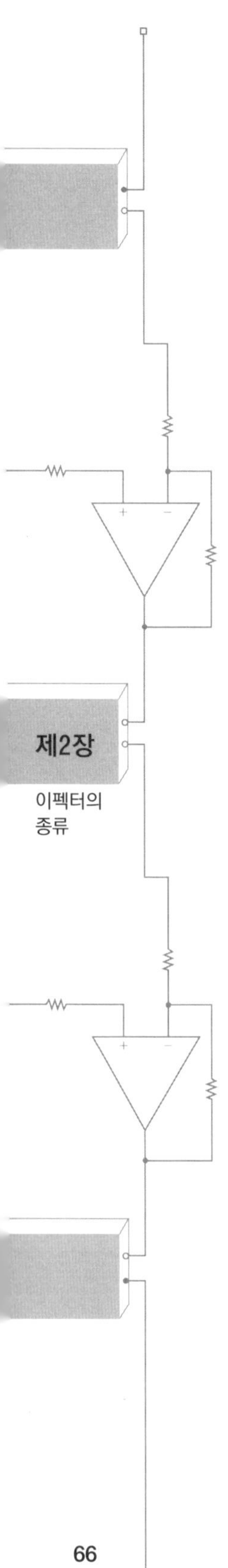

수 있다. 와우 페달을 유명하게 만든 것은 사이키델릭 장르가 유행하면서 등장한 에릭 클랩튼과 지미 헨드릭스의 기타연주였다. 그들은 와우 페달을 단순히 톤 컨트롤이나 부스터로 사용한 것이 아니라, 발로 페달을 밟아서 '와우와우'하는 느낌의 음색변화를 적극적으로 사용했다(**사진④**).

◀**사진④** 와우 페달의 대명사인 VOX V846을 복각한 V846-HW

와우 페달의 기본 원리는 1밴드 파라메트릭 이퀼라이저 또는 신서사이저의 밴드패스 필터와 동일하다. 한 가지 다른 점은 강조하는 주파수의 배음을 노브가 아니라 풋 페달로 바꾼다는 것이다.

그림⑰은 와우 페달의 기본원리를 나타낸 것이다. 베이스 기타용 와우 페달은

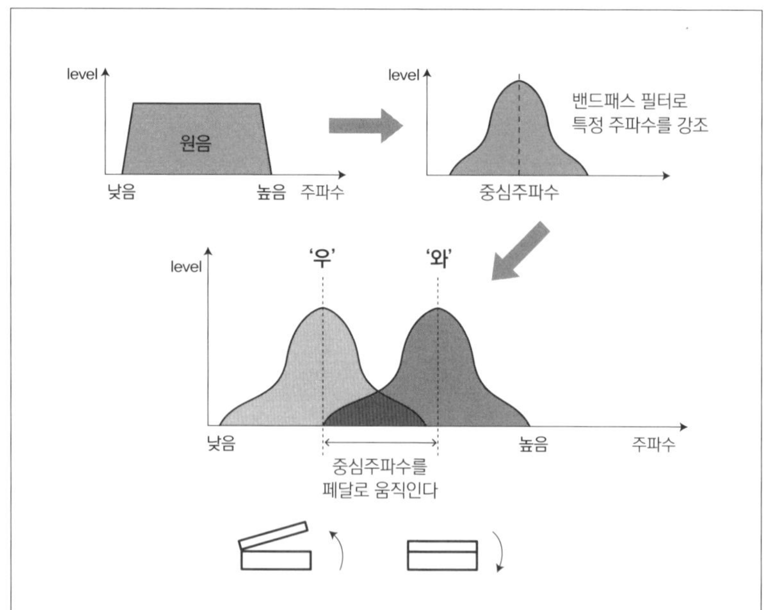

▲그림⑰ 와우 페달의 기본 원리

밴드패스 필터 대신에 컷 오프 프리퀀시 부근을 강조해주는 로우패스 필터를 사용하는 기종도 있다(**그림⑱**). 베이스 기타용은 주파수 대역이 기타용보다 낮게 설정된 제품이 많다(**그림⑲**).

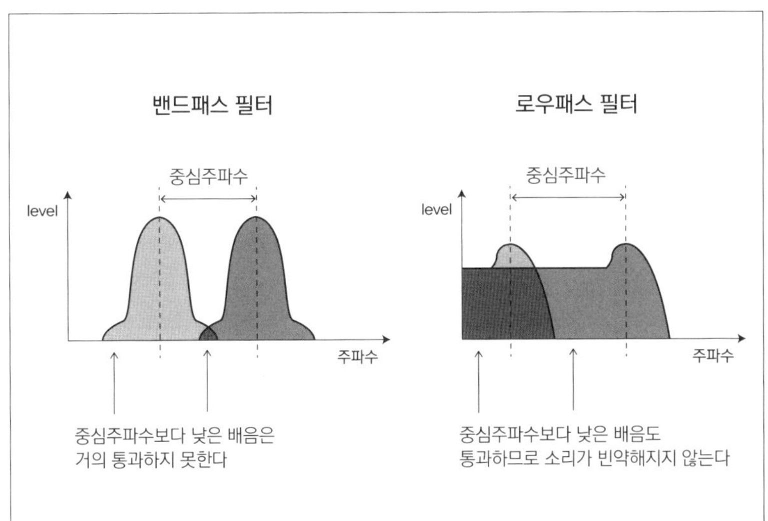

▲**그림⑱** 밴드패스 필터와 로우패스 필터로 각각의 중심주파수를 움직였을 때의 차이

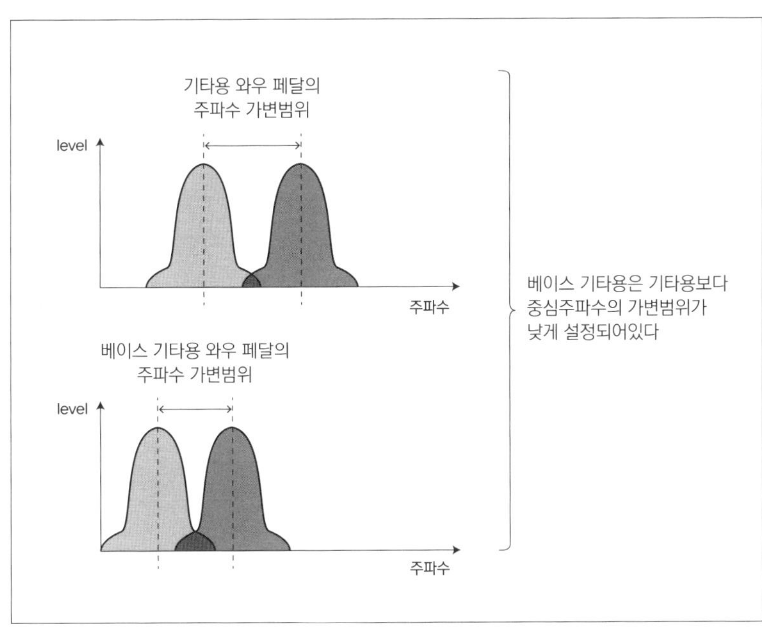

▲**그림⑲** 기타용과 베이스 기타용 와우 페달의 차이

와우 페달 이외에도 오토 와우 또는 터치 와우라고 불리는 이펙터도 있다. 이 것은 페달을 조절하면서 변화시키던 음색을 이펙터가 자동적으로 만들어내도록 설계되어있다. 이 자동적인 음색변화는 몇 가지 예외적인 기종을 제외하고 엔벨로프 팔로워라는 회로를 사용해서 입력신호의 크고 작음을 음색 변화로 바꿔서 출력한다. 발로 페달을 밟는 대신에 레벨의 변화를 사용해서 효과를 연출한다고 생각하면 이해하기 쉬울 것이다(**그림⑳**).

예를 들어 기타를 오토 와우에 연결한 경우를 생각해보자. 피킹한 순간의 소리가 시작부분은 레벨이 크므로 페달을 밟은 상태의 '와'하는 소리가 출력되며, 음이 감쇄하는 부분은 레벨이 작으므로 '우'하는 소리가 출력된다(**그림㉑**). 이것을 기타의 리듬커팅에 사용하면 와우 페달에서는 낼 수 없는 독특하고 리드미컬한 음색의 변화를 연출할 수 있다. 이 '와'와 '우'의 변화를 반전시켜서 레벨이 클 때 '우', 작을 때 '와'로 발음할 수 있는 기종도 있다.

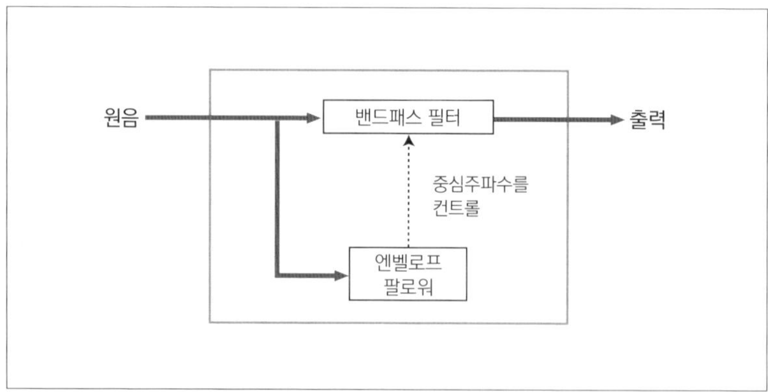

▲**그림⑳** 오토 와우의 기본 원리

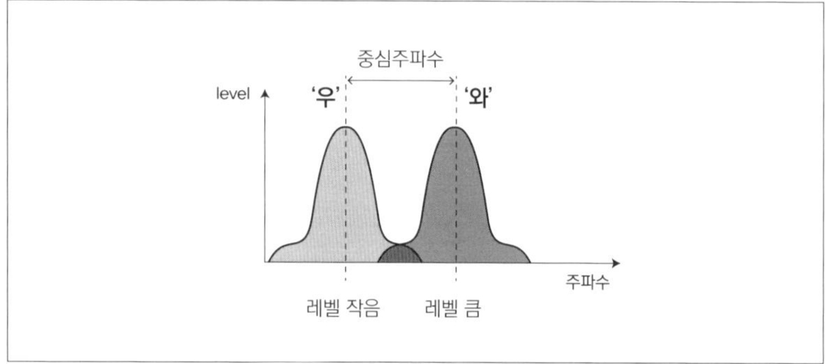

▲**그림㉑** '와'와 '우'의 차이

주요 파라미터와 기본 세팅

●필터

●와우 페달

●오토 와우

토킹 모듈레이터와 보코더는 둘 다 입력신호를 사람의 목소리처럼 바꿔주는 이펙터다. 하지만 토킹 모듈레이터는 가장 원시적인 구조를 가진 이펙터라고 할 수 있다. 왜냐하면 토킹 모듈레이터가 사람 목소리를 재현하기 위해 사용하는 기본적인 회로는 사람의 '입' 바로 그 자체이기 때문이다.

누구나 알고 있듯이 인간은 성대를 진동시켜서 목소리를 낸다. 하지만 성대는 일종의 발진기처럼 만들 수 있는 음색은 기본적으로 하나다. 이 성대에서 나온 소리를 가공해서 '가나다라마~', 또는 'ABC~'와 같은 다양한 형태로 만들어내는 것이 사람의 입이다. 즉 사람의 입은 신서사이저의 필터, 또는 일렉트릭 기타에 연결된 와우 페달 같은 역할을 하고 있다고 할 수 있다.

60년대 말부터 수많은 메이커가 기타용 이펙터에 집중하고 있을 때, 어떤 엔지니어가 아주 천재적이며 매우 야만스런 아이디어를 떠올렸다. 그것은 전기악기의 소리를 사람의 입으로 '입력'해서 사람의 입이라는 필터로 가공한 후 '출력'하면 어떤 악기소리라도 사람의 목소리처럼 바꿀 수 있다는 것이었다.

그림㉒는 토킹 모듈레이터의 기본적인 구조를 나타낸 것이다. 앰프로 증폭된 악기소리는 밀폐된 상자 안의 작은 스피커에서 울린다. 이 소리는 상자에서 뻗어 나온 호스에 전달되어 호스를 입에 물고 있는 연주자의 입으로 전해진다. 연주자는 평소에 말하거나 노래할 때처럼 입을 움직여서 들어온 소리를 목소리처럼 가공한다(이때 자신의 목소리는 내지 않는다).

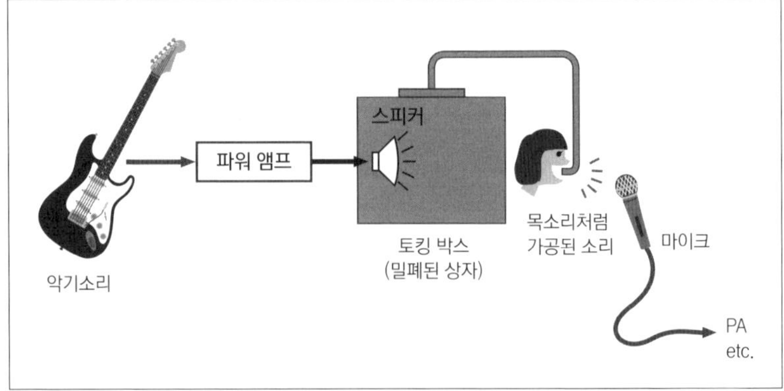

▲그림㉒ 토킹 모듈레이터의 구조

그리고 목소리처럼 가공된 악기소리는 연주자 앞에 있는 마이크를 통해서 레코딩 콘솔과 PA시스템으로 전달된다. 달리 말하면 토킹 모듈레이터는 악기소리를 인간의 성대 대신에 사용할 수 있게 해주는 일종의 변환기라고 할 수 있다.

그림㉒에서 토킹 모듈레이터 시스템에 포함되어 있는 것은 소형 스피커를 내장한 밀폐된 상자와 호스뿐이다. 스피커를 구동하기 위한 앰프와 마이크, 스피커는 따로 준비해야 한다. 그리고 일반적인 이펙터에는 소리를 가공하기 위한 볼륨이나 IC 등의 전자회로가 내장되어있지만, 이 상자와 호스 사이에는 그런 것이 전혀 없다(**사진⑤**). 그런 의미에서 토킹 모듈레이터라고 판매하고 있는 이 상자와 호스 세트는 정확하게는 '당신의 입을 토킹 모듈레이터로 사용하기 위한 입력변환기'라고 표현하는 것이 정확할 것이다. 이펙터 본체는 어디까지나 연주자의 입과 입에서 울리는 소리를 공명시키는 연주자의 두개골이다. 때문에 토킹 모듈레이터를 사용한다는 것은 연주자에게 상당한 육체적 부담을 주며, 특히 두개골을 진동시키는 것이 몸에 안 좋다고 해서 '토킹 모듈레이터를 사용하면 바보가 된다'고 주장하는 사람도 있다.

▲사진⑤ 토킹 모듈레이터 JIM DUNLOP Heil Talkbox

필자는 아직까지 토킹 모듈레이터를 너무 많이 사용해서 입원을 하거나 바보가 되었다는 말은 들어본 적이 없지만, 너무 오랫동안 사용하는 것은 피하는 것이 좋을 것 같다.

토킹 모듈레이터로 실현된 '악기로 말을 하는 효과'는 수많은 뮤지션의 흥미를 끌었다. 하지만 앞서 말했듯이 신체의 일부분을 이펙터로 사용하는 상당히 원시적인 콘셉트를 가진 이펙터이기 때문에 누구나 쉽게 사용할 수 있는 제품은 아니다. 그래서 일반적인 이펙터처럼 전자적인 회로만 사용해서 악기로 말을 하기 위해서 만들어진 것이 보코더다.

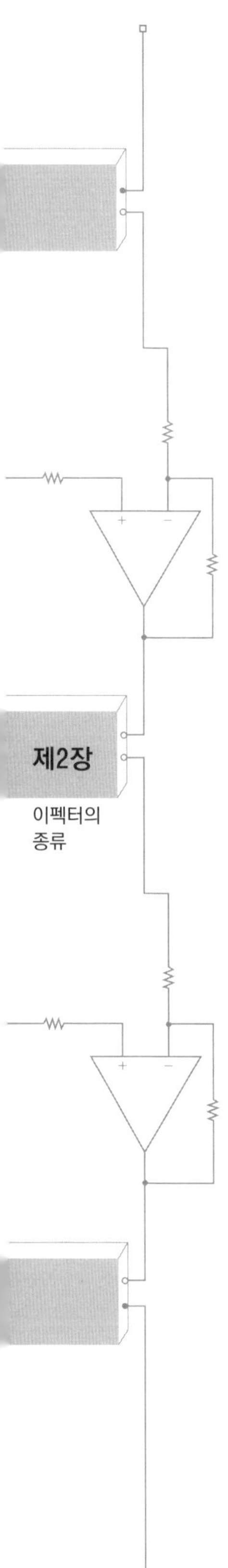

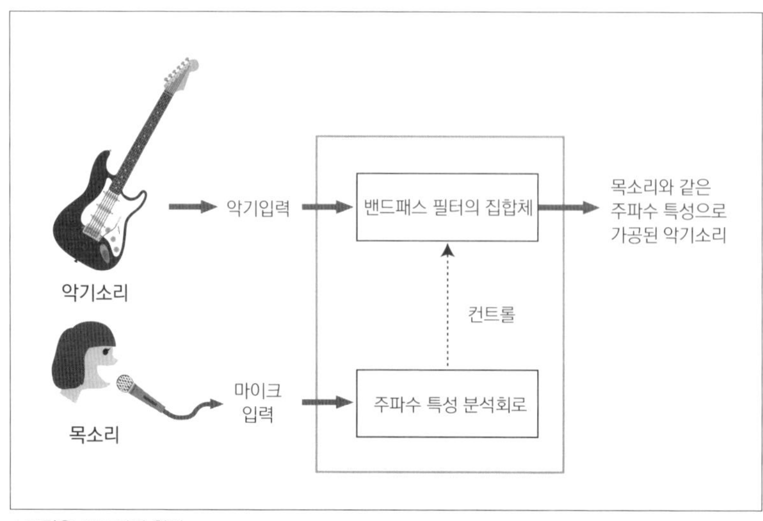

▲그림㉓ 보코더의 원리

보코더는 기본적으로는 그래픽 이퀄라이저처럼 주파수 대역으로 분할된 밴드패스 필터의 집합체라고 할 수 있다. 보코더에는 악기 입력 외에 사람의 목소리를 입력하는 마이크 입력이 있다. 그리고 마이크 입력으로 사람의 목소리가 들어오면 보코더는 목소리의 주파수 특성을 분석해서 그와 같은 주파수 특성이 되도록 밴드패스 필터들을 조정한다. 악기 입력으로 들어온 소리는 밴드패스 필터를 통과하면서 마이크 입력으로 들어온 목소리에 가까운 주파수 특성으로 가공되어 출력되는 것이다(**그림㉓**).

마이크 입력으로 들어온 목소리를 분석하는 회로를 좀 더 상세히 살펴보자. '아~' 또는 '우~' 등의 코러스를 노래하고 있을 때라면 몰라도, 일반적으로 사람의 목소리는 시시각각 변한다. 이 음색변화를 실시간으로 파악하기 위해서, 보코더는 매우 많은 수(10~20밴드 이상)의 밴드패스 필터와 오토 와우에서도 언급한 엔벨로프 팔로워 회로를 함께 사용한다.

그림㉔를 보자. 마이크 입력으로 들어온 목소리는 여러 개의 밴드패스 필터를 통해서 10~20 이상의 주파수 대역으로 나뉜다. 그리고 각 대역의 음량 변화는 각각 독립된 엔벨로프 팔로워로 검출한다. 한편 악기 입력으로 들어온 신호의 회로에도 같은 밴드패스 필터가 있으므로 10~20 이상의 대역으로 분할된다. 그리고 각 대역의 음량은 앞에서 말한 엔벨로프 팔로워로 컨트롤한다. 이렇게 하

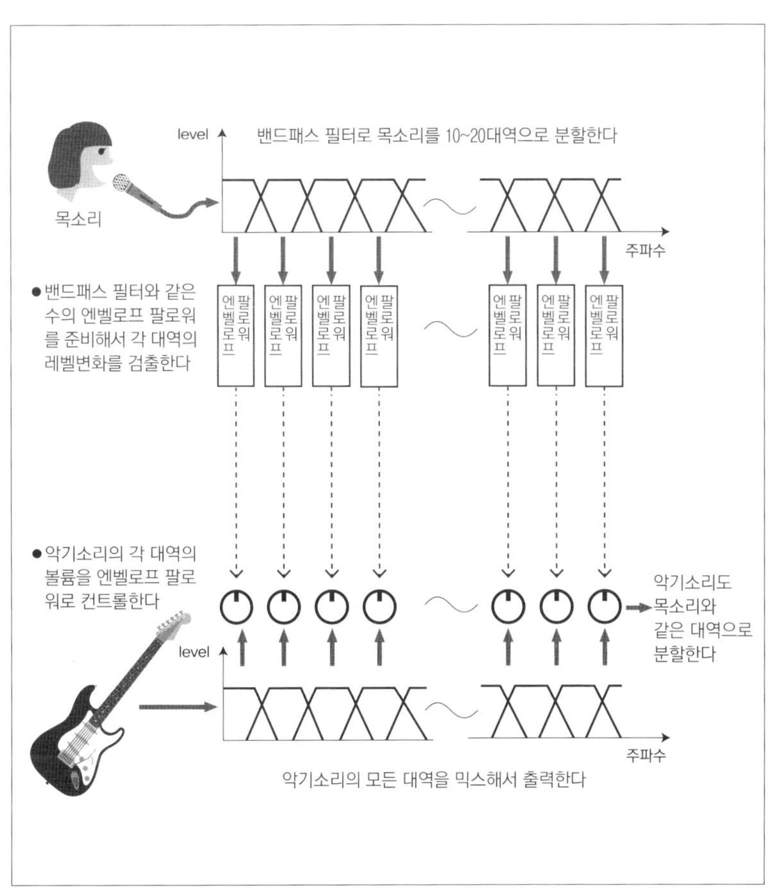

▲그림㉔ 각 대역마다 따로 작용하는 엔벨로프 필터

면 악기 입력으로 들어온 신호의 각 주파수 대역이 마이크 입력으로 들어온 목소리의 각 주파수 대역과 항상 똑같이 변하면서, 결과적으로 악기가 말을 하는 것처럼 들린다.

얼마나 사람 목소리에 가깝게 들릴 것인가는 주파수 대역을 분할하는 필터의 밴드 수에 따라 바뀐다. 밴드 수가 많고 대역을 세밀하게 분할할 수 있는 것은 그만큼 세밀한 부분까지 주파수 특성을 사람의 목소리와 비슷하게 할 수 있는 것이며, 더욱 진짜 목소리에 가깝게 들린다. 일반적인 악기소리를 입력한 경우에는 시옷 발음 등의 자음을 표현하는 것이 어렵기 때문에 기종에 따라서는 화이트 노이즈[주3]를 더하는 제품이나 자음부분만 마이크 입력에서 들어온 신호를 출력에 믹스할 수 있는 기종도 있다.

악기 입력의 각 대역을 엔벨로프 팔로워로 컨트롤하지만, 각 대역의 밸런스를 바꿔서 입력된 목소리와는 다른 목소리를 만드는 포먼트라는 기능이 있다. 쉽게 말해 포먼트는 남자 목소리를 여자 목소리로, 또는 그 반대로 바꿔주는 기능이다. 그리고 음정을 일정하게 만들어서 흔히 말하는 '로봇 보이스'를 만들 수도 있다.

최근에는 피치 시프터의 기술을 응용한 디지털 보코더까지 등장했다. 디지털 보코더는 상당히 명료한 '목소리'를 만들어낼 수 있다. 하지만 Kraftwerk의 앨범에서 들을 수 있는 로봇 보이스와 Zapp의 보컬리스트 로저와 같은 보코더 보컬을 원한다면 아날로그 보코더를 사용하는 편이 좋을 것이다.

최근에는 KORG MicroKORG처럼 보코더를 내장한 신서사이저도 많으므로 예전에 비하면 누구나 손쉽게 로봇 보이스를 만들 수 있다.

최근에는 보코더를 단순히 악기로 말을 하기 위해서가 아니라 목소리 이외의 신호를 입력해서 일종의 필터 이펙터로 활용하는 경우도 많아졌다. 특히 목소리 대신에 퍼커시브한 리듬 트랙을 입력하면 아주 효과적이다. 이렇게 하면 신서사이저 소리를 아주 독특하고 리드미컬하게 연출할 수 있다.

주3 : 화이트 노이즈=악기의 음원이나 측정용 음원에 사용되는 규칙성이 없는 신호 중 하나로, 신서사이저로 자연음(바람소리 등)을 만들어낼 경우에도 사용한다. 화이트 노이즈 외에 핑크 노이즈도 있다(각각 중심주파수 대역이 다르다)

주요 파라미터와 기본 세팅

● 토킹 모듈레이터

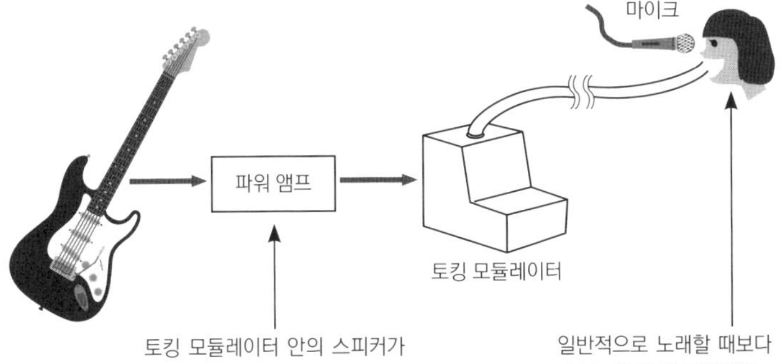

토킹 모듈레이터 안의 스피커가 망가지지 않도록 과도하게 볼륨을 올리지 않는다. 일반적인 기타 앰프의 스피커 아웃을 사용할 수 있는 기종도 있다

일반적으로 노래할 때보다 마이크에 좀 더 가까이(5cm 정도) 다가가는 편이 좋다

● 보코더

공연 중에 보코더가 다른 악기소리에 반응하지 않도록 해주는 일종의 노이즈 게이트다. 자신의 목소리에만 반응하도록 조절한다. 녹음실에서는 그다지 필요가 없을 것이다

자음부분을 보충하기 위해 노이즈 성분을 섞는다. 조금 올려두는 편이 명확한 목소리를 낼 수 있다

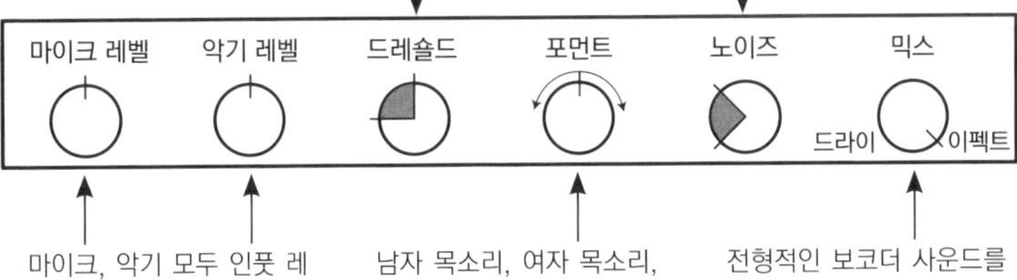

마이크, 악기 모두 인풋 레벨은 왜곡되지 않도록 적절하게 설정한다

남자 목소리, 여자 목소리, 아이 목소리 등 보코더의 음색 캐릭터를 조정한다

전형적인 보코더 사운드를 원할 경우에는 이펙트음만 사용한다

※주
1. 기종에 따라서는 포먼트 대신에 각 대역마다 레벨을 조정하는 노브를 배열한 것도 있다
2. 노이즈를 섞는 대신에 원음의 자음성분만 통과시키는 파라미터를 가지고 있는 기종도 있다
3. 음원을 내장한 기종에서는 그 음원의 피치나 외부입력의 전환 스위치 등의 파라미터가 있다

드라이브 계열이란? ▶▶▶ 원음을 고의적으로 망가트리는 급진적인 사운드로 록의 반항정신을 전파한 이펙터

리버브와 딜레이로 만들 수 있는 소리는 교회와 홀의 잔향 그리고 메아리로 옛날부터 존재했으며, 방송국용 리미터나 HAMMOND 오르간을 위한 Leslie 스피커도 어떤 면에서는 전기적 이펙터라고 할 수 있다. 하지만 이 책을 읽는 독자들이 가장 먼저 떠올리는 이펙터란 무엇인가? 아마도 퍼즈와 디스토션 등의 드라이브 계열 이펙터일 것이다.

원래 이펙터는 소리를 더욱 아름답게 만들거나 레벨을 조절하기 위한 목적으로 탄생했다. 하지만 소리를 찌그러트리기(Distort) 위한 이펙터인 퍼즈와 디스토션은 처음부터 소리를 망가트릴 목적으로 만들어졌다. 악기의 원음에 무언가를 추가하거나 보정하는 것이 아니라 이펙터 자체가 악기의 일부가 되어서 새로운 음색을 만들어낸 최초의 이펙터가 바로 퍼즈다. 어떤 악기라도 퍼즈를 걸면 모두 비슷한 소리를 출력한다. 퍼즈의 회로 안에서 모든 소리가 완전히 망가져서 원형을 알 수 없는 하나의 소리 덩어리가 나오는 것이다.

이러한 드라이브 계열 이펙터가 1960년대 후반부터 급속하게 보급된 이유는 이 시기에 록 음악이 급성장한 것과 깊은 관계가 있다. 그리고 음악적 유행이 록에서 AOR[주1]로 변하던 1970년대 말에 퍼즈와 디스토션을 재발견한 것은 펑크 로커들이었다. 1990년대에는 로우파이 사운드라는 형태로 DJ를 비롯한 수많은 음악가들이 기타가 아닌 다른 악기와 턴테이블에 드라이브 계열 이펙터를 사용하기 시작했다. 대중음악의 중요한 변환점에는 반드시 드라이브 계열 이펙터가 존재한다고 해도 과언이 아닐 것이다. 여하튼 퍼즈와 디스토션, 오버드라이브 등 드라이브 계열 이펙터는 현재의 대중음악에서 필수적인 존재라는 것은 분명하다.

주1 : AOR=Adult Oriented Rock과 Album Oriented Rock이라는 두 가지 의미를 가지고 있다. 여기서는 Adult Oriented Rock의 약자로 침착한 분위기의 음악을 말한다

퍼즈 ▶▶▶ 드라이브 계열의 조상이자 가장 과격한 이펙터

퍼즈의 기본원리는 매우 심플하다. **그림①**처럼 입력된 신호를 증폭해서 클리핑 (주2)을 걸어서 음색과 음량의 변화를 주는 것이다. 입력된 소리의 파형이 어떻든 간에 클리핑에 의해 파형의 위아래가 잘려나가기 때문에 결과적으로는 모든 소

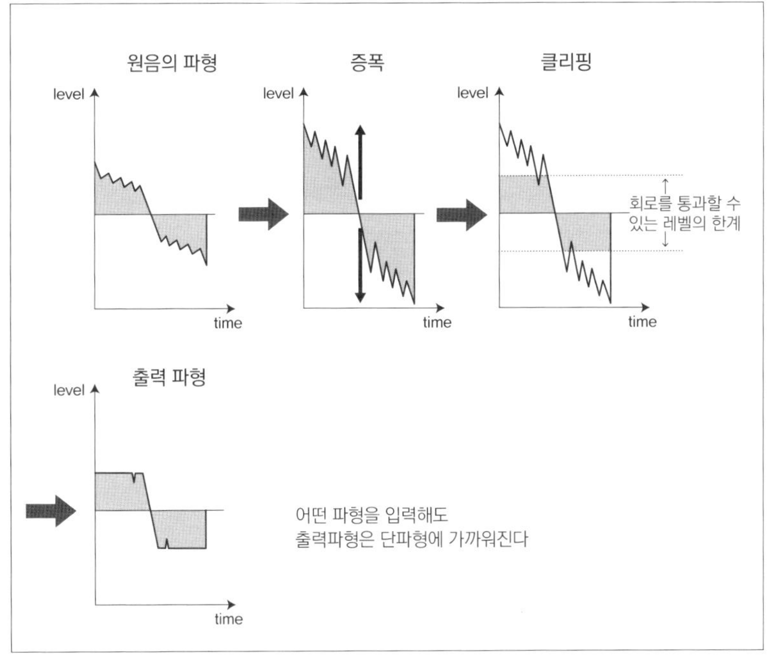

▲그림① 퍼즈의 구조

주2 : 클리핑=출력신호의 위아래를 찌그러트리는 것을 말한다. 결과적으로 홀수배음이 많이 발생한다

리가 단형파에 가까운 형태로 변하게 된다. 또한 클리핑을 통해서 레벨도 일정해지므로 기타처럼 감쇠하는 소리도 서스테인이 길어진다.

이런 원리는 디스토션과 오버드라이브에서도 기본적으로 동일하게 적용이 되며, 세 이펙터를 극단적으로 설명하자면 '어느 정도로 심하게 찌그러트릴까(어느 정도의 레벨로 클리핑을 걸까)?'하는 정도의 차이 밖에 없다. 하지만 세 이펙터의 사운드 캐릭터는 확연하게 구분된다.

61년경에 최초의 퍼즈가 등장하고 현재에 이르기까지, 이펙터 제조사들은 수많은 드라이브 계열 이펙터를 생산해냈다(**사진①**). 뮤지션의 요구에 따라가다 보니 자연스럽게 지금처럼 세 종류의 흐름이 형성된 것이다.

퍼즈는 이 중에서 가장 과격한 이펙터다. 과격한 만큼 가장 서스테인도 길고, 원음의 파형을 완전히 망가트려서 단형파로 바꿔버린다. 또한 피킹의 강약에 의한 미묘한 변화가 출력에 반영되지 않고, 코드 연주도 거의 불가능하다. 원래 퍼즈는 기타로 연주하는 단음을 색소폰처럼 길게 유지하기 위해서 만들어졌기 때문에 코드 연주가 불가능하다는 것은 큰 문제로 여기지 않았다.

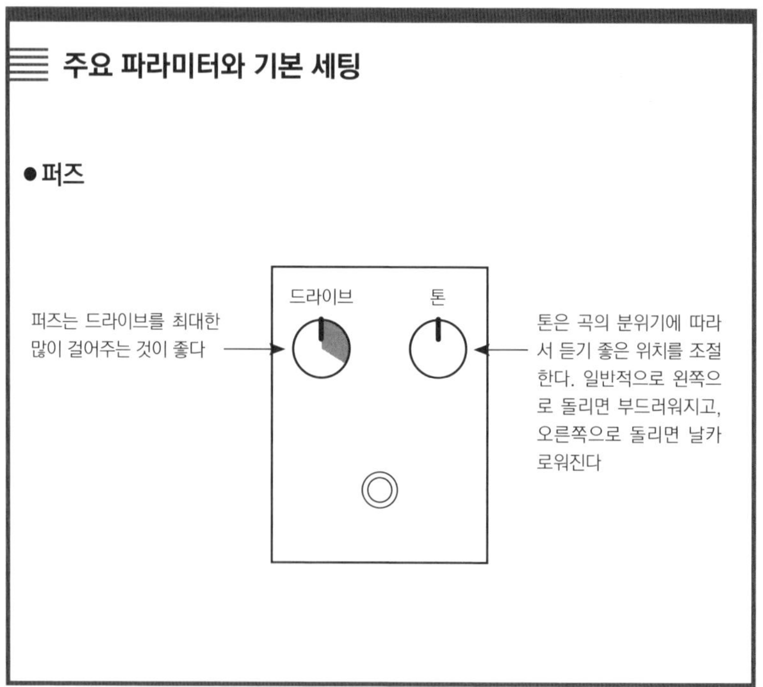

◀사진① 60년대에 많은 기타리스트들에게 사랑받은 퍼즈의 대표기종 JIM DUNROP Fuzz Face(사진은 오리지널이 아니라 DALLAS-ALBITER에서 생산된 리이슈 모델)

디스토션 ▶▶▶ 원음을 배려한 설계로 연주자의 뉘앙스와 화음을 표현할 수 있다

퍼즈에서 설명했듯이 드라이브 계열 이펙터의 기본원리는 모두 동일하다. 입력 신호를 클리핑시켜서 드라이브와 서스테인을 얻는 방법은 디스토션도 마찬가지다. 그러므로 드라이브 노브를 끝까지 올리고 단음을 연주하면 퍼즈와 디스토션의 차이를 구분하기 힘들다. 하지만 드라이브 노브를 내리면 양쪽의 차이는 확실히 구분된다. 퍼즈와 달리 디스토션은 어느 정도 피킹 뉘앙스와 코드감을 표현할 수 있다. 이것은 디스토션이 퍼즈보다 원음을 어느 정도 유지할 수 있도록 설계되었기 때문이다.

또한 모든 배음이 부스트되는 퍼즈에 비해 디스토션은 짝수배음이 홀수배음보다 강조되어서, 드라이브의 음색 자체도 퍼즈보다 부드럽게 느껴진다(**사진②③**).

◀사진② 콤팩트 디스토션의 선구자라고 할 수 있는 MXR Distortion+. 진공관 앰프의 오버로드 현상에 가까운 음색을 표현해준다는 평가를 받고 있다

▶사진③ PROCO Rat. 굵은 엣지가 살아있는 사운드가 특징적이며, 다른 이펙터의 톤 대신에 필터(로우패스 필터)가 탑재되어 있으므로 오른쪽으로 돌릴수록 고음역이 깎인다

3

드라이브
계열

오버드라이브도 퍼즈와 디스토션과 기본원리는 같다. 하지만 **그림②**처럼 드라이브가 심하게 걸리지 않으므로 서스테인은 짧다. 오버드라이브는 기타 앰프 자체의 게인으로 얻을 수 있는 자연스럽고 따듯한 드라이브 톤을 만들 수 있다. 당연히 코드 연주를 해도 소리가 뭉치지 않고, 기타와 베이스 뿐만 아니라 키보드에도 사용할 수 있다. 드럼을 로우파이한 느낌으로 만들 때에도 효과적이다.

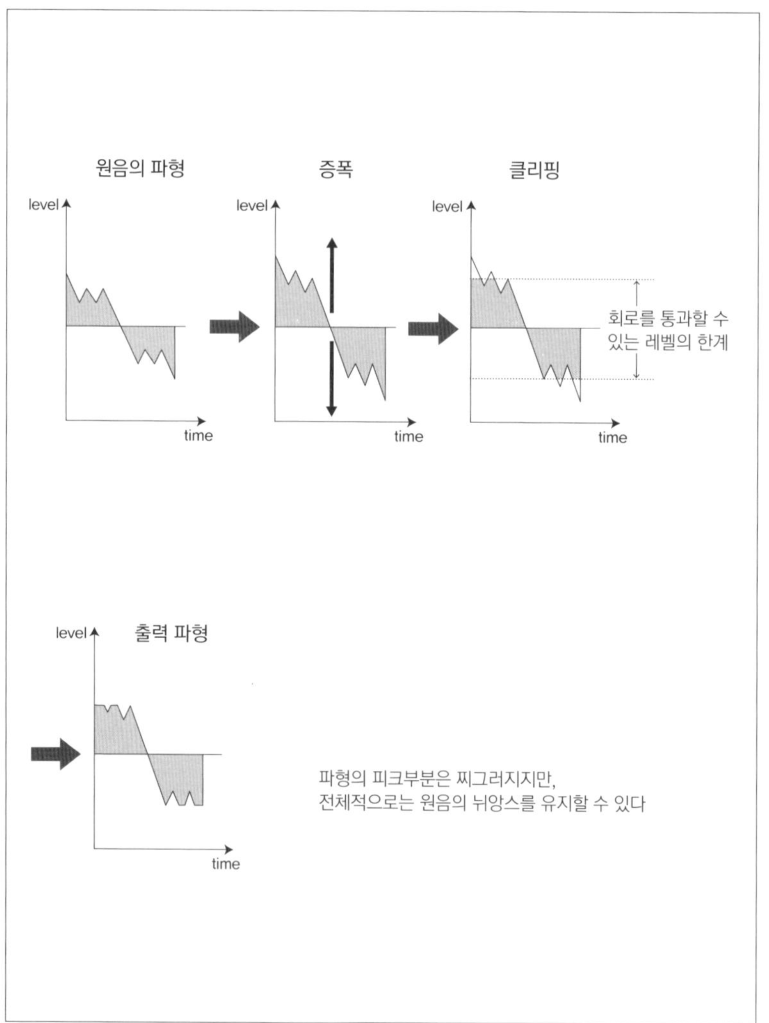

▲그림② 오버드라이브의 구조

▤ 주요 파라미터와 기본 세팅

● 디스토션

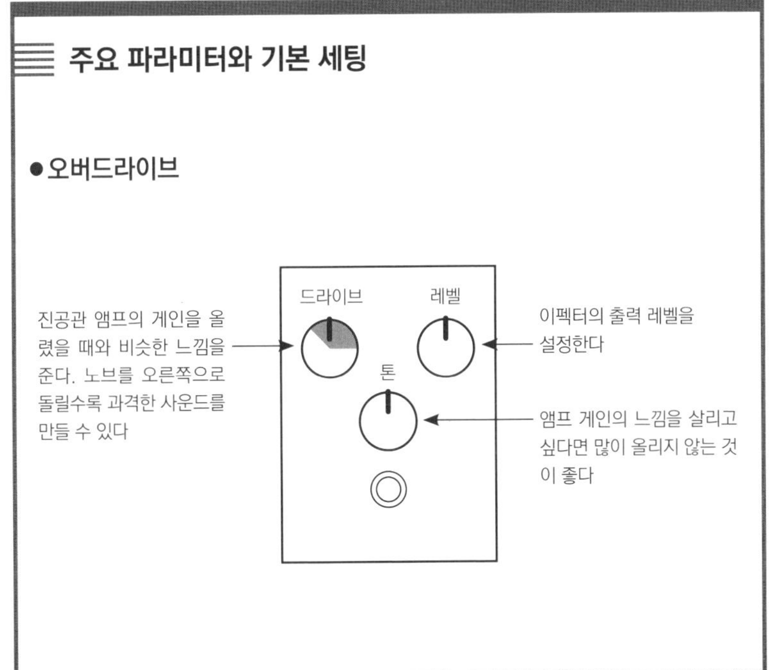

피킹 뉘앙스를 살리고 싶다면 조금만 올리고 사용하자. 노브를 오른쪽으로 돌릴수록 과격한 사운드를 만들 수 있다

이펙터의 출력 레벨을 설정한다

곡의 분위기에 따라 조절한다

▤ 주요 파라미터와 기본 세팅

● 오버드라이브

진공관 앰프의 게인을 올렸을 때와 비슷한 느낌을 준다. 노브를 오른쪽으로 돌릴수록 과격한 사운드를 만들 수 있다

이펙터의 출력 레벨을 설정한다

앰프 게인의 느낌을 살리고 싶다면 많이 올리지 않는 것이 좋다

이펙터에 사용되는 부품

트랜지스터부터 배선재까지
어떤 부품이 좋은 소리를 내는가?

아날로그 장비를 재평가하자는 움직임이 커지고, 최신 디지털 장비와 빈티지 아날로그 장비를 함께 사용하는 것이 하나의 트랜드로 자리 잡았다. 그 결과, 일부의 오디오 매니아들과 음질에 많은 신경을 쓰는 기타리스트들이 장비 자체가 아닌 내부의 부품에 따른 음질의 차이에 주목하기 시작했다.

예를 들면 같은 종류의 이펙터라도 트랜지스터 방식과 진공관 방식은 다른 소리를 낸다. 게다가 내부에 사용된 캐퍼시터의 종류, 혹은 어느 시대에 어느 메이커가 만든 진공관이 좋다는 등의 세세한 부분까지 조사하는 사람들이 생긴 것이다. 이것은 어떤 의미에서 좋은 경향이라고 생각한다.

그러나 여기서는 그러한 부품에 따른 소리의 경향에 대해서는 설명하지 않을 것이다. 왜냐하면 요즘은 너무나 많이 범람하는 정보 때문에 실제로 소리를 비교해보지도 않고 '역시 트랜지스터는 게르마늄이 최고야!' 혹은 '트랜지스터는 진공관 보다 못해!'라고 단정짓는 사람들이 생기고 있기 때문이다.

예를 들어 스펙을 자세히 알고 싶다면 제품 설명서를 읽어보면 될 것이며, 무엇보다 중요한 것은 자신의 귀로 확인하는 것이다. 내가 좋아하는 아티스트가 사용한다고 해서, 내가 사용해도 마찬가지로 좋은 소리를 내줄 것이라고 생각해서는 안된다. 원래 기타와 앰프의 조합이 바뀌면 궁합이 좋은 이펙터의 종류도 당연히 바뀌게 된다. 부품의 차이까지 따지고 싶다면 우선 소리의 차이를 듣고 구분할 수 있을 정도까지 자신의 귀를 훈련시키는 것부터 시작하자.

빈티지 부품은 확실히 독보적인 사운드를 낼 수 있는 것도 존재한다. 하지만 같은 부품을 사용한 이펙터가 모두 동일한 소리를 내는 것은 아니다. 게다가 기타 케이블을 포함한 배선재와 전원 캐이블을 바꾸는 것만으로도 음질은 변한다. 만약 이런 부분에 관한 지식을 더욱 깊이 알고 싶다면 이펙터를 자작해보는 것도 좋다. 이펙터를 직접 만들어보면 부품에 의한 음질의 변화를 일반론적으로 단정할 수 없다는 것을 이해할 수 있다.

옥타버는 원음에 1옥타브 또는 2옥타브 낮은 음정을 추가해주는 이펙터다. 드라이브 계열이 아닌 것처럼 보이지만, 사실 회로의 기본원리는 퍼즈를 응용한 것이다.

퍼즈를 과도하게 걸어서 출력된 파형은 단파형이 된다. 이렇게 변형된 파형을 출력 파형의 위상을 반전시켜주는 플립 플롭Flip Flop이라는 회로를 통과시키면, **그림③**처럼 원래 파형의 주기보다 2배 큰(1옥타브 낮은) 단형파를 만들 수 있다. 이것을 다시 멀티플라이Multiply 회로를 통과시키면 1옥타브 낮은 단형파 뿐만 아니라 1옥타브 높은 단형파를 만들 수도 있다.

옥타버로 만든 원음보다 1옥타브 낮은 소리는 입력된 소리가 어떻든 상관없이

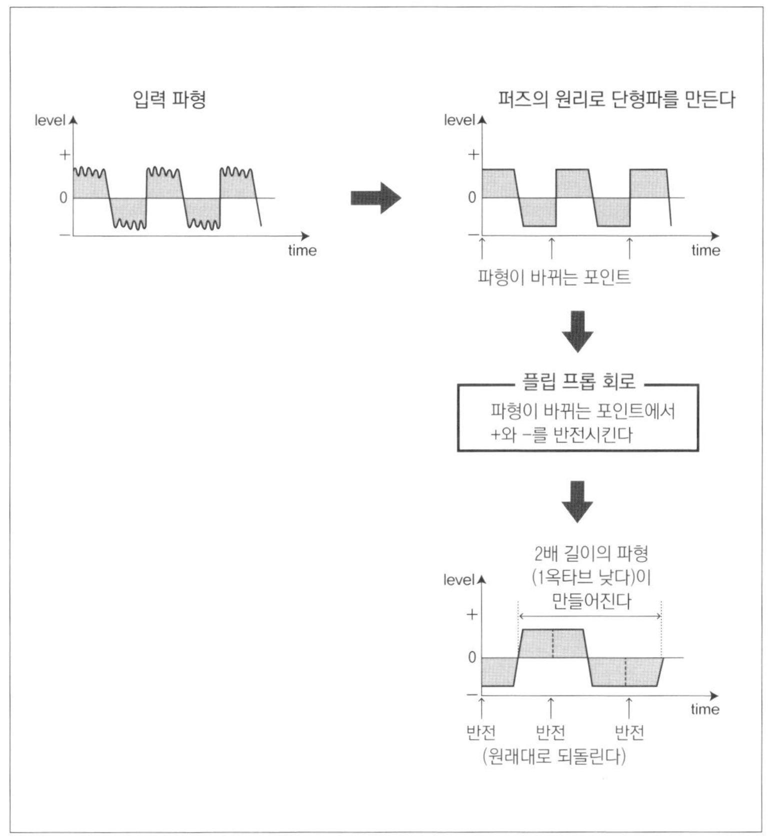

▲그림③ 옥타버의 구조

퍼즈 때문에 찌그러진 단형파가 된다. 그러므로 옥타버는 드라이브 계열 이펙터로 구분되며, 원음을 그대로 유지하면서 음정을 바꾸는 피치 시프터, 하모나이저와는 근본적으로 다른 것이다.

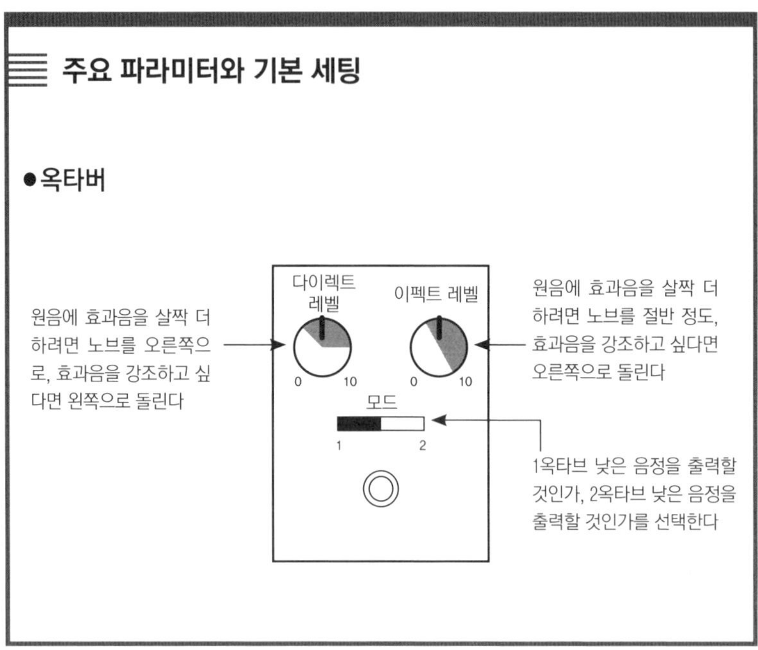

링 모듈레이터 ▶▶▶ 두 개의 주파수를 이용해서 금속적인 비정수배음을 얻는다

링 모듈레이터는 원래 종소리와 같은 비정수배음을 만들기 위한 신서사이저용 회로다. 앞서 설명한 퍼즈와 디스토션 등의 이펙터와 구조적으로는 전혀 다른 것이다. 하지만 원음에 복잡한 배음을 추가해서, 결과적으로는 과격한 퍼즈 사운드와 비슷한 소리를 낸다. 따라서 금속적이고 과격한 사운드를 얻게 위해서 사용되는 경우가 많다. 그런 이유로 이 책에서는 링 모듈레이터를 드라이브 계열 이펙터로 구분한다.

　일반적으로 기타와 피아노의 음색은 음정을 결정하는 기음과 정수배의 주파수를 가진 배음으로 구성된다. 이에 비해 종소리 등의 금속성 소리는 기음과 비정수배의 주파수를 많이 포함하고 있다. 링 모듈레이터는 두 입력신호(기음과 배음)의 합(+)과 차(-)의 주파수를 추출해서 비정수배음을 만들어내는 이펙터다. 일반적으로 두 주파수의 합과 차의 주파수는 원래 주파수의 정수배가 되는 일은 거의 없으므로 금속적인 비정수배음을 얻을 수 있는 것이다. 예를 들면, **그림④** 처럼 440Hz와 200Hz의 서로 다른 사인파를 입력하면 '440Hz+200Hz=640Hz'와 '440Hz-200Hz=240Hz'의 두 가지 사인파를 얻을 수 있다.

게다가 원음과 효과음을 믹스하면 440Hz, 200Hz, 640Hz, 240Hz라는 네 종류의 서로 다른 주파수의 사인파가 동시에 출력된다. 실제 악기를 통해서 입력되는 파형은 훨씬 복잡하기 때문에 출력되는 파형은 아주 복잡한 비정수배음을 포함하게 되며, 원음과 믹스하면 복잡한 배음이 과격하게 찌그러져서 들리는 것이다.

링 모듈레이터는 내부에 발진기를 내장하고 있으므로, 발진기와 외부입력신호의 합과 차의 주파수를 출력할 수도 있다. 그리고 발진기의 주파수를 바꿔서 다양한 금속성 사운드를 만들 수 있다. 게다가 화음을 입력하면 더욱 복잡한 비정수배음(더욱 과격한 사운드)을 낼 수 있다. 또한 발진기의 주파수를 바꾸는 노브를 연주 중에 실시간으로 움직이면 기타의 초킹처럼 피치를 바꾸는 것도 가능하다. 따라서 오르간과 키보드 소리를 찌그러트리고 피치를 자연스럽게 바꾸기 위해서도 사용한다.

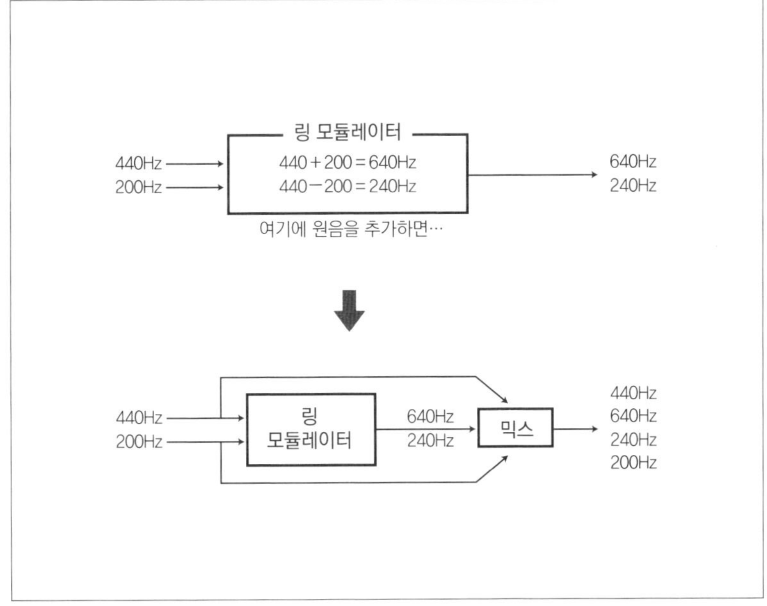

▲그림④ 링 모듈레이터의 구조

주요 파라미터와 기본 세팅

●링 모듈레이터

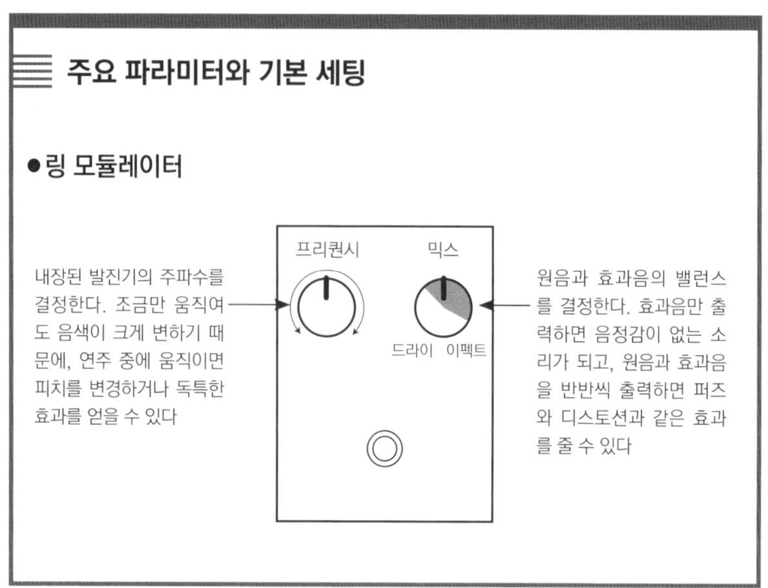

내장된 발진기의 주파수를 결정한다. 조금만 움직여도 음색이 크게 변하기 때문에, 연주 중에 움직이면 피치를 변경하거나 독특한 효과를 얻을 수 있다

원음과 효과음의 밸런스를 결정한다. 효과음만 출력하면 음정감이 없는 소리가 되고, 원음과 효과음을 반반씩 출력하면 퍼즈와 디스토션과 같은 효과를 줄 수 있다

로우파이 프로세서 ▶▶▶ 디지털 기술을 사용한 고의적인 음질 열화

로우파이Lo-Fi라는 말은 '음질을 나쁘게 만든다'는 의미다. 이펙터로 생각해보면 그 문장 속에는 필터로 뭉툭한 소리를 만들거나 과다입력으로 소리를 찌그러트리는 행위도 포함된다. 많은 사람들이 로우파이라고 불리는 사운드는 고음역을 열화시켜 오래된 것처럼 들리는 소리를 떠올릴 것이다. 그래서 로우파이 프로세서가 필터 계열이 아니냐고 생각할 수 있다. 하지만 슈게이징Shoegazing 밴드들의 과격한 사운드 메이킹에 주목해보자. 소리를 뭉툭하게 만드는 것이 아니라 과도하게 찌그러트려서 엄청난 배음을 쏟아내는 방법을 사용한다.

로우파이 프로세서는 이제까지 살펴본 이펙터와는 조금 다른 방식의 이펙터다. 현재는 디지털 리미터와 디지털 이퀄라이저도 흔하게 볼 수 있지만, 그것들은 기본적으로 아날로그 리미터와 이퀄라이저를 재현한 것일 뿐이다. 하지만 로우파이 프로세서는 처음부터 디지털 오디오 기술을 응용해서 만들어졌다.

CD를 비롯한 현재의 디지털 오디오 기술은 모두 샘플링 기술의 응용이라고 할 수 있다. 디지털 오디오의 샘플링이란 소리를 0과 1이라는 디지털 기호로 변환해서 기록하는 기술이다. 그리고 소리를 분해할 때 얼마나 세밀하게 0과 1로 나누느냐에 따라서 디지털 오디오의 음질이 결정된다.

디지털 오디오의 분해는 1초에 몇 번 소리를 분석하는지를 ㎐(헤르츠)로 나타내는 '샘플링 주파수'와 소리의 크고 작음을 얼마나 세밀하게 구분하느냐를 기록하는 Bit(비트)로 나타내는 '양자화 비트수(비트 레이트라고도 한다)'로 결정된다. **그림⑤**의 파형을 1초간 5번, 소리의 크기를 4단계로 나눠서 기록하면 **그림⑤**a처럼 된다. 같은 파형을 1초간 10번, 소리의 크기를 8단계로 나눠서 기록하면 **그림⑤**b처럼 원래 파형에 훨씬 가까운 형태로 기록할 수 있다. 이 횟수와 단계를 점점 늘리면 사람의 귀로는 구분할 수 없을 정도로 원음에 가까운 형태로 기록하는 것도 가능하다.

가장 일반적인 디지털 미디어인 CD의 샘플링 주파수와 양자화 비트수는 44.1㎑/16Bit로, 이것은 1초간 44,100번. 2의 16승인 65,536단계로 소리를 분석해서 기록한다는 의미다(**그림⑥**). 아날로그 테이프에 익숙한 사람이라면 샘플링 주파수를 테이프의 회전 속도, 양자화 비트수를 테이프의 폭으로 생각하면 이해하기 쉬울 것이다.

또한 샘플링 주파수는 얼마나 높은 주파수까지 정확하게 기록할 수 있느냐는 것과 밀접한 관계가 있다. 일반적으로 샘플링 주파수의 절반까지 기록할 수 있다. 쉽게 말해서 인간이 귀로 들을 수 있는 고음역의 한계는 대체로 20㎑ 정도이므로, CD의 샘플링 주파수인 44.1㎑는 그 절반인 22.05㎑까지의 주파수를 기록

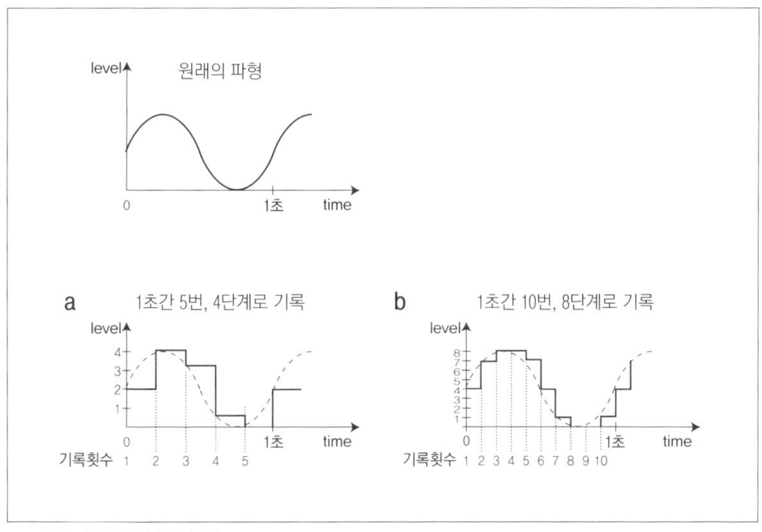

▲그림⑤ 샘플링 분해의 차이

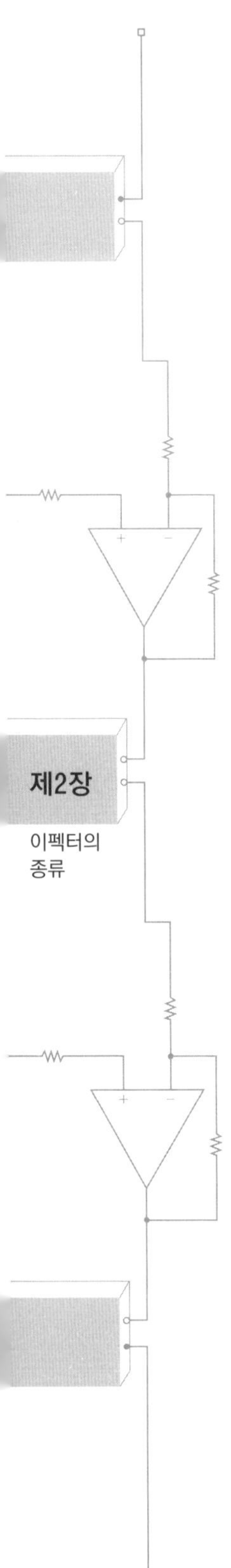

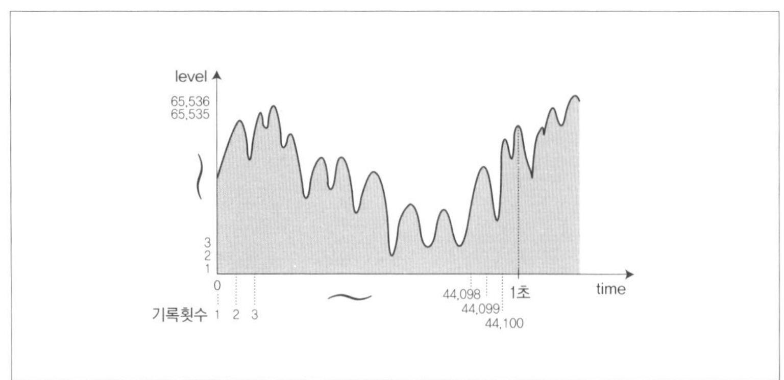

▲그림⑥ 샘플링 주파수 44.1㎑/16Bit로 기록한 파형

할 수 있도록 설정된 것이다. 즉, CD에 기록되는 소리는 이론적으로 인간의 귀로 들을 수 있는 원음에 상당히 충실한 주파수 특성을 가지고 있다는 것이다. 또한 양자화 비트수도 최근에는 20Bit와 24Bit까지 사용하고 있지만, 일반적인 음악감상에는 16Bit로 충분히 좋은 음질을 느낄 수 있다.

서론이 길어졌지만, 로우파이 프로세서는 이런 디지털 기술을 반대로 응용해서 소리를 고의적으로 나쁘게 만드는 이펙터다(화면①②). 최근에는 디지털 딜레이와 디지털 리버브는 물론, 디스토션을 비롯한 다양한 이펙터를 디지털로 재현한 플러그인이 나오고 있다. 게다가 이런 플러그인들은 CD와 마찬가지로 신호를 44.1㎑/16Bit로 디지털 변환해서 사용한다. 로우파이 프로세서는 고음질로 디지털 변환된 신호의 샘플링 주파수와 양자화 비트수를 고의적으로 떨어트려서 음질을 악화시키는 기능을 한다.

▲화면① AVID Pro Tools의 번들 플러그인 AIR Lo-Fi. 샘플링 주파수와 양자화 비트수를 낮추거나 노이즈를 더해서 과격한 소리를 만드는 플러그인

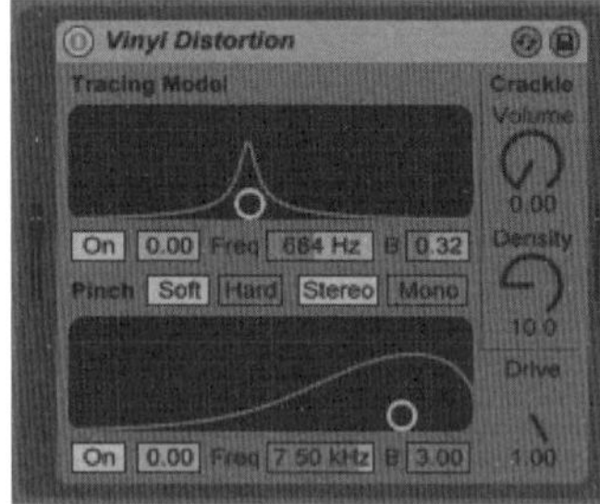

▲화면② ABLETONE Live의 번들 플러그인 Vinyl Distortion. 이름처럼 아날로그 레코드의 노이즈와 왜곡, 소리의 떨림을 추가할 수 있는 플러그인

앞서 말했듯이 샘플링 주파수는 고음역의 주파수 특성을 좌우하므로, 샘플링 주파수를 낮추면 소리가 뭉툭해진다. 하지만 에일리어싱 노이즈Aliasing Noise(주3)의 영향으로, 필터와 이퀄라이저로 고음역을 낮추는 것보다 거친 느낌의 소리로 변하는 경우가 많다. 또한 양자화 비트수를 떨어트리면 **그림⑤a**와 **그림⑤b**의 차이로 알 수 있듯이 서서히 원음보다 단순한 파형으로 변한다. 이것은 음질이 나빠졌다기 보다, 귀에 거슬리는 디지털 특유의 노이즈로 느껴지는 소리가 된다. 전파상태가 나쁜 장소에서 휴대전화로 통화할 때의 듣기 힘든 소리를 떠올리면 이해하기 쉬울 것이다.

또한 디지털 오디오는 아무리 세밀하게 샘플링을 하더라도 파형을 확대해보면 반드시 직각으로 꺾인 모서리를 가진 파형이 된다. 이런 파형의 모서리는 앞서 말한 에일리어싱 노이즈 때문이다. 그래서 모든 디지털 오디오 장비는 디지털 노이즈를 제거하기 위한 필터를 내장하고 있지만, 로우파이 프로세서 중에는 이 필터를 고의적으로 없애고 디지털 노이즈를 사운드로 이용하는 모델도 있다.

이처럼 디지털 로우파이 프로세서를 사용하면 오래된 아날로그의 자연스러운 로우파이와는 달리, 날카롭고 디지털스러운 로우파이 사운드를 만들 수 있다. 이로 인해 음질은 조악하지만, 인상적인 소리가 된다. 어떤 의미에서는 퍼즈, 디스토션과 마찬가지로 소리를 찌그러트려서 존재감을 부각시키는 이펙터라고 할 수 있다.

주요 파라미터와 기본 세팅

파라미터	설정
샘플링 레이트	가벼운 로우파이 느낌이 필요할 때는 32KHz~24KHz 정도로, 과격한 느낌이 필요하면 16KHz 이하로 설정한다
비트	오래된 샘플러 느낌이 필요할 때는 12~8Bit, 노이즈가 낀 디지털 디스토션이 필요하면 그 이하로 설정한다
필터	제조사와 기종에 따라 기능이 다르지만, 크게 두 가지로 구분할 수 있다. ①로우패스 필터로 고음역을 커트한다. ②에일리어싱 노이즈 필터를 끄고 디지털 노이즈를 강조한다

주3 : 에일리어싱 노이즈=디지털 오디오 특유의 고음역 노이즈

아날로그 테이프 레코더

녹음하는 것만으로 소리가 달라지는
빈티지 이펙터

음성신호가 회로를 통과할 때 회로의 허용 한계를 초과한 음성신호는 원형을 유지한 채로 통과하지 못하고 파형이 찌그러지거나 일부분이 잘려나간 형태의 파형을 출력한다. 이것이 찌그러진 소리로 들리는 것이다. 이런 레벌 오버에 의한 왜곡를 '클립'이라고 하며, 이론적으로는 레벨오버에 의한 왜곡이 적을수록 원음에 충실한 좋은 소리라고 할 수 있다.

하지만 실제로는 레벨오버에 의한 왜곡이 음악적으로 아주 매력적인 중요한 요소가 되기도 한다. 그리고 레벨오버에 의한 왜곡은 통과하는 회로의 종류에 따라서 전혀 다른 소리가 된다. 특히 통과하는 회로가 아날로그일 때와 디지털일 때의 차이는 상당히 크다. 아날로그 클립은 회로에 따라서 다양한 음색을 만들어서 과도하게 찌그러지지 않았다면 음악적으로 플러스 요인이 되는 경우가 많다. 하지만 디지털 클립은 한마디로 전혀 쓸모없는 노이즈가 되어버린다.

아날로그 클립에 의한 음질변화를 가장 효과적으로 활용하는 장비가 바로 아날로그 테이프 레코더다(**사진①②**). 디지털 레코딩은 신호의 레벨이 0dB을 초과하면 디지털 클립이 발생해서 못쓰게 된다. 하지만 아날로그 레코딩은 박력이 필요한 록 장르의 경우 신호 레벨의 미터에 빨간불이 들어올 때까지 올려서 녹음하는 것을 당연하게 여겼다. 이렇게 하면 테이프 컴프레션과 새처레이션이 섞여서 아주 듣기 좋은 효과를 만들 수 있기 때문

▲**사진①** 멜버른에 있는 필자의 스튜디오 RanchoCumbo에서 아직까지 메인으로 활약하고 있는 아날로그 테이프 레코더들. 왼쪽은 TASCAM TSR-8(8트랙), 오른쪽은 TASCAM A3300(2트랙)이다

제2장

이펙터의
종류

이다. 즉, 아날로그 테이프 레코더는 그 자체로 이펙터의 역할을 하고 있었다.

집에서 이런 음질 변화를 느끼고 싶다면 가정용 카세트 테이프 레코더를 사용해보자. 스튜디오의 값비싼 마스터 레코더보다 싸구려 레코더가 훨씬 음질의 변화가 크다(이펙터로서의 효과가 크다). 그러므로 가정용 카세트 테이프로 재밌는 효과를 얻을 수 있을 것이다.

또한 최근에는 노이즈와 내부의 캘리브레이션까지 세밀하게 재현한 아날로그 레코더 플러그인도 나오고 있다(**화면①**). 이것을 사용하면 리듬 파트를 24트랙 아날로그 레코더로 녹음하고, 기타와 보컬은 하드디스크에 디지털로 녹음했을 경우에 각 파트가 이질감이 느껴지지 않도록 음질을 맞출 수 있다. 그리고 이런 플러그인의 가장 큰 장점은 다양한 설정을 쉽게 변경할 수 있다는 것이다.

실제 레코더는 특정 테이프를 특정한 스피드에 맞추서 모든 트랙을 조정하기 때문에 녹음 준비에 상당한 시간이 걸리고, 모든 트랙을 같은 속도로 하나의 테이프에 녹음해야만 믹싱을 할 수 있었다. 하지만 플러그인은 트랙마다 테이프와 스피드를 바꿀 수 있으므로, 실제 레코더로는 할 수 없었던 세팅이 가능해진다. 물론 음질적인 면에서는 실물보다 부족한 부분이 느껴지기도 하지만, 이펙터로서의 아날로그 테이프의 가능성을 넓혀준 존재라고 할 수 있다.

▲사진② 왼쪽은 STUDER A800. 오른쪽은 AMPEX MM1200. 모두 24트랙 아날로그 테이프 레코더다(사진 협력 : Head Gap Studio/멜버른)

▲화면① 아날로그 레코더 플러그인 UAD Studer A800. 캘리브레이션까지 재현되어 있다

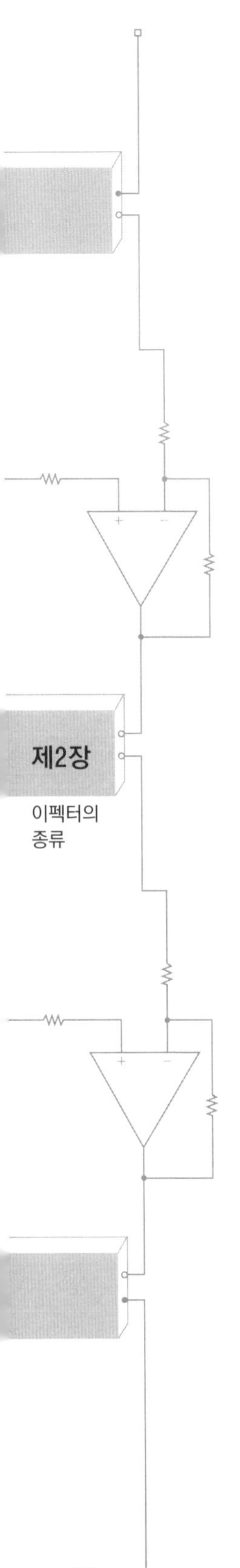

모듈레이션 계열이란? ▶▶▶ 음량과 음정, 위상을 주기적으로 변화시켜 소리의 떨림을 연출한다

모듈레이션 계열 이펙터의 구조는 드라이브 계열과 다이내믹스 계열보다 이해하기 쉬울 것이다. 모듈레이트(변조)란 쉽게 말해 입력된 신호를 별도의 다른 신호를 사용해서 변화시키는 것이다. 넓은 의미로는 입력신호의 레벨에 따라서 변하는 컴프레서, 리미터, 오토 와우 등의 다이내믹스 계열 이펙터와 링 모듈레이터까지 여기에 포함할 수 있다. 하지만 실제로 뮤지션과 엔지니어들이 모듈레이션 계열 이펙터라고 생각하는 것들은 코러스와 트레몰로, 플렌저 등의 신호를 주기적으로 떨리게 하는 이펙터일 것이다. 따라서 사람의 귀로 들을 수 있는 주기적인 변화를 만들 목적을 가진 이펙터만 모듈레이션 계열 이펙터로 구분하겠다.

자연 속에는 다양한 떨림이 존재한다. 악기소리 자체도 예외는 아니다. 악기가 가진 독특한 떨림을 전기적으로 재현하고자 하는 노력이 모듈레이션 이펙터를 만들었다고 할 수 있다. 최초로 등장한 모듈레이션 계열 이펙터는 아마도 RHODES 일렉트릭 피아노에 내장된 트레몰로일 것이다(**사진①**). 이것을 정확하게 설명하자면 트레몰로와 오토 팬을 조합한 것으로, 어쿠스틱 피아노의 줄과 줄 사이의 공명이 만들어내는 풍부한 울림을 일렉트릭 피아노의 음색에 추가하기 위해서 개발된 것이다.

그 다음으로 만들어진 것이 HAMMOND 오르간으로 파이프 오르간의 울림을 만들 목적으로 개발된 Leslie 스피커다(**사진②**). 이런 장비들은 결국 실제 피아노 와 파이프 오르간의 울림을 완벽하게 재현하지는 못하지만, 그런 미완성 사운드 가 뮤지션들에게는 또 다른 매력으로 어필하게 되었고, 기타와 보컬 등 다양한 파트에도 사용하게 되었다. 그리고 시간이 지나면서 이런 소리를 보다 콤팩트한 형태로 재현하기 위한 페이저와 코러스 등의 새로운 이펙터가 개발되었다.

보다 완벽한 재현을 위해서 밤낮으로 연구개발을 하는 기술자와 그런 과정으 로 만들어진 다양한 미완성의 사운드로 새로운 음악적인 가능성을 이끌어내는 뮤지션들. 모듈레이션 계열 이펙터의 역사는 전자음악의 하드웨어와 소프트웨 어의 아이러니컬한 관계의 축소판이라는 생각이 든다.

◀**사진①** 일렉트릭 피아노 RHODES Mark I Suicase 73. 모듈레이션의 원조 격인 트레몰로가 내장되어 있다

▶**사진②** HAMMOND 오르간용 Leslie 스피커에는 고음용 과 저음용 스피커가 내장되어 있다. 각 스피커에는 모터로 회전하는 혼(Horn)과 로터(Rotor)가 장착되어 있어서 독특한 떨림을 만들어낸다

4

모듈레이션
계열

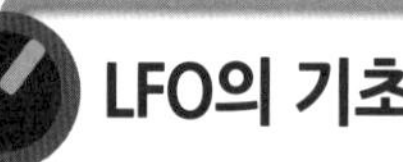

LFO의 기초지식 ▶▶▶ 주기적인 변화를 만들어내는 모듈레이션 이펙터의 핵심

모듈레이션 계열 이펙터를 설명하기 전에, 모듈레이션 계열 이펙터에서 빠질 수 없는 LFO에 관해서 간단히 살펴보자.

LFO는 Low Frequency Oscilator의 약자며, 이것은 모듈레이션 전용 저주파 발진기다. 발진기라고 하면 신서사이저의 오실레이터를 연상하는 사람이 많을 것이다. 하지만 LFO는 사람의 귀로는 들을 수 없는 낮은 주파수를 발생시킨다. 그리고 진동 주기가 아주 느린 저주파수(예를 들면 1초에 1번)를 이용해서 음량과 음정을 떨리게 하는 것이 모듈레이션 계열 이펙터의 작동원리다.

실제로 LFO를 사용할 때는 파형과 변조의 깊이 그리고 주파수에 따라서 모듈레이션의 작동이 달라진다(그림①). 표①은 주로 사용되는 파형을 모아놓은 것이다. 특히 파형을 선택하는 파라미터가 없다면 사인파(Sin) 또는 삼각파(Tri)로 고정되어 있는 경우가 많다. 또한 주파수는 Frequency 외에 Speed 또는 Rate로 표기된 모델도 있다.

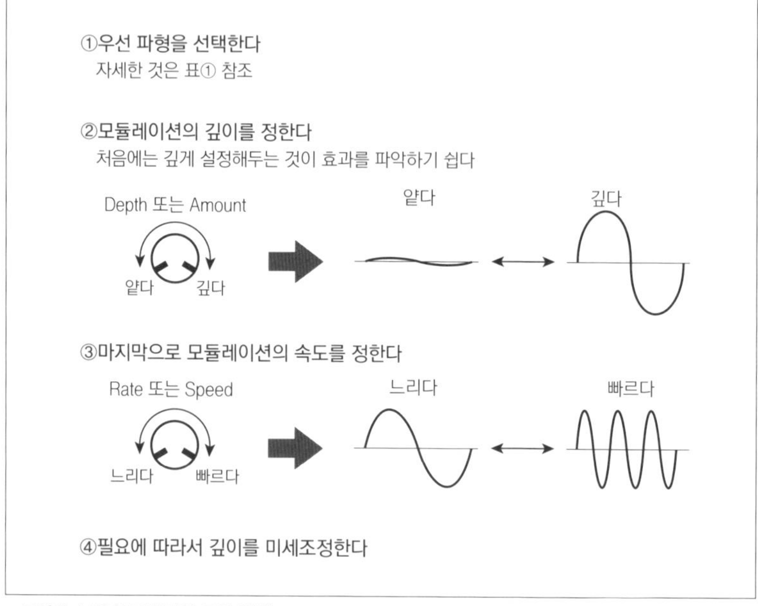

▲그림① LFO의 기본적인 조절 방법

	파형	명칭	변화
1	∿	사인파, Sin	매끄럽고 연속적으로 위아래로 움직인다
2	∧∨	삼각파, Tri	완만하고 연속적으로 위아래로 움직인다
3	⊓⊔	단형파, Square	최고치와 최저치가 주기적으로 바뀐다
4	∕ or ∖	톱니파, Saw	상승 또는 하강만을 반복한다
5	山山	랜덤파, Random	정해진 스피드로 예측불가능한 값으로 바뀐다

▲표① 주요 LFO 파형

트레몰로, 오토 팬은 주기적으로 음량을 변화시키는 이펙터다. 트레몰로의 기본적인 구조는 **그림②**와 같다. 입력된 신호는 하나의 볼륨을 통과해서 출력된다. 볼륨을 LFO의 신호로 변화시켜서 음량의 주기적인 변화를 얻을 수 있다. LFO의 파형은 사인파 또는 삼각파가 사용되며, 각 파형은 볼륨의 변화가 조금 다르다.

오토 팬은 기본적으로 트레몰로와 같은 회로를 갖고 있지만, 스테레오로 출력해야 하므로 두 개의 볼륨을 사용한다. LFO는 하나 밖에 없지만, 두 개의 볼륨을 똑같이 변화시키는 것이 아니라, 한쪽 볼륨의 위상을 역상으로 뒤집어서 출

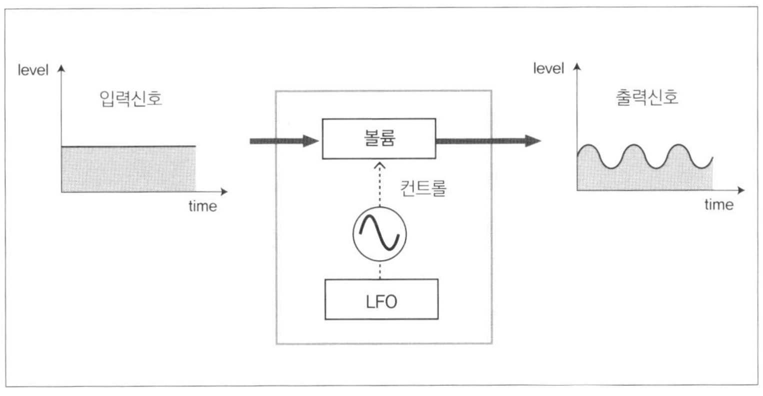

▲그림② 트레몰로의 구조

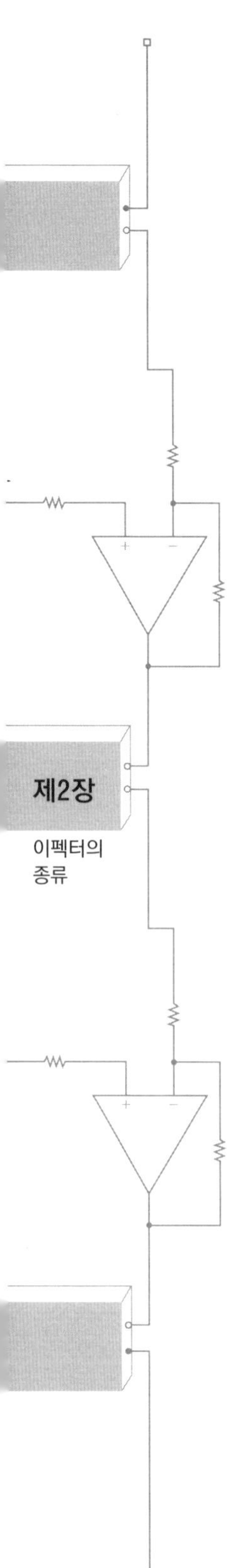

력한다(**그림③**). 이렇게 하면 두 개의 볼륨은 항상 대조적인 음량변화를 일으키게 되고, 두 개의 출력을 좌우 스피커로 각각 출력하면 소리가 두 스피커 사이를 왕복하는 것처럼 들린다.

또한 오토 팬의 LFO에 단형파를 사용하면 소리가 좌우 스피커 사이를 서서히 왕복하는 것이 아니라, '좌→우→좌→우'로 스피커가 한쪽씩 꺼졌다 켜지는 것처럼 들린다. 이것은 앞서 설명한 RHODES의 스테레오 트레몰로와 비슷한 효과다.

트레몰로와 오토 팬은 전기적인 모듈레이션 계열 이펙터 중에서는 가장 오래된 것이다. 하지만 실제 자연의 소리와 악기소리가 가진 떨림은 위상과 음색, 음정들의 미세한 변화가 서로 얽혀 있으므로 음량만 변하는 것이 아니다. 그럼에도 불구하고 음량을 변화시키는 이펙터가 가장 처음 실용화된 이유는 기술적으로 가장 간단했기 때문일 것이다. 위상과 음정을 변화시키기 위해서는 60년대의 전자악기에 관한 기술의 혁신이 필요했다.

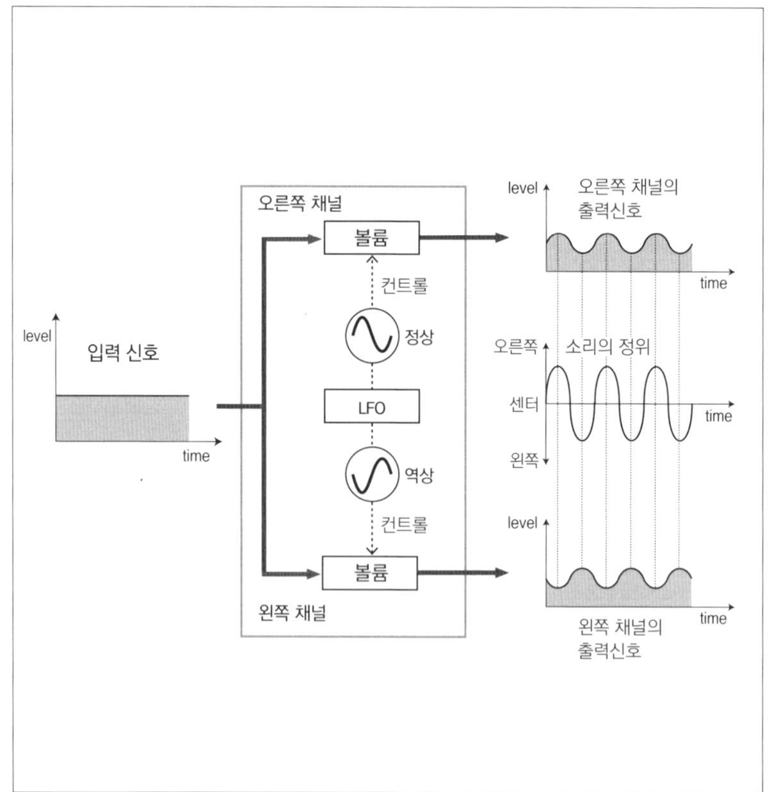

▲**그림③** 오토 팬의 구조

주요 파라미터와 기본 세팅

●트레몰로, 오토 팬
(출력의 차이(모노 또는 스테레오)가 있을 뿐, 기본적으로 파라미터는 같다)

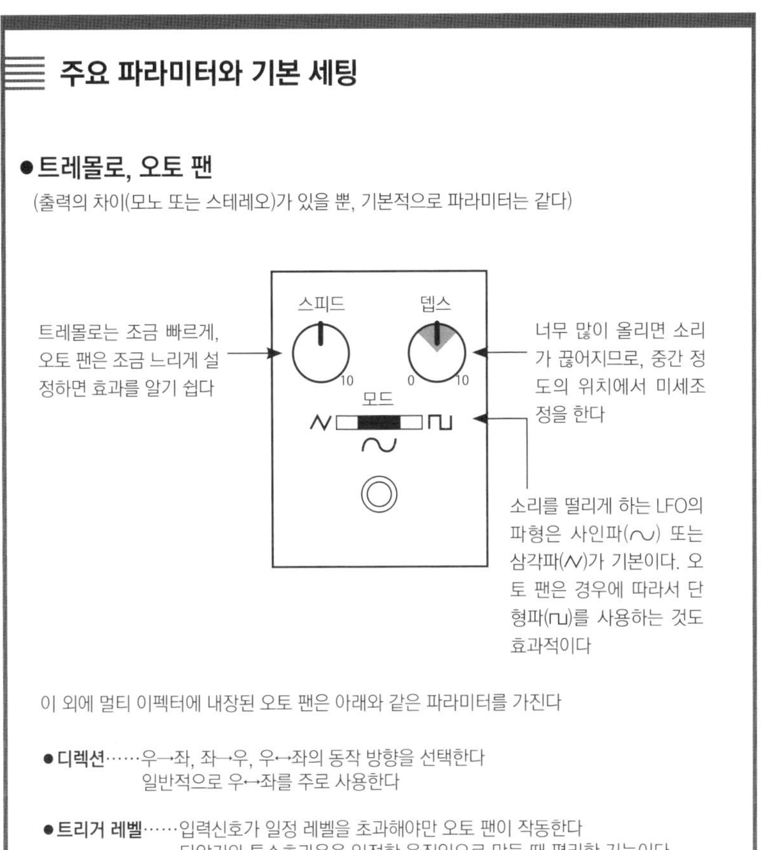

이 외에 멀티 이펙터에 내장된 오토 팬은 아래와 같은 파라미터를 가진다

●**디렉션**……우→좌, 좌→우, 우↔좌의 동작 방향을 선택한다
　　　　　　일반적으로 우↔좌를 주로 사용한다

●**트리거 레벨**……입력신호가 일정 레벨을 초과해야만 오토 팬이 작동한다
　　　　　　　　타악기와 특수효과음을 일정한 움직임으로 만들 때 편리한 기능이다

페이저 ▶▶▶ 위상이 어긋난 신호를
원음과 믹스해서 독특한 울림을 만든다

트레몰로와 오토 팬 다음으로 개발된 모듈레이션 계열 이펙터가 페이저다. 페이저는 페이즈 시프터라고도 불리며, 위상(Phase)을 어긋나게(Shift) 만든 신호를 원음과 믹스하는 기능을 가진 이펙터다. 단순히 위상이 어긋난 신호와 원음을 섞기만 하면 이퀄라이저와 익사이터처럼 원음의 배음 구성을 바뀌어 버린다(음색이 변한다). 하지만 페이저는 위상이 어긋나는 정도를 LFO를 사용해서 주기적으로 변화시켜서 파도소리 같은 독특한 사운드를 만들어낸다.

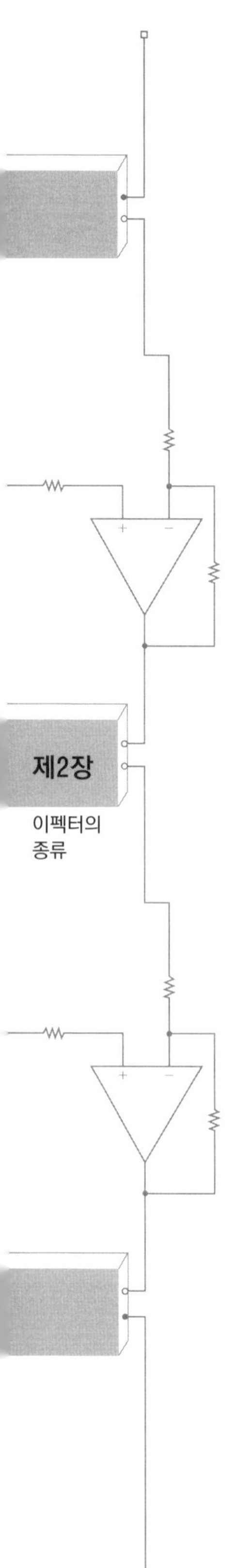

　그림④는 페이저의 기본적인 회로를 표시한 것이다. 페이즈 시프트(위상 지연) 회로는 신호를 늦춰서 위상을 어긋나게 하는 기능을 한다. 지연 속도는 LFO의 Speed 노브로 설정하고, 폭은 LFO의 Depth 노브로 조절한다. 또한 사운드의 톤은 내장된 페이즈 시프트 회로의 개수와 피드백 회로에 따라서 결정된다. 피드백이란 회로를 한 번 통과한 신호를 다시 인풋으로 돌아가게 하는 회로다. 페이저처럼 짧은 간격으로 신호를 지연시키는 회로를 가진 이펙터에 사용하면 효과음이 몇 겹씩 겹쳐지면서 아주 독특한 사운드를 만들 수 있다.

　페이즈 시프트 회로의 개수는 기종에 따라 다르다. 또한 피드백과 변조의 폭은 고정되어 있고 스피드만 조절할 수 있는 모델도 있다. 하지만 이런 식으로 제조사에서 조정해둔 설정 때문에 누구라도 그 모델의 특징적인 사운드를 쉽게 낼 수 있는 경우도 있다. 베이스용으로 설계된 페이저는 그림⑤처럼 변조된 위상이 어긋나는 중심축을 저음역쪽으로 낮춰서 설정한다. 하지만 중심축을 조정해서 기타와 베이스 모두 사용 가능한 모델도 있다.

　또한 스테레오 페이저는 오토 팬과 마찬가지로 좌우 두 개의 페이즈 시프트 회로를 각각의 LFO로 각각 정상과 역상으로 변조하거나(그림⑥), 하나의 페이즈 시프트 회로에서 나온 출력을 두 개로 나눠서 한쪽은 그대로 원음과 믹스하

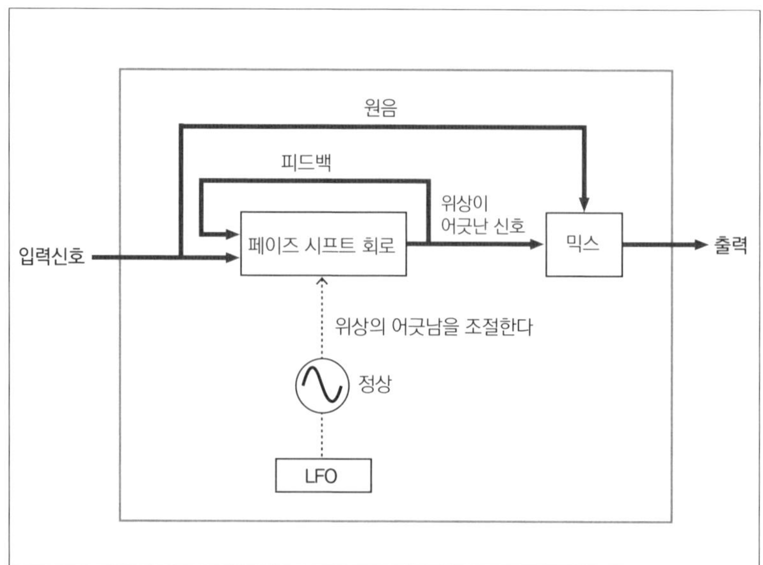

▲그림④ 페이저의 구조

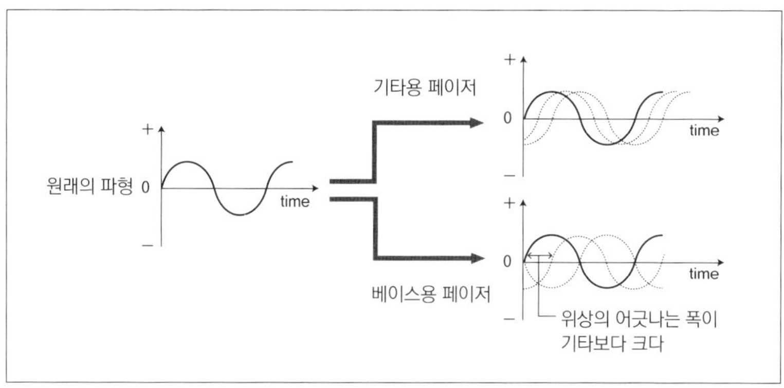

▲그림⑤ 기타용 페이저와 베이스용 페이저의 차이

고, 다른 한쪽은 역상으로 뒤집어서 원음과 믹스해서 좌우의 파형을 반대로 출력해서(**그림⑦**) 스테레오 사운드를 만든다.

　페이저 역시 트레몰로와 오토 팬처럼 기본적으로 LFO로 주기적인 변조를 만들어낸다. 하지만 LFO 대신에 외부입력과 입력신호의 음량변화로 변조를 만드는 기종도 있다. 피아노와 기타처럼 감쇠하는 소리를 입력하고, 입력신호의 음량변화로 변조하면 오토 와우와 비슷한 효과를 얻을 수 있다.

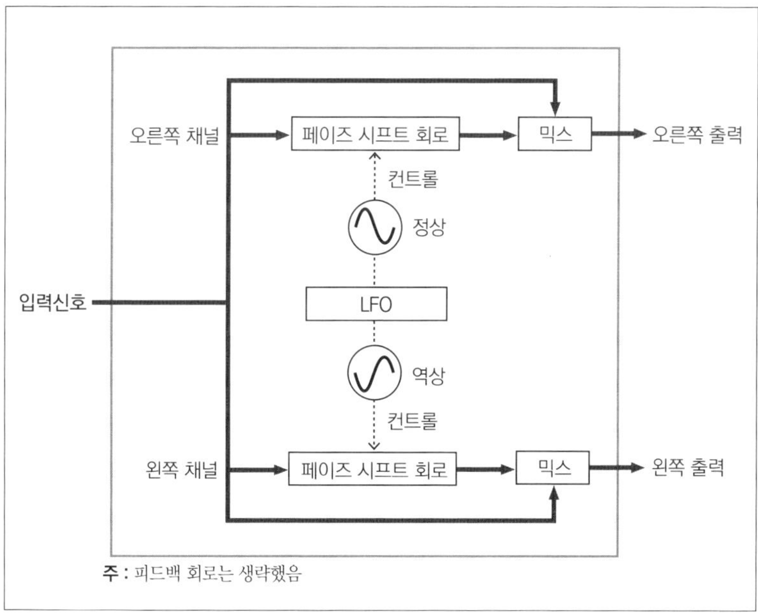

▲그림⑥ 두 개의 페이즈 시프트 회로를 가진 페이저

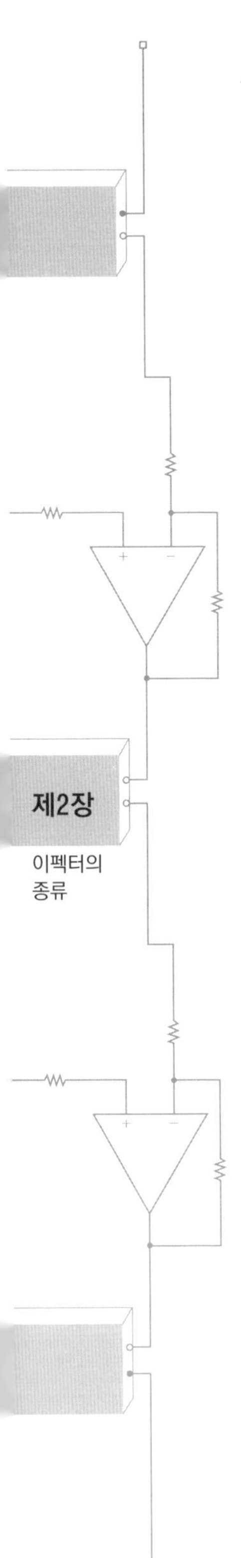

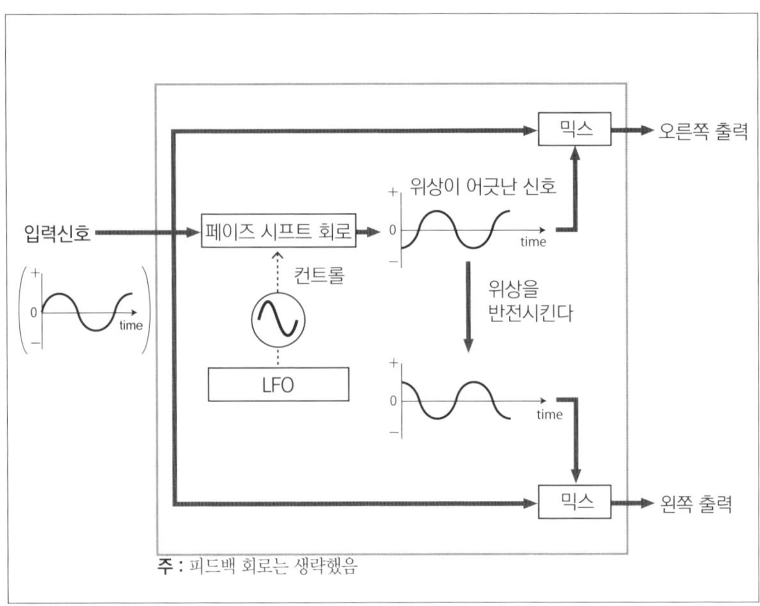

▲그림⑦ 하나의 페이즈 시프트 회로 출력을 두 개로 나눈 페이저

주요 파라미터와 기본 세팅

●페이저

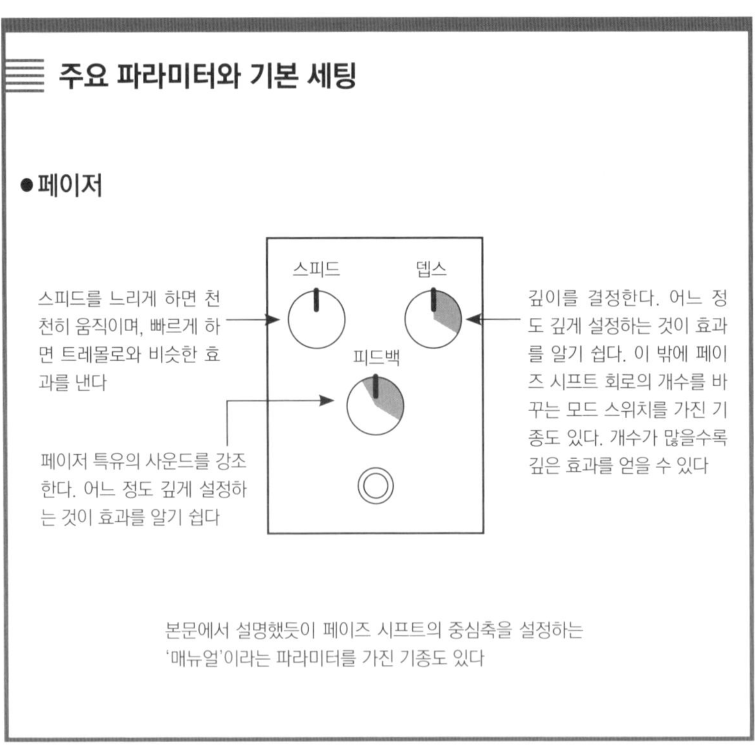

스피드를 느리게 하면 천천히 움직이며, 빠르게 하면 트레몰로와 비슷한 효과를 낸다

페이저 특유의 사운드를 강조한다. 어느 정도 깊게 설정하는 것이 효과를 알기 쉽다

깊이를 결정한다. 어느 정도 깊게 설정하는 것이 효과를 알기 쉽다. 이 밖에 페이즈 시프트 회로의 개수를 바꾸는 모드 스위치를 가진 기종도 있다. 개수가 많을수록 깊은 효과를 얻을 수 있다

본문에서 설명했듯이 페이즈 시프트의 중심축을 설정하는 '매뉴얼'이라는 파라미터를 가진 기종도 있다

플렌저는 원래 회전하는 오픈 릴 테이프의 끝부분에 손가락을 대면서 회전 속도를 늦출 때 나타나는 플렌징 현상을 전기적인 회로로 재현하기 위해서 만들어졌다.

　기본적인 회로는 **그림⑧**을 보면 알 수 있듯이 딜레이 회로를 통해서 미세하게 지연된 신호를 원음과 믹스하도록 되어있다. 이때 신호를 어느 정도 지연시킬 것인가를 LFO를 사용해서 주기적으로 변화시킨다. 플렌징 효과는 딜레이 타임을 조절할 수 있는 딜레이 이펙터를 가지고 있다면 간단하게 실험해볼 수 있다. 악기를 연주하면서 딜레이 타임을 바꿔보면 효과음의 음정이 바뀌는 것을 알 수 있을 것이다. 즉, 딜레이 타임을 LFO를 사용해서 주기적으로 변화시키면 효과음의 위상뿐만 아니라, 음정까지 주기적으로 변한다. 실제로 플렌저의 딜레이 타임은 0.5~5ms로, 음정의 변화는 거의 느껴지지 않을 만큼 짧다. 하지만 이렇게 미세한 위상과 음정의 차이가 원음과 섞이면 큰 간섭이 일어나고 페이저보다도 훨씬 독특한 음색을 만들어낸다.

　또한 페이저와 마찬가지로 피드백 회로가 들어있으므로, 피드백 설정을 올리면 '제트기 사운드'라고 불리는 금속성이 강한 사운드를 얻을 수 있다. 아날로그

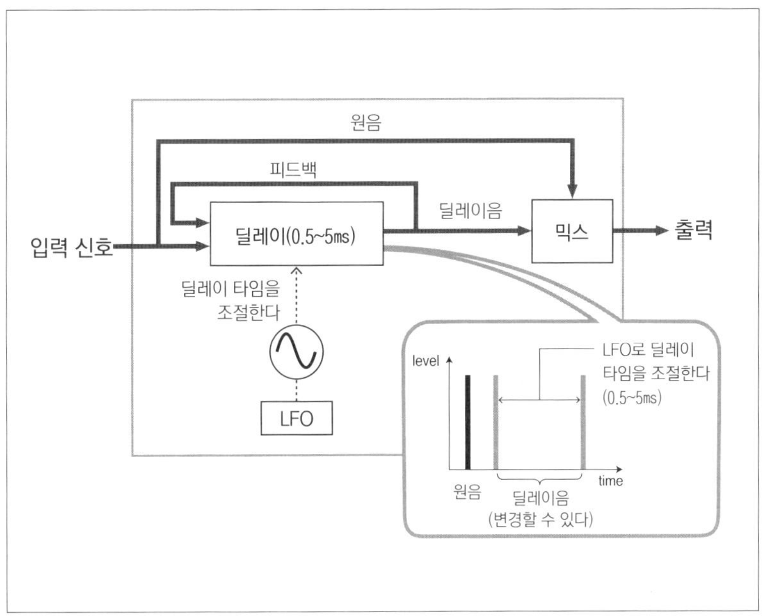

▲그림⑧ 플렌저의 구조

4

모듈레이션
계열

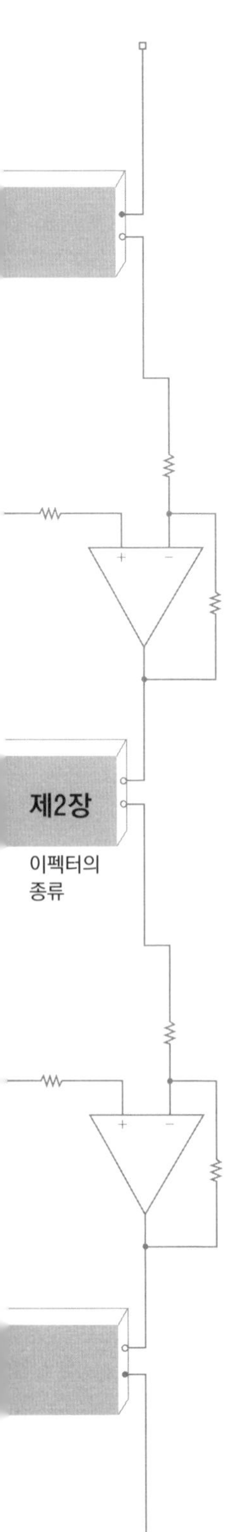

딜레이와 동일한 BBD[주1] 회로를 가진 아날로그 플렌저는 피드백을 끝까지 올리면 발진이 생긴다. 따라서 아무런 신호도 입력하지 않아도 제트기 사운드가 발생하는 기종도 있다.

딜레이 타임을 0.5~5ms 사이에서 설정할 수 있고, LFO로 컨트롤하는 딜레이라면 디지털이든 아날로그든 상관없이 플렌저 효과를 만들 수 있다. 하지만 사운드 자체는 BBD를 사용한 아날로그 회로를 가진 기종이 훨씬 플렌저다운 사운드를 만들 수 있다. 따라서 콤팩트 타입 플렌저는 아날로그 회로를 가진 기종이 대부분이다.

주1 : Bucket Brigade Device의 약칭. 입력된 신호가 IC 내부의 버킷 릴레이 방식으로 이동하는 딜레이 회로. 신호가 설정된 시간만큼 지연된다.

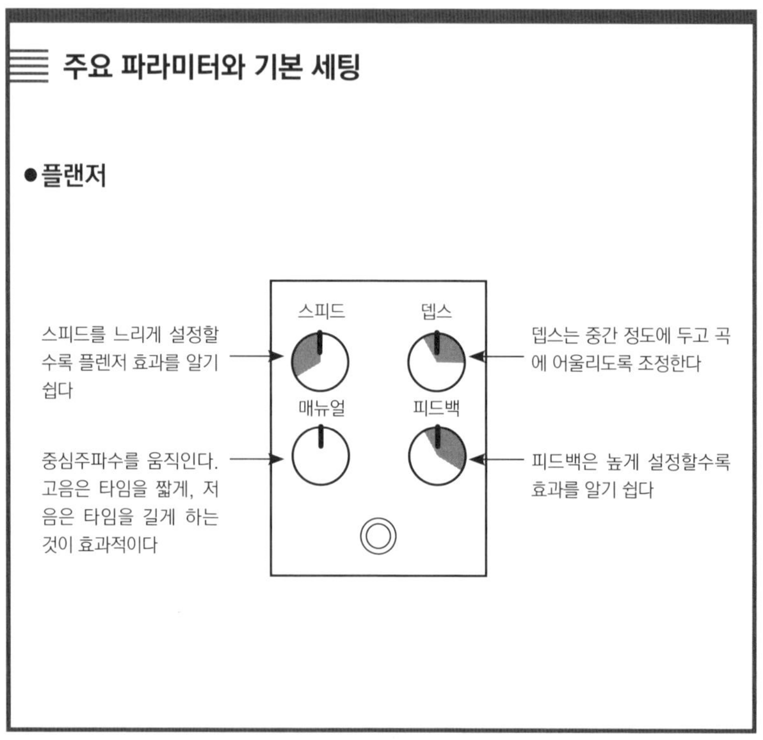

코러스의 기본원리는 미세하기 지연된 신호를 LFO로 주기적으로 변조해서 원음과 섞는 플렌저와 동일하다. 하지만 플렌저가 0.5~5ms 정도의 짧은 딜레이 타임을 사용하는데 비해서 코러스는 15~30ms로 비교적 긴 딜레이 타임을 사용한다는 것이 다르다(그림⑨). 따라서 딜레이 타임을 0.5~30ms 정도의 넓은 범위로 조절할 수 있는 기종이라면 플렌저와 코러스의 효과를 모두 만들 수 있다.

15~30ms의 딜레이 타임은 어느 정도 청감이 발달한 뮤지션들이라면 귀로 구분할 수 있을 정도로 긴 시간차다. 그러므로 코러스는 페이저와 플렌저처럼 미세한 위상차이로 인한 사운드를 얻을 수는 없다. 그 대신에 코러스는 효과음의 음정변화를 크게 만들 수 있다. 따라서 효과음을 원음과 믹스하면 한 사람의 연주를 두 사람 이상이 함께 연주하는 것처럼 만들 수 있다(그림⑩).

또한 코러스는 자연스러운 확산감을 만들기 위한 이펙터이므로 피드백 회로가 내장되지 않은 기종이 대부분이다. 플렌저/코러스 겸용 이펙터 또는 모듈레이션이 내장된 딜레이를 사용해서 코러스 효과를 만들 경우에는 피드백을 0으로 설정해두는 것이 좋다.

4

모듈레이션
계열

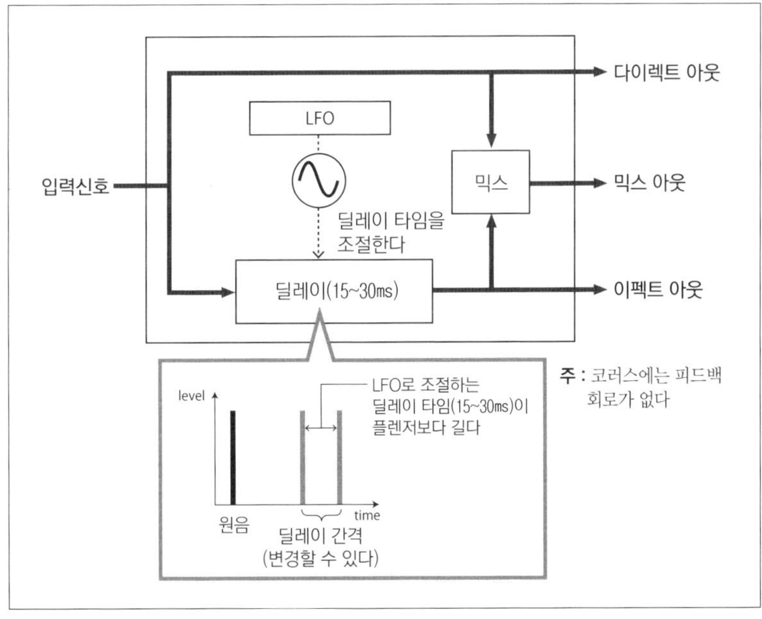

▲그림⑨ 코러스의 구조

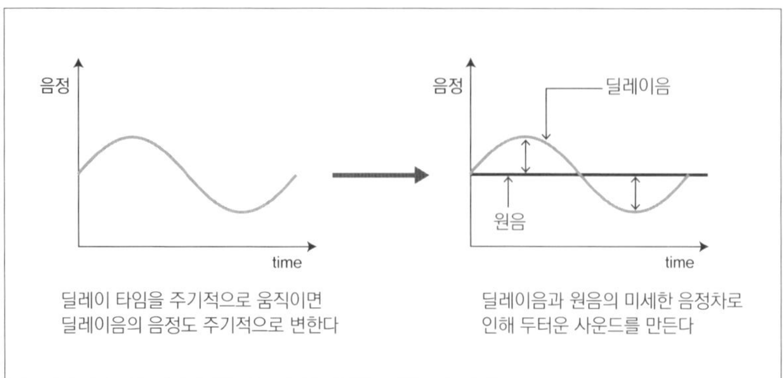

▲그림⑩ 코러스는 미세한 음정차로 두터운 사운드를 연출한다

　원음과 효과음을 믹스할 때의 위상간섭을 활용하는 페이저, 플렌저와 달리 코러스는 원음과 효과음을 각각 다른 스피커로 출력해도 같은 효과를 얻을 수 있다. 따라서 원음과 효과음을 양쪽 스피커로 나누면 스테레오로 펼쳐진 확산감이 생긴다. 이렇게 사용하는 편이 원음과 효과음의 간섭을 최소화하고, 좀 더 자연스러운 코러스 사운드가 될 것이다. 그러므로 세계 최초로 개발된 코러스 이펙터 Boss CE-1(**사진③**)부터 현재에 이르기까지 스테레오 코러스로 분류되는 이펙터에는 반드시 원음과 효과음을 따로 출력하는 단자가 마련되어 있다. 또한 코러스라는 효과를 대중들에게 인식시킨 ROLAND의 대표적인 기타앰프 Jazz Chorus는 두 대의 파워앰프를 내장하고 있으므로 코러스를 켜면 원음과 효과음이 좌우 스피커로 나뉘어서 출력된다(**사진④**).

　게다가 스테레오 페이저와 스테레오 플렌저처럼 두 개 이상의 같은 회로를 사용해서 입체적인 스테레오 코러스 효과를 얻을 수 있는 기종도 있다. 딜레이 회로가 두 개라면 '2상 코러스', 세 개라면 '3상 코러스'라고 한다. 이런 기종은 변

◀사진③　BOSS CE-1. 스피드 조절 스위치로 회전식 스피커와 같은 효과를 얻을 수 있다

▲사진④ 코러스 회로를 탑재한 기타앰프 ROLAND Jazz Chorus JC-120

조에 사용되는 LFO는 하나 밖에 없지만, 각 딜레이 회로에 전송되는 LFO 신호의 위상이 조금씩 다르기 때문에 변조된 느낌이 적은 자연스러운 확산감을 얻을 수 있다.

　그림⑪은 단상, 2상, 3상 그리고 **그림⑫**는 4상 코러스의 원리를 나타낸 것이다. 2상 코러스는 LFO의 변조신호를 각각의 딜레이 회로에 정상과 역상(180° 뒤집어서)으로 보낸다. 이렇게 하면 두 회로를 거친 신호의 음정은 항상 대칭으로 움직이므로, 전체적으로 음정의 변화를 알아차리기 힘들다. 하지만 3상과 4상 코러스는 각 딜레이 회로로 보내는 LFO 변조신호의 위상이 각각 120°(3상) 혹은 90°(4상)씩 어긋나있다. 이렇게 하면 그림으로 알 수 있듯이, 각 효과음의 음정 변화는 결코 동시에 0이 되지 않는다. 그래서 변조된 느낌이 적은 자연스러운 확산감을 얻을 수 있는 것이다.

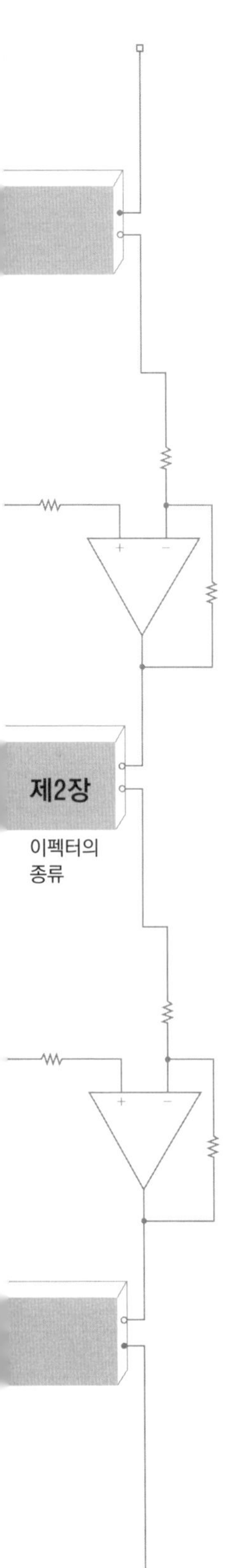

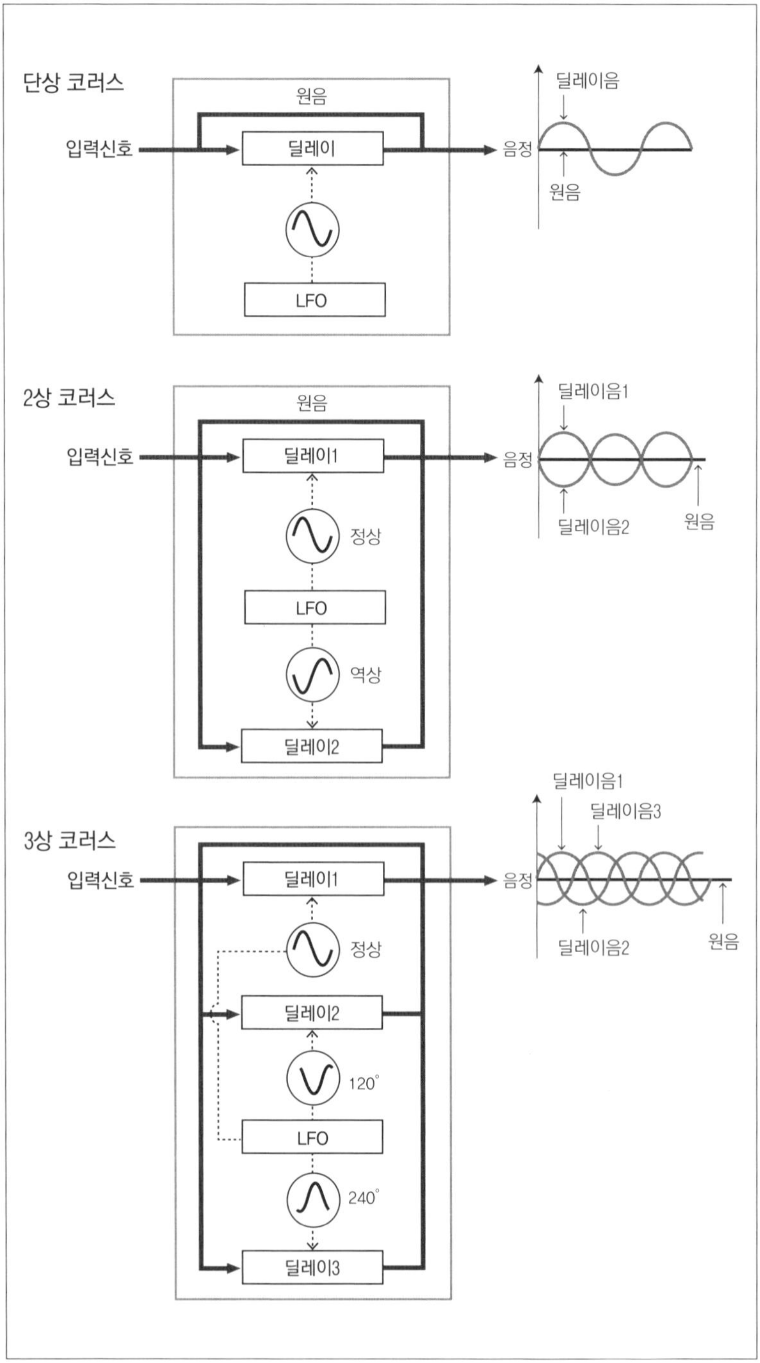

▲그림⑪ 단상, 2상, 3상 코러스

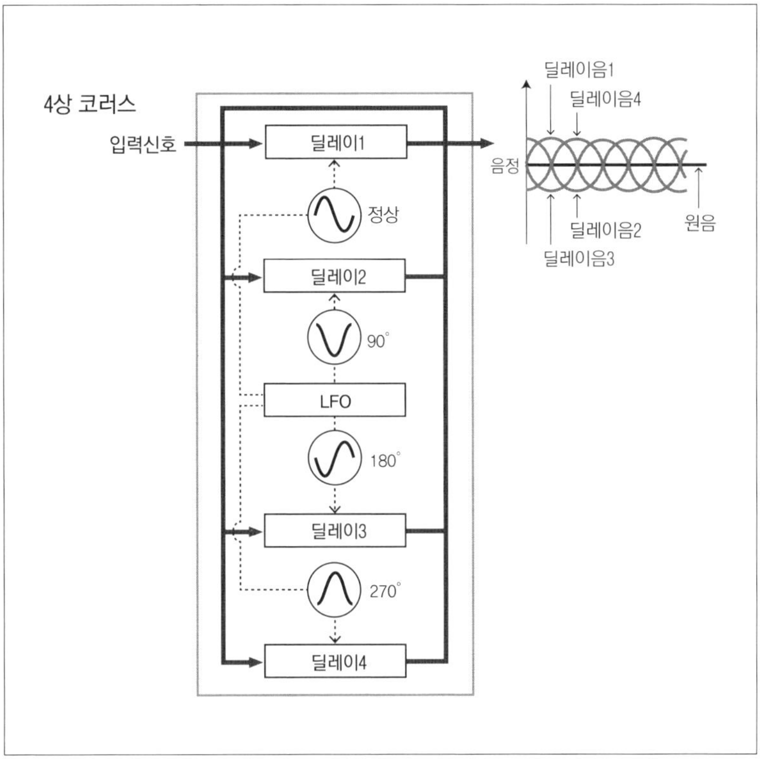

▲그림⑫ 4상 코러스

이런 다상 코러스는 Solina String-Ensemble 등의 70년대 초기에 출시된 앙상블 키보드에 내장되어 있었으며, 단순한 파형으로 오케스트라와 같은 느낌을 주기 위해서 사용되었다. 또한 ROLAND의 Dimension-D처럼 스튜디오용 이펙터로 제품화되기도 했다.

플렌저와 마찬가지로 아날로그 BBD회로를 사용하는 제품과 디지털 딜레이 회로를 사용하는 제품은 사운드가 다르며, 따듯한 음색을 원할 경우에는 아날로그 코러스를 사용하는 경우가 많다.

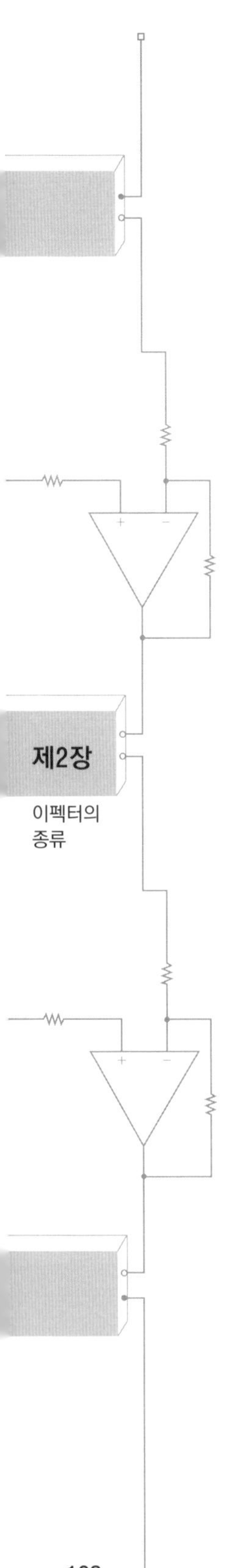

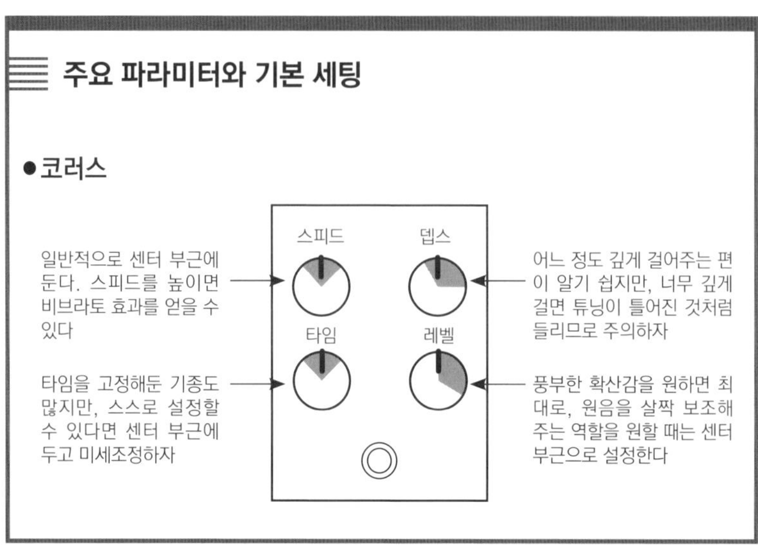

로터리 이펙터 ▶▶▶ Leslie 스피커의 독특하고 복잡한
사운드를 재현한다

로터리 사운드란 오르간용 Leslie 스피커의 사운드를 의미하며, 이러한 로터리
사운드를 전자적으로 재현한 것을 로터리 이펙터라고 한다.

그림⑬은 대표적인 Leslie 스피커의 기본적인 구조를 나타낸 것이다. 로터리
스피커란 말 그대로 '회전식 스피커'를 의미하며, 스피커에서 출력된 소리를 나
팔처럼 생긴 혼과 드럼통처럼 생긴 로터로 보낸다. 그런 다음 물리적인 회전을
통해서 소리의 확산감과 변조감을 연출한다. 이것은 도플러 효과라는 현상을 이
용한 스피커다.

도플러 효과란 '근접하는 소리의 음정은 높아지고, 멀어지는 소리의 음정은
낮아지는 현상'을 말한다. 다시 말하자면 음원의 이동에 따라서 소리의 파장이
좁아지거나 늘어지면서 일어나는 현상이다.

근접해오는 구급차의 사이렌 소리가 듣는 이의 앞을 지나치고 나면 점점 낮아
지는 것도 도플러 현상 때문이다.

Leslie 스피커의 소리를 듣는 사람에게는 그림⑭처럼 혼과 로터가 자신을 향해
서 회전할 때는 음정이 높게, 자신에게서 멀어질 때는 음정이 낮게 느껴진다(사

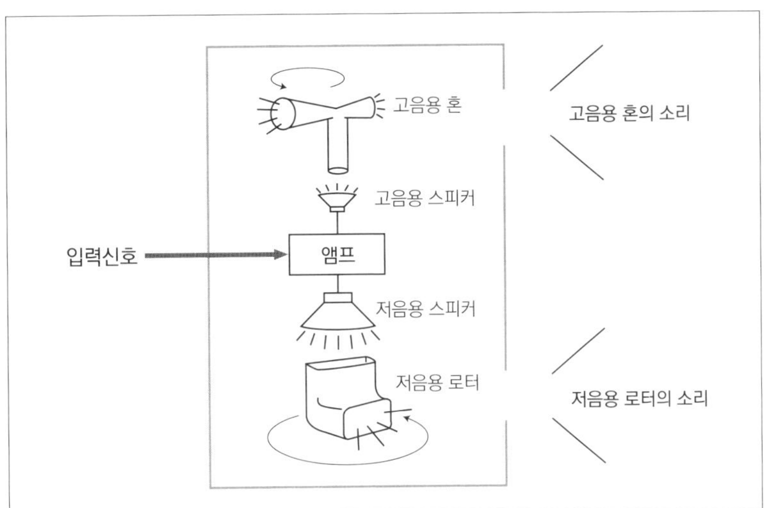

▲그림⑬ Leslie 스피커의 구조

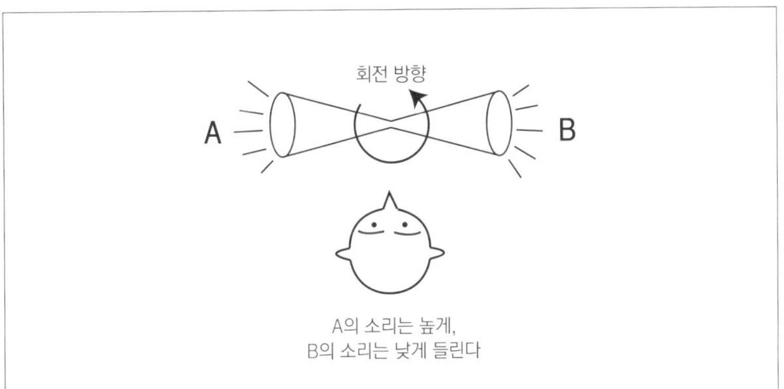

▲그림⑭ 고음용 혼과 리스너의 관계

◀사진⑤ 오른쪽 위에 보이는 검은 물체가 Leslie 스피커의 고음용 혼이다

진⑤).

또한 음정뿐만 아니라 음량과 위상까지 변하므로 결과적으로 다양한 모듈레이션 효과가 복합적으로 조합된 독특한 사운드를 만들어낸다.

음정과 음량의 변화 폭은 음원이 근접하거나 멀어지는 속도로 결정된다. Leslie 스피커의 회전 속도는 브레이크(스톱), 슬로우, 패스트의 세 종류가 있다. 브레이크는 '멈춘 상태', 슬로우는 '미세한 음정의 변화와 자연스러운 확산감', 퍼스트는 '비브라토, 트레몰로, 페이저, 코러스를 동시에 사용한 강렬한 변조효과'를 얻을 수 있다.

금속제 혼과 로터는 무겁다. 이것을 모터로 회전시키기 때문에 실제로는 풋 스위치로 회전하는 속도를 바꾸더라도 관성의 법칙 때문에 바로 적용되지 않고, 서서히 변하게 된다. 서서히 속도가 바뀔 때의 소리는 크레센도와 디크레센도처럼 오르간 연주법의 하나로 사용된다. 저음용 로터는 고음용 혼보다 무겁고 스피드를 바꾸는데 시간이 더 걸린다. 때문에 스피드를 바꾸면 혼과 로터의 회전수가 어긋나면서 더욱 복잡한 변조사운드를 얻을 수 있다.

또한 진공관을 사용하는 앰프부의 따듯한 사운드와 레벨을 높였을 때 나타나는 독특한 왜곡도 Leslie 스피커에서 빠질 수 없는 매력이다.

이처럼 Leslie 스피커의 구조는 단순하지만 아주 복잡한 매력을 가진 사운드를 얻을 수 있다. 하지만 단 하나의 치명적인 단점을 가지고 있다. 그것은 쉽게 운반할 수 없는 무게다. 성인 남성 몇 명이 들어야 겨우 들릴 정도로 무겁고 크며, 오랫동안 옆으로 눕혀서 운반하면 회전 축에 부담이 걸려서 고장나기 쉽다.

그래서 60년대 후반부터 Leslie 사운드를 간편하게 사용하고자 다양한 제품이 개발되었다. 페이저와 플렌저, 코러스도 처음에는 Leslie 스피커의 효과를 재현하려고 만들어진 이펙터들이다. 이런 이펙터들은 개발을 거쳐 점차 새로운 효과를 만들어냈지만, 로터리 이펙터라고 보기에는 미완성 작품이라고 할 수 있다.

Leslie 스피커를 재현했다고 공식적으로 인정받은 최초의 제품은 80년대 말에 등장한 DYNACODE의 Leslie Simulator라고 할 수 있다. 이후 디지털 기술의 빠른 발전에 의해서 복잡한 시뮬레이션이 가능해지고, 현재까지 상당히 뛰어난 퀄리티를 가진 다양한 제품들이 등장했다. 또한 MOTION SOUND의 Pro Series처럼 운반이 가능한 수준의 캐비넷에 고음용 혼과 저음용 시뮬레이터를 조합한 것도 있다. 방식은 제조사마다 다르지만, 기본적인 파라미터는 실제 Leslie 스피커를 답습하고 있으며, 기종에 따라서 사용자가 직접 만질 수 있는 파라미터의 개수가 다른 정도다.

Leslie 스피커는 모듈레이션 계열 이펙터의 시작이라고 할 수 있으며, 그 사운드를 재현하고자 다양한 모듈레이션 계열 이펙터들이 만들어졌다는 의미에서도 또 하나의 원점이라고 할 수 있다. 하지만 완벽한 재현이 어렵다는 사실이 아이러니라고 할 수 있다.

≡ 주요 파라미터와 기본 세팅

● Leslie 시뮬레이터

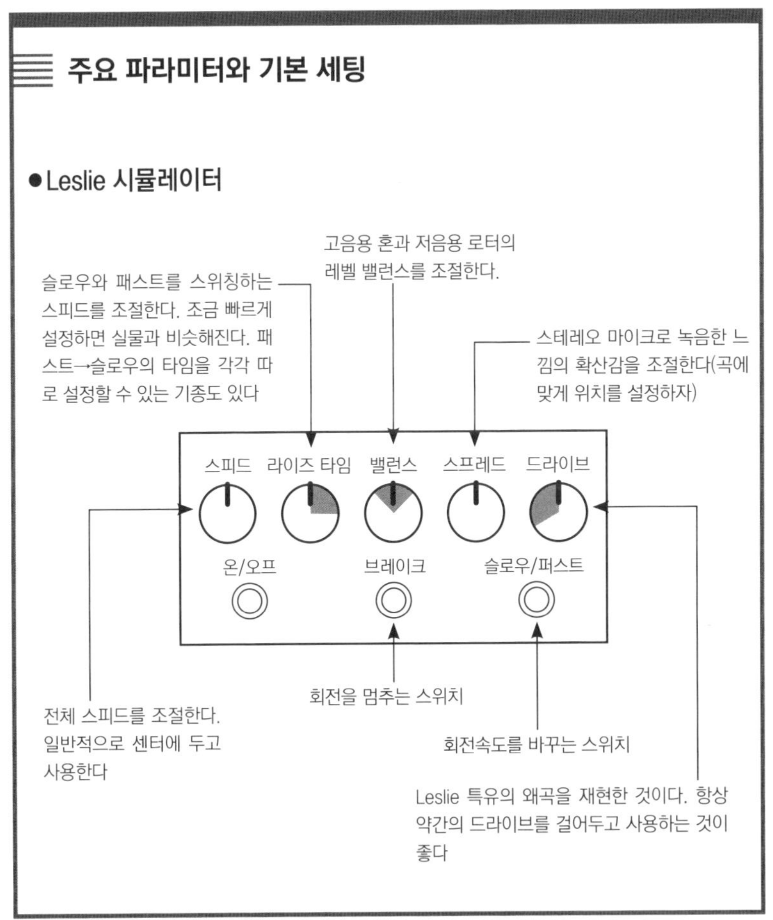

Uni-Vibe

전설적인 모듈레이션 이펙터

60년대 후반에 사이키델릭이 유행하면서 트레몰로도, 페이저도 아닌 새로운 개념의 모듈레이션 계열 이펙터 하나가 전 세계 기타리스트들의 주목을 받았다. 바로 Uni-Vibe다(**사진①**).

지미 헨드릭스가 사용하면서 유명해진 Uni-Vibe는 생산량이 상당히 적어서 쉽게 구입하기 힘들었으며, 회로와 제조사에 관한 정보도 부족해서 오랫동안 전설처럼 전해 내려왔다. 하지만 시간이 흘러 이펙터의 회로가 일본의 '신에이 전기(新映電氣)'라는 메이커에서 만들어진 것이 판명되었다. 하지만 역사에 남은 사운드의 열쇠를 쥔 회로가 이전까지 전혀 알려지지 않았던 동양의 작은 업체에서 만들어졌다는 사실 때문에 신비감은 더욱 커졌다.

Uni-Vibe의 회로는 트레몰로와 페이저 그리고 초기 코러스의 회로를 조합한 것으로, 무언가 애매하고 미완성적인 느낌을 준다. 하지만 그 미완성의 느낌이 독특한 개성으로 작용해서, 지미 헨드릭스의 역사적인 사운드를 만들어낸 것이다. 오리지널 Uni-Vibe는 현재 구입하기 힘들지만, 최근의 빈티지 이펙터 붐 덕분에 지미 헨드릭스의 악기 테크니션이었던 Roger Mayer를 비롯한 다양한 제조사에서 Uni-Vibe의 회로를 카피한 제품을 비교적 저렴한 가격으로 출시하고 있다.

◀사진① 지미 헨드릭스가 사용하면서 유명해진 Uni-Vibe

공간 계열이란? ▶▶▶ 공간의 크기와 상황을 만들어서 실제 그 장소에 있다는 착각을 일으킨다

공간 계열 이펙터란 다양한 잔향을 추가해서 공간감을 만들어내는 이펙터다. 엄밀하게 따지자면 콘서트 홀 또는 라이브 하우스에서 밴드의 공연을 보거나 방안에서 라디오를 들을 때, 내 귀에 들리는 소리를 연주소리만 들리는 것이 아니다. 헤드폰을 사용하지 않는 한, 항상 공간의 울림(잔향음)을 듣게 되는 것이다. 그리고 공간의 크기와 벽, 바닥의 재질에 따라서 잔향의 음색과 음량, 길이가 크게 달라진다.

반대로 말하자면 원음이 비교적 잔향이 적은 소리일 경우, 이펙터로 잔향을 추가해주면 대형 콘서트 홀에서 연주하고 있는 것처럼 들려줄 수가 있다. 참고로 인공적인 잔향을 추가해서 가상의 공간을 연출하는 장치는 공간 계열 이펙터가 개발되기 전부터 존재하고 있었다. 사원과 교회 등의 종교시설은 실내의 석판을 이용해서 웅장한 느낌의 울림을 만들어 낸다. 이러한 건축물들은 세계 각지에 존재하고, 역사를 거슬러 올라가면 기원전의 4대 문명까지 올라가야 할 것이다. 이런 건축물들은 지배자의 목소리를 위압적으로 들리게 하거나, 교주의 목소리를 신의 목소리처럼 연출하기 위해서 사용되었다. 불과 몇십 년 전에 테이프 에코와 플레이트 에코의 등장이 큰 이슈가 되었던 것을 생각해보면, 기원전 사람들이 사원 내부에 울리는 교주의 목소리를 신의 목소리로 착각했던 것도 이상할 것이 없다.

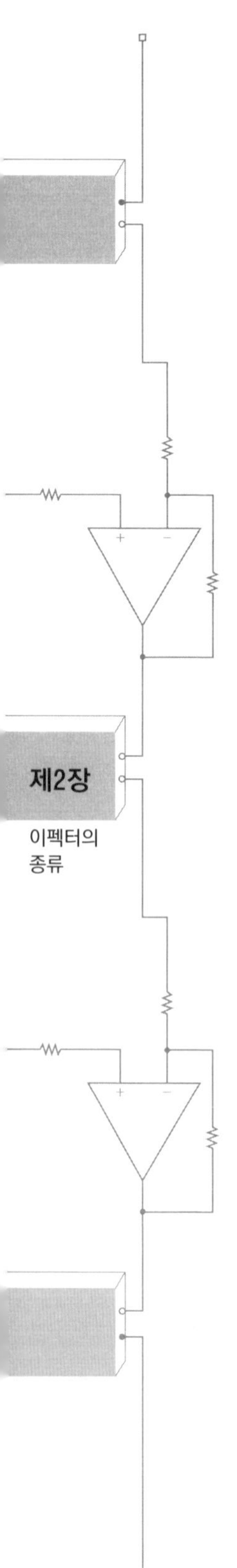

이처럼 공간 계열 이펙터는 수천 년 동안 사람들에게 다양한 착각을 일으키게 했다. 그리고 그것은 오늘날까지 변함이 없다. SF 영화는 사운드 효과를 사용해서 우주와 다른 차원 등의 미지의 공간을 연출하고 있으며, 3D 효과와 서라운드 시스템은 관객이 영화의 장면 속에 있는 듯한 착각을 일으키게 한다. 한편 에코는 우리가 자주 가는 노래방에서 매일 활약하고 있다. 듣는 이를 미지의 세계로 인도하거나, 어설픈 연주와 노래를 듣기 좋게 만들어 주는 공간 계열 이펙터는 사용자에 따라서 활용방법과 효과가 달라진다.

딜레이, 에코 ▶▶▶ 원음을 반복시켜서 메아리를 재현한다

일반적으로 사람들이 에코라는 단어를 듣고 떠올리는 것은 '메아리'다. 산 정상에서 '야호~'하고 소리치면 잠시 후 반대편에서 '야호~'하는 목소리가 돌아온다. 소리의 속도는 약 340m/s이므로, 반대편 산까지의 거리가 340m라면 목소리가 반대편 산에 도달하기까지 1초, 다시 돌아오기까지 1초로 총 2초 지연(딜레이)된 후에 들리게 된다(**그림①**).

참고로 아주 또렷한 메아리를 들을 수 있는 장소에서는 한번 반사된 목소리가 또다시 반사되는 것을 몇 번씩 반복할 경우도 있다. 그리고 '야호~'하는 목소리

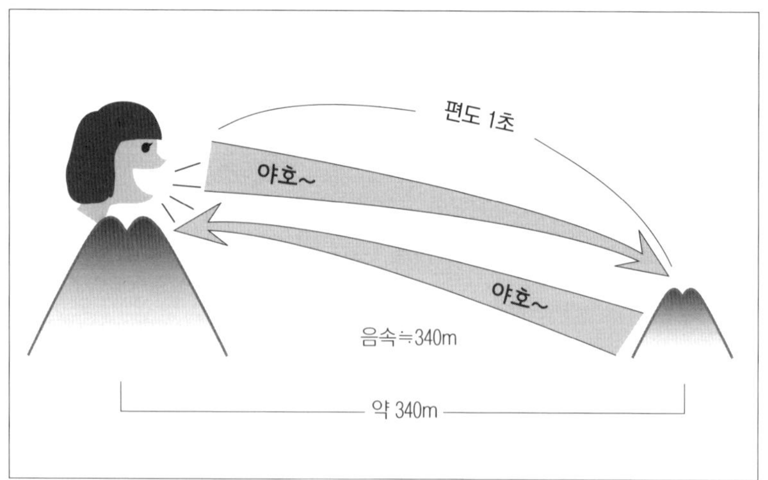

▲그림① 가장 단순한 메아리

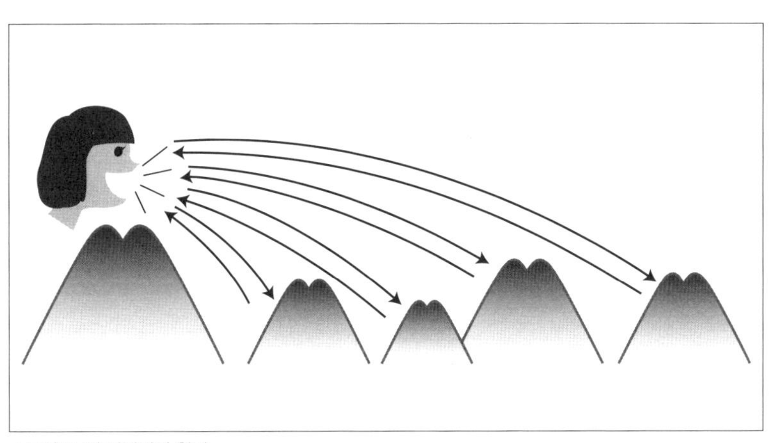

▲그림② 탭 딜레이의 원리

가 일정한 간격으로 들리다가 서서히 작아지면서 사라진다. 이것을 리피트 딜레이라고 한다. 또한 실제로 산에 올라가서 소리쳤을 때, 목소리는 여러 산에 반사되어 돌아온다. 다시 말해, 각각 다른 거리에 위치한 산에 반사되어 서로 다른 간격으로 '야호~'하는 목소리가 돌아오게 된다(**그림②**). 이것은 탭 딜레이라고 하는 효과다.

자연적인 메아리를 전기적 또는 전자적으로 재현한 것이 딜레이와 에코다. 딜레이 이펙터는 테이프 에코, 아날로그 딜레이, 디지털 딜레이의 세 종류가 있으며, 이는 회로의 구조에 따라 분류된다. 그럼 각 종류마다의 특징을 살펴보자.

● 테이프 에코

소리를 지연시키는 효과를 전기적으로 재현한 최초의 이펙터가 테이프 에코다. 테이프 에코는 오픈 릴 테이프 레코더의 녹음 헤드와 재생 헤드의 시간차를 이용해서 메아리를 만들 수 있다는 것에 착안해서 개발된 이펙터다(**사진①**).

◀**사진①** 테이프 에코 중에서 가장 유명한 ROLAND Space Echo RE-201. 스프링 리버브를 함께 내장하고 있다

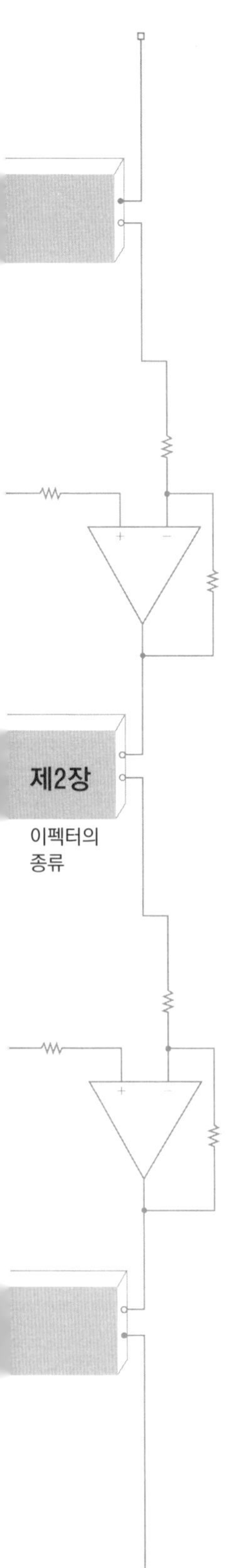

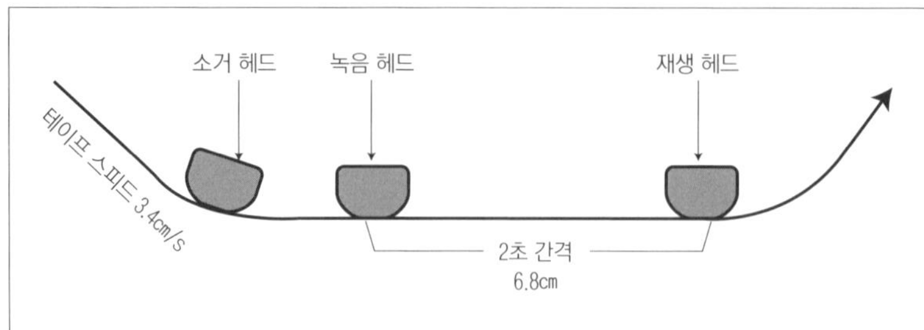

▲그림③ 테이프 에코의 원리

테이프 에코는 메아리가 반복되는 속도를 녹음 헤드와 재생 헤드의 거리조절로 설정한다. 앞서 설명한 산에서의 메아리를 테이프 에코로 재현하려면, 테이프 스피드가 3.4cm/s일 때 녹음 헤드에서 재생 헤드까지의 거리가 3.4×2=6.8cm가 되므로 정확하게 2초 간격의 메아리가 들리는 것이다(그림③).

여러 산에서 반사되는 복잡한 메아리를 재현하려면 재생 헤드가 여러 개 있어야 한다. 테이프 에코는 재생 헤드의 개수와 거리를 스위치로 선택하거나 조합해서 딜레이 패턴과 타임을 설정하고, 테이프 스피드의 변화로 딜레이 타임을 미세하게 조정할 수 있다.

테이프 에코는 헤드 청소와 교환 등의 관리가 힘들기도 하고, 80년대에 보급되기 시작한 디지털 딜레이 때문에 점점 사용빈도가 낮아졌다. 하지만 디지털 딜레이와 달리 테이프 특유의 컴프레션과 드라이브, 와우 플래터[주2]에 의한 독특한 음색 때문에 90년대에 유행한 로우파이 사운드와 함께 다시 주목을 받기 시작했으며, 신제품까지 발매되었다. 또한 플러그인 중에서 테이프 에코를 재현한 것도 있다(화면①).

▲화면① ROLAND RE-201을 재현한 플러그인 UAD ROLAND RE-201 Space Echo

주2 : 와우 플래터는 레코드 플레이어와 테이프 레코더의 회전이 일정하지 않을 때 발생하는 현상으로, 소리가 탁해지고 심해지면 음정까지 흐트러진다

주요 파라미터와 기본 세팅

●테이프 에코

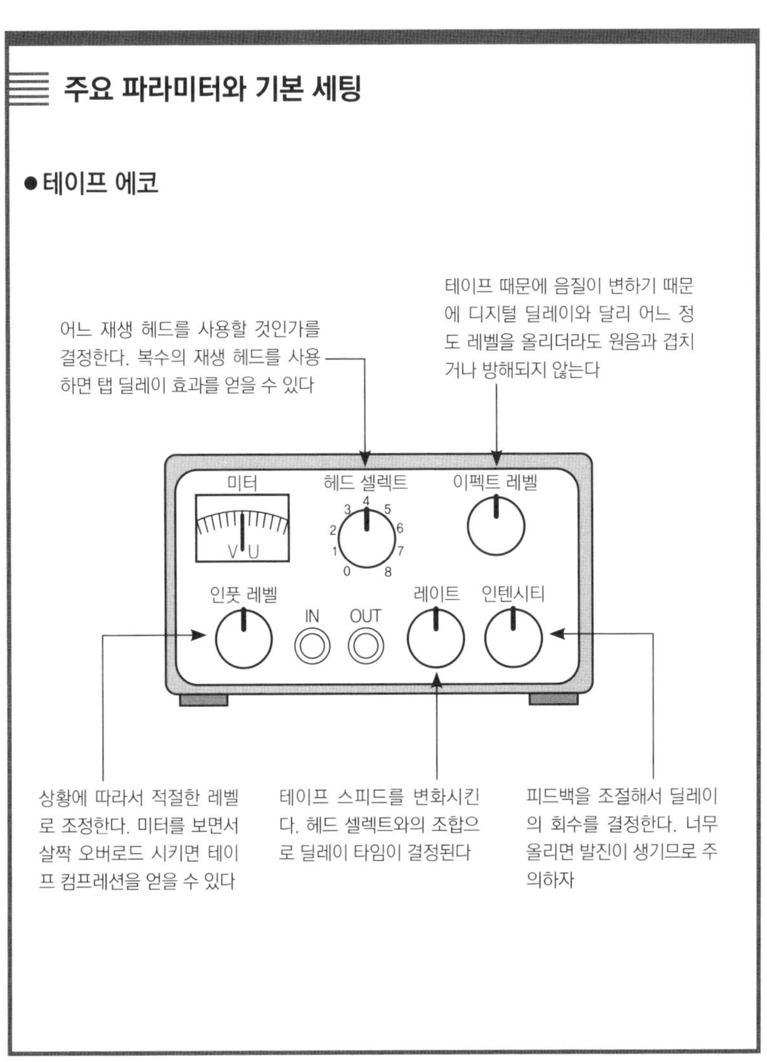

●아날로그 딜레이

관리가 힘든 테이프 에코보다 간편하게 사용할 수 있는 장비로 개발된 것이 아날로그 딜레이다.

아날로그 딜레이는 BBD소자라고 불리는 회로를 몇 개 연결해서 버킷 릴레이 방식으로 롱 딜레이를 만든다(**그림④**). 하지만 BBD는 S/N비율과 주파수 특성 때문에 테이프 에코보다 음질이 떨어지고, 더욱 긴 딜레이음을 얻기 위해서

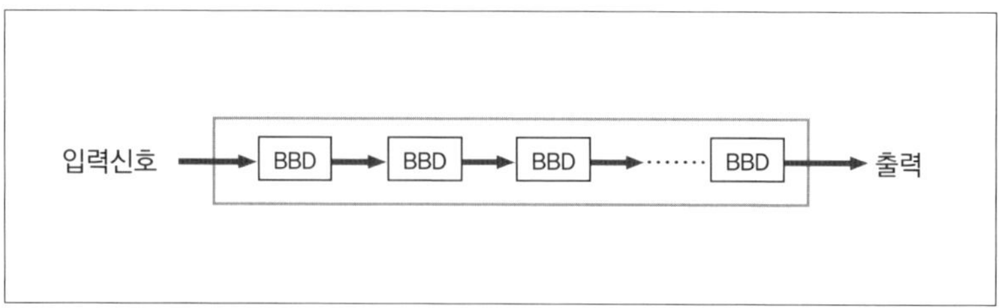

▲그림④ 아날로그 딜레이의 구조

BBD를 많이 사용할수록 고음역이 열화되는 단점이 있다. 때문에 디지털 딜레이가 보급되면서 급속도로 자취를 감추는듯 했다.

하지만 고음역이 열화되는 특징이 따듯한 음색을 만들어주기 때문에 쇼트 딜레이와 코러스에는 아직까지도 BBD를 사용한 아날로그 회로가 사용된다. 또한 덥(주3) 등의 특정 장르에서는 로우파이한 롱 딜레이를 연출하기 위해서 아날로그 딜레이를 선호하는 경향이 있다.

주3 : 덥(Dub)은 레게에서 파생된 일종의 리믹스 테크닉이다. 이미 녹음된 연주 트랙에 딜레이와 리버브를 걸어서 만드는 전위적이고 유니크한 음향효과가 특징적이다.

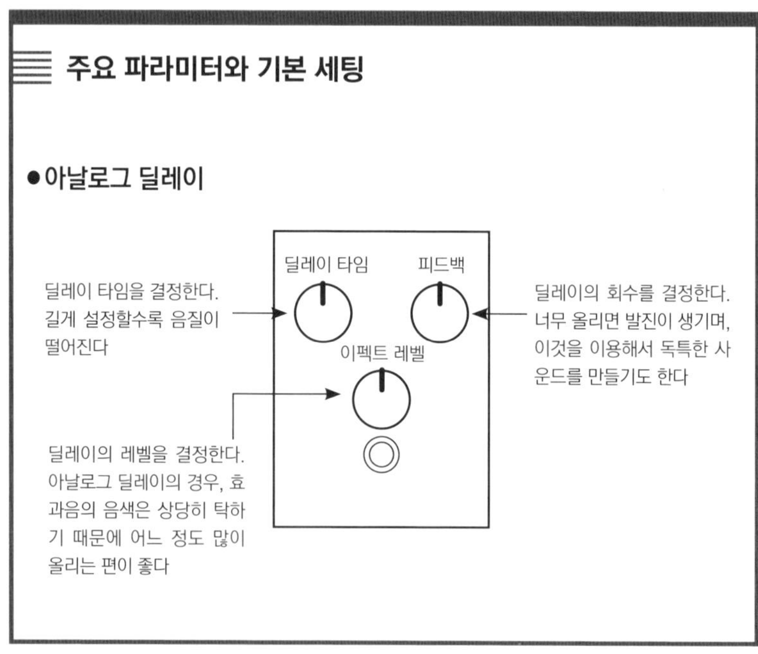

● 디지털 딜레이

테이프 대신에 메모리에 소리를 저장하고, 녹음 헤드와 재생 헤드의 시간차 대
신에 메모리에 기록되고 내보내는 시간차를 이용하는 것이 디지털 딜레이다. 입
력된 신호는 우선 AD컨버터 회로를 거치면서 디지털 신호로 변환되고, 메모리
에 기록된다. 그리고 메모리에 기록된 데이터를 정해진 딜레이 타임에 따라서
내보내고 DA컨버터를 거쳐서 아날로그 신호로 출력되는 것이다(**그림⑤**).

이 원리 자체는 모든 디지털 이펙터와 공통된 것이므로, 모든 디지털 이펙터
는 디지털 딜레이의 원리를 응용한 것이라고 할 수 있다.

초기 디지털 딜레이의 샘플링 레이트는 8Bit로 낮았기 때문에 음질이 좋지 않
았지만, 최근에는 기타용 콤팩트 타입까지 16Bit/44.1㎑가 기본 사양이 될 정도
로 음질이 좋아졌다. 그리고 24Bit/96㎑의 고급 제품까지 존재한다.

반대로 효과음의 음질이 너무 좋아서 테이프 에코와 아날로그 딜레이처럼 소
리가 서서히 감쇠하는 효과를 내기 어려워지는 단점이 있었다. 그래서 최근에
출시되는 모델들은 고의적으로 효과음의 음질을 떨어트릴 수 있도록 설계된 것
이 많다. 이것은 피드백 회로에 일종의 로우패스 필터를 추가한 것이다.

디지털 딜레이에만 존재하는 기능 중에 딜레이 타임을 실시간으로 설정할 수

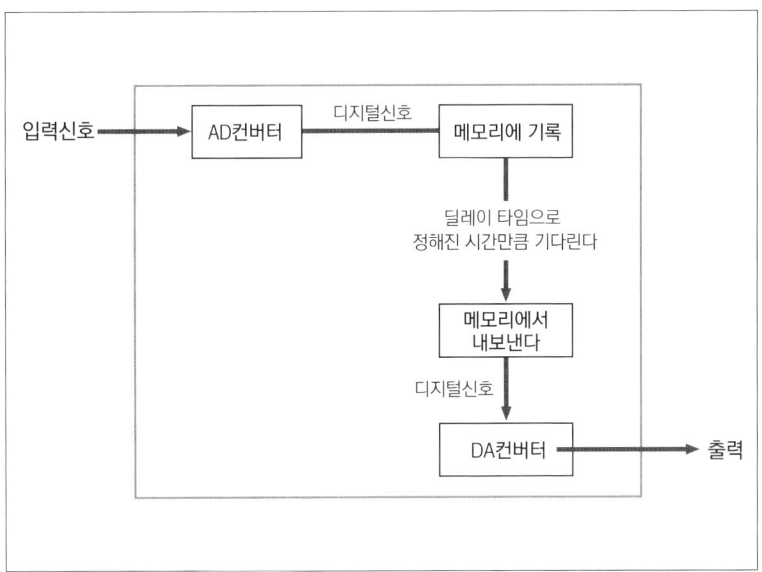

▲그림⑤ 디지털 딜레이의 구조

있는 탭 템포라는 기능이 있다. 예를 들어 라이브 도중에 미리 설정해둔 템포보다 빨라지거나 느려질 경우에 풋 스위치를 현재의 박자에 따라서 밟아주면 딜레이 타임을 원하는 템포로 설정할 수 있는 아주 편리한 기능이다. 탭 템포는 풋 스위치를 밟으면서 딜레이 타임을 설정할 수 있는 타입과 풋 스위치를 밟으면서 딜레이 타임을 정하면 미리 설정해둔 박자(4분음, 8분음 등)로 효과음이 출력되는 타입이 있다.

게다가 일부 스튜디오용 고급 딜레이와 플러그인 중에서는 작업 중인 곡의 템포에 맞춰서 딜레이 타임을 음표로 설정할 수 있는 모델이 많다. 이 기능을 사용하면, 작업 도중에 곡의 템포가 바뀌더라도 플러그인이 딜레이 타임을 자동으로 맞춰준다. 90년대까지는 녹음실에 딜레이 타임 일람표라는 것이 항상 붙어 있었고, 템포가 바뀔 때마다 어시스턴트 엔지니어가 그것을 보면서 일일이 딜레이 타임을 설정해야 했다. 하지만 최근에는 그런 광경을 전혀 볼 수 없다.

이런 템포에 맞춘 딜레이는 단순히 공간을 연출하기 위한 것이 아니라, 피드백을 적절하게 올리고 원음과 거의 같은 레벨로 믹스해서 프레이즈의 일부로 사용하는 경우도 많다. 이때 딜레이 타임은 주로 8분음 또는 점8분음으로 설정한다.

또한 복수의 재생 헤드를 가진 테이프 에코의 복잡한 딜레이 패턴을 재현하기 위해서 만들어진 멀티 탭 딜레이가 있다. 이것은 하나의 프로그램으로 복수의 딜레이 타임을 동시에 사용할 수 있다. 이 기능을 이용해서 복수의 딜레이 타임을 각각 다른 음표의 길이로 설정하면 리드미컬한 프레이즈를 만들 수 있다. 특히 테크노와 클럽음악에서는 딜레이가 프레이즈를 만드는 도구로 자주 사용된다.

모듈레이션 기능이 탑재된 기종은 딜레이 타임을 아주 짧게(5~30ms) 설정해서 코러스와 플렌저처럼 사용할 수 있다. 이것은 앞서 설명한 모듈레이션 계열 이펙터를 참조하기 바란다. 또한 100ms 이상의 딜레이 타임을 설정하고 모듈레이션을 걸면 일반적인 코러스 이펙터에서는 얻을 수 없는 특수효과를 만들 수도 있다. 그리고 일반적인 딜레이로 사용할 때에도 모듈레이션을 살짝 걸어서 테이프 에코의 와우 플래터를 재현하는 방법도 자주 사용된다.

게다가 최근의 플러그인 딜레이는 모듈레이션에 복수의 LFO를 조합하거나 랜덤한 파형을 출력할 수 있는 기종도 있다. 이것을 효과적으로 활용하면 실제 테이프 에코의 와우 플래터처럼 불규칙한 음정의 변화를 재현할 수 있다.

LFO가 아닌 별도의 모듈레이션 소스를 외부에서 입력받아서 사용할 수 있는 기종도 있다. 외부 입력으로 타악기처럼 비교적 짧은 감쇠음을 넣으면, 소리의 감쇠에 따라서 음정이 낮아지거나 높아지는 효과를 얻을 수 있다. 샘플러의 원리와 마찬가지로 입력된 신호를 반복해주는 홀드 기능과 간단한 샘플링 모드를 갖춘 기종도 많다. 80년대 중반까지는 샘플러가 아주 비싼 장비였기 때문에 딜레이의 샘플링 기능을 실제 샘플러 대신에 사용하는 경우도 많았다. 하지만 샘플러가 빠른 속도로 보급되고, 가격이 저렴해지면서 딜레이의 샘플링 기능은 라이브에서만 사용하게 되었다.

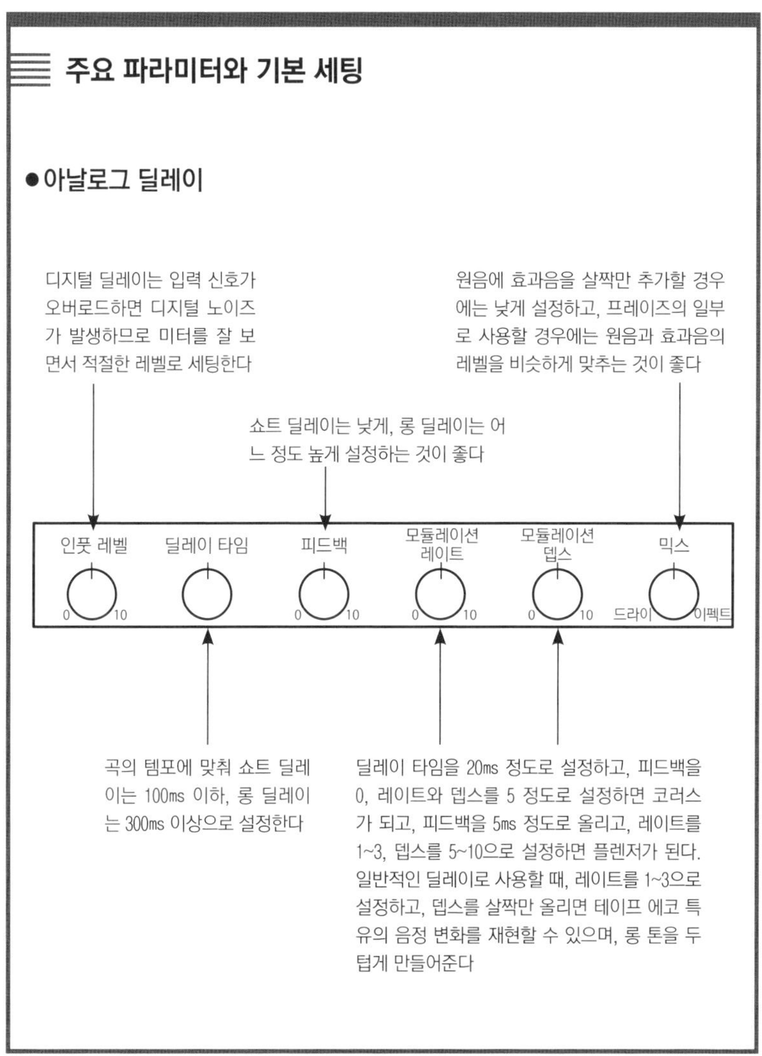

●루프 페달과 응용 방법

샘플링 기능을 사용하면 자신의 연주를 루프시키고 몇 가지 파트를 겹쳐서 루프 패턴을 만들 수 있으며, 그 패턴에 맞춰서 솔로연주를 할 수 있다. 이처럼 1인 다역을 할 수 있는 연주 스타일에 특화된 제품을 루프 페달, 루프 샘플러 또는 루퍼라고 한다(**사진②**).

루프 페달의 원리는 앞서 설명한 디지털 딜레이를 이용한 샘플러와 마찬가지다. 하지만 일반 샘플러와 다른 점은 실시간으로 다중녹음을 하면서 연주할 수 있도록 설계되어 있다는 것이다. 기본적으로는 페달을 한 번 밟으면 녹음이 시작되고, 다시 한 번 밟으면 녹음을 멈춤과 동시에 녹음된 소리를 재생하기 시작한다. 그리고 또 한 번 밟으면 오버더빙을 시작하는 방식이 일반적이다.

최근에는 메모리의 가격이 큰 폭으로 떨어졌기 때문에 메모리 카드에 음원을 저장해두고 필요에 따라서 재생하거나, USB를 사용해서 루프 페달로 만든 프레이즈를 컴퓨터에 저장하거나 DAW로 편집할 수 있는 기종도 있다.

또한 녹음된 음원을 반대로 재생하거나 느린 속도로 재생하는 기능을 사용하면 단순한 다중녹음에 그치지 않고 보다 독창적인 활용이 가능하다. 이러한 루프 페달의 창의적인 기능을 확장시킨 제품이 KORG Kaoss Pad 시리즈다. 이것은 이미 믹싱된 음원에 사용하는 것을 전제로 설정된 프리셋을 X축과 Y축을 가진 패드 위에서 손가락을 움직여서 실시간으로 컨트롤할 수 있다. 음원의 일부분을 잘라내서 반복시키는 슬라이스 또는 스플라이스라고 불리는 기능과 음원의 속도를 패드로 변화시켜서 아날로그 레코드처럼 활용할 수 있는 기능, 그리고 효과음에 디스토션과 필터를 조합한 기능들이 프리셋 안에 내장되어 있다. 이것은 단순한 이펙터의 범위를 넘어서 새로운 악기와 연주방법의 하나로 확립되어가고 있다.

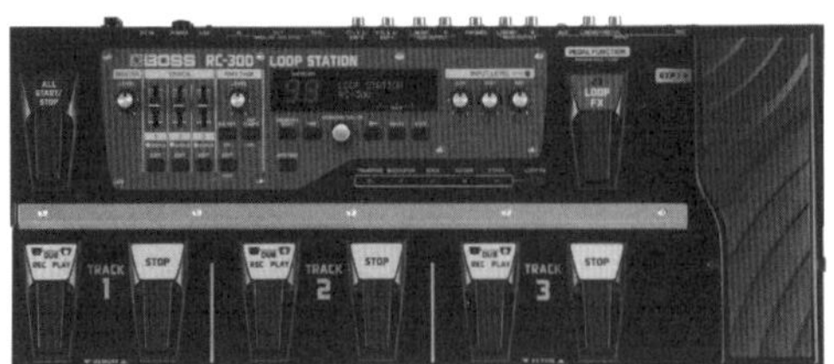

▲**사진②** 3개의 스테레오 트랙을 출력할 수 있는
루프 페달 BOSS RC-300

리버브는 쉽게 말하면 딜레이의 집합체라고 할 수 있다. 앞선 딜레이 항목에서 설명한 메아리는 일상생활에서는 자주 접할 수 없다. 일반적으로 우리가 들을 수 있는 잔향(리버브)은 훨씬 복잡한 딜레이의 집합체다.

아무 것도 없는 사각형으로 된 실내에 있을 때에도 목소리와 발소리는 다양한 딜레이 타임을 가진 반사음을 만들어낸다(그림⑥). 그리고 이런 잔향은 공간의 크기와 형태, 벽과 바닥의 재질에 따라서 음질과 길이가 달라진다. 게다가 잔향은 벽과 바닥에 반사되어 직접 귀로 들어오는 초기 반사음(얼리 리플렉션)과 몇 번의 반사를 통한 다음 귀로 들어오는 반사음으로 구분된다.

리버브 이펙터가 등장하기 전에 이런 잔향을 만드는 것은 설계사와 건축가의 일이었다. 그들은 다양한 시행착오를 반복하면서 최고의 잔향을 얻을 수 있는 바닥과 벽의 재질, 각도를 연구했다. 전기를 이용해서 소리를 기록하던 레코드 시대에도 이 상황은 변하지 않았다.

레코딩 엔지니어는 일단 마이크를 통해서 녹음된 소리를 아주 긴 잔향을 얻을 수 있는 에코 룸이라는 공간에 설치된 스피커로 출력해서 그것을 다시 마이크로 녹음하는 방법으로 리버브를 만들어냈다.

이런 상황을 바꾸기 위해서 만들어진 초기의 전기적 리버브는 플레이트 에코라고 불리는 거대한 철판을 사용하는 리버브 유닛과 같은 기술을 사용하지만 기

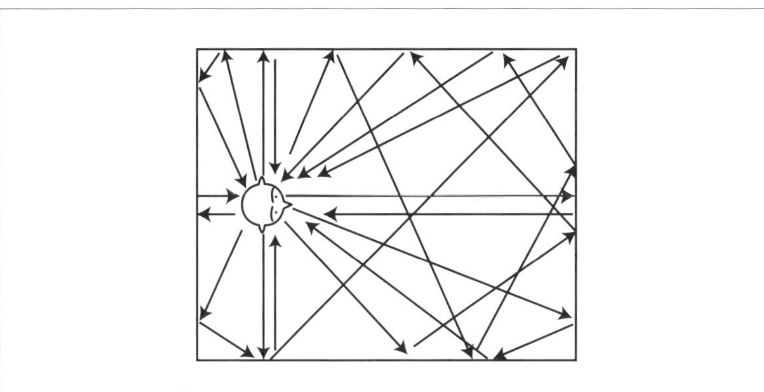

▲그림⑥ 잔향의 이미지

타 앰프에 내장할 수 있도록 작게 만든 스프링 리버브가 있다. 80년대 이후에는 리버브를 디지털 딜레이의 기술을 응용해서 재현한 디지털 리버브가 대중화되었다.

그럼 플레이트, 스프링, 디지털 리버브의 기본 원리를 살펴보자.

●플레이트 에코

초기의 전기적 리버브 이펙터인 플레이트 에코는 잔향을 얻기 위해서 철판을 사용한 것이다.

소리가 공기의 진동이라는 사실은 잘 알고 있을 것이다. CD와 레코드의 전기적인 진동은 스피커의 드라이버 유닛을 통해서 물리적인 진동으로 변환되고, 콘과 혼으로 공기를 진동시키고 사람의 귀로 전달된다(**그림⑦**). 플레이트 에코는 콘과 혼 대신에 거대한 철판을 드라이브 유닛으로 진동시킨다.

콘과 혼은 드라이버의 진동을 정확하게 전달하기에 가장 적합한 재질로 만든다. 이에 비해 철판은 일단 진동을 시작하면 입력신호가 멈추더라도 그네처럼 서서히 진동을 멈추는 특성을 가지고 있다. 그러므로 철판에 장착된 드라이버 유닛의 반대편에 픽업을 장착해서 진동을 받아들이면 철판 진동의 여운을 잔향으로 만들 수 있는 것이다(**그림⑧**).

그 결과, 깔끔하지만 따듯함을 가진 음색을 얻을 수 있으며, 현재까지 전기적 리버브의 최고봉이라는 평가를 받고 있다.

플레이트 에코는 크고 무겁기 때문에 펄스파처럼 파형이 크고 날카로운 신호의 잔향도 안정적으로 얻을 수 있다. 하지만 구조상 외부진동의 영향을 받기 쉬우므로 최대한 외부진동을 차단할 수 있는 장소에 설치해야 한다. 또한 디지털 리버브처럼 리버브 타임 등의 파라미터를 사용자가 세밀하게 설정할 수 없다. 리버브 타임은 기본적으로 철판의 재질과 크기에 따라 결정되고, 음색도 프리앰프의 이퀄라이저로 조절하는 정도밖에 할 수 없다.

플레이트 에코의 제조사는 EMT가 가장 유명하다. 제조년도와 프리앰프의 차이(진공관 또는 트랜지스터)에 따라서 몇 가지 다른 타입이 존재하며, 음색도 미세하게 다르지만 기본적인 구조는 동일하다(**사진③**). 플레이트 에코는 아직까지 레코딩 스튜디오에 많이 설치되어 있지만, 크기와 가격 등의 문제 때문에 개인적으로 구입하기에는 무리가 있다.

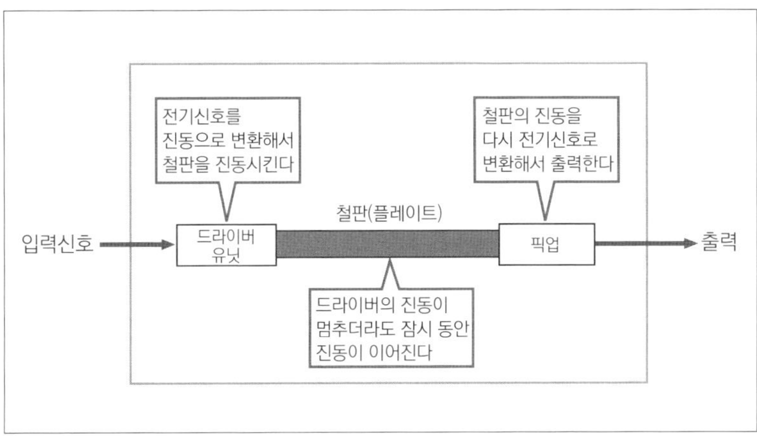

▲그림⑦ 스피커의 구조

▲그림⑧ 플레이트 에코의 구조

◀사진③ 플레이트 에코 EMT 140

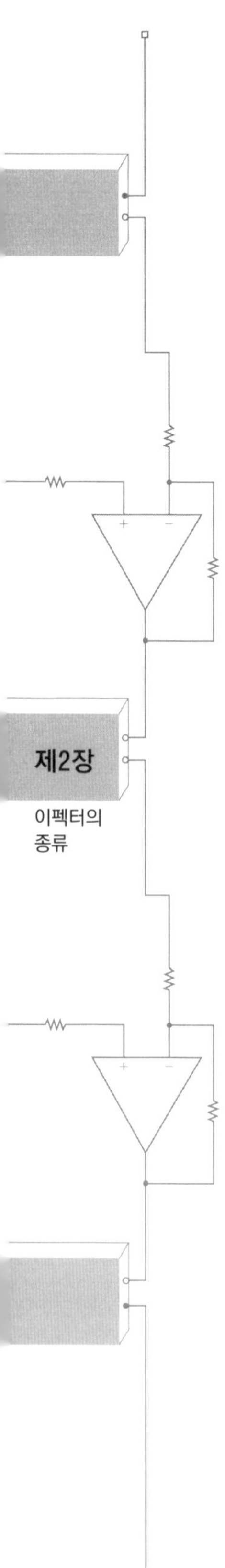

●스프링 리버브

플레이트 에코와 동일한 기술을 사용하면서 앰프에 내장할 수 있도록 콤팩트한 사이즈로 만든 것이 스프링 리버브다(**그림⑨**). 기본적인 구조는 플레이트 에코의 리버브와 같지만, 철판 대신에 스프링을 사용해서 전체적인 사이즈를 줄일 수 있다(**사진④**).

플레이트 에코보다 고음역이 깎인 음색을 출력하지만, 디지털 리버브가 보급되기 이전에 개인적으로 사용할 수 있는 리버브는 스프링 리버브 밖에 없었다. 따라서 기타 앰프와 보컬 앰프에 내장용 리버브로 많이 사용되었다.

하지만 스프링은 철판보다 가볍고 진동하기 쉬우므로 펄스파를 입력하면 잔향이라고 하기 힘든 날카로운 소리가 난다. 그래서 드럼과 퍼커션에 사용하기에는 힘들었다.

각 제조사들은 이것을 개선하기 위해서 인풋에 리미터를 내장하는 등의 다양한 조치를 취해봤지만 근본적인 해결은 할 수 없었다. 이런 단점을 이용해서 스프링 리버브를 내장한 기타 앰프와 오르간을 발로 차거나 크게 흔들면 폭발음과 비슷한 노이즈가 발생하는데, 기타리스트와 키보디스트들이 임팩트가 큰 스테이지 퍼포먼스를 위해서 이 효과를 활용하기도 한다.

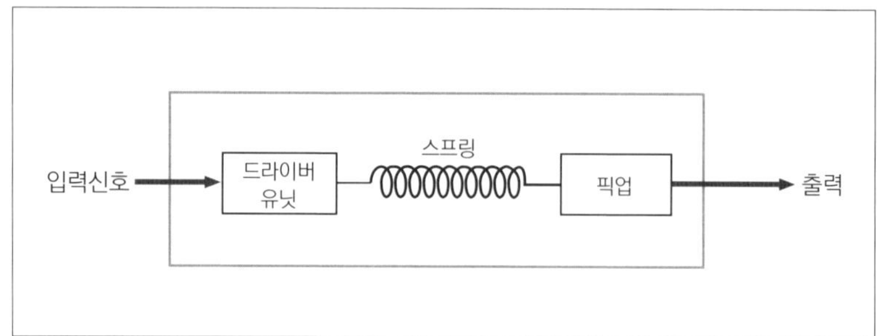

▲그림⑨ 스프링 리버브의 구조

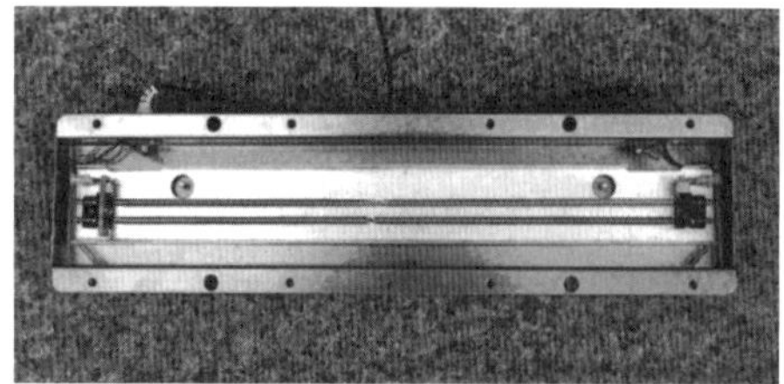

▲사진④ 기타 앰프의 캐비닛 바닥에 설치하기 위한 리버브 유닛

디지털 리버브가 보급되기 시작한 80년대 중반 이후부터 스프링 리버브는 스튜디오에서 거의 볼 수 없게 되었지만, 기타 앰프 내장용 리버브로는 아직까지 가장 일반적으로 사용되고 있으며, 스프링 특유의 어설프고 따듯한 사운드를 사랑하는 뮤지션도 적지 않다.

● 디지털 리버브

디지털 리버브의 원리는 기본적으로 디지털 딜레이와 동일하다. 하지만 디지털 딜레이가 최대 7~8개의 멀티 탭 딜레이밖에 표현하지 못하는 것에 비해 디지털 리버브는 딜레이 타임과 피드백이 각각 다른 수천 개의 딜레이를 복잡하게 조합해서 콘서트 홀과 플레이트 에코의 잔향을 재현할 수 있다. 딜레이와 리버브의 관계에 대해서는 앞서 설명했지만, 디지털 리버브의 구조를 제대로 이해하기 위해서 조금 더 자세하게 설명하겠다.

딜레이, 에코 항목에서 설명했듯이 가장 알기 쉬운 딜레이 효과는 메아리다. 산 정상에서 박수를 치면 잠시 후 반대편 산에서 박수 소리가 음량이 조금 작아진 상태로 되돌아온다(**그림⑩**).

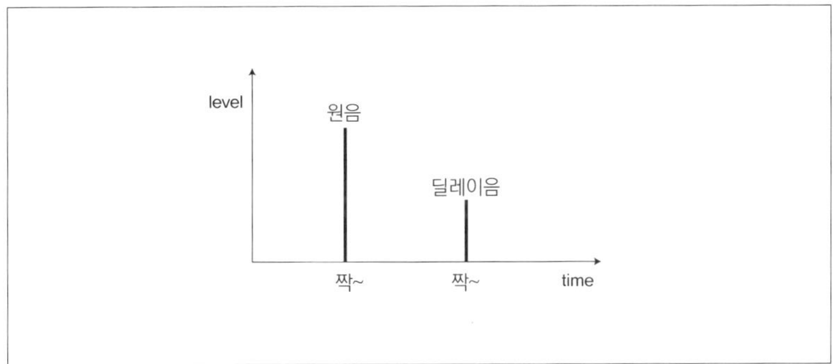

▲**그림⑩** 메아리의 음량과 시간의 관계

그럼 콘서트 홀 내부에서 박수를 치면 외치면 어떻게 될까? 박수 소리가 메아리처럼 길게 늘어지면서 점차 감쇠할 것이다. 이것이 리버브 효과다.

하지만 '짝~'하고 길게 늘어지는 잔향 부분은 박수 소리의 원음 자체가 길게 늘어지는 것도 아니며, 딜레이 타임 자체가 길어지는 것도 아니다. **그림⑪a**의 잔향을 **그림⑪b**처럼 확대해보면, 미세하게 딜레이 타임이 각각 다른 무수한 딜레이의 집합체라는 것을 알 수 있다.

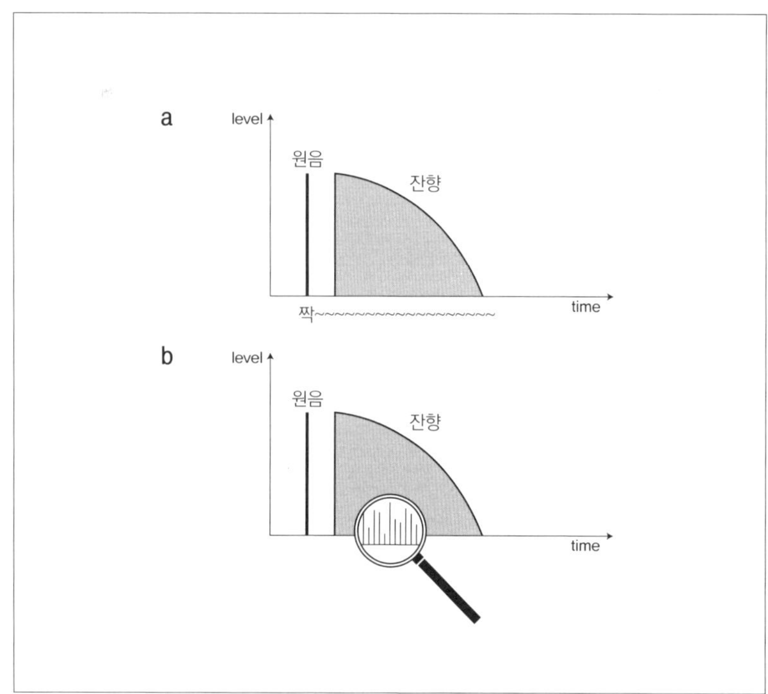

▲그림⑪ 콘서트 홀의 잔향

그럼 어째서 각각 딜레이 타임이 다른 반사음이 아니라 하나의 잔향으로 들리게 될까? 이것은 청각의 한계와 관련이 있다. 인간이 청각으로 구분할 수 있는 두 소리의 시간차 한계는 보통 20ms(20/1,000초) 정도다. 귀가 아주 민감한 뮤지션이라도 5~10ms가 한계라고 한다. 벽과 천장에 복잡하게 충돌하면서 다양한 경로를 통해서 귀로 들어오는 수많은 반사음들의 시간차는 인간의 청각으로 구분할 수 있는 한계보다 훨씬 짧다. 그렇기 때문에 수많은 반사음들이 하나의 잔향으로 들리는 것이다.

디지털 리버브는 이러한 반사음들을 디지털 딜레이의 기술을 응용해서 재현하고 있다. 하지만 단순하게 디지털 딜레이 이펙터의 딜레이 타임을 5ms 이하로 설정하고 피드백을 올리기만 한다고 리버브처럼 들리지는 않는다. 공간의 잔향을 재현하기 위해서는 수많은 반사음의 딜레이 타임과 피드백, 음량과 음색의 변화를 세밀하게 설정해야한다. 하지만 사용자가 그런 세밀한 설정을 직접 하는 것은 불가능에 가깝다. 그래서 디지털 리버브는 몇 가지의 대표적인 반사음의 특성을 패턴화시킨 알고리듬을 가지고 있다.

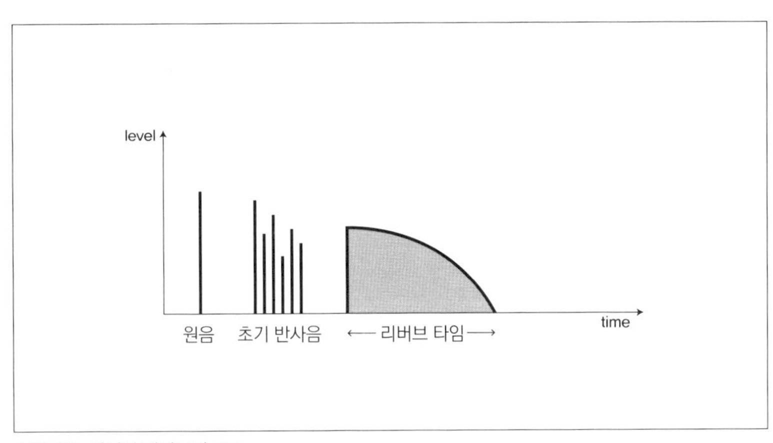

▲그림⑫ 디지털 리버브의 구조

프리셋 프로그램 중에서 '라지 홀'과 '스몰 룸' 등의 프로그램 이름은 알고리듬의 차이를 나타내고 있다. 사용자는 이런 알고리듬을 바탕으로 리버브 타임과 초기 반사음(얼리 리플렉션)의 레벨을 조정해서 사용한다(**그림**⑫).

물론 리버브 타임 등의 파라미터를 모두 동일하게 설정해도 알고리듬이 다르면 출력되는 잔향도 달라진다. 리버브 타임을 2초로 설정하더라도 '라지 홀'과 '스몰 룸'의 울림은 전혀 다르다. 반사음의 특성은 재현하려는 공간의 크기와 벽, 천장의 재질에 따라서 결정된다.

그렇기 때문에 룸 시뮬레이터라고 불리는 디지털 리버브는 일반적인 리버브 이펙터와 달리 벽의 재질과 공간의 크기를 설정할 수 있도록 되어있다.

정리하자면, 디지털 리버브는 디지털 딜레이의 기술을 응용하고 있지만, 재현에 필요한 데이터와 연산해야 하는 정보량은 딜레이와 비교할 수 없을 정도로 많다. 그래서 80년대 중반까지 디지털 리버브는 비싸서 아마추어들은 쉽게 구입할 수 없는 디지털 이펙터들의 대명사였다. 90년대에 들어서 비교적 저렴한 디지털 리버브가 출시되었지만, 스튜디오에서 사용하는 비싼 리버브와의 성능 차이는 누가 들어도 알 수 있을 정도로 확연했다. 하지만 90년대 중반부터 급속도로 발전한 컴퓨터 기술로 인해서 저렴한 디지털 리버브들도 충분히 좋은 성능을 갖게 되었다. 오히려 현재 출시되는 디지털 리버브들의 음질 차이는 CPU의 차이가 아닌, 알고리듬을 프로그래밍하는 개발자의 경험과 센스의 차이라고 할 수 있다.

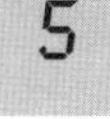

또한 비교적 최근에 실용화되기 시작한 기술인 컨볼루션Convolution 처리를 도입한 샘플링 리버브가 있다. 이론적으로는 기존의 리버브와 비슷하지만, 일반적인 디지털 리버브와 비교할 수 없을 정도로 빠른 연산처리가 필요하기 때문에 현실적으로 사용할 수 있는 제품이 출시된 것은 얼마되지 않았다.

이것은 교회와 콘서트 홀 등의 실제 공간에서 녹음한 잔향음의 IR(Impulse Response)파일을 근거로 입력신호의 잔향음을 만들어내는 것으로, 쉽게 말해 잔향의 모델링이라고 할 수 있다. 잔향을 녹음하는 요령만 있다면 사용자가 마음에 드는 공간의 잔향을 녹음해서 IR파일로 만들어서 사용할 수도 있다. IR파일은 일반적으로 공간 안에서 육상경기용 화약총처럼 짧은 펄스파를 발생시키는 음원을 잔향과 함께 녹음하는 경우가 많다.

또한 IR파일만 있으면 어떤 잔향이라도 재현할 수 있기 때문에 실제 공간은 물론 기타 앰프의 스프링 리버브와 빈티지 플레이트 에코도 높은 수준으로 재현할 수 있다.

샘플링 리버브는 기존의 디지털 리버브와 달리 자연스러운 잔향을 재현할 수 있다. 하지만 발매 당시에는 가격이 매우 비싸고, 실제 공간을 재현하는 기능 밖에 없었다. 따라서 기존의 디지털 리버브처럼 자유로운 설정이 불가능했다. 또한 그 당시의 일부 레코딩용 플러그인에 사용되던 어쿠스틱 스탬프 기능도 일종의 샘플링 리버브였다. 하지만 CPU 처리속도의 한계 때문에 실시간으로 사용할 수 없었으며, 오프라인(일단 이펙터로 가공한 파일을 만든 다음에 확인하는 방식)으로만 사용했다.

하지만 최근에는 CPU의 처리속도가 빨라져서 샘플링 리버브를 실시간으로 사용할 수 있다. 그리고 기존에는 값비싼 고급 이펙터로 여겨졌으나, 이제는 각 제조사에서 비교적 저렴한 가격으로 발매되고 있다.

또한 파라미터의 설정도 자유롭게 개선되었고, IR파일을 로딩한 다음에는 일반적인 디지털 리버브와 거의 동일한 파라미터만으로 조작할 수 있게 되었다(화면②). 또한 APPLE Logic용 Space Designer처럼 파라미터 설정으로 IR파일을 합성할 수 있는 제품도 있다.

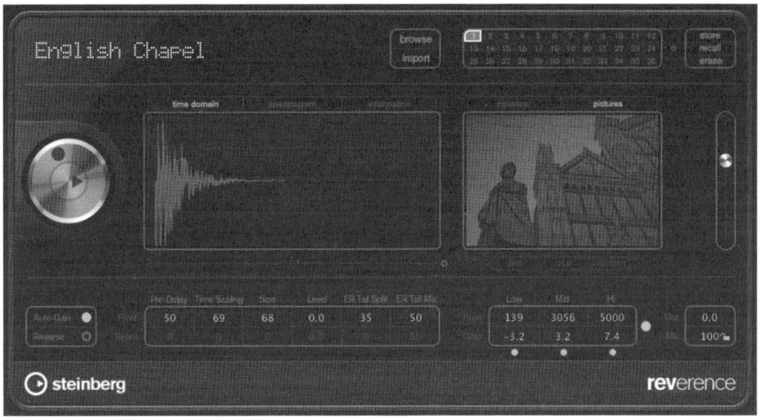

▲화면② STEINBERG Cubase와 Nuendo에 포함되어있는 샘플링 리버브 Reverence. 공간의 사이즈를 조정해서 일반적인 디지털 리버브처럼 사용할 수 있다

주요 파라미터와 기본 세팅

● 리버브

플레이트 에코와 스프링 리버브는 사용자가 조절할 수 있는 파라미터가 없으므로 디지털 리버브의 파라미터에 대해서 설명하겠다.

파라미터	세팅
알고리듬 (리버브 타입)	일반적으로 프로그램을 선택하면 프로그램에 맞는 알고리듬이 선택된다. 짧은 잔향이 필요하다면 '룸', 긴 잔향이 필요하다면 '홀'과 '플레이트'를 선택한다. 그밖에 리버브 성분을 노이즈 게이트로 커트하는 '게이트'와 역회전 사운드에 가까운 효과를 얻을 수 있는 '리버스' 등의 알고리듬이 있다.
리버브 타임	리버브의 길이를 결정한다. '룸'은 0.7~1.5s, '홀'과 '플레이트'는 2.0~3.5 정도로 설정하는 것이 좋다.
얼리 리플렉션	초기 반사음의 레벨을 결정한다. 보통 프리셋에는 가장 자연스러운 잔향을 얻을 수 있도록 입력되어있다. 약간 지저분한 사운드가 필요할 때는 조금 높게 설정하는 것이 좋다.
하이댐프	초기 반사음과 잔향의 음색을 결정한다. 낮을수록 딱딱한 음색, 높을수록 고음역이 줄어든 부드러운 음색이 된다. 콘크리트처럼 딱딱한 재질의 울림은 0, 나무와 섬유 등의 부드러운 재질의 울림은 높게 설정한다.
프리 딜레이	원음이 울리고 나서 리버브음이 들릴 때까지의 딜레이 타임을 결정한다. 어느 정도 리버브음의 레벨을 많이 올리더라도 원음과 리버브음은 충돌하지 않는다.

위의 파라미터가 가장 일반적이지만, 기종에 따라서는 아래와 같은 파라미터를 가진 경우도 있다.

파라미터	세팅
알고리듬 (리버브 타입)	일반적으로 프로그램을 선택하면 프로그램에 맞는 알고리듬이 선택된다. 짧은 잔향이 필요하다면 '룸', 긴 잔향이 필요하다면 '홀'과 '플레이트'를 선택한다. 그밖에 리버브 성분을 노이즈 게이트로 커트하는 '게이트'와 역회전 사운드에 가까운 효과를 얻을 수 있는 '리버스' 등의 알고리듬이 있다.
룸 사이즈	재현할 공간의 크기를 결정해서 리버브 타임 등의 조건을 자동으로 설정한다. 공간의 종류뿐만 아니라 '깊이', '폭', '높이', '재질'을 세밀하게 설정할 수 있는 기종도 있다.
리스닝 포지션	울림을 공간의 구석에서 들을 때와 중앙에서 들을 때의 리버브 타임과 음색은 달라진다. 이 파라미터는 '프론트', '센터', '리어'를 선택해서 듣는 위치에 따른 리버브의 변화를 재현한다.

AKG BX20

불편하지만 포기하기 힘든 존재감을 가진
스프링 리버브와 룸 엠비언스

저렴한 콤팩트 디지털 리버브가 보급되기 시작한 80년대 이전까지 리버브는 비싸고 무겁고 큰 이펙터로 인식되었다. 사실 가장 좋은 리버브는 잘 설계된 방과 건물의 울림이다. 이것은 이동할 수 없다. 스튜디오용 플레이트 에코 역시 무거운 철판 때문에 한번 설치하면 움직이지 않는 것이 기본이다. 하지만 리버브를 가지고 다니며 다양한 장소에서 작업하고 싶다는 엔지니어들의 요구 때문에 만들어진 것이 세계 최초의 포터블 리버브 유닛인 AKG BX20이다(**사진①**). 높이가 1미터, 무게가 23kg이나 되는 이 장비는 지금 생각으로는 도저히 '포터블'이라고 하기 어렵지만, 70년대 당시에는 획기적인 것이었다.

내부에는 여러 개의 대형 스프링 리버브 유닛이 설치되어 있으며, 플레이트 에코보다 고음역이 떨어지지만 기타 앰프에 내장된 스프링 리버브보다는 음질이 뛰어나고 깊은 울림을 만들어낸다. 그리고 드럼과 퍼커션 등의 음원을 입력해도 스프링 리버브 특유의 날카로운 잡음이 발생하지 않는다.

사용자가 설정할 수 있는 파라미터는 거의 없고, 리버브의 음색은 기본적으로 한 종류밖에 없지만, 필자의 스튜디오에서는 아직까지 메인 리버브로 사용하고 있다. 그 이유는 울림의 존재감 때문이다. 존재감이 강하다는 것은 과도하게 사용하지 않더라도 효과가 있다는 의미다. 최근에 출시되고 있는 샘플링 리버브를 사용하면 다양한 공간을 재현할 수 있지만, 존재감만으로 생각하자면 불편한 아날로그 이펙터를 능가하기가 쉽지 않다. 하지만 이것은 결코 최근의 플러그인이 나쁘다는 것이 아니다. 화려한 리버브가 필요한 경우에는 필자도 플러그인을 자주 사용한다. 한 가지 아쉬운 것은 최근에는 이런 아날로그 리버브의 존재감 자체를 모르는 사람이 많다는 것이다.

다양한 리버브 플러그인을 테스트 해봐도 마음에 드는 것이 없다면, 가지고 있는 기타 앰프의 스프링 리버브와 방 안의 울림을 마이크로 녹음해보기 바란다. 이렇게 녹음된 음원과 플러그인을 함께 사용하면 보다 깊은 울림을 만들 수 있을 것이다.

▲**사진①** AKG BX20 리버브 유닛. 멜버른에 있는 필자의 스튜디오 RanchoCumbo의 메인 리버브다

피치 시프터, 하모나이저 ▶▶▶ 딜레이의 원리를 응용해서 원음의 음정을 변화시킨다

피치 시프터 또는 하모나이저라고 불리는 이펙터는 사용방법에 따라서 공간 계열과 모듈레이션 계열 모두에 해당할 수 있다. 결과적으로 모듈레이션 계열 이펙터처럼 사용하더라도 주기적인 변조(모듈레이션)를 사용하지 않기 때문에 이 책에서는 공간 계열 이펙터로 분류하겠다.

●피치 시프터

피치 시프터도 디지털 리버브와 마찬가지로 디지털 딜레이의 기본원리를 응용한다. 디지털 딜레이를 사용할 때, 딜레이 타임의 노브를 직접 손으로 돌리면 변조가 발생해서 피치가 변한다. 이것은 딜레이음의 스피드가 변하기 때문이며, 아날로그 테이프의 재생 스피드를 바꾸면 녹음된 소리의 피치가 변하는 것과 비슷하다. 그리고 아날로그와 디지털 모두 재생 스피드와 피치는 상관관계를 가진다. 스피드가 2배로 빨라지면 피치는 1옥타브 높아지고, 스피드가 절반으로 느려지면 피치는 1옥타브 낮아진다(그림⑬).

하지만 이처럼 재생 스피드를 바꿔서 피치를 변화시키면 당연히 소리의 길이도 변한다. 스피드를 2배로 빨리하면 길이는 절반으로, 스피드를 절반으로 늦추면 길이는 2배로 길어진다(그림⑭). 그래서 소리의 길이는 유지하면서 피치만 바꾸기 위해서는 피치를 올렸을 때 부족해지는 길이를 채워주고, 피치를 내렸을 때 늘어지는 길이를 잘라내는 작업이 필요하다. 이것을 디지털로 신속하게 처리하면서 원음의 피치를 변화시키는 것이 피치 시프터와 하모나이저라는 이펙터다.

피치를 올릴 경우에는 짧아진 길이를 채워주기 위해서 입력신호를 잘라서 각 부분을 반복 재생한다(그림⑮). 피치를 내릴 경우에는 길어진 만큼 자르기 위해서 입력신호를 일정한 간격으로 불필요한 부분을 잘라 버린다(그림⑯). 어느 쪽이든 반복하거나 잘라 버릴 때의 이음새를 얼마나 자연스럽게 연결하느냐와 사용자에게 지연된 느낌을 주지 않기 위해서 얼마나 빠른 속도로 처리하느냐가 피치 시프터의 퀄리티를 결정하는 가장 중요한 포인트다.

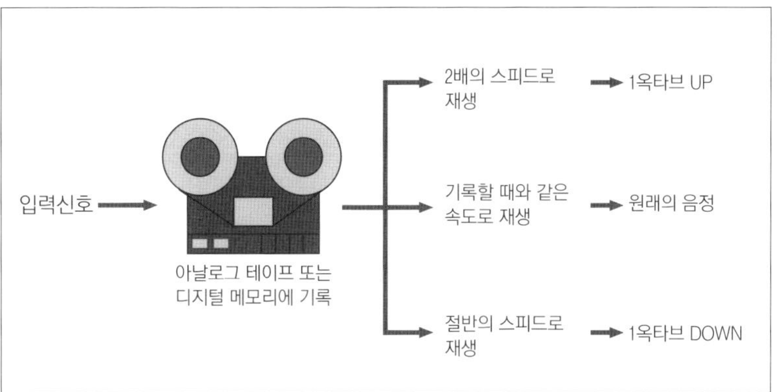

▲그림⑬ 스피드와 피치의 관계

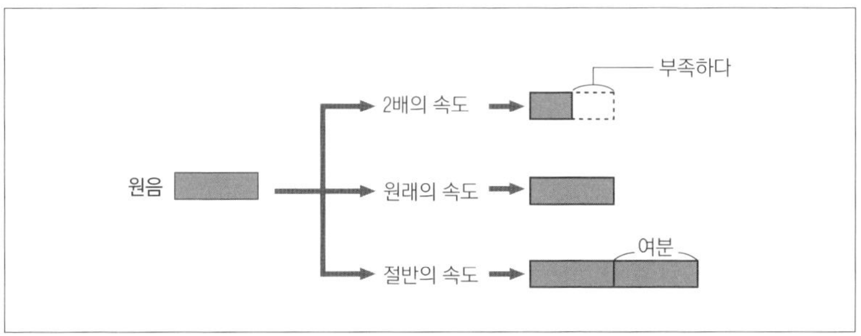

▲그림⑭ 스피드와 길이의 관계

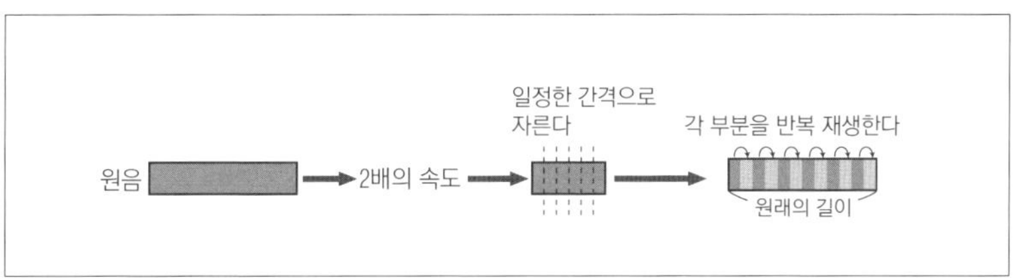

▲그림⑮ 피치를 올릴 경우

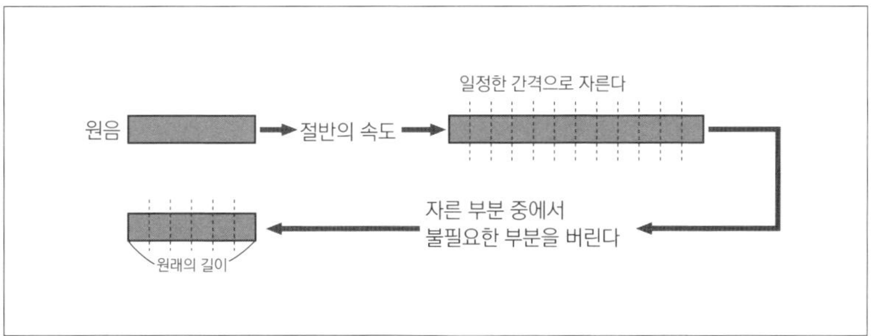

▲그림⑯ 피치를 낮출 경우

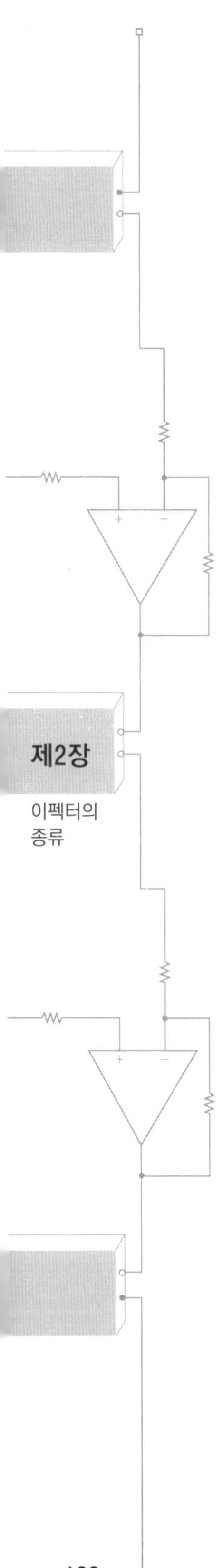

CPU의 급속한 고속화로 인해 최근 출시된 대부분의 피치 시프터와 하모나이저는 충분히 빠른 처리를 할 수 있다. 하지만 소리를 자연스럽게 연결하는 것은 제조사와 가격에 따라서 상당한 차이를 보인다. 이음새를 자연스럽게 연결하기 위해서는 일반적으로 크로스 페이드와 필터링을 사용하지만, 이런 테크닉에 최적화된 세팅은 입력신호의 종류에 따라서 크게 달라진다. 풀 오케스트라 심포니를 조옮김하기 위해서 1음 높일 경우와 솔로 보컬에 5도 높은 화음을 만들 때의 세팅은 달라져야 한다. 그래서 DIGITECH의 Vocalist Live 시리즈처럼 처음부터 보컬용으로 제작된 기종도 있다. 이처럼 용도를 제한해서 회로를 설계하면 퀄리티를 향상시킬 수 있다.

또한 이 이펙터로 얻을 수 있는 효과는 사용자의 목적과 사용방법에 따라서 달라진다. 일반적인 피치 시프터의 효과는 신서사이저의 디튠De-Tune(주3)과 같은 원리로, 미세하게 피치를 바꾼 효과음을 원음과 섞으면 소리가 두터워지는 것이다. 이 효과음은 코러스와 아주 가까운 것이지만, 효과음의 피치가 일정하므로 원리적으로는 다른 것이다.

주3 : 디튠은 복수의 음원을 사용할 수 있는 악기에서 각 음원의 튜닝을 달리해서 출력하는 것을 말한다. 미세한 디튠을 사용하면 소리가 두터워지고 코러스 효과를 만들 수 있다.

●하모나이저

하모나이저는 원음에 3도 위와 5도 아래 등의 화음을 추가해주는 이펙터다. 현재 출시되고 있는 제품들은 대부분 2~4음까지 화음을 추가할 수 있다. 또한 단순하게 원음의 장3도와 완전5도 등의 고정된 음정만 추가할 수 있는 것이 아니라 미리 설정해둔 스케일에 따라서 장3도인지 단3도인지를 하모나이저 자체가 판단할 수 있는 인텔리전트 피치 시프트라는 기능까지 일반화되고 있다. 게다가 인텔리전트 피치 시프트의 기술을 디지털 튜너와 조합해서 입력신호의 피치가 스케일에서 벗어나면 자동적으로 스케일에 맞는 피치로 수정해주는 ANTARES의 Auto-Tune처럼 편리한 플러그인도 등장했다(**화면③**). 어느 범위까지 어긋난 음정을 올바른 피치로 수정할 것인가, 비브라토와 같은 억양은 어느 정도까지 허용할 것인가 등의 세밀한 설정을 하고 트랙을 재생하면 보컬과 연주의 뉘앙스를 해치지 않고 피치를 자동으로 수정해준다. 그리고 비브라토 등의 뉘앙스를 전혀 살려주지 않은 설정으로 사용하면 테크노 음악에서 자주 사용하는 로봇보이스가 된다. Auto-Tune은 랙 마운트 타입도 존재하며, 라이브 공연에서 실시간으로 피치를 수정하기도 한다. 이런 피치 컬렉션이라고 불리는 기능은 DAW 소프트웨어의 편집 기능의 일부로서 플러그인으로도 사용할 수 있다.

또한 기타리스트용 이펙터로 개발된 DIGITECH의 Whammy Pedal 시리즈처럼 페달을 사용해서 실시간으로 음정을 변화시킬 수 있는 장비도 있다(**사진⑤**).

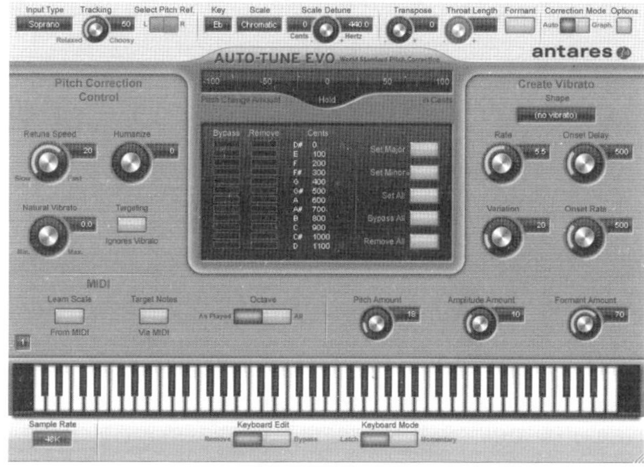

▲화면③ 피치 보정 소프트웨어 ANTARES Auto-Tune EVO

▲사진⑤ DIGITECH Whammy Pedal

주요 파라미터와 기본 세팅

●3보이스 피치 시프터

파라미터	세팅
피치 시프트 코스 1~3	보이스 1~3의 피치를 반음 단위로 올리고 내린다. 예를 들어 +4로 설정하면 장3도 위, −5로 설정하면 완전4도 아래가 된다. 1~3을 각각 +4, +7, +11로 설정하면 단음을 연주하는 것만으로 메이저 7th코드가 된다
피치 시프트 파인 1~3	보이스 1~3의 튜닝을 어긋나게 설정한다. 1~3의 튜닝을 미세하게 어긋난 값으로 설정해서 원음과 믹스하면 코러스처럼 두터운 사운드를 얻을 수 있다
딜레이 타임 1~3	보이스 1~3의 딜레이 타임을 설정한다. 어느 정도 긴 타임으로 설정하면 피치가 변경된 효과음이 원음을 쫓아가는 느낌의 효과를 준다
피드백 1~3	각 보이스에 걸린 딜레이의 피드백을 설정한다. 예를 들어 피치 시프트 코스를 +3으로 설정하고, 딜레이 타임을 곡 템포의 16분음에 맞춰서 피드백을 올리면 16분음의 타이밍으로 상승하는 디미니쉬 코드의 아르페지오를 만들 수 있다
보이스 레벨 1~3	각 보이스의 음량을 결정한다

위의 파라미터 이외에 인텔리전트 피치 시프터로 분류되는 기종은
아래와 같은 파라미터를 가지고 있다.

파라미터	세팅
스케일	여기서 설정한 스케일에 맞춰서 하모니를 만든다. 메이저와 마이너 이외에 사용자가 원하는 스케일로 설정할 수 있는 기종도 있다
노트(시프트)	3도 위, 4도 아래 등의 하모니를 지정한다. 나머지는 지정된 스케일에 맞춰 단3도, 완전4도, 증4도 등을 피치 시프터가 자동으로 판단한다

포먼트 피치 시프트와 그래뉼러 신서사이저

피치와 템포를 자유자재로 바꾸는
피치 시프터에 사용되는 기술

디지털 음성처리 기술이 많이 발달하지 않았던 90년대 초반까지는 템포를 바꾸지 않고 피치만 바꾸거나, 피치를 바꾸지 않고 템포만 바꾸는 것은 아주 고도의 기술이 필요한 처리였다. 그리고 어느 정도 원음과 비슷한 음질을 유지하기 위해서는 피치와 템포 모두 상하 몇 %정도밖에 변경할 수 없었다.

이런 상황을 처음으로 바꾼 것이 90년대 후반에 등장한 포먼트 분석에 의한 피치 시프트 기술이다. 포먼트란 피치의 변화에 좌우되지 않도록 음정이 가진 고유의 주파수 특성을 말한다. 특히 인간의 목소리 성분 중에서 아주 중요한 요소다. 예를 들어 남자 목소리의 피치를 올리면 여자 목소리처럼 들리는 것은 단순히 피치만 올라간 것이 아니라, 피치와 함께 포먼트가 변했기 때문이다. 그래서 포먼트를 분석해서 피치가 변경된 음성신호에 동일한 포먼트를 적용하면 피치를 큰 폭으로 바꾸더라도 원래의 목소리와 같은 음색을 유지할 수 있다. 이른바 보코더와 피치 시프터의 기술을 조합한 것이다.

그리고 보컬이 아닌 악기의 피치를 바꾸지 않고 템포만 바꿔주는 타임 스트레치 테크닉을 큰 폭으로 발전시킨 것이 그래뉼러 신서사이저라는 기술이다. 이것은 원음을 아주 세밀하게 분석하는 기술로, 분석한 정보를 근거로 필요에 따라서 루프와 포먼트 피치 시프트를 아주 정밀한 단위로 행한다. 이로 인해 큰 폭으로 피치와 템포를 바꾸더라도 부자연스러운 음질변화가 일어나지 않는다.

그 결과, 현재는 피치와 템포를 마음대로 바꾸고 오디오 데이터를 MIDI 데이터처럼 다룰 수 있다. 그리고 이전까지는 코러스와 딜레이의 연장선상에 있었던 피치 시프터가 이펙터라는 영역을 넘어서 다양한 방법으로 사용되고 있다. 가장 유명한 ANTARES Auto-Tune은 미세한 피치 변화 이외에 새로운 프레이즈를 만들기 위해서 사용된다. 또한 SONY Acid와 ABLETONE Live 등의 오디오 시퀀스 소프트웨어는 이 기술을 기반으로 구축되어 있으며, 입력한 소재를 순간적으로 가장 적절한 템포와 피치로 바꿔서 재생할 수 있다. 이것은 모두 이펙터라기보다 악기 또는 작곡을 위한 도구라고 할 수 있다.

5

공간 계열

스테레오 이미지, 3D 계열 이펙터란 이제까지 살펴본 공간 계열 이펙터와는 다소 다른 형태의 이펙터다. 딜레이와 리버브는 원음에 메아리와 울림을 추가해서 공간을 재현하는 이펙터다. 하지만 스테레오 이미지, 3D 계열 이펙터는 공간 자체를 재현하는 것이 아니라, 소리가 인간의 귀에 어떻게 들릴 것인가를 재현한다.

● 스테레오 이미지

우선 스테레오 이미지부터 살펴보자. 60년대 후반에 LP판이 모노에서 스테레오로 바뀐 이후로 40여년이 지난 지금, 음악을 만드는 사람과 듣는 사람 모두 좌우 스피커에서 각각 다른 소리가 들리는 것을 당연하다고 생각하고 있다. 아무리 작은 믹서라도 반드시 소리의 좌우 정위를 설정하는 팬 포트가 장착되어 있고, 입력 채널마다 소리를 원하는 위치로 이동시킬 수 있도록 만들어져있다.

하지만 팬을 좌우로 이동시키는 것만으로는 스피커 바깥에서 소리가 나도록 할 수는 없다. 홈 레코딩으로 녹음한 기타와 키보드의 정위를 좌우로 설정할 때, 메이저 아티스트들의 음원처럼 넓은 확산감을 표현할 수 없어서 고민하는 사람들이 많을 것이다. 사실 위상처리와 아주 짧은 딜레이를 사용하면 소리의 정위를 스피커 바깥으로 확장시킬 수가 있다. 이것은 귀의 착각을 이용하는 것으로, 정확하게는 '소리가 스피커 바깥에 있는 것처럼 들린다'고 하는 것이 옳다.

위상처리를 사용해서 음상을 극단적으로 넓히는 테크닉은 상당히 오래전부터 알려져 있던 것이며, 레코딩 소프트웨어와 믹서에 페이즈 리버스(역상) 기능이 있다면 간단하게 테스트 해볼 수 있다. 우선 두 개의 트랙 또는 채널에 동일한 음성신호를 입력한다. 극단적인 저음역과 고음역을 포함한 악기보다 기타와 피아노처럼 중음역이 풍부한 악기가 좋다. 두 신호를 완전히 좌우로 패닝하고, 한 쪽 트랙만 역상으로 만들어보자. 이렇게 만든 두 트랙을 재생해보면 이제껏 들어보지 못한 확산감 때문에 깜짝 놀랄 것이다. 하지만 이 상태로 한쪽 채널씩 뮤트하고 들어보면 그저 평범하게 들릴 뿐이다. 즉 역상으로 인해 다르게 들리는 것은 청자의 착각이며, 음색에는 아무런 영향을 주지 않는다.

하지만 이 방법에는 큰 문제가 하나 존재한다. 서로 역상관계인 두 트랙의 팬을 서서히 중앙으로 좁히면 어떻게 될까? 아마도 소리가 점점 작아지다가 양쪽

팬이 모두 중앙에 오면 소리는 완전히 사라질 것이다. 역상으로 펼친 스테레오 신호를 모노로 만들면 사라지게 된다. 이것은 제1장 밸런스 접속에서 설명한 같은 신호의 정상과 역상을 섞으면 서로 상쇄되어 0이 되는 원리 때문이다.

최근에는 AM라디오의 신호도 스테레오로 전송되고 있으며, 예전만큼 모노 음원을 들을 수 있는 기회가 적다. 하지만 아직까지 저렴한 TV의 스피커를 비롯해서 모노 음원을 출력하는 기기들이 완전하게 사라진 것은 아니다. 그러므로 누가 어떤 기기로 들을지 알 수 없는 CD용 음원을 제작할 때 모노로 출력할 경우 사라지는 소리를 사용해서는 안된다.

이 문제를 해결하기 위해서는 아주 짧은 딜레이를 사용하거나, 대역을 나눠서 위상을 반전시키는 등의 테크닉이 필요하므로 그렇게 쉬운 문제가 아니다. 그래서 등장한 것이 스테레오 이미지 계열의 이펙터다. 스테레오 이미지는 내부에 이러한 딜레이와 대역별로 위상을 처리하는 작업을 자동으로 해주기 때문에 사용자는 확산되는 정도와 확산방법의 선택처럼 간단한 파라미터 조작만으로 모노로 출력해도 사라지지 않는 확산감을 만들 수 있다(**화면④**).

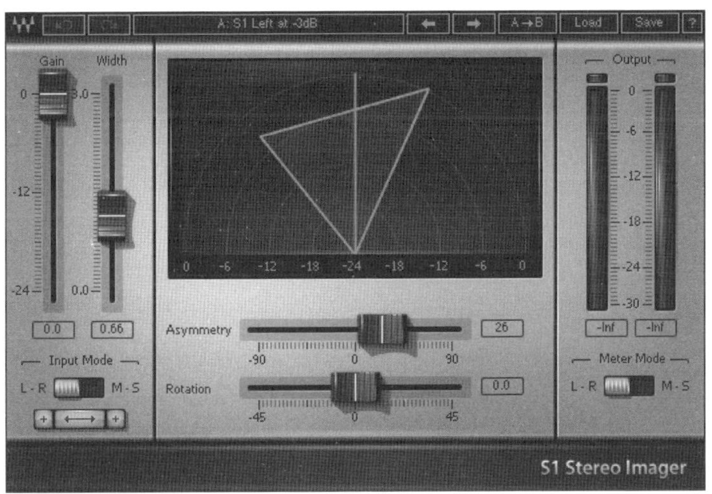

▲**화면④** 스테레오 이미지 플러그인 WAVES S1. 믹싱부터 마스터링까지 폭넓게 사용된다

실제로 처리하는 방법은 제조사와 기종에 따라서 다르다. 모노 신호까지 스테레오로 만들 수 있는 기종도 있고, 스테레오 신호에 확산감만 추가해주는 기종, 모노 신호는 상쇄된다는 것을 전제로 극단적인 위상처리가 가능한 기종, 어떤 설

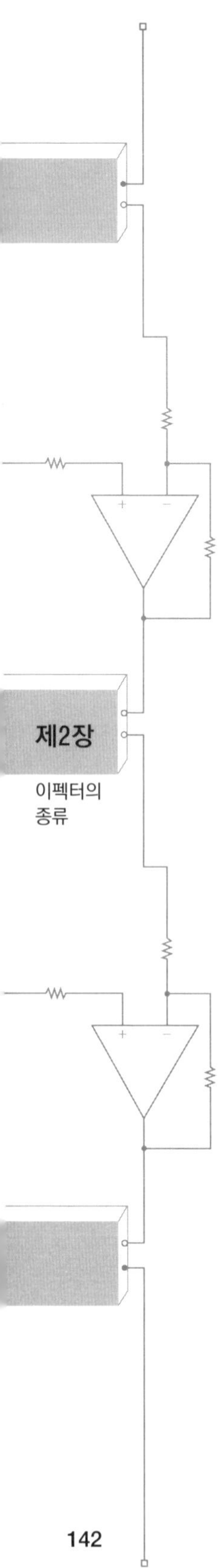

정을 하더라도 모노로 출력할 때 음량이 0이 되지 않는 기종 등 아주 다양하다.

일반적으로는 처음부터 어느 정도 스테레오로 펼쳐진 신호를 입력하는 편이 자연스러운 결과를 얻을 수 있다. 그러므로 레코딩 현장에서는 한 대의 기타 앰프에 두 대의 마이크를 세워서 각각의 트랙에 녹음하는 경우가 많다. 그렇게 해두면 나중에 스테레오 트랙을 만드는 것이 간단하기 때문이다.

●3D 계열

다음으로 3D 계열 이펙터를 알아보자. 3D 이펙터는 '3Dimensional' 즉, 입체적인 음상정위를 만들어주는 이펙터다.

사람은 두 개의 눈과 두 개의 귀를 가지고 있다. 두 눈이 좌우뿐만 아니라 상하, 전후의 거리감을 입체적으로 판단할 수 있듯이, 두 귀도 좌우는 물론 상하, 전후 그리고 거리를 입체적으로 판단할 수 있다. 여름밤에 불을 끈 다음 뒤에서 날아오는 모기소리 때문에 잠을 설친 경험이 있을 것이다. 이것은 음원에서 귀까지의 거리가 가진 미세한 거리감에서 오는 위상의 차이와 자신의 머리와 음원의 거리 관계에 의한 미세한 음색의 차이를 사람의 뇌가 종합적으로 판단하기 때문이다(그림⑰).

이런 위상과 음색의 미세한 차이를 재현할 수 있다면, 일반적인 스테레오 스피커로도 좌우뿐만 아니라 상하, 전후로 입체적인 정위를 만들 수 있다. 그런 방식으로 만들어진 것이 3D 이펙터다.

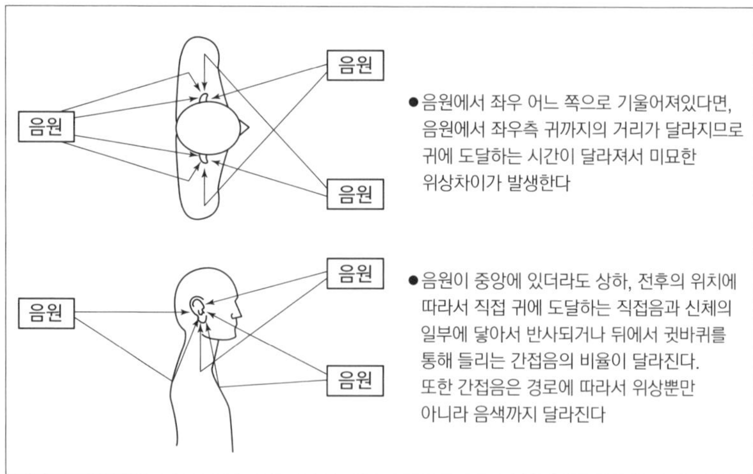

▲그림⑰ 두 귀가 음원의 위치를 판단하는 원리

세 개 이상의 스피커를 사용하는 입체음향은 논외로 두고, 두 개의 스피커로 3D 음향을 최초로 구현한 것은 바이노럴Binaural 스피커다. 이것은 더미 헤드Dummy Head라는 인간의 머리처럼 생긴 특수한 스테레오 마이크로 녹음해서 실제 인간의 귀에 들리는 것과 동일한 위상과 음색의 차이를 얻을 수 있다(그림⑱).

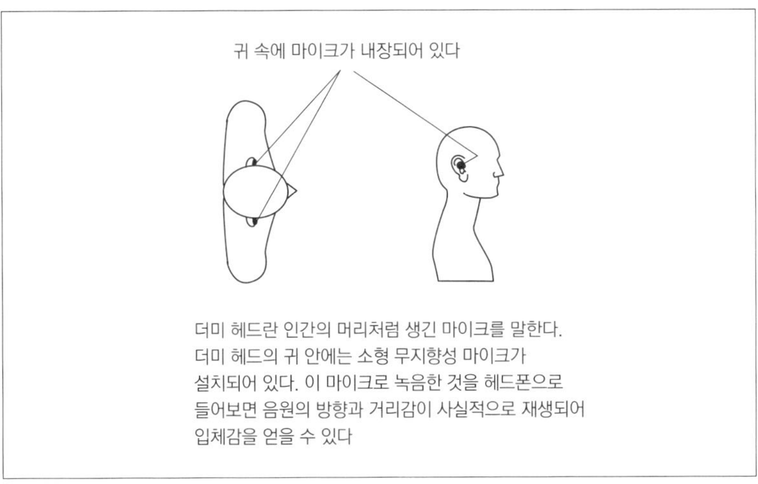

▲그림⑱ 더미 헤드의 구조

하지만 이미 녹음된 소재와 라인 아웃으로 녹음된 악기로 이런 효과를 얻기 위해서는 녹음된 음원을 다시 한 번 스피커로 출력하면서 마이크로 녹음해야만 한다. 그러므로 어쿠스틱 악기와 보컬, 효과음 등의 수록에는 유효하지만, 전기를 사용하는 악기 위주의 밴드음악의 녹음에 사용하기는 쉽지 않다. 게다가 바이노럴 사운드는 헤드폰으로 재생하면 거의 완벽한 입체감을 얻을 수 있지만, 스피커로 재생하면 좌우 스피커의 소리가 양쪽 귀로 모두 들어가기 때문에 청자가 가장 적합한 위치에서 듣더라도 효과가 반감되는 단점이 있다 이런 바이노럴 사운드의 단점을 보완해서 일반적인 스피커로 재생해도 충분한 효과를 얻을 수 있도록 개발된 것이 홀로포닉스Holophonics와 ROLAND RSS다.

홀로포닉스는 아르헨티나에서 태어나고 이탈리아에서 음향공학을 연구한 유고 즈커렐리 박사가 개발한 3D 사운드 시스템이다. 이 시스템의 구조는 즈커렐리 박사의 방침에 의해 일체 공개되지 않고 있으며, 모든 작업을 박사가 직접 하기 때문에 명확한 원리는 아직까지 밝혀지지 않고 있다. 하지만 핑크 플로이드와 마이클 잭슨의 앨범에서 이 사운드를 들을 수 있다. 주목할 것은 단순히 이

효과의 사실감이 뛰어나다는 것만이 아니라 청자가 두 스피커의 중심에서 벗어난 위치에 있어도 충분히 효과를 느낄 수 있다는 것이다. 현재까지 최고의 3D 이펙터로 평가받고 있지만, 즈커렐리 박사가 시스템을 공개하지 않고 직접 작업하고 있기 때문에 대중화되지 않고 있다. 유감스럽게도 필자가 알고 있는 한 2000년대에 들어서 이 시스템이 사용된 작품은 없다.

ROLAND RSS는 3D로 녹음하는 기술이 아니라 후가공을 위한 이펙터다. 홀로포닉스만큼의 입체감은 얻을 수 없지만, 스피커로 재생하더라도 어느 정도 효과를 얻을 수 있다. 또한 녹음한 다음에 후가공 할 수 있다는 장점이 있지만 현재는 생산하고 있지 않다.

최근의 3D 이펙터는 입체적인 스테레오보다 DVD의 보급에 따라서 일반화된 5.1채널 서라운드 등의 많은 스피커로 재생하는 포맷이 주류를 이루고 있다. 그리고 DAW 역시 서라운드 포맷에 맞춰 입체적인 패닝을 할 수 있는 서라운드 패너를 탑재한 소프트웨어가 많고, 딜레이와 필터를 패너에 내장해서 거리감까지 제어할 수 있다.

3D 사운드

4채널부터 다양한 채널을 가진
쿼드라포닉스 시스템으로 부활한 입체음향

'소리를 전후좌우로 자유롭게 움직이고 싶다'는 엔지니어들의 욕망이 만들어낸 것은 3D 프로세서뿐만 아니다. 60년대에 들어서 아날로그 레코드의 미세한 홈에 좌우 두 개의 스피커를 위한 신호를 각각 따로 기록하는 것에 성공한 엔지니어들은 다음 목표인 소리의 전후 이동을 위한 기술 개발에 착수했다. 그리고 그들이 개발해난 것이 4채널 스테레오 혹은 쿼드라포닉스라고 불리는 방식이었다(**사진①**).

이것은 실제로 네 개의 스피커를 청자의 전후좌우에 배치해서 음상의 위치를 물리적으로 정위시킨 것이었다. 엔지니어들은 레코드의 홈에 네 개의 신호를 기록하기 위해서 상당히 고생했을 것이다. 하지만 그들의 고생은 너무나도 허무하게 끝났다. 쿼드라포닉스의 수명이 너무나 짧았던 것이다. 이유는 간단하다. 대부분의 사람들이 네 개의 스피커를 사야할 필요성을 느끼지 못했기 때문이다.

시간이 흐르고 가정용 DVD와 함께 5.1채널 서라운드라는 새로운 입체음향의 규격이 일반화되기 시작했다. 원래 영화의 효과음을 위해서 만들어진 규격이었지만, DVD의 규격 중에는 영상보다 음성에 많은 데이터를 할당해서 많은 채널을 사용하더라도 24Bit/96㎑의 고음질을 재생해주는 DVD-Audio라는 규격이 있다. 또한 같은 시기에 등장한 SACD(Super Audio Compact Disc)라는 DVD-Audio보다 고음질, 다채널을 갖진 규격도 실용화 되었다. 그리고 다양한 규격의 CD와 DVD를 모두 재생할 수 있는 유니버설 플레이어라는 재생장비도 비교적 저렴한 가격으로 구입할 수 있다. 말 그대로 입체음향의 역습이 시작된 것이지만, 유감스럽게도 아직까지 소프트웨어가 풍부하지 못한 상황이다. 필자는 최근 수년 동안 MA엔지니어 AO씨와 함께 Radii&Rudi라는 유닛으로 서라운드의 보급을 위한 라이브 활동을 하고 있으며, 처음 서라운드를 체험한 관객들이 신선한 충격에 놀라면서 즐기는 모습을 보는 것이 즐겁다.

헤드폰 스테레오가 보급된 이후로 음향은 거의 발전하고 있지 않았다고 생각되지만, 최근 서라운드의 유행을 계기로 음악 제작자들도 음악뿐만 아니라 음향적인 요소를 조금 더 즐기면서 만들었으면 하는 바람이다.

◀**사진①** 4채널 스테레오 레코더 재생 시스템 VICTOR DF-11(1973년 제작). 4채널 스테레오는 3D 사운드의 시초라고 할 수 있다

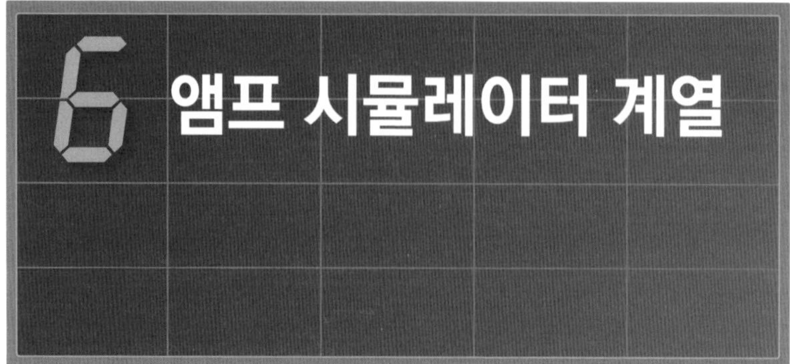

 앰프 시뮬레이터 계열이란?

▶▶▶▶ 실제 앰프 대신에 사용할 뿐만 아니라
아이디어에 따라서 다양한 사운드를 만들 수 있다

앰프 시뮬레이터라고 불리는 것은 원래 기타 앰프를 사용하기 힘든 개인 녹음실
에서 앰프의 소리를 재현하기 위해서 만들어진 것이다. 이것은 독자적인 사운드
를 만들어내는 이펙터라고 말하기는 힘들다. 하지만 디스토션이 앰프의 왜곡현
상을 재현하기 위해서 만들어진 것처럼, 일렉기타와 베이스의 앰프는 그 자체가
일종의 이펙터라고 할 수 있다. 따라서 앰프 시뮬레이터를 알기 전에 먼저 기본
적인 기타 앰프의 톤 메이킹에 대해서 알아보자.

80년대에는 초기의 디지털 레코딩 장비가 보급되면서 클리어 사운드 또는 하
이파이 사운드라는 음색이 유행했으며, 앰프를 사용하지 않는 라인 녹음이 주류
를 이루었다. 그러던 것이 90년대에 들어서 6~70년대 사운드의 재평가가 이루어
지면서 앰프의 소리를 마이크로 녹음하는 방법이 다시금 각광을 받게 되었다.
한편으로는 최근 빠르게 보급되고 있는 퍼스널 레코딩 장비의 가격이 낮아지면
서 누구라도 집에서 고음질 녹음이 가능해졌다. 그래서 기타리스트들의 '앰프를
큰 소리로 울릴 수 없는 집에서도 앰프를 마이크로 녹음한 소리를 재현하고 싶
다'는 요구에 따라서 등장한 것이 앰프 시뮬레이터와 스피커 시뮬레이터다.

초기의 시뮬레이터는 기타용 콤팩트 타입이 많았으며, 실제 앰프의 대용품이
아닌 새로운 개념의 사운드로 인식되었다. 하지만 모델링 기술을 사용한 플러그

인 타입이 등장하면서부터 실제 앰프와 구분하기 힘들 정도로 음질이 좋아졌으며, 편리한 레코딩 도구로 엔지지어들에게 환영받았다.

또한 모델링 기술의 발달에 따라서 앰프뿐만 아니라 스피커와 마이크의 특성을 재현한 플러그인도 등장했다. 스피커 시뮬레이터를 사용하면, 소형 모니터 스피커로도 대규모 스튜디오처럼 다양한 스피커에서 울리는 사운드를 만들 수 있다. 또한 마이크 시뮬레이터는 저렴한 마이크로 녹음한 소리를 고급 빈티지 마이크로 녹음한 것처럼 바꿀 수가 있다.

그러나 프로 엔지니어들도 실물과 구분하기 힘들 정도의 뛰어난 완성도를 가진 모델링 이펙터지만, 프로 스튜디오에서 실물 대신에 사용하는 경우는 거의 없다. 오히려 라인으로 녹음한 어쿠스틱 기타 소리에 스피커 시뮬레이터를 사용하거나, 보컬과 드럼을 앰프 시뮬레이터로 가공하는 등의 일반적이지 않은 방법으로 사용되는 경우가 있다.

뮤지션과 엔지니어들의 호기심이 제작자의 의도를 넘어서 이펙터를 마법의 상자로 바꿔버린 것이다. 이 원칙만은 아무리 기술이 발달하더라도 변하지 않을 것이다.

앰프, 스피커의 구조를 이해하자

▶▶▶ 앰프 사운드는 스피커를 포함한 전체 시스템이 결정한다

그림①은 전형적인 악기용 앰프의 구조다. 이른바 악기용 앰프라고 불리는 상자는 프리앰프, 파워앰프, 스피커의 세 구간으로 분류할 수 있다.

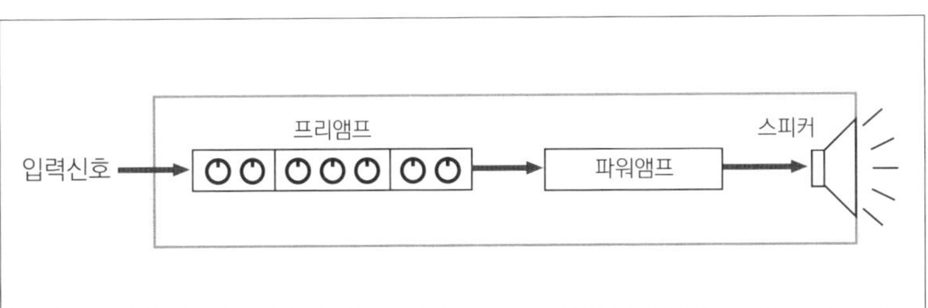

▲그림① 악기용 앰파의 기본구조

앰프의 인풋으로 들어온 소리는 먼저 프리앰프로 입력된다. 사용자가 앰프에 장착된 볼륨과 이퀄라이저 노브로 조작하는 것이 바로 프리앰프다. 프리앰프의 볼륨과 이퀄라이저로 가공된 소리는 파워앰프로 전송된다. 그리고 파워앰프에서 증폭된 소리가 스피커로 출력된다.

앰프의 세 구간 중에서 음색에 가장 크게 관여하는 것은 프리앰프다. 프리앰프에서 소리를 만드는 중요한 요소는 음량과 왜곡을 결정하는 볼륨과 음색을 조절하는 이퀄라이저다. 그리고 음색은 이퀄라이저뿐만 아니라 프리앰프의 회로 자체가 가진 캐릭터도 큰 영향을 미친다.

우선 볼륨부터 살펴보자. 악기용 앰프의 볼륨은 단순하게 음량을 올리고 내리는 것만이 아니라, 음량과 함께 음색까지 미세하게 변화시키는 경우가 많다. 특히 기타 앰프는 일정 이상으로 볼륨을 올리면 서서히 왜곡이 발생하고, 최대 볼륨에서는 오버드라이브 이펙터로 얻을 수 있는 드라이브 사운드를 만들 수 있다. 초기의 MARSHALL 앰프가 가장 대표적이라고 할 수 있다. 하지만 이 경우, 음량이 아주 커지게 된다(그림②a).

그래서 드라이브 사운드를 다양하게 활용하기 위해서 음량을 올리지 않더라도 충분한 게인을 얻을 수 있는 앰프들이 등장했다. 그것이 현재 주류를 이루고 있는 타입으로, 볼륨을 게인과 마스터 볼륨의 두 가지로 분류한 기종이다. 게인이란 프리앰프의 입구로 들어가는 신호의 양을 조절하며, 마스터 볼륨은 프리앰프를 거친 신호의 양을 조절한다. 따라서 프리앰프의 입구에 있는 게인으로 드라이브 사운드를 만들고 마스터 볼륨으로 전체 음량을 조절한다. 이렇게 하면 아주 거칠게 찌그러지는 드라이브 사운드라도 마스터 볼륨을 통해서 전체적인 음량을 줄일 수가 있으며, 드라이브 사운드와 음량을 독립적으로 컨트롤 할 수 있는 것이다(그림②b).

다음으로 프리앰프의 이퀄라이저를 살펴보자. 이것은 2톤(트래블, 베이스) 컨트롤 방식과 3톤(트래블, 미들, 베이스) 컨트롤 방식이 가장 많으며, 기종에 따라서는 톤 컨트롤과 함께 미세한 음색 조절을 위한 그래픽 이퀄라이저와 파라매트릭 이퀄라이저를 함께 사용하는 경우(MESA BOOGIE의 일부 기종)도 있다.

이퀄라이저도 기본적인 구조와 사용방법은 일반적인 이퀄라이저와 동일하므로 사용방법은 이퀄라이저 항목을 참고하기 바란다.

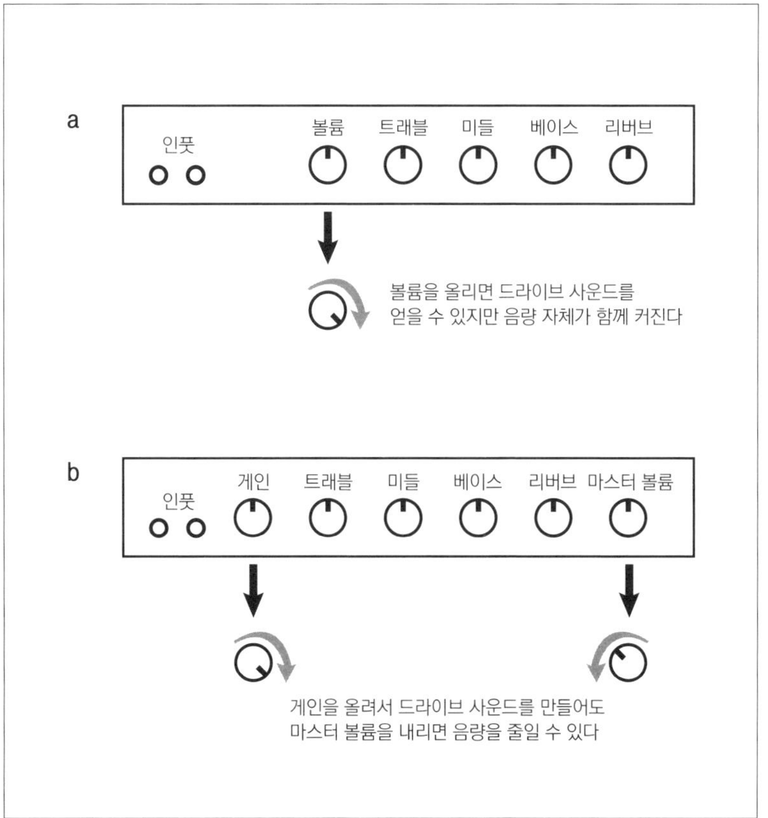

▲그림② 볼륨과 드라이브 사운드의 관계

하지만 악기용 앰프에 장착된 톤 컨트롤은 레코딩용 이퀄라이저와 달리 모든 노브를 0으로 설정하면 원음 그대로 출력하지 않는다. 이것은 원래 악기의 특징을 부각시키기 위한 장치이므로 앞서 설명한 '프리앰프의 회로 자체가 가진 캐릭터'가 된다. 즉, 각 기타(베이스) 앰프를 거친 신호는 톤 컨트롤을 줄이더라도 기타(베이스)에 어울리는 음색이 되어버린다. 특히 일렉트릭 기타용 앰프는 중음역을 상당히 강조해서 이른바 '일렉기타 사운드'를 만들어버리므로, **그림③**처럼 일렉기타의 아웃풋 단자와 레코더를 직접 연결해서 녹음한 소리와 프리앰프를 통해서 레코더와 연결한 다음에 녹음한 소리를 비교해보면 그 차이를 확연하게 느낄 수 있다. 다시 말해 일반적인 '기타 소리'는 앰프를 통과한 소리다.

또한 프리앰프의 사운드 캐릭터는 진공관 타입이냐, 트랜지스터(솔리드 스테이트라고도 한다) 타입이냐에 따라서도 달라진다. 명기라고 불리는 앰프의 대부

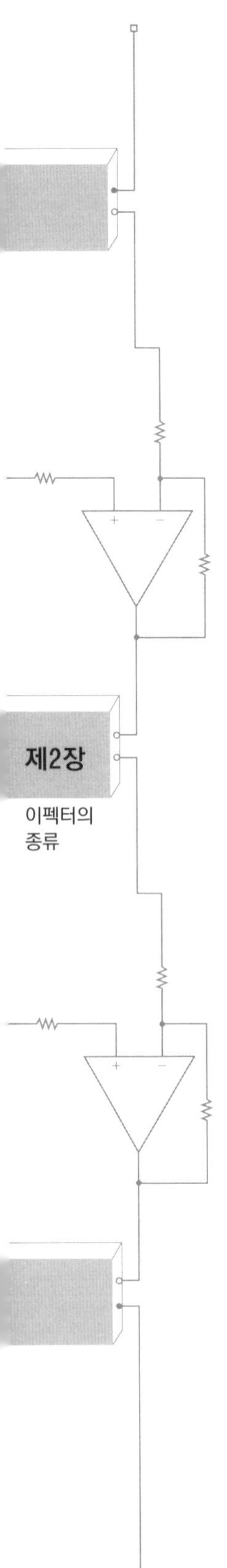

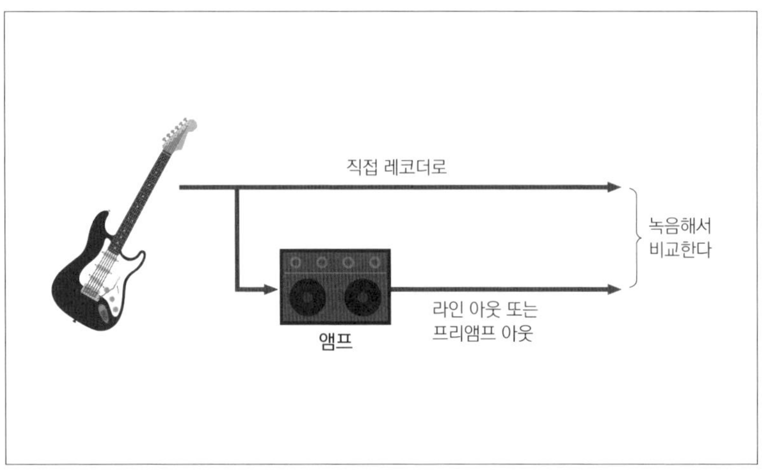

▲그림③ 앰프를 통하면서 전형적인 기타 소리가 된다

분은 트랜지스터가 일반적이지 않던 60년대에 만들어졌기 때문에 당연하게도 모두 진공관 타입이다.

70년대 이후에 급속도로 보급된 트랜지스터를 사용한 악기용 앰프에는 트랜지스터를 사용해서 진공관 느낌의 소리를 내기 위해서 설계된 것이 많다. 일반적으로 진공관의 음색은 좋게 표현하자면 두텁고 부드러우며, 나쁘게 표현하자면 고음역이 깎이고 답답한 소리다. 반대로 트랜지스터의 음색은 샤프하고 딱딱한 것이 특징이다. 특히 게인을 올려서 드라이브 사운드를 출력해보면 그 차이는 확연해진다. 하지만 이것은 어디까지나 이론상의 이야기며, 실제로는 앰프마다 모두 다른 캐릭터를 가지고 있다. 직접 귀로 확인하고 자신이 원하는 음색을 가진 앰프를 찾는 것이 좋다.

앰프에서는 음색을 컨트롤하는 프리앰프도 중요하지만, 사실 파워앰프와 스피커 캐비닛도 '앰프 사운드'를 만들기 위해서 프리앰프만큼 중요한 역할을 한다.

악기용 앰프의 경우, 파워앰프와 스피커의 설정을 바꾸기 위한 스위치와 노브가 없다. 즉, 파워앰프와 스피커는 연주자가 원하는 대로 컨트롤할 수가 없다는 것이다. 하지만 프리앰프와 마찬가지로 파워앰프와 스피커도 고유의 캐릭터를 가지고 있다. 예를 들어 기타용 파워앰프와 스피커는 프리앰프와 마찬가지로 일렉기타 특유의 중음역이 잘 들리도록 설계되어 있으며, 베이스용은 명확한 중저음을 재생할 수 있도록 만들어진다. 즉, 같은 악기를 같은 프리앰프에 연결하더

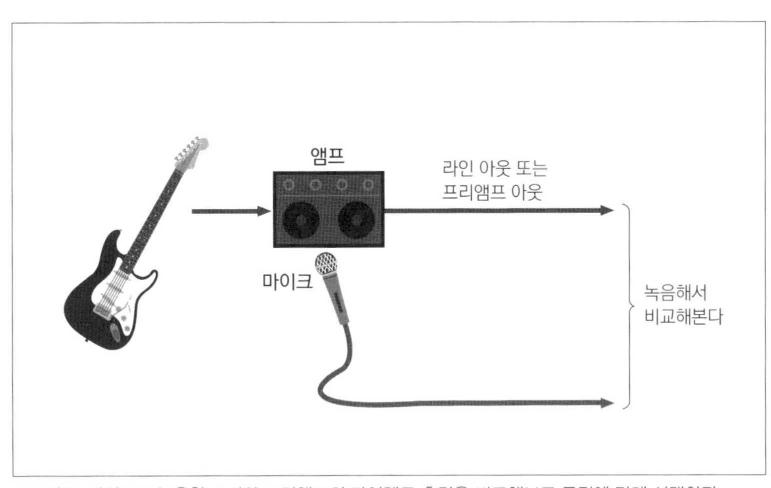

▲**그림④** 마이크로 녹음한 소리와 프리앰프의 다이렉트 출력을 비교해보고 목적에 맞게 선택하자

라도 파워앰프와 스피커를 바꾸면 출력되는 음색도 바뀐다.

파워앰프와 스피커가 사운드에 어느 정도 영향을 주는지는 **그림④**처럼 프리앰프의 출력을 다이렉트로 녹음한 것과 캐비닛으로 출력된 소리를 마이크로 녹음해서 비교해보면 잘 알 수 있다.

기타 앰프의 경우 프리앰프의 출력을 다이렉트로 녹음한 소리는 실제로 스피커를 통해서 울리는 소리(마이크로 녹음한 소리)보다 중고음역대가 강조되고 딱딱한 음색이 된다. 이것은 어느 쪽 소리가 좋은가를 따지기보다 목적에 따라서 구분사용하면 된다. 하지만 일반적인 앰프 사운드(풍부하고 부드러운 음색)를 원한다면 파워앰프와 스피커를 사용하지 않으면 의미가 없다.

이제까지 악기용 앰프의 구조를 살펴보았다. 만약 스피커로 출력된 소리를 녹음할 계획이라면 앰프 이외에 중요한 포인트가 또 한 가지 있다. 바로 마이크다. 이 책은 레코딩을 위한 전문서적이 아니기 때문에 마이크와 마이크를 사용한 녹음방법에 많은 지면을 할애할 수 없지만, 악기용 앰프 녹음에 사용되는 대표적인 마이크와 사용방법에 대해서 가볍게 설명하겠다.

큰 소리로 출력하는 악기용 앰프를 녹음하기 위해서는 음압에 강한 다이내믹 마이크를 주로 사용한다. 다이내믹 마이크의 대표기종은 SHURE SM57과 SM58, SENNHEISER MD421 등이다. 라이브 하우스와 합주실에서 많이 사용하기 때문에 한번쯤은 본 적이 있을 것이다.

다행히도 다이내믹 마이크는 비교적 저렴하기 때문에 큰 부담 없이 구입할 수

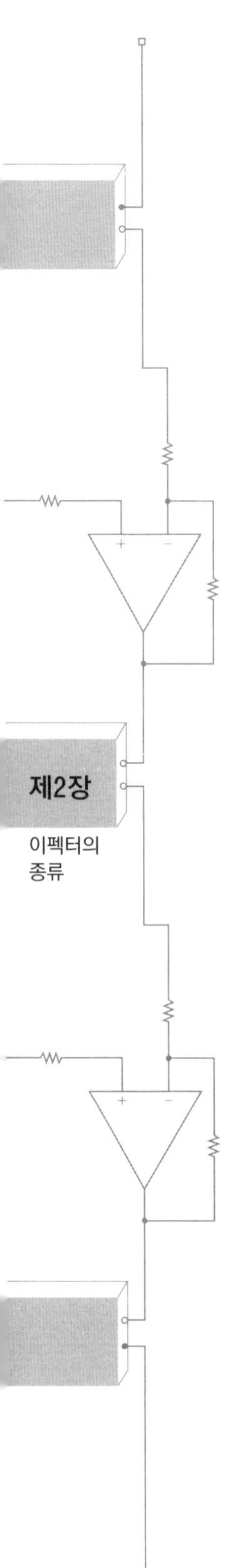

있을 것이다. 앰프와 악기 녹음에 흥미가 있는 독자라면 마이크 한 대쯤은 가지고 있는 것이 좋다.

또한 예전에는 고가의 장비로 인식되던 대형 콘덴서 마이크도 최근에는 비교적 가격이 저렴해졌기 때문에 여유가 있다면 기타 앰프의 오프 마이크(캐비닛에서 멀리 떨어져서 공간의 울림을 녹음하기 위한 마이크)와 보컬 녹음용으로 한 대 구입해보자.

앰프 소리를 온 마이크로 녹음하는 경우에는 **그림⑤**처럼 스피커와 10㎝ 이내의 범위에서 좋은 소리가 나는 위치에 마이크를 세운다. 마이크는 스피커 진동을 그대로 받지 않기 위해서 스피커의 중심에서 약간 벗어난 곳을 노리는 것이 좋다. 이것은 전형적인 앰프 사운드가 필요할 경우의 세팅이며, 실제로는 마이크를 앰프에서 1미터 이상 떨어트려서(오프 마이크) 공간의 울림까지 함께 녹음하는 경우도 있으며, 울림이 많이 않은 공간에서 마이크와 앰프의 간격을 바꾸면서 음색을 조정하는 경우도 있다.

또한 스테레오 이미지 계열 이펙터에서 설명했듯이 음상의 깊이와 확산감을 주기 위해서 온 마이크와 오프 마이크를 함께 녹음하는 경우도 많다. 다시 말해 CD로 듣는 앰프 사운드는 사실 앰프의 출력을 마이크로 녹음한 소리며, 마이크의 종류와 앰프와의 거리, 녹음한 공간의 울림도 앰프 사운드를 결정하는 중요한 요소가 된다.

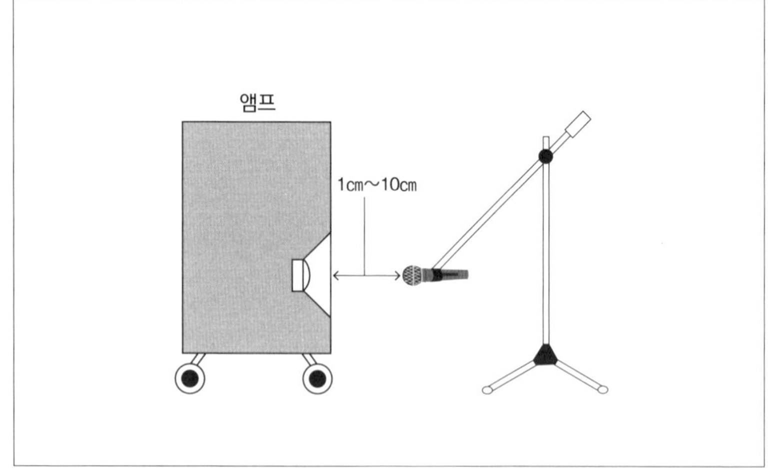

▲그림⑤ 온 마이크 세팅

앰프 시뮬레이터 ▶▶▶ 기타, 베이스 앰프의 음향특성을 쉽게 재현해주는 편리한 도구

앰프 시뮬레이터는 앞서 설명한대로 '기타 앰프를 사용하기 힘든 개인 녹음실에서 앰프의 소리를 재현하기 위해서 만들어진 것'이다. 그리고 대부분의 시뮬레이터에는 기타 앰프의 프리앰프와 마찬가지로 게인, 마스터 볼륨, 톤 컨트롤 등의 노브가 달려있다. 그리고 각 노브의 기능은 실제 앰프와 동일하다.

하지만 이 기능들 밖에 없다면 프리앰프의 다이렉트 출력과 똑같은 소리 밖에 만들 수 없다. 물론 앰프 시뮬레이터는 실제 프리앰프의 사운드 캐릭터를 충실하게 재현해준다. 그러나 악기용 프리앰프는 페달형이나 아웃보드형 이펙터로도 출시되기 때문에 프리앰프의 사운드가 필요하다면 시뮬레이터보다 이펙터를 구입하는 것이 좋다. 앰프 시뮬레이터가 개발된 이유는 프리앰프가 아니라 파워앰프와 스피커 그리고 스피커로 출력된 소리를 마이크로 녹음하는 것까지 재현하기 위해서다(그림⑥).

초기의 아날로그 회로를 사용한 앰프 시뮬레이터는 파워앰프와 스피커의 사운드 캐릭터, 마이크 녹음으로 인한 음색의 변화를 재현하기 위해서 일종의 필터를 사용했다. 따라서 일반적인 이퀄라이저를 사용하면 아날로그 시뮬레이터와 비슷한 작업을 할 수 있다. 하지만 앰프와 스피커의 음향특성은 그렇게 단순하지 않다. 각 제조사의 앰프 사운드를 재현하기 위해서는 복수의 필터를 조합하는 등의 설계가 필요하다.

그리고 초기 시뮬레이터의 앰프와 스피커 특성을 재현하는 부분은 몇 가지의

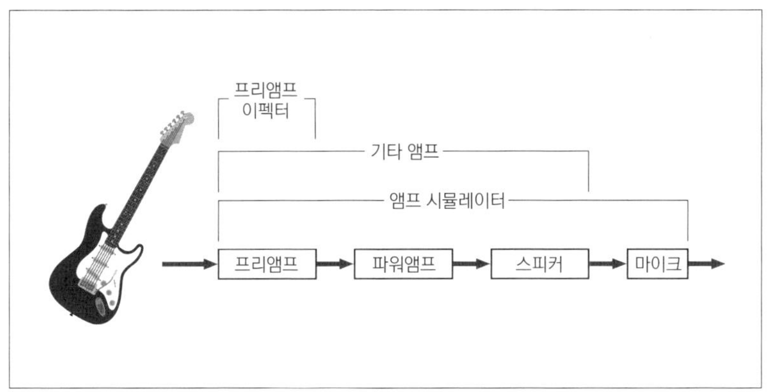

▲그림⑥ 앰프 시뮬레이터의 요소

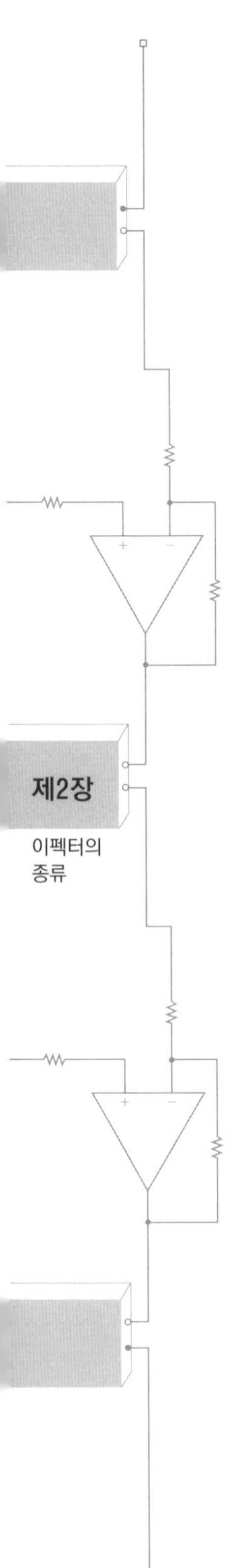

준비된 사항에서만 선택할 수 있도록 되어 있었다. 앰프 시뮬레이터의 원조라고 불리는 TECH21의 Sans Amp 초기 버전은 게인과 톤 등의 4가지 노브 이외의 사항은 스위치로 선택할 수 있으며, 스위치의 조합으로 앰프의 종류와 스피커, 마이크를 재현할 수 있도록 설계되어 있다(**사진①**).

또한 Sans Amp는 오버 드라이브를 걸 수 있으므로, 앰프 시뮬레이터가 아닌 일반적인 오버 드라이브 페달로 사용하는 경우도 많다.

모델링 기술의 발전은 앰프 시뮬레이터의 흐름을 크게 바꾸었다. Pro Tools용 플러그인으로 개발된 LINE6의 Amp Farm은 단순히 프리앰프로 다이렉트 녹음된 사운드를 앰프 사운드처럼 만드는 것이 아니라 FENDER와 MARSHALL을 비롯한 유명한 앰프의 특성을 모델링 기술로 충실하게 재현한 것으로, 레코딩 스튜디오에서도 충분히 사용할 수 있는 퀄리티를 자랑한다. 그 결과 기타를 녹음할 때는 사용할 앰프를 결정하지 않고 라인으로 녹음하고, 믹싱 단계에서 Amp Farm을 사용해서 다양한 앰프의 사운드를 비교하는 경우도 많아졌다. 다양한 앰프와 스피커 캐비닛의 조합을 즐길 수 있으며, 파라미터의 기능도 실물과 거의 동일하기 때문에 가능해진 일이다. 많은 연주자들이 사용하고 있는 POD는 Amp Farm의 기술로 만들어진 멀티 이펙터다(**사진②**).

◀사진① TECH21 Sans Amp Classic. 앰프 시뮬레이터의 원조다. 쉬운 노브 조작으로 앰프 사운드를 만들 수 있다

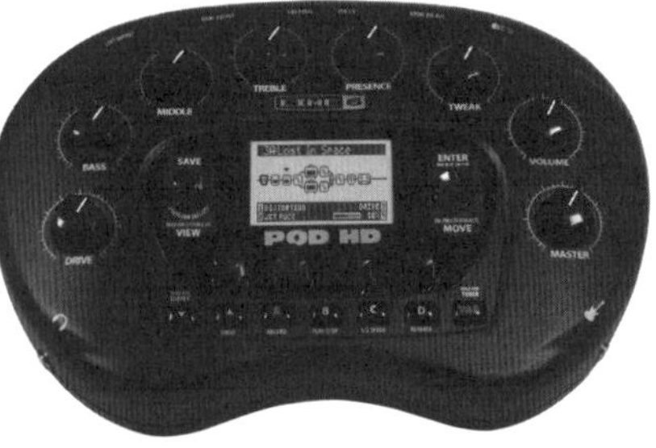

▶사진② LINE6 POD HD. 랙 타입과 플로어 타입 등의 다양한 버전이 존재한다

기타 앰프용 스피커 시뮬레이터는 앞서 설명한 앰프 시뮬레이터의 일부라고 할 수 있다. 초기의 아날로그 회로를 사용한 시뮬레이터는 어디까지나 스피커로 출력된 소리의 분위기를 연출할 수 있는 정도였다. 하지만 모델링 기술을 사용한 최근 제품들은 앰프 제조사마다의 사운드 캐릭터까지 충실하게 재현하고 있다.

　실제로 다양한 스피커 캐비닛을 소유하고 있는 프로 기타리스트라도 무거운 스피커를 몇 번씩 교체하면서 사운드를 테스트 하는 것이 쉬운 일은 아니다. 그래서 프리앰프의 출력을 라인으로 녹음해두고, 나중에 스피커 시뮬레이터를 사용해서 다양한 스피커 캐비닛을 테스트하는 경우가 많아졌다. 스피커 캐비닛은 스피커의 종류, 크기 그리고 하나의 캐비닛 안에 장착된 스피커 개수, 이렇게 세 가지 요소로 음질이 결정된다.

　최근의 스피커 시뮬레이터들은 이러한 조합을 다양하게 선택할 수 있으며, 모델링 기술의 발전에 따라서 단순하게 스피커의 사이즈와 개수뿐만 아니라 MARSHALL, FENDER, VOX, AMPEG 등의 제조사까지 선택할 수 있는 기종이 많다.

마이크 시뮬레이터 또한 앰프 시뮬레이터의 일부분이다. 스피커 시뮬레이터와 마찬가지로 라인 녹음한 사운드를 마이크로 녹음한 것처럼 들려주기 위해서 사용한다. 초기의 아날로그 회로를 가진 기종은 초기의 스피커 시뮬레이터처럼 사운드의 느낌만 다른 마이크로 녹음한 것처럼 바꿔주는 정도였다.

　최근에 출시되는 기타용 앰프 시뮬레이터에는 마이크의 종류와 녹음할 때 마이크가 스피커의 어느 부분을 향하고 있는지, 스피커와 마이크의 거리는 어느 정도인지, 그리고 몇 개의 마이크를 동시에 녹음했을 경우의 각 마이크 비율까지 설정할 수 있다.

　또한 앰프 시뮬레이터와 별개의 플러그인으로 만들어진 ANTARES Mic Mod EFX 같은 제품도 있다. 이것은 실제로 사용한 마이크와 재현하고 싶은 마이크

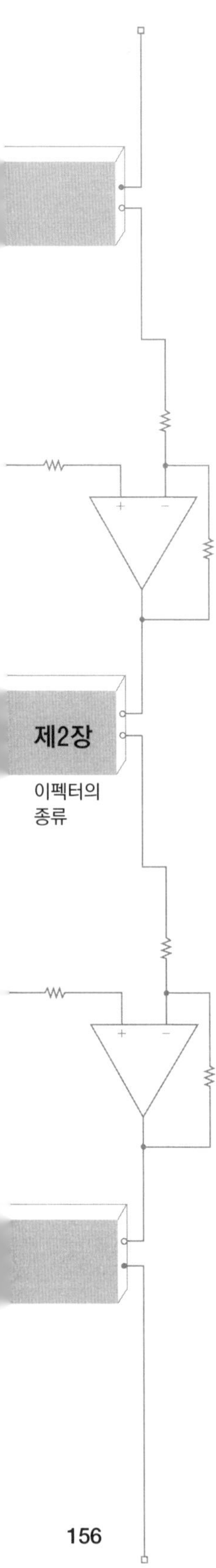

를 지정하면 상당히 실물에 가까운 느낌을 살릴 수 있다. 따라서 악기와 보컬을 녹음할 때에 원하던 마이크를 사용하지 못했을 경우에 큰 도움이 된다.

이러한 스피커 시뮬레이터와 마이크 시뮬레이터는 본래의 목적인 '실물의 대체용'으로 사용된다. 하지만 이번 항목의 서두에 말했듯이 이미 녹음된 사운드에 독특한 캐릭터를 부가하기 위한 편리한 이퀄라이저처럼 사용하는 경우도 많다. 복수의 기타 파트를 같은 마이크로 녹음한 경우에 마이크 시뮬레이터로 각 파트의 사운드 캐릭터를 바꾸거나, 라인으로 녹음한 어쿠스틱 기타를 마이크로 녹음한 것처럼 가공하는 방법도 효과적이다.

제품 설명서에 얽매이지 말고 창의적인 사운드 메이킹의 도구로서 사용해보기 바란다.

어쿠스틱 기타 시뮬레이터

일렉트릭 기타를 어쿠스틱 기타로
변신시키는 시뮬레이터

앰프 시뮬레이터에 이어서 최근 많이 사용되는 것이 바로 어쿠스틱 기타 시뮬레이터다(**사진①**). 이것은 공연 도중에 어쿠스틱 기타와 일렉트릭 기타를 함께 사용하는 연주자에게는 아주 편리한 이펙터다.

어쿠스틱 기타는 비교적 음량이 작은 악기다. 그래서 라이브 공연에서는 드럼과 퍼커션의 큰 소리 때문에 마이크로 기타 소리를 받는 것이 쉽지 않다. 따라서 다른 악기소리와 섞이지 않도록 픽업이 장착된 어쿠스틱 기타를 사용해서 케이블을 사용해서 직접 PA 콘솔로 소리를 보내는 것이 일반적이다. 하지만 픽업을 장착한 어쿠스틱 기타의 라인 출력은 실제 어쿠스틱 기타 소리와는 다르기 때문에 불만을 가지는 연주자도 많다.

그래서 어쿠스틱 기타 픽업의 출력을 PA 콘솔로 보내기 전에 마이크로 녹음한 것처럼 사운드를 가공해주는 것이 어쿠스틱 기타 시뮬레이터다. 이것의 회로를 간단하게 설명하자면 이퀄라이저와 필처, 또는 위상 처리를 통해서 어쿠스틱 기타 보디의 울림을 재현하는 것이다. 또한 최근에는 이 기술을 응용해서 일렉트릭 기타를 연결해도 어쿠스틱 기타 소리처럼 만들어주는 기종도 등장했다.

실제 어쿠스틱 기타와 동일한 사운드는 만들 수 없지만, 공연 도중에 몇 곡에만 어쿠스틱 기타 소리가 필요할 경우에는 아주 편리할 것이다.

◀**사진①** 어쿠스틱 기타 시뮬레이터 BOSS AD-8.
모델링 기술로 어쿠스틱 기타 사운드를 재현한다

6

앰프
시뮬레이터
계열

7 리스트레이션 계열

리스트레이션 계열이란? ▶▶▶ 플러그인의 진화가 가장 빠른 장르

리스트레이션Restoration이란 '회복', '복구'라는 의미를 가진 단어다. 2000년대 후반부터 플러그인 이펙터의 기술적인 발전과 CPU의 고속화로 인해서 대부분의 DAW는 리스트레이션 계열의 플러그인들을 기본적으로 탑재하기 시작했으며, 스탠드얼론 소프트웨어의 기능을 능가하는 플러그인도 등장하고 있다.

레코딩 초창기에 녹음된 소재를 '복구'하는 작업은 거의 수작업으로 했다. 예를 들어 보컬 트랙에서 쉼표부분에 불필요한 노이즈가 들어갔다면, 노이즈가 들어간 부분의 테이프를 잘라내는 식으로 작업했다. 노이즈를 제거하는 작업을 해주는 최초의 이펙터가 다이내믹스 계열 항목에서 설명한 노이즈 게이트다(그림 ①). 하지만 이것은 '복구'라는 원래의 목적 이외에 드럼 마이크의 불필요한 소리를 차단하거나, 게이트 에코라는 80년대를 상징하는 스네어 드럼의 음색을 만들어내는 이펙터로 사용되는 경우가 훨씬 많기 때문에 이 책에서는 리스트레이션 계열에서 제외했다.

순수하게 리스트레이션 계열 이펙터로만 사용되는 것 중에서 가장 오래된 것은 아마도 ROCKTRON Hush일 것이다. 이것은 노이즈 게이트를 사용할 때의 부자연스러운 끊김을 해소하기 위해서 음량 자체를 커트하는 것이 아니라, 로우패스 필터를 사용해서 불필요한 부분의 노이즈만 커트한다. 음량을 내려서 노이즈

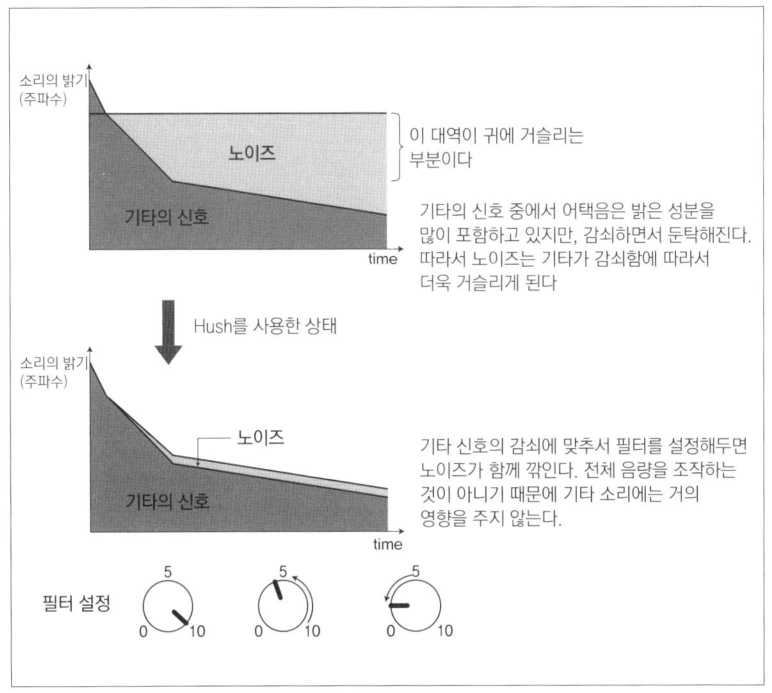

▲그림① ROCKTRON Hush의 노이즈 커트 원리

를 커트하면 노이즈와 함께 악기의 신호 자체도 사라진다. 그래서 기타와 피아노처럼 서서히 감소하는 소리가 부자연스럽게 잘려버려서 노이즈 게이트를 사용하지 않는 경우도 많았다. 하지만 음량 자체를 내리는 대신에 필터를 사용해서 입력신호의 음량이 설정한 레벨 이하로 떨어지면 필터를 작동시키면, 악기소리가 감쇠할 때에 고음역 노이즈만 제거하고 악기소리는 그대로 유지할 수 있다.

험 노이즈와 팝 노이즈의 제거 ▶▶▶ 노치 필터와 멀티 밴드 컴프레서를 사용한다

아날로그 시대에는 기타 앰프를 녹음할 때 전원 때문에 발생하는 험 노이즈와 보컬 마이크의 팝 노이즈를 제거하기 위한 리스트레이션 이펙터로 노치 필터(Q를 좁게 설정할 수 있는 피킹 타입 이퀄라이저)를 사용했다.

전원의 험 노이즈는 50~60Hz(국가마다 다르다. 참고로 한국의 전기는 220V/60

Hz다)의 기음과 배음 주파수를 커트해주면 거의 사라진다. 현재는 4밴드 이상의 아주 좁은 Q를 설정할 수 있는 이퀄라이저 플러그인을 사용해도 같은 효과를 얻을 수 있다(**그림②**). 또한 이런 목적으로 사용하기 위해서 기음 주파수를 설정하면 자동적으로 배음 주파수까지 함께 커트해주는 STEINBERG Post Filter 등의 필터 플러그인도 있다.

팝 노이즈는 원래 디에서처럼 특정 주파수에 반응하는 컴프레서로 처리하지만, 현재는 플러그인으로 많이 보급된 멀티 밴드 컴프레서를 사용하는 경우가 많다. 팝 노이즈는 보컬의 입에서 200Hz 이하의 저음역이 발생하면서 마이크를 통해 '퍽'하는 노이즈로 들리는 것이다. 그러므로 멀티 밴드 컴프레서로 200Hz 이하의 주파수만을 억제할 수 있도록 드레숄드와 레시오를 설정하고, 어택 스피드를 가장 빠르게 해두면 방지할 수 있다.

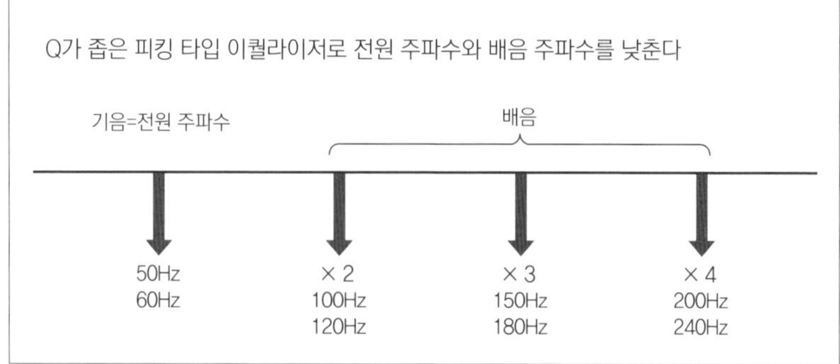

▲그림② 4밴드 이퀄라이저로 험 노이즈를 제거하는 방법

디노이저, 디클리커, 디버저 ▶▶▶ 오디오 데이터를 분석해서 노이즈를 제거한다

그럼 앞서 설명한대로 아날로그 기술을 사용해서 노이즈 성분을 억제하는 이펙터는 어디까지나 특정 대역을 필터와 컴프레서를 사용한다. 하지만 이 방식은 아무래도 원음에 영향을 줄 수밖에 없다.

디지털 시대로 들어와서는 오디오 데이터 자체를 분석할 수 있게 되었다. 이와 함께 제거하고 싶은 노이즈 성분을 미리 분석해서 프로파일을 작성해두고, 컴퓨터가 입력된 오디오 데이터에서 같은 성분만을 제거하는 방식이 고안되었다.

이것은 길거리 인터뷰처럼 스튜디오 바깥에서 녹음된 음원의 불필요한 소음과 연극배우의 독백이나 어쿠스틱 악기처럼 음량이 작은 음원을 녹음할 때에 방해가 되는 환경 노이즈를 제거할 목적으로 만들어진 것이다. 용도에 따라서 구분하는 디노이저(De-Noiser : 히스 노이즈 제거용), 디클리커(De-Clicker : 클릭 노이즈 제거용), 디버저(De-Buzzer : 험 노이즈 제거용) 등의 이펙터는 **그림③**의 순서로 목소리와 악기소리에 영향을 주지 않고 노이즈 성분만 제거한다.

그림으로도 알 수 있듯이 오디오 데이터에서 노이즈 성분만을 추출해서 학습시킬 필요가 있기 때문에 초기에는 실시간으로 사용할 수는 없었으며, 녹음된 오디오 데이터만 오프라인으로 처리하는 소프트웨어 혹은 플러그인으로 제품화

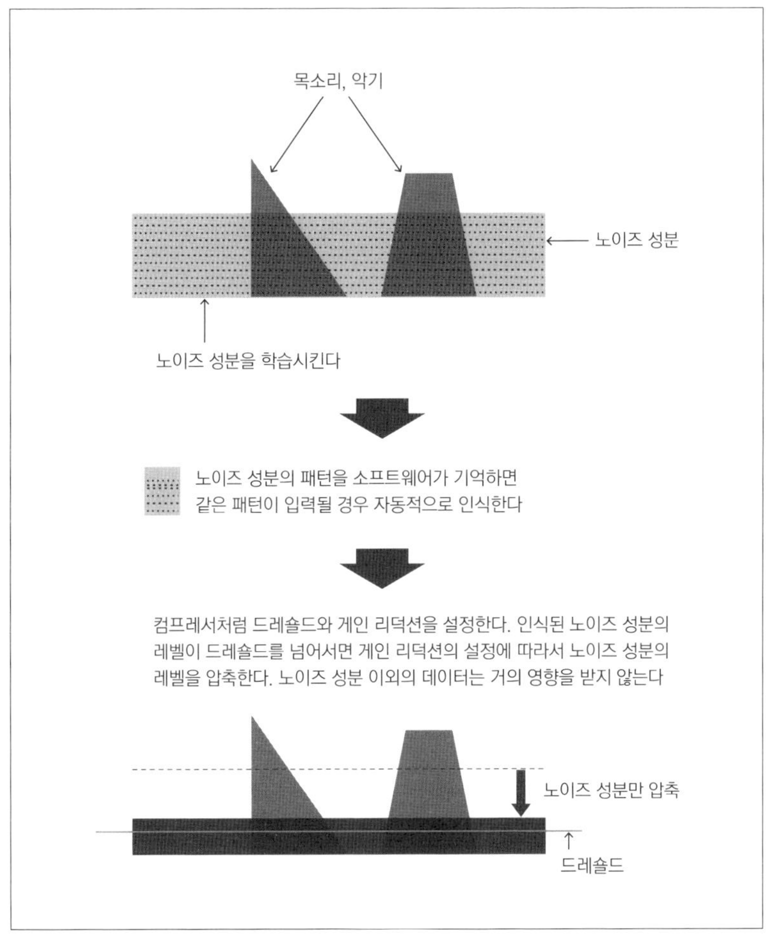

▲그림③ 디지털 리스트레이션 이펙터의 작동 원리

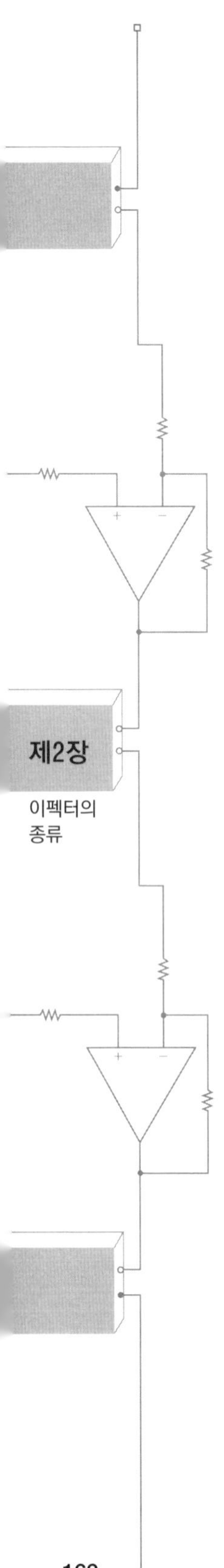

되었다.

하지만 현재는 CPU가 빨라져서 노이즈 성분을 학습시킨 다음에는 실시간으로 사용할 수 있는 기종이 많다.

또한 아날로그 테이프와 기타 앰프의 히스 노이즈와 같은 고음역 노이즈는 노이즈 성분을 학습시키지 않아도 충분한 효과를 얻을 수 있는 기종도 있다.

레벨을 초과할 때 발생하는 클립 노이즈와 아날로그 레코드의 크랙 노이즈 제거에 특화된 기종을 디클리커라고 하며, 노이즈 성분을 미리 학습시키지 않아도 노이즈를 제거해준다.

최신 기종들은 목소리와 악기소리에 노이즈가 유입된 부분을 소프트웨어가 스스로 인식해서 노이즈 성분을 분석하는 것과 노이즈 학습을 실시간으로 하면서 제거할 수 있는 플러그인도 있다.

또한 사이드 체인 이퀄라이저 기술을 응용해서 실질적으로 **그림③**에서 설명한 드레숄드 레벨을 대역별로 바꿀 수 있는 기종도 있다. 이 기능을 사용하면 고음역 노이즈를 대폭으로 압축하더라도 중저음역대는 큰 영향을 받지 않으므로 음질의 변화를 최소한으로 억제할 수 있다.

하지만 노이즈를 제거하는 정밀도가 높을수록 플러그인을 처리하는 시간이 오래 걸리므로 처리 속도가 아주 빠른 CPU라도 1초 이상의 레이턴시가 발생하는 경우가 있다. 따라서 실시간 처리는 녹음된 소재를 가공하는 것만 가능하다.

앞서 설명했듯이 리스트레이션 계열 이펙터는 원래 외부에서 녹음된 목소리의 노이즈를 제거할 목적으로 만들어졌기 때문에 과도하게 설정하면 음악작업에 사용하기 힘든 경우가 있다. 룸 엠비언스와 앰프 리버브의 여운과 노이즈 성분을 구분하기 힘들기 때문에 소리가 부자연스럽게 끊어지는 현상이 발생하는 것이다. 이럴 때는 릴리스 타임을 설정할 수 있는 기종을 사용하면 부자연스러움을 어느 정도 해소할 수 있다. 또한 음원의 노이즈를 제거한 다음에 리버브를 걸어주는 것도 부자연스러움을 해소할 수 있는 방법 중의 하나다.

믹스 다운이 끝난 음원의 히스 노이즈를 제거할 경우에는 트랙 전체에 리스트레이션을 사용하는 것이 아니라, 필요한 부분에만 오프라인으로 처리한다. 만약 CPU의 성능이 좋다면 노이즈를 제거할 필요가 없는 부분에서는 오토메이션으로 드레숄드와 게인 리덕션이 걸리지 않도록 설정해두면 편리하다.

멀티 이펙터와 MIDI

멀티 이펙터란? ▶▶▶ 한 대로 여러 가지 효과를 사용할 수 있는 편리한 도구

멀티 이펙터란 한 대로 몇 가지 이펙터의 역할을 할 수 있는 편리한 장비다(**사진 ①**). 일반적으로 멀티 이펙터는 두 가지 타입으로 구분한다. 첫 번째는 한 번에 하나의 기능밖에 사용할 수 없는 타입이다. 이것은 본체 안에 다양한 종류의 이 펙터가 탑재되어 있지만, 그 중에서 하나의 기능 밖에 사용할 수 없다. 이것은 DSP(Digital Signal Processor)가 선택된 프로그램에 따라서 다양한 이펙터를 재현 해주는 것으로, 80년대 후반의 디지털 기술로서는 아주 획기적인 방식이었다(**그림①**).

하지만 이 타입은 여러 가지 이펙터를 동시에 사용할 수는 없다는 것이 가장 큰 단점이다. 예를 들어 리버브 프로그램을 선택하면 리버브가 되고, 디스토션 프로그램을 선택하면 디스토션이 되는 것이다.

▲사진① 멀티 이펙터의 선구자라 불리는 YAMAHA SPX90

"

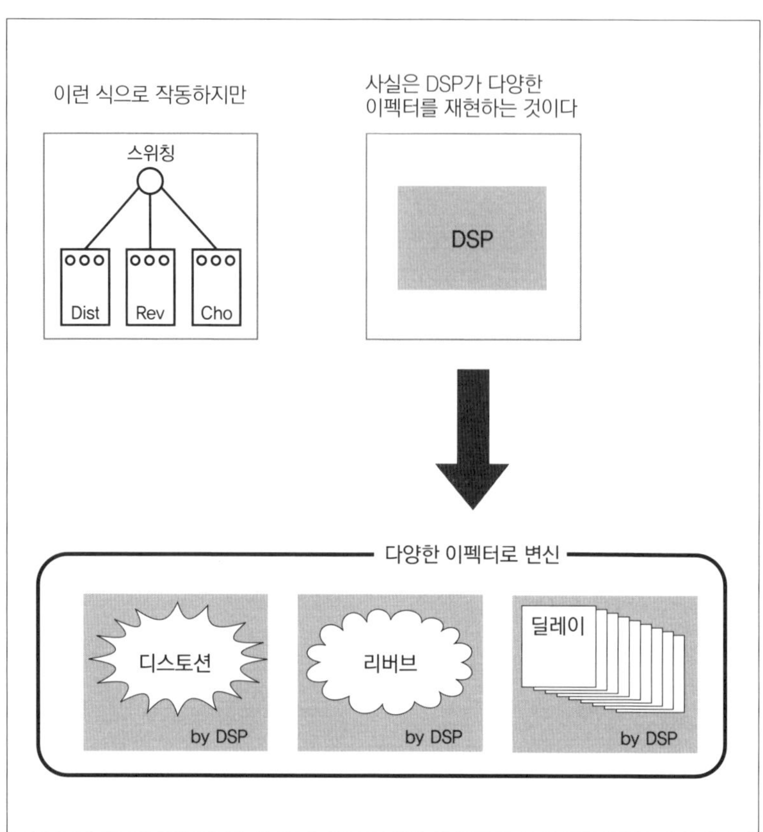

▲그림① 다양한 이펙터로 변신하는 멀티 이펙터

  두 번째가 바로 이런 불편함을 개선하기 위해서 개발된 여러 이펙터를 동시에 사용할 수 있는 타입이다. 사실 이것은 기타리스트들이 이동하기 편하도록 여러 콤팩트 이펙터를 하나의 케이스에 함께 넣어서 사용하던 것이 원조라고 할 수 있다.

  현재 출시되고 있는 멀티 이펙터들은 이펙터의 접속 순서와 각 이펙터의 설정을 아무리 복잡하게 세팅하더라도 메모리에 저장해뒀다가, 필요할 때 바로 불러내서 사용할 수 있다(**사진②**). 그리고 앞서 설명한 DSP의 가격이 매우 싸졌기 때문에 이렇게 여러 대의 이펙터를 모두 DSP로 재현하는 기종이라도 비교적 저렴하게 구입할 수 있다(**그림②**).

  멀티 이펙터의 가장 큰 장점은 심플함과 다양함이라고 할 수 있다. 여러 대의 이펙터를 패치 케이블로 연결해서 사용하면 세팅에도 시간이 걸리고, 각 곡마다

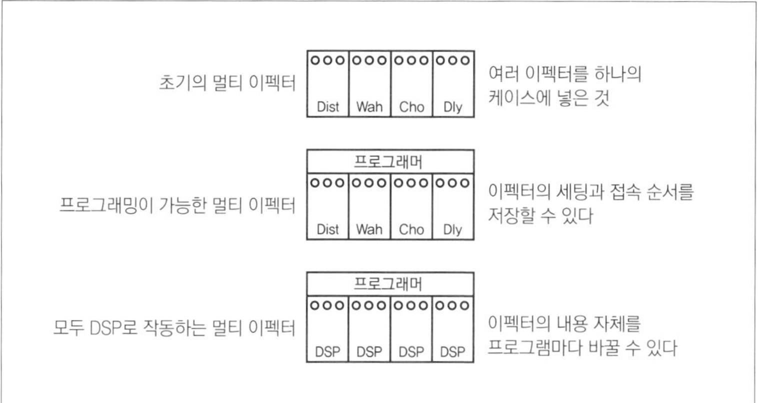

▲그림② 여러 이펙터를 동시에 사용할 수 있는 멀티 이펙터

▲사진② 기타용 멀티 이펙터 BOSS ME-80. 간단한 조작으로 다양한 사운드를 연출할 수 있다

세팅을 바꾸는 것도 쉽지 않다. 또한 배선이 복잡해지면 그만큼 접촉불량으로 인한 트러블이 발생하기 쉽고, 노이즈가 증가하는 원인이 되기도 한다. 하지만 멀티 이펙터를 사용하면, 세팅은 멀티 이펙터와 앰프만 연결하면 끝이다. 그리고 각 곡마다 사용하고 싶은 이펙터 세팅을 저장해두면 원하는 타이밍에 바로 불러내서 사용할 수 있다. 물론 접촉불량과 노이즈로 인한 트러블도 현저하게 줄어든다.

하지만 멀티 이펙터에도 단점은 존재한다. 첫 번째는 복잡한 조작방법이다. 콤팩트 이펙터는 2~3개의 노브를 조작해서 원하는 음색을 만들 수 있지만, 멀티 이펙터는 제한된 개수의 노브로 모든 이펙터의 세팅을 설정해야 하므로 복잡해 질 수밖에 없다.

또 한가지 단점은 자신이 원하는 이펙터를 추가할 수 없다는 것이다. 예를 들

어 같은 디스토션이라도 제조사와 기종에 따라서 음색이 다르며, 그런 캐릭터가 연주자의 개성으로 인식되는 경우가 많다. 하지만 멀티 이펙터에 내장된 디스토션의 음색이 마음에 들지 않는다고 해서 디스토션 회로만 빼내고 다른 제조사의 것을 넣을 수는 없다는 것이다.

다행히도 같은 제조사에서 만든 디스토션, 컴프레서, 코러스 등의 이펙터가 모두 마음에 든다면 그 제조사의 멀티 이펙터를 구입하면 원하는 것과 근접한 사운드를 만들 수는 있다. 하지만, 대부분의 연주자들은 이펙터 종류별로 선호하는 제조사가 다른 경우가 많다. 그러므로 모든 사운드를 멀티 이펙터로만 해결하려면 음색과 음질에 관한 취향은 타협할 수밖에 없다.

최근에는 멀티 이펙터의 심장이라고 할 수 있는 DSP가 아주 저렴해졌기 때문에, 콤팩트 이펙터를 여러 대 구입하는 것보다 멀티 이펙터를 구입하는 것이 훨씬 싸다. 그리고 최근 제품들은 음질이 상향 평준화 되었기 때문에, 아주 저렴한 멀티 이펙터라도 어느 정도 쓸만하다. 그러므로 적은 예산을 가지고 이펙터 구입을 계획하고 있는 아마추어라면 저렴한 멀티 이펙터를 한 대 구입하고, 부족하다고 느껴지면 콤팩트 이펙터를 추가적으로 구입하는 것도 나쁘지 않을 것이다.

참고로 프로 뮤지션 중에서 디스토션과 오버드라이브는 콤팩트 이펙터를 사용하고, 모듈레이션 계열과 공간 계열은 멀티 이펙터를 사용하는 경우도 있다.

 ## 멀티 이펙터의 기본적인 조작

이제껏 설명했듯이 멀티 이펙터는 디스토션과 리버브처럼 특정한 계열로 구분할 수 없는 이펙터다. 다양한 종류의 여러 이펙터를 조합한 효과를 한 대로 재현해주는 장비다. 따라서 멀티 이펙터는 얼마나 적은 수의 노브로 모든 이펙터의 파라미터를 컨트롤 할 수 있느냐가 관건이다.

일반적으로 기타용 콤팩트 이펙터는 하나의 노브 또는 스위치로 한 가지 기능만 설정할 수 있다. 디스토션은 드라이브와 톤 그리고 레벨, 딜레이는 딜레이 타임과 피드백 그리고 딜레이 레벨 등의 파라미터를 설정하기 위한 각각의 노브가 달려있다. 따라서 사용자는 노브를 돌리면서 직관적으로 파라미터를 설정할 수 있다.

하지만 멀티 이펙터는 프로그램에 따라서 다양한 이펙터의 기능을 하므로, 프로그램을 바꾸면 필요한 파라미터의 종류와 개수도 달라진다(**그림③**).

여러 대의 이펙터를 단순히 하나의 케이스 안에 넣은 아날로그 멀티 이펙터는 콤팩트 이펙터처럼 각 파라미터에 필요한 노브와 스위치를 모두 가지고 있다. 하지만 복잡한 프로그래밍이 가능한 디지털 멀티 이펙터는 필요한 파라미터가 상당히 많아지므로 모든 파라미터마다 각각의 노브와 스위치를 장착하려면 이펙터의 크기가 엄청나게 커질 것이다. 참고로 1U 또는 하프 랙처럼 비교적 작은 랙 마운트 타입은 노브와 스위치를 장착할 공간의 한계 때문에 설계 단계에서 노브와 스위치를 줄이기 위한 노력을 한다.

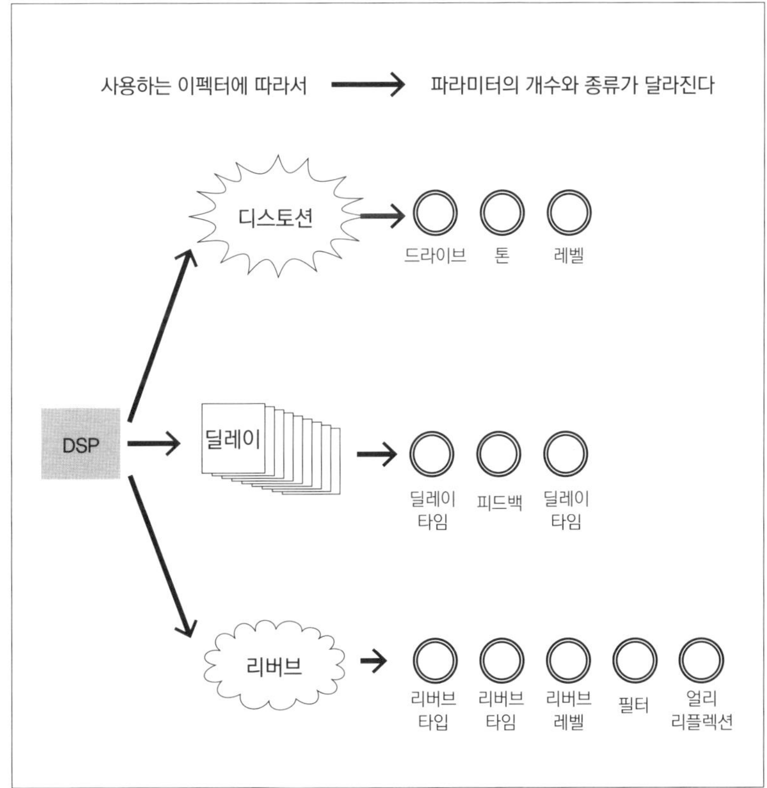

▲그림③ 멀티 이펙터의 파라미터

　모든 파라미터를 제한된 개수의 노브와 스위치로 조작하기 위해서 대부분의 멀티 이펙터는 '파라미터 호출 방식'이 사용된다. 이것은 필요한 파라미터를 하나씩 불러내서 설정하는 것이다. 이렇게 하면 아무리 파라미터가 늘어나도 모든 파라미터를 조작할 수 있다. 파라미터의 호출에는 'Parameter'라고 적혀 있거나 화살표가 표시된 버튼 또는 다이얼 방식의 노브를 사용한다. 현재 선택된 파라미터는 디스플레이 또는 인디케이터로 확인할 수 있다(**그림④**). 그리고 호출된 파라미터 값의 조절은 'Value' 또는 'Data'라고 적힌 다이얼이나 '+', '−'가 표시된 버튼을 사용한다. 그리고 파라미터의 설정값은 디스플레이에 숫자로 표시된다(**그림⑤**).

　이것은 멀티 이펙터를 조작하기 위해서는 필수적인 방식이지만, 여전히 직관적인 조작이 어렵고 콤팩트 이펙터보다 복잡하다는 느낌을 준다. 그래서 각 제조사들은 디스플레이를 크게 만들어서 여러 개의 파라미터를 동시에 표시하거나, 2~4개의 노브로 여러 개의 파라미터를 동시에 편집하는 등의 다양한 아이디어를 내고 있다.

　최근에는 MIDI와 USB를 사용해서 컴퓨터로 파라미터를 설정할 수 있는 에디트 소프트웨어까지 등장했다. 어떤 방식이든지 멀티 이펙터를 구입할 때는 스스로 사용하기 편하다고 느끼는 것을 선택하는 것이 중요한 포인트다.

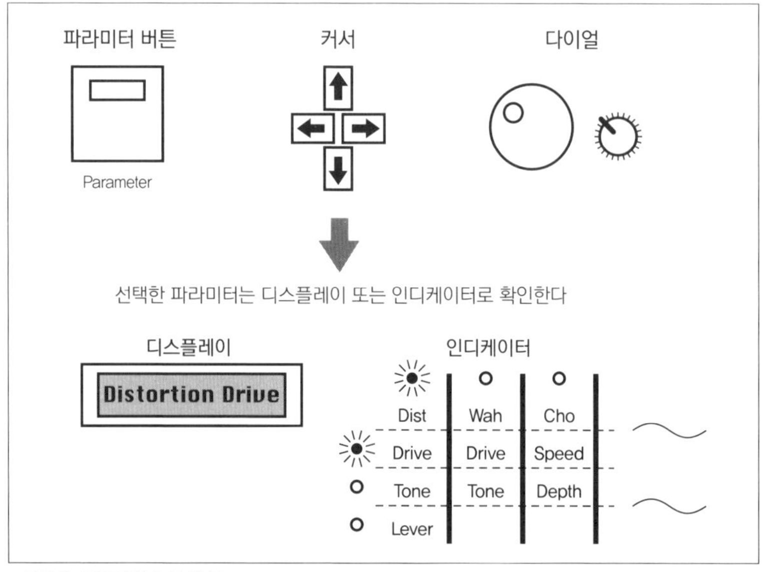

▲그림④ 파라미터 호출 방식

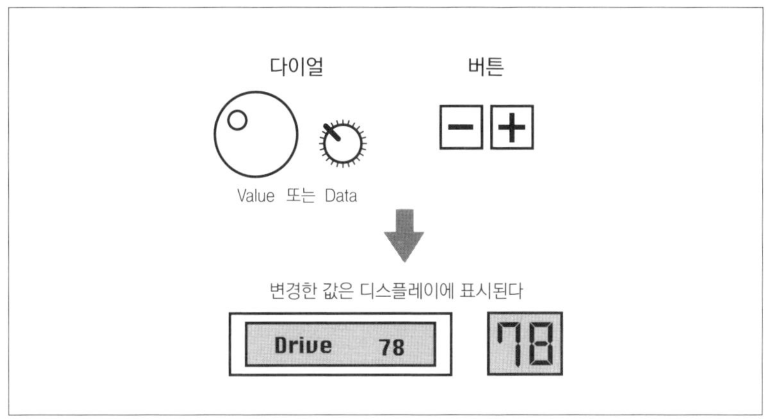

▲그림⑤ 파라미터 값의 표기

이펙터와 MIDI ▶▶▶ MIDI를 활용한 이펙터 컨트롤

MIDI는 Musical Instrument Digital Interface의 약자다. 직역하면 '악기용 디지털 인터페이스'가 된다. 원래는 신서사이저 등의 전자악기와 컴퓨터 또는 전자악기끼리 연결할 때 사용하는 국제규격이지만, 범용성이 뛰어난 규격이므로 현재는 이펙터를 비롯한 다양한 음악장비와 조명, 영상분야에서도 MIDI가 사용된다. 이펙터의 경우, 주로 발밑에 있는 풋 스위치로 멀리 떨어진 곳에 설치된 장비의 프로그램을 바꿀 때 사용한다. 하지만 MIDI에 대해 조금 더 자세한 지식을 가지고 있다면 훨씬 효과적으로 MIDI를 활용해서 이펙터를 컨트롤할 수 있다.

그럼 이펙터와 관련된 MIDI의 기본을 설명하겠다.

MIDI를 이해하기 위해서는 먼저 채널에 대한 개념을 알아야 한다. 이것은 TV 채널과 마찬가지라고 보면 된다. 케이블 TV와 IPTV를 설치하면 일반 안테나로는 볼 수 없는 다양한 채널을 선택할 수 있다. 하지만 수많은 방송국의 채널이 안테나와 케이블을 통해서 TV로 들어오더라도 혼선되지는 않는다. 이것은 방송국마다 하나씩 채널을 할당받기 때문에 시청자들이 TV의 튜너로 선택한 채널만 화면으로 출력되는 것이다. MIDI에서 방송국에 해당하는 것은 MIDI 풋 스위치

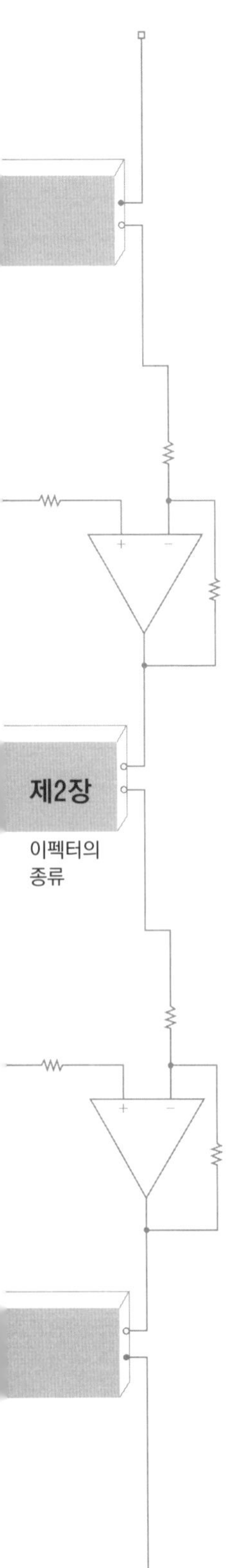

와 MIDI 키보드, 또는 신서사이저와 컴퓨터 등의 MIDI신호를 송신하는 장비다. 그리고 TV에 해당하는 것이 음원 모듈과 신서사이저, MIDI이펙터 등의 MIDI신호를 수신하는 장비다(**그림⑥**). MIDI는 1~16까지 16개의 채널을 사용할 수 있다.

예를 들어 컴퓨터를 사용해서 여러 대의 MIDI키보드와 음원, 이펙터를 컨트롤한다고 가정해보자(**그림⑦**). 그리고 그림처럼 '컴퓨터→MIDI키보드→음원 모듈→MIDI이펙터'의 순서로 MIDI케이블로 연결하고, 각각의 MIDI채널은 MIDI키보드가 채널1, 음원 모듈이 채널2, MIDI이펙터가 채널3으로 지정한다.

이럴 경우, 컴퓨터에서는 3대의 MIDI장비를 컨트롤하기 위한 MIDI신호가 한

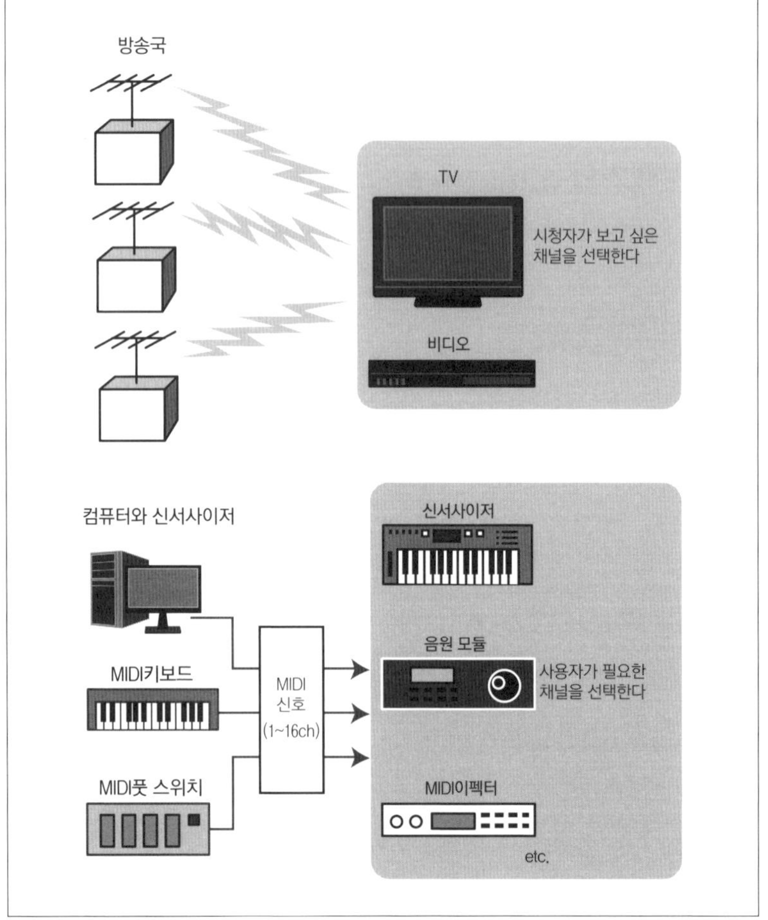

▲그림⑥ MIDI채널의 개념

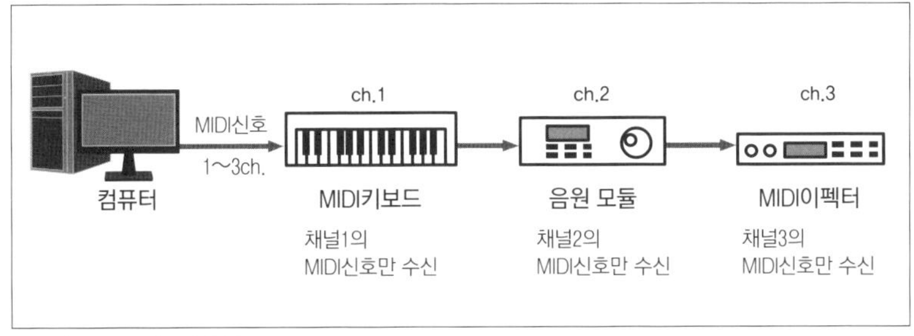

▲그림⑦ MIDI신호의 흐름

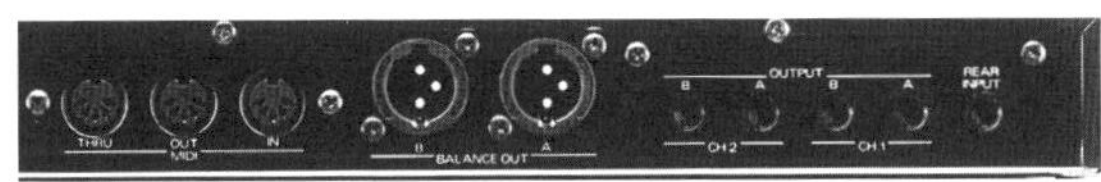

▲사진③ 왼쪽에 MIDI단자 3개가 보인다. 기본적으로 MIDI단자가 탑재된 장비끼리만 MIDI신호를 주고 받는다. 또한 컴퓨터와는 USB케이블로 MIDI신호를 주고 받을 수 있다.

꺼번에 송출된다. 하지만 수신하는 쪽에서는 자신에게 지정된 MIDI채널의 신호만 수신하고, 다른 채널의 신호는 무시한다. 그러므로 컴퓨터로 각각의 MIDI장비를 개별적으로 컨트롤할 수 있는 것이다(**사진③**).

MIDI채널에는 MIDI장비를 컨트롤하기 위한 'MIDI메시지'라는 신호가 포함되어 있다. 대표적인 사용예가 MIDI키보드의 연주정보를 전송하는 노트 온과 오프, 연주의 강약을 전송하는 벨로시티, 음색정보를 기억하거나 설정하는 익스클루시브 메시지 등이다(**표①**).

노트 온, 오프	건반을 누르거나 떼는 상태
벨로시티	건반을 누르는 세기
컨트롤 체인지	볼륨, 팬, 뱅크, 셀렉트 등의 정보
프로그램 체인지	신서사이저와 이펙터의 프로그램 설정
시스템 익스클루시브	신서사이저와 이펙터 전체를 설정

▲표① 대표적인 MIDI메시지

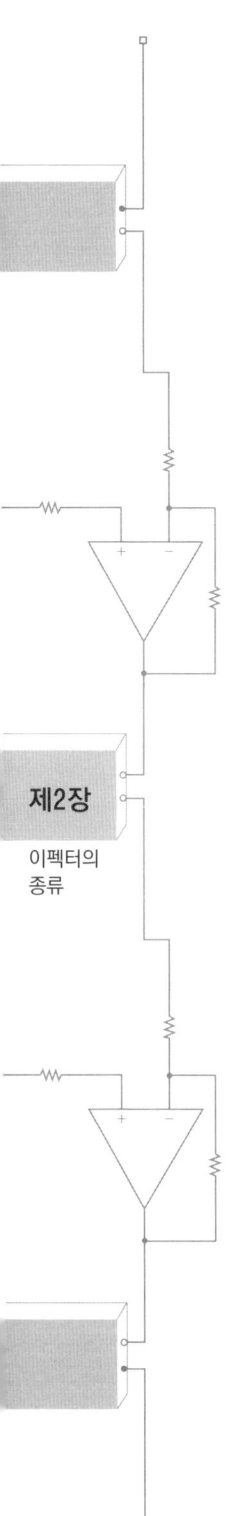

이 중에서 특히 이펙터 조작과 관련된 것이 프로그램 체인지와 컨트롤 체인지다. 프로그램 체인지는 프로그램 넘버를 바꾸기 위한 메시지로, MIDI풋 스위치로 이펙터의 프로그램을 바꿀 때 사용한다. 컨트롤 체인지는 원래 MIDI키보드의 볼륨을 조절하기 위한 것이지만, DSP의 보급에 의해 이펙터와 믹서가 디지털화 되면서 악기가 아닌 장비들의 조작에도 많이 활용되고 있다.

표②는 현재 표준으로 규정된 컨트롤 체인지다. 표를 보면 알 수 있지만, 지정되지 않은 번호가 상당히 많다.

	No.	기능		No.	기능
Continuous Controller	0	뱅크 셀렉트(MSB)	Switch Type	64	홀드1(댐퍼)
	1	모듈레이션		65	포르타멘토
	2	브레스 컨트로		66	서스테누토
	4	풋 컨트롤		67	소프트 페달
	5	포르타멘토 타임		69	홀드2(프리즈)
	6	데이터 엔트리		70	메모리 패치 셀렉트
	7	메인 볼륨		80	범용 조작-5
	8	밸런스 컨트롤		81	범용 조작-6
	10	팬 포트		82	범용 조작-7
	11	익스프레션		83	범용 조작-8
	16	범용 조작-1		84	포르타멘토 컨트롤
	17	범용 조작-2	Effect	91	범용 이펙트1(리버브)
	18	범용 조작-3		92	범용 이펙트2(트레몰로)
	19	범용 조작-4		93	범용 이펙트3(코러스)
	32	뱅크 셀렉트(LSB)		94	범용 이펙트4(셀레스테)
				95	범용 이펙트5(페이저)
			ETC.	96	데이터 인크리먼트(+)
				97	데이터 인크리먼트(-)
				98	NRPN(LSB)
				99	NRPN(MSB)
				100	RPN(LSB)
				101	RPN(MSB)

주 : 32~63은 0~31의 컨트롤러 정밀도를 높이기 위한 LSB(Least Significant Bytes)다. 현재는 NO.32의 뱅크 셀렉트 이외에 거의 사용하지 않는다

▲표② 주요 컨트롤 체인지

각 제조사들은 이렇게 번호를 이용해서 외부에서 MIDI신호로 이펙터의 파라미터를 조작할 수 있도록 제품을 만들고 있다. 이렇게 하면 공연 중에 파라미터를 일일이 불러내지 않더라도 **그림⑧**처럼 키보드와 풋 스위치로 파라미터를 변화시킬 수 있다. 구체적으로 설명하자면 곡의 템포에 맞춰서 딜레이 타임을 변화시키거나, 후렴구에만 리버브를 많이 넣는 것이 가능하다는 의미다.

하지만 컨트롤 체인의 몇 번이 어떤 파라미터를 변화시키는지는 각 메이커와 기종마다 조금씩 다르므로 MIDI로 이펙터를 조작하는 것은 제품 설명서에 나와 있는 MIDI신호 번호표를 보면서 컨트롤 체인지 넘버와 파라미터가 잘 대응하는지 확인할 필요가 있다. 또한 기종에 따라서는 몇 번 컨트롤 체인으로 파라미터를 조작할 것인지 사용자가 결정할 수 있는 경우도 있다.

어떤 식으로 사용하든 처음에는 다소 귀찮게 느껴질 수 있지만, MIDI키보드와 시퀀서 등을 사용해서 공연을 하는 경우에 이 기능을 사용하면 멀티 이펙터의 가능성을 넓힐 수 있다.

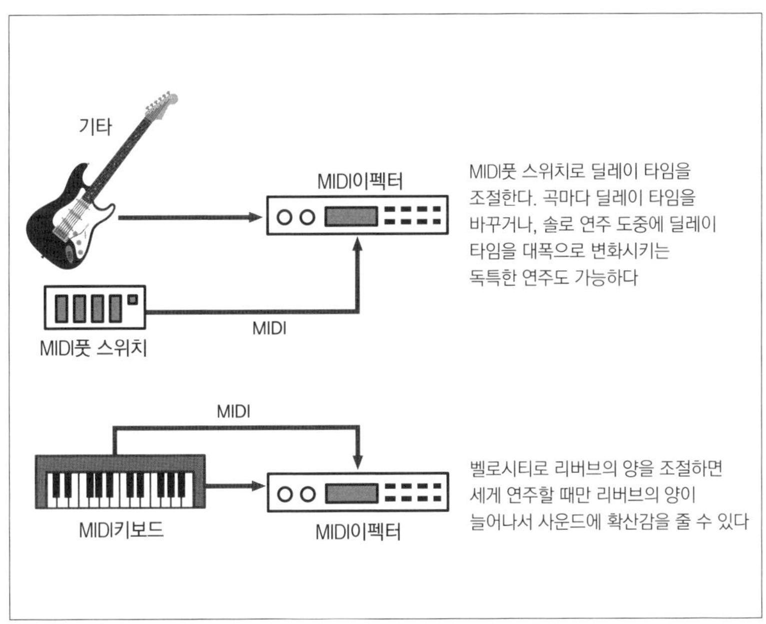

▲그림⑧ 이펙터의 MIDI 컨트롤

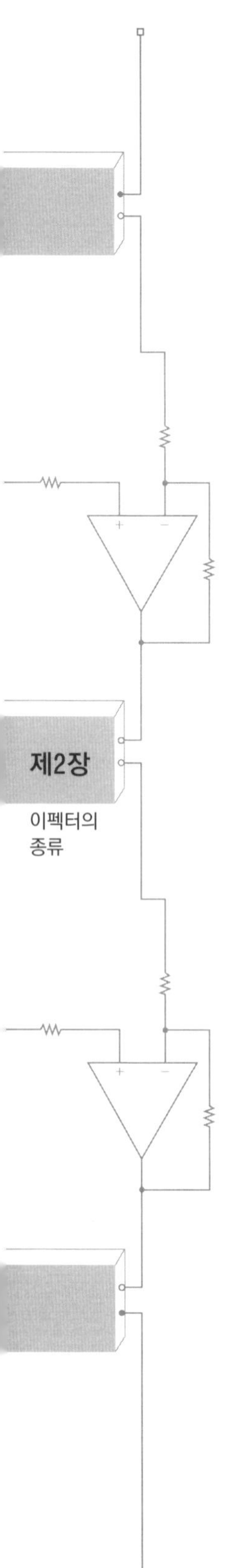

DAW와 컨트롤러 ▶▶▶ DAW를 컨트롤러로 사용할 수 있는 런(Learn) 기능

앞서 설명한 MIDI컨트롤은 어렵고 귀찮다고 생각하는 사람이 많다. 실제로 2000년대 초반까지는 소프트웨어로 컨트롤하는 것이 아주 복잡한 작업이었기 때문에 각 DAW 제조사들은 전용 컨트롤러를 만들거나, 소프트웨어 자체가 서드파티Third Party 방식으로 호환 가능하도록 설계되어 있었다. 그러므로 컨트롤러의 프리셋에 설정된 대로만 사용할 수밖에 없었다.

하지만 최근에는 DAW와 플러그인, VST의 종류가 상당히 많아져서 특별한 프리셋 없이 조작하고 싶은 파라미터에 바로 어사인할 수 있는 컨트롤러가 사용된다.

컨트롤러는 크게 두 가지로 나눌 수 있다. DAW에서 프리셋에 없는 하드웨어 컨트롤러를 필요에 따라서 재빨리 설정해서 사용하는 타입과 다양한 노브와 페이더를 가진 컨트롤러와 어사인에 필요한 전용 소프트웨어를 사용하는 타입이 있다. 양쪽 모두 컴퓨터의 런Learn 기능을 사용한다. 이 기능을 사용하면 설정할 때에 MIDI의 컨트롤 넘버는 전혀 신경 쓰지 않아도 되고, 앞서 설명했던 MIDI에 관한 지식이 없더라도 하드웨어 컨트롤러를 사용할 수 있다.

또한 자신이 사용하고 있는 소프트웨어가 컨트롤러용 프리셋 없이도 MIDI를 출력할 수 있는 장비라면 무엇이든 컨트롤러로 사용할 수 있다. 예를 들어 MIDI 단자가 장착된 오래된 신서사이저의 모듈레이션 휠과 피치밴드를 사용해서 볼륨과 팬, 플러그인 이펙터의 파라미터를 컨트롤할 수 있다는 것이다. **그림⑨**의 설정 사례를 보면 알 수 있듯이, 소프트웨어와 컨트롤러마다 조금씩 다르다.

자주 사용하는 설정을 플러그인의 프리셋에 저장해두거나, DAW 자체에 기록해두면 컨트롤러를 사용하기 더욱 편리해질 것이다.

또한 최근에는 MIDI보다 USB를 사용해서 컨트롤러와 DAW를 연결하고, 전원도 USB로 공급받는 기종이 많다. 따라서 마우스와 키보드처럼 쉽게 컴퓨터와 연결할 수 있다. 게다가 최근에는 스마트폰과 태블릿 PC를 MIDI컨트롤러로 사용할 수 있는 어플리케이션까지 나오고 있으며, 컨트롤러 자체도 예전부터 사용하던 스위치, 노브, 페이더뿐만 아니라 다양한 형태로 사용할 수 있다. **표③**에 주요한 컨트롤러를 정리해두었으므로 참고하기 바란다.

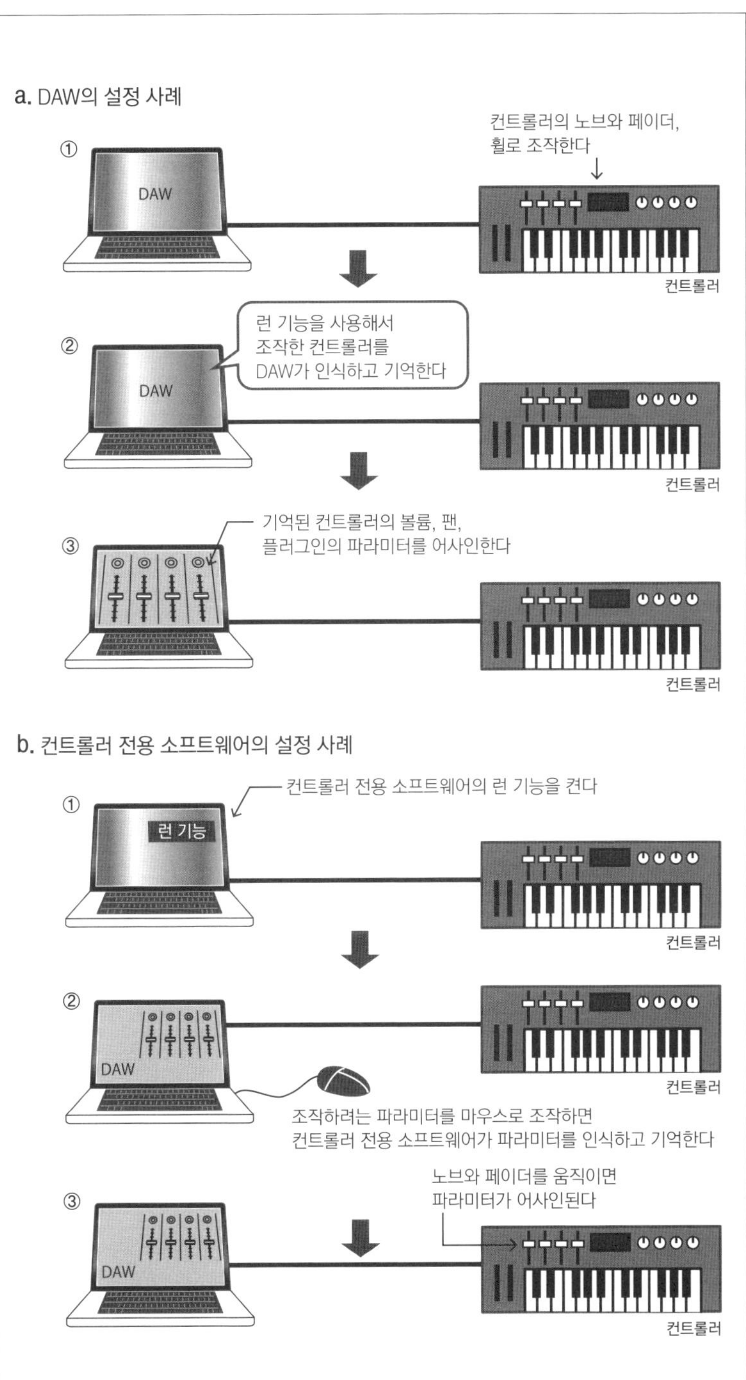

▲그림⑨ 컨트롤러의 설정 방법

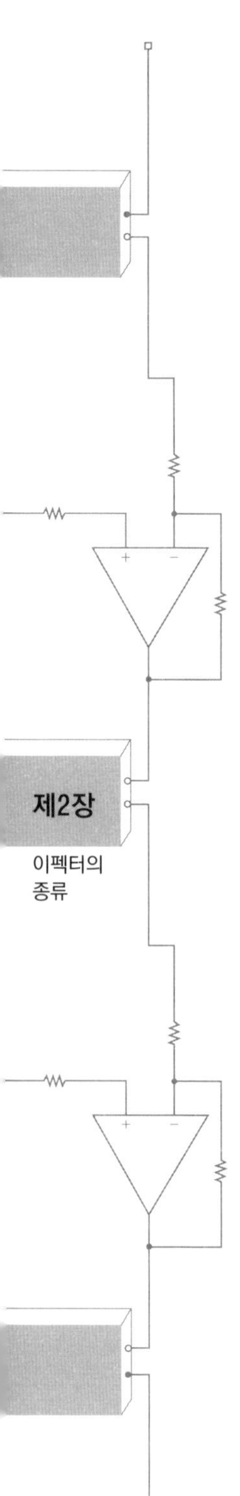

버튼, 스위치, 풋 스위치	온, 오프, 프로그램의 업, 다운에 사용하는 컨트롤러다. 터치할 때마다 온/오프가 바뀌는 래치Latch와 피아노의 서스테인 페달처럼 밟고(누르고) 있는 동안에만 켜지는 언래치Unlatch도 여기에 포함된다.
노브	가장 일반적인 회전식 컨트롤러다. 새롭게 어사인할 경우에 노브의 위치와 설정값이 일치하지 않는 경우도 있다
로터리 인코더	노브의 일종이지만, 일반적인 노브와 달리 무한하게 회전한다. 대부분의 경우 인코더 주변에 배치된 LED로 현재의 설정값을 시각적으로 알 수 있도록 되어 있으며, 공연 도중에 아주 편리하다
페이더, 슬라이더	위아래로 미끄러트리는 방식의 컨트롤러다. 주로 믹서의 볼륨 컨트롤에 사용한다. 모터로 작동하는 무빙 페이더는 항상 현재의 설정값을 시각적으로 파악할 수 있다
리본 컨트롤러	센서를 터치하는 방식의 컨트롤러다. 페이더 대신에 사용할 수 있으며, 악기의 음색을 바이올린 등의 프렛이 없는 현악기처럼 조작할 수 있다
XY밴드	X축과 Y축에 각각의 컨트롤을 할당해서 2차원적으로 사용할 수 있는 리본 컨트롤러다. 압력을 인식하는 타입은 3종류의 컨트롤을 한꺼번에 할 수 있다
패드	일반적으로 드럼 패드라고 한다. 리듬 머신에 주로 사용되며, 루프와 시퀀스의 트리거 등의 다양한 스위칭에 효과적으로 사용할 수 있다. 벨로시티(강약)를 인식하는 타입을 사용하면 드럼의 롤 연주법을 자연스럽게 표현할 수 있다
키보드	쉽게 말해 건반이다. 일반적인 건반 연주 이외에도 각 건반에 샘플 음원이나 이펙터를 지정해서 스위칭할 수 있다
휠	주로 신서사이저의 건반 좌측에 장착되어 있는 컨트롤러다. 모듈레이션 휠은 0에서 +방향으로 조작할 수 있으며, 피치밴드 휠은 +와 – 양쪽으로 조작할 수 있다
조이스틱	X축과 Y축에 각각의 컨트롤을 할당한 스틱 형태의 컨트롤러다

▲표③ 주요 컨트롤러

기타 신서사이저

이펙터? 신서사이저?
진화를 거듭하는 하이브리드 머신

전기를 사용하는 악기와 음향장비 중에서 이펙터와 함께 다양한 음색을 만드는데 큰 영향을 끼친 것이 바로 신서사이저다. 원래 소리를 전기적으로 가공한다는 의미에서 이펙터와 신서사이저는 같은 목적으로 만들어졌으며, 초기의 아날로그 이펙터와 신서사이저 혹은 현재의 디지털 이펙터와 신서사이저는 회로상의 공통점이 많다. 오히려 같은 회로를 사용한 별도의 제품이라고 표현하는 것이 옳을지도 모른다. 이펙터와 신서사이저의 가장 큰 차이점은 무엇일까? 신서사이저는 내부에 오실레이터(발진기)를 가지고 있으므로 신서사이저 자체로 소리를 낼 수 있지만, 이펙터는 입력된 신호만 가공할 수 있다는 것이다. 바꾸어 말하자면 내장된 오실레이터를 사용하지 않고 외부신호를 가공해서 사용한다면 신서사이저도 훌륭한 이펙터가 된다. 그렇다면 기타용 신서사이저는 어떤 구조를 가지고 있을까?

초기의 기타 신서사이저는 퍼즈 이펙터의 회로를 사용해서 입력신호를 지속음에 가까운 파형으로 변형해서 신서사이저의 회로로 보내는 타입이 많았다. 현재도 SHERMAN의 Filter Bank처럼 오실레이터가 없는 신서사이저 회로를 사용하는 기종이 존재하지만, 건반 대신에 기타를 사용해서 오실레이터를 포함한 신서사이저를 컨트롤하는 타입이 있다. 이 타입은 '피치 투 볼티지 컨버터 Pitch to Voltage Converter'라는 음정을 전압으로 변환하는 회로를 사용하며, 화음을 동시에 변환하는 것은 불가능하기 때문에 단음 연주에만 사용할 수 있다는 것이 단점이다.

현재의 기타 신서사이저는 각 줄마다 개별적인 픽업을 사용해서 화음연주까지 가능하다. 개발 초기의 문제점이었던 레이턴시도 충분히 해소되었으며, 미디를 사용해서 기타로 드럼 소리까지 낼 수 있다(**사진①**).

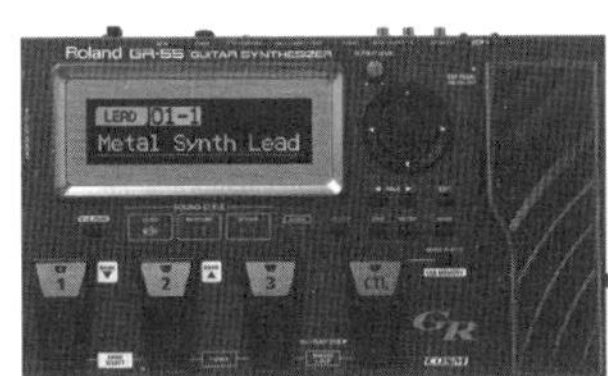
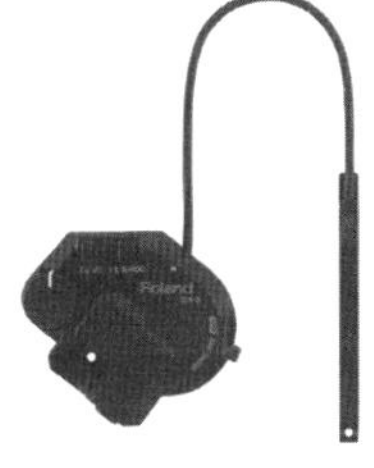

▲**사진①** 기타 신서사이저 ROLAND GR-55. 오른쪽 사진은 기타에 장착하는 디바이티드 픽업 GK-3이다

8

멀티
이펙터와
MIDI

이펙터를 연주하는 아티스트

재즈 클럽에 홀연히 나타난
한 명의 보컬리스트

얼마 전까지 이펙터는 단순히 악기 소리를 가공하는 존재로만 취급되었다. 하지만 이펙터를 둘러싼 주변 환경이 변하고 있다. 급속한 디지털 기술의 발전과 컴퓨터 기술의 진보, 노이즈와 일렉트로니카 그리고 디제잉 등의 새로운 장르의 등장, 아날로그의 느낌을 추구하는 복고적인 스타일….

루프 샘플러를 사용해서 실시간으로 다중 연주를 하는 것이 당연해졌고, 디지털로 재현된 아날로그 이펙터가 넘쳐나고 있다. 게다가 많은 제조사에서 '연주 가능한' 페달들을 만들고 있다. 이로 인해 이펙터를 메인 악기로 활용하면서 음악을 만들어내는 아티스트들이 증가하고 있다. 줄과 건반을 연주하듯이 노브와 페이더로 연주하는 스타일은 아날로그 신서사이저의 연주 스타일이었지만, 현재는 DJ용 턴테이블 위에 페달 이펙터를 올려두고 '연주하는' 아티스트들이 그 스타일을 계승하고 있다. 게다가 KORG Kaoss Pad 시리즈를 비롯한 손가락 끝으로 연주하는 이펙터는 이전까지 이펙터를 만져본 적도 없는 사람들도 연주를 즐길 수 있게 되었다.

필자가 미국에서 공연을 본 어느 유명한 일렉트로니카 아티스트는 테이블 위에 수많은 이펙터를 올려두고 연주하지만, 어디에도 음원처럼 보이는 장비가 없었다. 그래서 공연이 끝나고 필자가 음원은 어디 있냐고 물어보자, 테이블 구석에서 MP3 플레이어를 꺼내서 보여주었다.

그리고 어느 고급 재즈 클럽에서 PA 오퍼레이션 의뢰가 들어왔을 때의 에피소드가 있다. 공연을 앞두고 보컬리스트 혼자만 왔길래 연주자는 없냐고 물어보니 '혼자 연주합니다. DI만 3개 준비해주세요'라고 말하고는 루프 페달 3개를 꺼내서 첫 번째 페달에는 코러스 보컬, 두 번째 페달에는 베이스 라인, 세 번째 페달에는 후렴구의 메인 멜로디를 실시간으로 녹음해서 악기처럼 조작하면서 1시간에 걸친 아카펠라 공연을 이끌었다.

이렇듯 이펙터는 아직까지 개척하지 못한 많은 가능성을 가지고 있다. 이펙터를 연주하는 아티스트들에게 경의를 표하고 싶다.

실전적인 이펙터 사용 방법

이번 장에서는 음악제작과 라이브 공연에서 이펙터를 사용하는 다양한 아이디어를 소개하겠다. 최근의 음악제작에 필수적인 플러그인 이펙터의 기초지식을 비롯한 연주자를 위한 설정 테크닉과 레코딩, 믹싱, 마스터링을 위한 엔지니어링 노하우까지 알아보자.

1 플러그인 이펙터 VS 하드웨어 이펙터

 **플러그인 이펙터란?** ▶▶▶ 호스트 어플리케이션에 기능을 추가해주는 소프트웨어

현재 사용되고 있는 이펙터들을 제품 특성으로 분류하자면, 컴퓨터 안에서 DAW 의 플러그인으로 사용하는 소프트웨어 타입과 실제 페달과 랙 마운트 등의 하드웨어로 구분할 수 있다.

우선 플러그인 이펙터의 역사를 살펴보자. 80년대에 빠르게 진화한 디지털 기술로 인해 이펙터도 디지털화 되었다. 디지털 이펙터는 입력과 출력부분을 제외하면 아날로그 회로가 없다. 내부에는 디지털 칩과 그것을 제어하기 위한 회로만이 존재한다. 그리고 디지털 칩 내부의 연산처리로 인해 진공관과 콘덴서 등의 아날로그 회로의 사운드를 재현하는 것이다.

어찌보면 이것은 이펙터라기보다 소형 컴퓨터라고 할 수 있다. 초기의 디지털 이펙터와 현재의 플러그인 이펙터 모두 연산처리로 인해 아날로그 회로를 재현한다는 작동원리는 변함이 없다. 하지만 90년대 중반까지 PC 자체의 성능이 지금처럼 빠르지 않았고, 디지털 이펙터 내부의 전용 칩과 동일한 처리를 CPU로 한다는 것 자체가 불가능했다.

이런 상황을 바꾼 것이 최초의 컴퓨터 레코딩 시스템인 DIGIDESIGN(현재 AVID)의 Pro Tools였다. Pro Tools는 전용 디지털 칩을 탑재한 DSP 보드를 컴퓨터에 장착해서 컴퓨터의 성능을 보강하고 레코더, 믹서, 이펙터까지 모두 컴퓨터 내부에서 처리할 수 있도록 만들었다. 그리고 Pro Tools라는 메인 소프트웨어 (호스트 어플리케이션)에 추가적인 기능을 제공하는 플러그인으로 이펙터를 재현한다.

현재는 PC용 CPU의 성능이 빨라지면서 값비싼 DSP 보드를 사용하지 않더라도 컴퓨터의 CPU만으로 충분히 플러그인 이펙터를 사용할 수 있다.

또한 같은 시기에 보급되기 시작한 모델링 기술로 인해서 시뮬레이터의 퀄리티가 비약적으로 향상되고, 프로 뮤지션조차 실물과 구분하기 힘들 정도가 되었다. 그래서 믹싱을 할 때, 녹음된 음원을 플러그인 이펙터로 가공하는 경우가 많아졌다.

게다가 현재는 더욱 빨라진 CPU로 외부에서 입력된 소리를 실시간으로 가공해서 출력할 수 있다. 즉, 소형 오디오 인터페이스와 노트북 컴퓨터만 있으면 라이브 공연에서 플러그인 이펙터를 사용할 수 있는 것이다.

다양한 규격과 호환성 ▶▶▶ DSP 타입과 CPU 타입

플러그인 이펙터는 크게 두 종류로 분류된다. 첫 번째는 컴퓨터에 DSP 보드를 사용하는 'DSP 타입'과 두 번째는 컴퓨터의 CPU만으로 모든 처리를 하는 'CPU 네이티브 타입'이다(**그림①**).

DSP 타입은 앞서 설명한 Pro Tools의 HD 카드용 TDM과 최신식 HDX 카드용 AAX DSP가 있다. 그리고 이펙터 전용 DSP를 컴퓨터에 추가해서 사용하는 UNIVERSAL AUDIO의 UAD Powered Plug-ins가 있다. 이것은 빈티지 장비의 시뮬레이터로 높은 평가를 받고 있다.

가장 대표적인 CPU 네이티브 타입은 Cubase와 Nuendo를 만들어낸 STEINBERG가 고안해서 표준 규격이 된 VST다. 이밖에 MARK OF THE UNICORN의 Digital Performer 전용 MAS, Pro Tools의 네이티브 규격인 RTAS와 AAX Native, Windows 전용 DX, Mac OS X 전용 Audio Units 등이 있다.

		장점	단점
① DSP 타입	 DSP 카드 + DSP카드에 대응하는 플러그인 소프트웨어	DSP 카드를 추가해서 성능을 높일 수 있다	DSP 카드를 구입해야 한다
② CPU 타입	+ 시스템에 대응하는 플러그인 소프트웨어	PC와 소프트 웨어만 있으면 사용할 수 있다	성능이 딸리면 PC 자체를 교환해야 한다
현재는 다양한 방법으로 ①과 ②를 조합해서 사용할 수 있다			

▲그림① DSP 타입과 CPU 타입의 차이

최근 주요 제조사의 소프트웨어들은 대부분 규격에 따라서 제작되고 있지만, 그 중에는 일부 규격에서만 사용할 수 있는 것도 있으므로 구입하기 전에 반드시 확인하기 바란다.

플러그인과 하드웨어의 차이 ▶▶▶ 사용상의 중요 포인트

저자는 UREI 1176이라는 아주 유명한 컴프레서를 자주 사용한다. 개인적으로 실제 1176을 소유하고 있지만, 플러그인 1176도 구입해서 상황에 따라서 선택적으로 사용한다. 이펙터의 사용 방법은 양쪽 모두 동일하다. 이른바 아날로그 모델링 기술을 사용해서 만들어진 최근의 플러그인은 소리와 효과 모두 실물과의 구분이 불가능할 정도다.

여기서 말하는 플러그인 이펙터와 하드웨어 이펙터의 차이란 구분이 불가능할 정도의 미세한 음질의 차이가 아니라, '플러그인 디스토션은 발로 밟을 수 없지만 실물은 밟을 수 있다!'는 식의 물리적인 차이다.

이펙터 이론과는 전혀 상관이 없는 이야기라고 생각할 수도 있다. 하지만 실제로 다양한 현장에서 이펙터를 사용할 때, 이런 차이는 아주 중요하다.

그렇다면 플러그인과 하드웨어로 할 수 있는 것과 할 수 없는 것, 가격과 구입 편의성 등의 이펙터 본래의 성질과는 관계없는 차이점을 비교해보자.

우선 플러그인 이펙터를 사용하는 것이 유리한 상황부터 설명하겠다.

Ⅰ 세팅의 세이브와 리콜

플러그인 이펙터와 디지털 믹서에 내장된 이펙터의 가장 큰 장점 중의 하나는 바로 재현성이다. 세팅을 간편하게 세이브하고 나중에 다시 불러낼 수 있다. 그리고 플러그인 이펙터를 사용해서 DAW로 믹싱을 하면, 사용자가 일일이 저장하지 않더라도 세션 파일에 자동적으로 설정이 저장된다는 장점은 음악제작의 스타일 자체를 변화시켰다.

하드웨어도 디지털 딜레이와 리버브, 기타용 멀티 이펙터에는 내장된 메모리에 설정을 저장할 수 있다. 라이브 공연에서는 이런 메모리 기능이 편리하지만, 스튜디오에서 정밀한 믹싱을 할 때에는 플러그인의 세이브 기능에 미치지 못한다.

아날로그 믹서와 하드웨어 이펙터를 사용하던 시대의 믹싱작업은 한 곡을 끝내고 다음 곡을 작업하기 위해서 세팅을 바꿔버리면 이전 곡의 세팅으로 되돌리는 것이 거의 불가능할 정도였다. 하지만 컴퓨터의 DAW와 플러그인을 메인으로 사용하는 믹싱작업이 일반적인 스타일로 정착되면서 간단하게 이전 곡의 설정을 불러내는 것이 가능해졌다.

예를 들어 10곡이 들어가는 앨범을 제작할 경우, 전체적인 밸런스를 생각하면서 각 곡의 믹스를 미세 조정할 수 있다. 그리고 마스터링 과정에서 믹싱의 문제가 발견되면 다시 믹싱작업으로 돌아가서 수정할 수 있다. 또한 멀리 떨어져있는 아티스트와 인터넷으로 파일을 주고받으면서 믹싱하는 스타일도 세팅의 완벽한 재현이 가능하기 때문에 할 수 있는 작업이다.

나중에 설명할 하드웨어 이펙터가 가진 독특한 질감을 제외하면 플러그인의 편리성은 아주 큰 메리트가 된다.

Ⅱ 오프라인 처리와 오토메이션

플러그인 이펙터와 하드웨어 이펙터의 결정적인 차이점은 녹음된 소재에 사용할 때 실시간으로 가공하지 않아도 된다는 점이다.

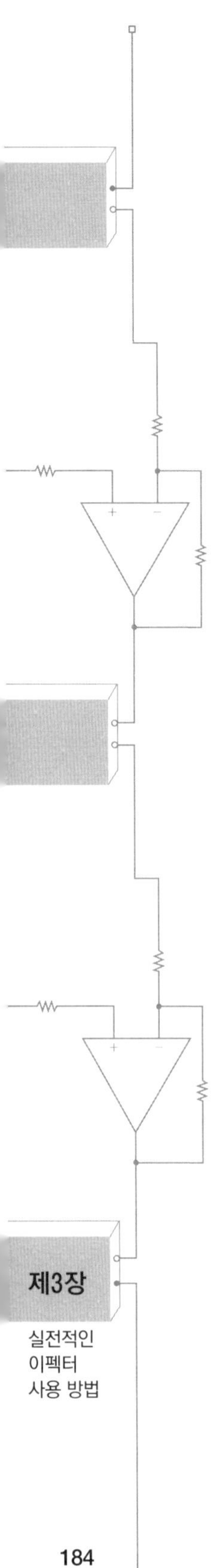

예를 들어 하드웨어 노이즈 게이트는 물리적으로 소리가 입력되어야 게이트가 반응하기 때문에 반응시간을 최대한 빠르게 설정하더라도 0초는 될 수 없다. 따라서 항상 어택부분이 조금 잘리게 되는 것이다. 하지만 플러그인 노이즈 게이트는 데이터를 미리 읽어서 판단하기 때문에 어택부분이 시작되기보다 몇ms 빨리 게이트가 작동하도록 설정할 수 있다.

혹은 영화와 드라마의 음향작업에서 대사에 유입된 노이즈를 지워야하는 상황을 생각해보자. 이런 노이즈를 제거하기 위해서는 리스트레이션 계열의 플러그인을 사용한다. 최근에 출시되는 리스트레이션 플러그인은 기본적으로 노이즈 성분을 분석해서 대사와 노래, 악기 소리 중에서 노이즈 성분만 제거하는 방식을 사용한다. 그러므로 실시간이 아닌 오프라인 방식으로 노이즈를 제거하고, 원래의 오디오 소스와 가공된 오디오 소스를 교체하면 CPU의 부담을 줄일 수 있다.

하지만 최근의 CPU는 처리속도가 빨라져서 앞서 설명한 노이즈 게이트처럼 데이터를 미리 읽어서 복잡한 처리를 실시간으로 할 수 있다. 게다가 노이즈와 대사가 섞여있는 소재에서 플러그인이 자동적으로 대사와 노이즈 성분을 구분하는 정밀한 처리도 가능해졌다.

플러그인 이펙터를 녹음된 소재에 사용할 때의 또 다른 장점은 이펙터의 각 파라미터를 오토메이션으로 움직일 수 있다는 것이다.

예를 들면 마스터링 작업에서 전체적으로 컴프레서를 깊게 걸고 싶지만, 후렴이 시작될 때에 드럼과 기타가 동시에 연주하는 순간은 컴프레서가 자연스럽게 걸리는 느낌을 연출하고 싶은 경우가 있다. 플러그인 컴프레서라면 그 순간에만 드레숄드를 조정해서 컴프레서의 설정을 바꿨다가 원래의 위치로 되돌리는 오토메이션을 입력해서 간단하게 해결할 수 있다. 그리고 오토메이션은 파형을 보면서 연필로 그리듯이 입력할 수 있기 때문에 아주 정밀한 타이밍으로 설정할 수 있다. 이런 작업을 하드웨어 컴프레서를 사용해서 수동으로 하려면 상당한 운동신경이 필요할 것이다.

또한 하드웨어 이펙터를 혼자서 조작하려면 동시에 만질 수 있는 노브가 두 개밖에 없다. 페달을 사용하더라도 4개가 한계며, 더 많은 파라미터를 조작하려면 누군가 도와주지 않으면 안된다. 하지만 오토메이션은 원하는 대로 입력할 수 있기 때문에 많은 파라미터를 동시에 움직여서 복잡한 효과를 연출할 수 있다.

　게다가 오토메이션은 그대로 재현할 수 있기 때문에 플렌저의 딜레이 타임을 매뉴얼로 설정해두고, 그것을 오토메이션으로 입력하면 매번 같은 위치에서 동일한 효과를 얻을 수 있다.

Ⅲ CPU의 허용범위 안에서는 복수사용이 가능하다

DAW와 플러그인 이펙터를 사용하는 시스템이 일반화되기 시작할 무렵, 저자가 가장 놀랐던 것은 플러그인 이펙터를 하나밖에 구입하지 않아도 여러 대를 동시에 사용할 수 있다는 점이었다. 예를 들어 베이스와 기타, 보컬에 컴프레서를 걸고 싶을 경우에 하드웨어라면 3대를 준비해야 했으며, 소규모 스튜디오에서는 어느 파트에 컴프레서를 사용하거나 빼야하는지 고민할 수밖에 없었던 일을 생각해보면 가히 혁명적인 사건이었다.

　만약 10만원 상당의 플러그인 이퀄라이저를 사서 10채널에 사용한다면 1대당 가격은 1만원 정도가 된다. 비슷한 기능의 하드웨어 이퀄라이저와 비교해보면 가격차이는 50배에서 100배까지 난다! 물론 하드웨어는 플러그인으로 표현할 수 없는 질감을 가지고 있지만, 그 질감의 차이 때문에 100배 비싼 가격을 지불할 수 있느냐는 각자 개인이 판단하기 바란다.

　실제로 필자가 가끔씩 사용하는 대형 스튜디오에도 고급 하드웨어 이펙터를 필요한 채널 수만큼 가지고 있는 곳은 거의 없다. 즉, 대형 스튜디오라도 아날로그 시대에는 그다지 중요하지 않은 채널에는 저렴한 이펙터를 사용하는 것이 당연한 일이었다. 그렇게 생각하면 하드웨어의 질감에는 이길 수 없지만 자신의 취향에 맞는 이펙터를 마음껏 사용할 수 있다는 플러그인의 장점은 상당히 크다고 생각한다.

Ⅳ 임피던스와 레벨 매칭을 고려할 필요가 없다

하드웨어 이펙터는 스튜디오&PA용 랙 마운트 타입부터 악기용 페달 타입까지 다양한 종류가 있으며, 연결하는 장비들의 입출력 임피던스와 레벨이 맞지 않으면 음질에 악영향을 주고 원하던 효과를 얻을 수 없는 경우가 있다.

　이 때문에 스튜디오에서 믹싱작업을 할 때 보컬에 디스토션을 거는 작업도 복잡한 과정이 필요해진다. 우선 스튜디오용 믹서의 입출력은 밸런스 XLR, 기타용

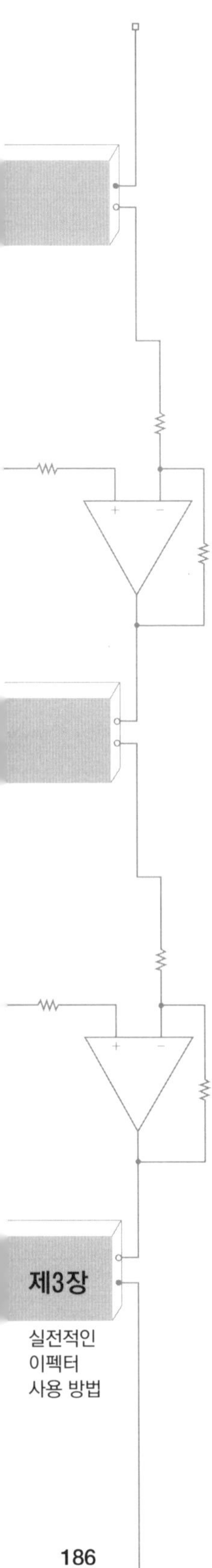

이펙터는 언밸런스 폰을 사용해야 한다. 게다가 기타용 이펙터는 기타를 직접 연결하도록 임피던스가 낮게 설정되어 있기 때문에 믹서와 바로 연결하면 이상한 소리가 날 수밖에 없다. 이럴 때는 앞서 설명한 리앰프라는 장비가 필요하다.

하지만 플러그인은 이런 것들을 전혀 신경쓰지 않고 보컬에 기타용 디스토션 플러그인을 인서트할 수 있다.

또한 스테레오 소재에 이퀄라이저와 컴프레서를 사용할 경우, 하드웨어 이펙터라면 좌우 양쪽 채널에 동일한 위상특성을 가진 이펙터를 사용하지 않으면 음상이 뒤틀어지거나 폭이 좁아지는 느낌이 든다. 빈티지 이펙터를 사용할 경우에는 이런 점을 특별히 주의해야하지만, 플러그인은 이펙터의 특성에 따른 트러블이 발생하지 않는다. 따라서 빈티지 장비를 재현한 시뮬레이터를 종류별로 바꿔가며 비교해볼 수 있다.

그래도 여전히 하드웨어 이펙터가 가진 특유의 질감을 포기하기는 힘들지만, 하드웨어 이펙터처럼 복잡한 세팅과 이펙터의 특성을 고려하지 않고 손쉽고 빠르게 다양한 이펙터를 테스트해볼 수 있다는 것은 플러그인의 강력한 무기 중의 하나다.

V 구입이 편하고, 관리할 필요가 없으며 업그레이드가 쉽다

최근의 플러그인 이펙터는 대부분 인터넷 다운로드를 통해서 구입할 수 있다. 또한 무료 플러그인 중에서 아주 우수한 것도 있다. 대부분의 경우 구입하기 전에 데모버전을 다운로드해서 테스트 해볼 수 있기 때문에 구입한 다음에 후회하는 일도 거의 없다. 게다가 실물을 거의 구할 수 없는 빈티지 이펙터도 플러그인이라면 쉽게 구입할 수 있다(화면①). 이처럼 쉽고 간단하게 구입할 수 있다는 것도 플러그인 이펙터의 큰 장점이다.

또한 아무리 비싼 하드웨어 이펙터라도 오랜 시간이 지나면 어딘가 고장이 나서 수리를 해야 한다. 이러한 점에서도 플러그인은 유지와 보수에 대한 걱정이 없다.

그리고 또 다른 소프트웨어의 장점은 무료 또는 할인된 가격으로 업그레이드할 수 있다는 것이다. 하드웨어 이펙터는 새로운 버전이 나오면 기존의 것과 별개로 새로 구입을 해야 하지만, 플러그인은 그런 걱정이 없다.

이제까지 플러그인 이펙터의 장점을 설명했지만, 이번에는 하드웨어 이펙터의 장점을 생각해보자.

▲**화면①** 명기 FAIRCHILD 670을 재현한 UAD Fairchild 670. 플러그인
이라면 이런 빈티지 이펙터를 간편하게 사용할 수 있다

Ⅵ 실시간으로 조작하기 쉽다

라이브 공연을 하는 연주자가 기타에 디스토션을 걸고 싶을 때에 노트북에서 디
스토션 플러그인을 클릭해서 선택하고, 오디오 인터페이스를 연결해서 사용한
다면 어떻게 될까? 이론적으로는 가능한 얘기다. 그리고 최근에는 기타를 태블
릿PC와 스마트폰에 연결할 수 있는 어댑터도 출시되고 있다. 하지만 라이브 공
연에서 디스토션을 사용한다면 페달형 이펙터를 사용하는 것이 가장 편하다.

여기서 중요한 것은 얼마나 쉽게 사용할 수 있냐는 것이다. 이펙터는 음향장
비인 동시에 악기의 일부분이 된다. 디스토션 이펙터는 기타 연주에서 아주 중
요한 부분을 차지한다. 음질과 가격 그리고 관리의 편의성으로 따져봤을 때, 악
기처럼 다루기 쉽고 즉각적인 반응을 요구한다.

플러그인은 기타 솔로를 연주하려는 순간에 재빨리 발로 밟아서 켜고, 잠깐의
쉬는 타이밍에 노브를 돌려서 다른 설정으로 바꾸는 것이 페달형 이펙터만큼 쉽
지 않다.

또한 P183의 Ⅱ에서 설명한 오토메이션의 장점과는 반대되는 것이 되지만, 플
러그인을 실시간으로 조작하려면 마우스를 사용해서 한 번에 하나의 파라미터
밖에 조작할 수 없다. 물론 사전에 여러 개의 파라미터에 오토메이션 설정을 해
두면 사용할 수 있겠지만, 시작하고 나면 무슨 일이 일어날지 모르는 것이 라이
브 공연의 묘미다. 그러므로 다양한 돌발 상황에 완벽하게 대처할 수 있는 세팅
을 염두에 두고 컨트롤러를 프로그래밍 해두는 것은 필자의 경험상 거의 불가능
하다. 즉, 플러그인의 실시간 조작은 '예상할 수 있는 범위' 안에서만 가능하다.

1

플러그인
이펙터
VS
하드웨어
이펙터

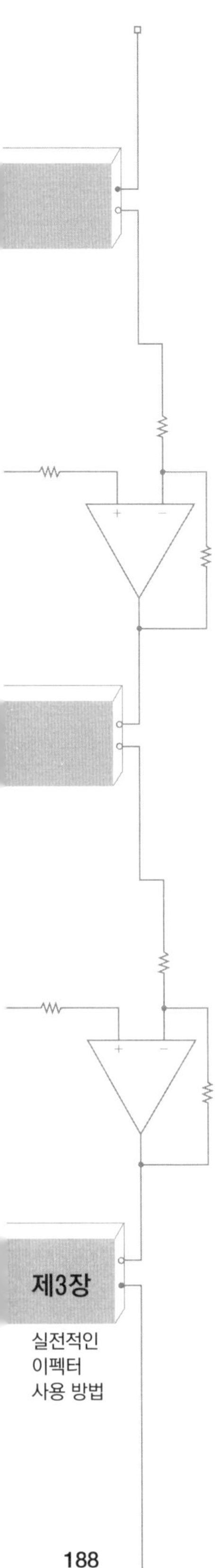

그런 면에서 하드웨어 이펙터 중에서 페달형 이펙터는 모든 노브를 바로 조작할 수 있기 때문에 자유로운 설정이 가능하다. 최근의 DJ들이 DAW로 음원을 재생하면서 페달형 이펙터를 동시에 사용하는 것도 이것 때문이다.

레게 일렉트로니카 공연의 PA현장에서도 디지털 믹서가 아닌 아날로그 믹서와 하드웨어 이펙터를 사용하는 것도 같은 이유다.

Ⅶ 개성적인 보물을 만날 수 있다

앞서 말했듯이 아티스트가 사용하는 이펙터는 악기의 일부처럼 인식되는 경우가 많다. 그런 점에서 누구나 쉽게 구입할 수 있는 플러그인은 개성이 없다는 단점이 되기도 한다.

하드웨어 이펙터는 흔하지 않은 빈티지와 부티크 모델들을 찾아내서 독특한 질감을 자신만의 개성으로 표현할 수 있다. 거기까지 생각하지 않더라도 일반적인 페달형 이펙터에 스티커를 붙이거나 새롭게 도색하는 것만으로도 아티스트의 개성을 연출하는 도구가 되기도 한다.

또한 장비를 개조할 수 있다는 것도 하드웨어만의 묘미다. 아주 쉽고 일반적인 방법은 진공관을 사용하는 장비의 진공관을 원래의 것과 다른 기종이나 오래된 것으로 바꾸면서 음질의 변화를 즐길 수 있다. 그리고 하드웨어에 관한 약간의 지식과 납땜 기술만 있으면 내부배선을 고급 케이블로 변경하거나, 캐퍼시티와 저항의 종류를 바꾸는 것도 가능하다(개조된 제품은 제조사에서 보증을 받을 수 없다는 것은 알아두자).

또한 P186의 Ⅴ에서 언급한 것과는 모순된 얘기지만, 하드웨어 장비는 부품의 열화가 발생하며, 사용할수록 음색이 변한다. 물론 음색이 나빠질 경우도 있지만, 오래된 진공관 장비의 열화된 소리가 개인적으로 마음에 들거나 신제품으로는 표현할 수 없는 독특한 뉘앙스를 내는 경우도 있다. 아날로그 중에서 특히 핸드메이드 제품은 같은 모델이 수천대가 있다 하더라도 완전히 동일한 소리를 낼 수 있는 것은 아마도 없을 것이다.

이런 개성과 미세한 소리의 변화는 플러그인으로 흉내 낼 수 없는 것이다. 그리고 그런 애정이 담긴 장비에서 진정한 의미의 개성적인 음악이 탄생하는 것이 아닐까 생각한다.

Ⅷ 파격적인 연결방법을 시도할 수 있다

개성을 연출하는 또 하나의 수단은 이펙터의 연결방법이다. 이펙터를 많이 사용하는 믹싱작업에서 다양한 연결을 시도해볼 수 있다는 것도 플러그인의 장점이라고 설명했지만, 이펙터를 퍼포먼스의 일부분으로 사용하는 아티스트에게는 연결이 자유로운 하드웨어 이펙터를 포기하기는 힘들다.

가장 이해하기 쉬운 예를 들자면, 일반적으로 플러그인은 이펙터의 아웃풋을 같은 이펙터의 인풋으로 보내서 피드백을 일으키는 방법을 사용해서는 안된다. 이 방법은 스피커와 소프트웨어 자체에 손상을 줄 수 있기 때문이다.

하드웨어 이펙터 역시 이런 연결방법은 충분한 주의를 하지 않으면 스피커와 앰프를 파손할 수 있다. 하지만 불가능한 것은 아니다.

'이것은 절대 하면 안된다'라는 말을 들으면 오히려 더 하고 싶어지는 것이 사람의 심리다. 그리고 플러그인으로 할 수 있는 것은 '해도 괜찮다'는 범위 안에서만 가능하다. 이것은 다음에 설명할 레이턴시라는 기술적인 문제와도 관련된다.

Ⅸ 레이턴시가 없다

플러그인 이펙터는 항상 레이턴시가 문제다. 하지만 이미 녹음된 소재에 사용할 때는 데이터를 먼저 읽어서 파악하는 기술을 사용해서 DAW 자체가 레이턴시를 자동으로 보정하기 때문에 크게 문제되지는 않는다. 하지만 실시간으로 사용할 경우에는 문제가 된다.

사실 이것은 플러그인뿐만 아니라 디지털 방식의 하드웨어 이펙터도 마찬가지다. 디지털 하드웨어는 입력단에 AD컨버터를 사용해서 아날로그 신호를 디지털 데이터로 변환한다. 그리고 디지털 회로로 다양한 처리를 한 다음 출력을 하기 직전에 DA컨버터를 사용해서 다시 아날로그 신호로 바꿔준다. 이처럼 AD/DA변환과 디지털 회로에서의 처리에 시간이 걸리기 때문에 레이턴시가 발생할 수밖에 없다(**그림②**, P190). 이것은 모두 합쳐서 몇ms 정도지만, 앞서 설명한 리스트레이션 계열 이펙터는 몇 초의 시간이 걸리는 경우도 있다.

그리고 컴퓨터와 태블릿PC로 플러그인 이펙터를 실시간으로 사용하려면, 오디오 인터페이스의 드라이버 설정에 따라서 레이턴시 타임이 달라진다.

이에 비해서 아날로그 방식의 하드웨어 이펙터는 이런 AD/DA변환이 필요없기 때문에 레이턴시가 발생하지 않는다.

일반인이 느낄 수 있는 소리의 지연은 10ms 이상이며, 훈련된 뮤지션은 5ms 이상이라고 한다. 하지만 실제로는 2.5ms의 레이턴시에도 이상을 느끼는 연주자가 있다. 따라서 레이턴시는 미세한 그루브를 중요시하는 리듬 파트 녹음에서는 아주 민감한 문제다.

게다가 이펙터를 통과한 신호와 다이렉트 신호를 믹스해서 사용하고 싶은 경우에는 1ms의 레이턴시라도 위상이 어긋나는 문제가 발생해서 소리가 이상해지는 경우가 있다.

플러그인 이펙터와 디지털 이펙터를 실시간으로 사용하고 싶다면 항상 레이턴시에 주의하기 바란다.

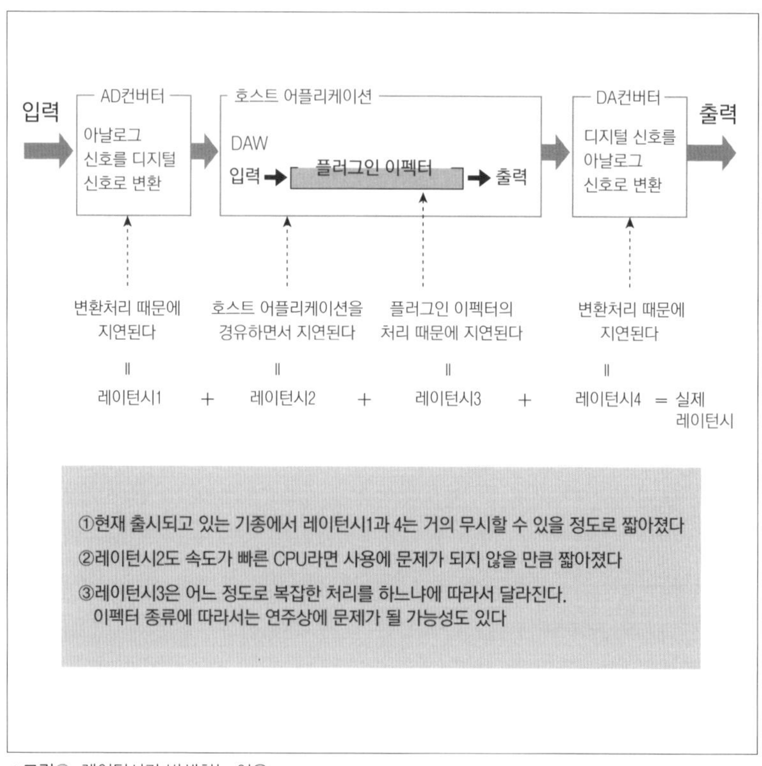

▲그림② 레이턴시가 발생하는 이유

X 멈추지 않는다

이것은 플러그의 문제라기보다 컴퓨터와 디지털 장비 전반에 걸친 문제이지만, 음악용 DAW와 플러그인 그리고 최근 많이 사용되는 PA용 디지털 믹서는 '멈춘다'는 문제에서 벗어날 수가 없다.

이미 녹음된 소재를 사용한 믹싱작업을 할 때는 시스템이 멈추더라도 다소의 시간은 걸리지만, 다시 작업을 할 수 있으므로 크게 문제되지는 않는다.

하지만 라이브 현장에서는 노트북이나 태블릿PC로 DAW와 플러그인을 사용해서 공연하다가 시스템이 멈춰버리면 모두 악기를 내던지고 아카펠라를 할 수밖에 없다.

그것보다 무서운 것은 PA시스템을 완전하게 디지털로 구축한 경우다. 콘서트 도중에 시스템이 멈춰버리면 최악의 경우 공연을 취소하는 사태가 발생할 수도 있다. 필자도 실제로 300명 정원의 공연장에서 공연 중에 시스템이 멈춰버리는 경험을 한 적이 있다. 어딘가에서 8채널짜리 아날로그 믹서를 급하게 가져와서 거의 보컬만 PA로 출력하면서 어떻게든 공연을 마쳤던 기억이 난다.

아날로그 시스템이라면 일부 채널 또는 이펙터가 망가져도 큰 문제로 번지지 않고 공연을 이어갈 수 있지만, 디지털 시스템은 확실히 편리하긴 하지만 항상 이런 문제가 발생할 가능성을 염두에 두고 있어야 한다.

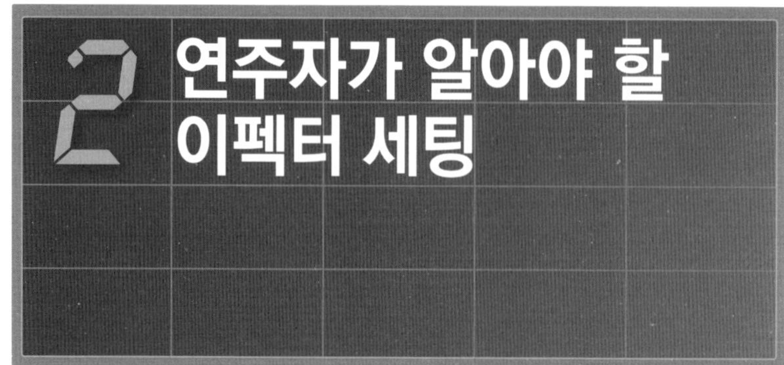

일단 각 악기와 PA, 레코딩으로 구분해두었지만, 기타용 이펙터의 테크닉 중에서 믹싱에 사용할 수 있는 방법도 있고, 마스터링 이펙터의 원리를 베이스에 응용할 수도 있다. 모든 항목을 읽어보고 다양하게 응용해보기 바란다.

기타리스트편

Ⅰ 디스토션 이펙터는 레벨에 주의하자

필자가 PA현장에서 자주 겪는 문제는 기타용 디스토션 이펙터의 음량차이다.

디스토션을 사용하면 박력적인 사운드가 되지만, 주의하지 않으면 저음역이 줄어들고(혹은 고음역만 증가하고), 객석에서 들으면 음량이 약간 줄어든 것처럼 느껴지는 경우도 있다. 반대로 디스토션을 끈 상태에서 명확한 사운드를 내기 위해 앰프 EQ의 하이를 올려두면, 디스토션을 켰을 때에 귀가 아플 정도로 고음역이 세지는 경우도 있다. 양쪽 모두 스테이지 위에서 들리는 소리로만 판단할 것이 아니라, 디스토션을 켜고 껐을 때 객석에서 어떻게 들리는지 PA엔지니어에게 물어보면서 음량을 조절할 필요가 있다.

드라이브 계열 이펙터는 대부분 드라이브와 레벨을 조절하는 노브가 있으므로, 먼저 드라이브 노브로 가장 적절한 질감으로 세팅한다. 그런 다음에 이펙터를 켜고 끄면서 양쪽의 레벨이 비슷하도록 설정한다.

또한 기타 앰프의 소리는 자신의 귀로 직접 듣지 않으면 고음역 성분이 잘 들리지 않으므로, 하이가 과도하게 올라갈 우려가 있다. 기타 앰프를 스테이지 바닥에 두고, 그 앞에 서서 소리를 들으면 실제 소리는 자신의 발아래에서 울린다. 가능하다면 기타 앰프를 높게 설치하거나, 바닥에 놓을 경우에는 위로 향하도록 기울여서 자신의 귀까지 소리가 전달되는 상태로 이펙터를 세팅하는 것이 좋다.

그밖에 드라이브 게인을 점점 올리다보면 기타와 기타 앰프 사이에서 피드백이 발생한다. 이것을 연주법의 일부로 사용하는 경우도 있지만, 그렇지 않은 경우에는 피드백이 발생하지 않을 정도로 드라이브 게인을 설정하는 것이 좋다. 또한 피드백은 기타리스트가 서있는 위치와 기타를 메고 있는 각도에 의해서 변하기 때문에 공연 전에 반드시 체크를 하기 바란다.

Ⅱ 딜레이와 리버브로 공간을 연출한다

핑크 플로이드의 데이빗 길모어와 U2의 엣지는 딜레이를 리드미컬한 연주법의 일부분으로 사용한다. 예를 들어 딜레이 타임을 점8분음으로 설정하고, 딜레이 음의 음량을 원음과 거의 동일하게 올려서 8분음 리듬을 연주하면 비슷한 느낌을 연출할 수 있을 것이다. 피드백은 0 또는 아주 낮게 설정하는 것이 좋다.

동일한 설정으로 딜레이 타임을 100㎳ 이하로 낮추면 혼자 연주하면서 두 사람이 연주하는 것과 같은 더블링 효과를 낼 수 있다.

디스토션을 사용한 기타 솔로에 딜레이를 걸 때 피드백 50%, 딜레이 타임은 4분음으로 설정하면, 음량을 많이 올리더라도 다른 악기의 어택음 때문에 딜레이감이 크게 부각되지 않으면서도 자연스럽게 전체 사운드에 녹아들 것이다. 반대로 딜레이감을 강조하고 싶다면 딜레이 타임을 곡의 템포에 맞추지 말고, 300㎳에서 500㎳ 사이에 두고 연주하면 된다.

리버브도 마찬가지로 공간을 연출하는 이펙터지만, 어떤 리버브를 얼마나 걸어야 하는지는 공연장의 상황에 큰 영향을 받는다. 스프링 리버브와 사운드 스케이프 느낌을 많이 사용하는 서프 록Surf Rock 장르처럼 리버브가 아주 중요한 요소일 경우를 제외하면, 리버브는 많이 걸지 않는 편이 좋다. 그래야만 원음이 명확하게 들릴 것이다.

또한 딜레이와 리버브를 조합해서 사용할 경우에는 기본적으로 딜레이 뒤에 리버브를 연결한다.

Ⅲ 이펙터를 연결하는 순서로 효과가 변한다

여러 대의 이펙터를 사용하는 경우, 연결하는 순서에 따라서 얻을 수 있는 효과가 크게 달라진다. 최근에 출시되는 기타용 멀티 이펙터와 플러그인 이펙터는 다양한 프리셋을 가지고 있으므로, 그것을 참고하면서 나름대로의 아이디어를 고안해보는 것도 좋을 것이다.

연결하는 순서에 따라서 크게 소리가 바뀌는 몇가지 예를 살펴보자.

연결 순서에 가장 큰 영향을 받는 이펙터 중의 하나가 바로 디스토션이다. 예

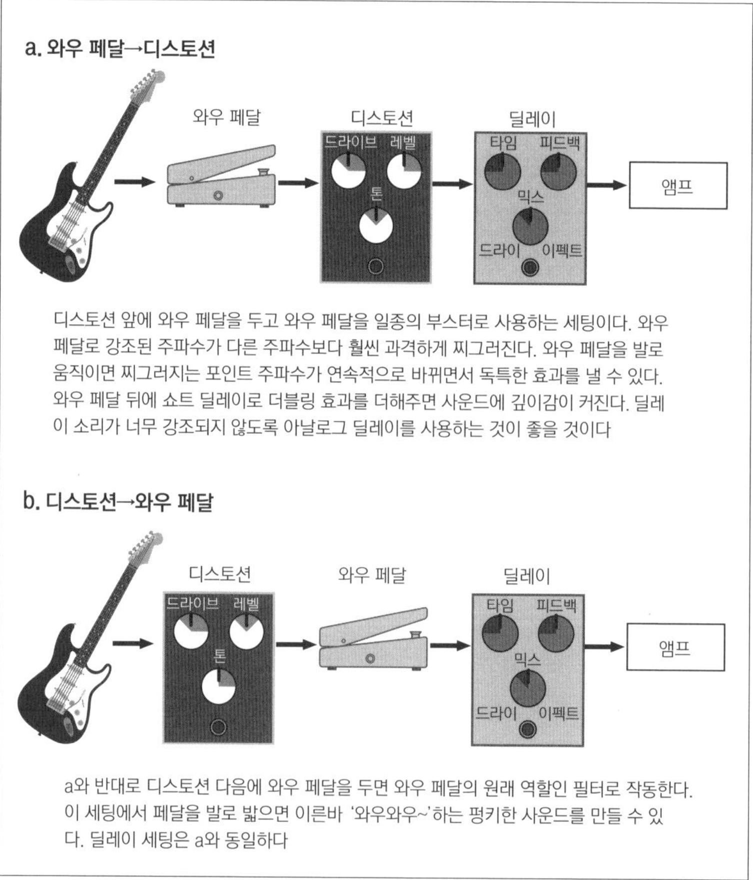

디스토션 앞에 와우 페달을 두고 와우 페달을 일종의 부스터로 사용하는 세팅이다. 와우 페달로 강조된 주파수가 다른 주파수보다 훨씬 과격하게 찌그러진다. 와우 페달을 발로 움직이면 찌그러지는 포인트 주파수가 연속적으로 바뀌면서 독특한 효과를 낼 수 있다. 와우 페달 뒤에 쇼트 딜레이로 더블링 효과를 더해주면 사운드에 깊이감이 커진다. 딜레이 소리가 너무 강조되지 않도록 아날로그 딜레이를 사용하는 것이 좋을 것이다

a와 반대로 디스토션 다음에 와우 페달을 두면 와우 페달의 원래 역할인 필터로 작동한다. 이 세팅에서 페달을 발로 밟으면 이른바 '와우와우~'하는 펑키한 사운드를 만들 수 있다. 딜레이 세팅은 a와 동일하다

▲그림① 이펙터를 연결하는 순서로 사운드가 바뀌는 설정 사례1 – 디스토션과 와우 페달

제3장

실전적인
이펙터
사용 방법

를 들어 와우 페달을 통한 신호에 디스토션을 거는 것과 디스토션이 걸린 신호가 와우 페달을 통과하는 것은 상당히 다른 소리가 된다.

그림①을 살펴보자. a처럼 와우를 디스토션 앞에 두면 와우로 강조된 주파수가 다른 주파수보다 훨씬 과격하게 찌그러진다. 즉, 와우는 일종의 부스터 역할을 하고 있는 것이다. 이에 비해 b처럼 디스토션 다음에 와우 페달을 두면 디스토션으로 인해 배음이 늘어난 소리를 와우 페달로 가공하면 아날로그 신서사이저의 필터를 조작하는 것과 비슷한 펑키한 사운드가 된다.

그림②의 경우는 훨씬 큰 변화를 가져온다. 피치 시프터와 디스토션을 조합해보자. 피치 시프터를 +5th로 설정하고 원음과 효과음의 음량을 비슷하게 맞춘다.

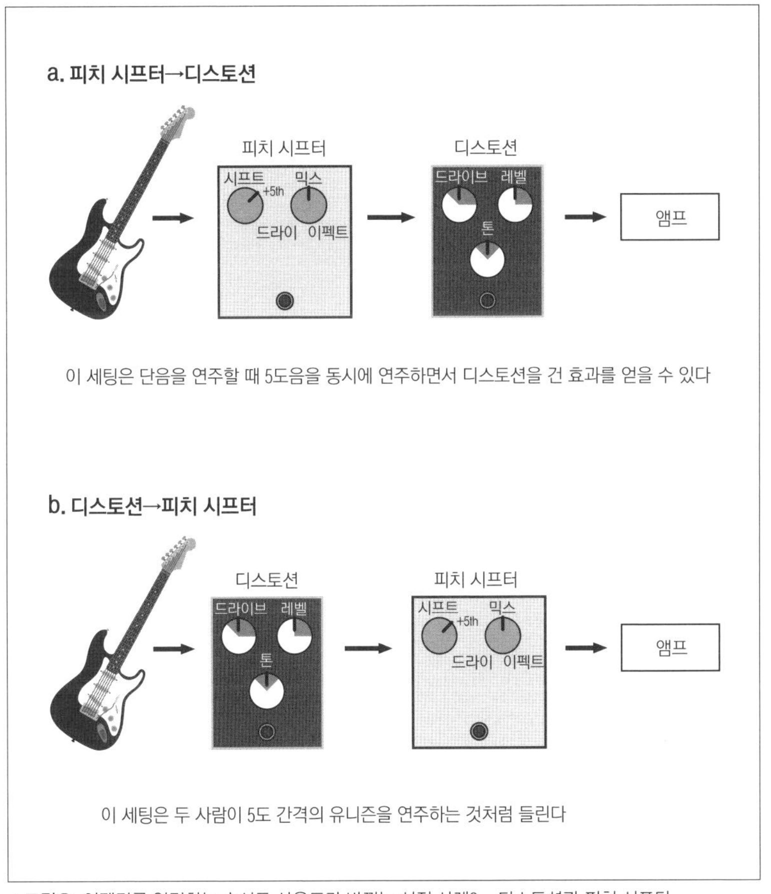

▲그림② 이펙터를 연결하는 순서로 사운드가 바뀌는 설정 사례2 – 디스토션과 피치 시프터

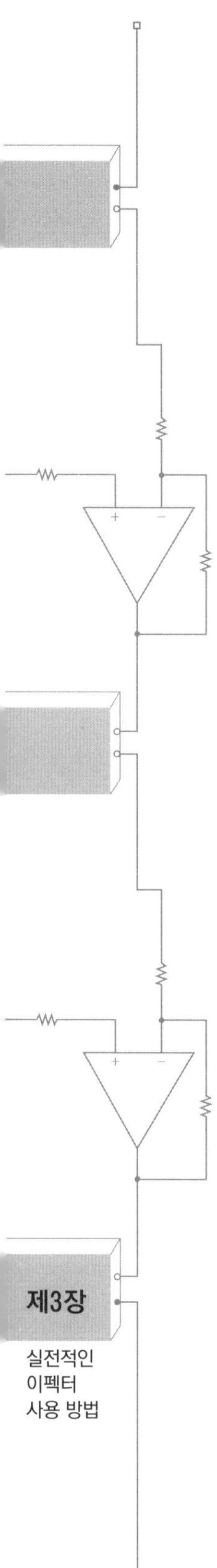

a처럼 디스토션 앞에 두고 단음을 연주하면 5도음을 동시에 연주하면서 디스토션을 건 효과를 얻을 수 있다. 이에 비해 b처럼 디스토션 뒤에 두면, 두 사람이 5도 간격의 유니즌을 연주하는 것처럼 들릴 것이다.

이런 사례로 알 수 있듯이 디스토션 앞에 둔 이펙터의 효과는 이펙터 본래의 효과보다도 디스토션을 컨트롤하는 하나의 요소가 된다. 따라서 아래의 표처럼 익혀두면 좋을 것이다.

디스토션의 다양한 배리에이션을 테스트하고 싶다

⇩

디스토션 앞에 다른 이펙터를 연결해본다

디스토션에 다른 이펙터를 걸어보고 싶다

⇩

디스토션 뒤에 다른 이펙터를 연결해본다

이것은 플렌저와 페이저 등의 모듈레이션 계열 이펙터와 디스토션을 조합할 때도 마찬가지다.

참고로 코러스와 딜레이, 리버브로 확산감을 연출하고 싶다면 스테레오 출력을 가진 이펙터를 마지막에 연결하는 것이 좋다.

딜레이와 리버브 등의 공간 계열 이펙터는 일반적으로 마지막에 연결해서 사용하지만, 앰프 시뮬레이터를 사용하거나 오버드라이브를 앰프 대신 사용할 경우에는 **그림③**의 a처럼 사용하면 딜레이와 원음의 일체감이 형성된다.

반대로 **그림③**의 b처럼 앰프 시뮬레이터 뒤에 두면 딜레이와 원음이 분리되어 각각의 소리가 명확하게 들린다.

딜레이를 리듬패턴의 일부분으로 사용할 경우에는 a, 솔로 연주에 롱 딜레이를 걸고 싶다면 b로 세팅하는 것이 좋다.

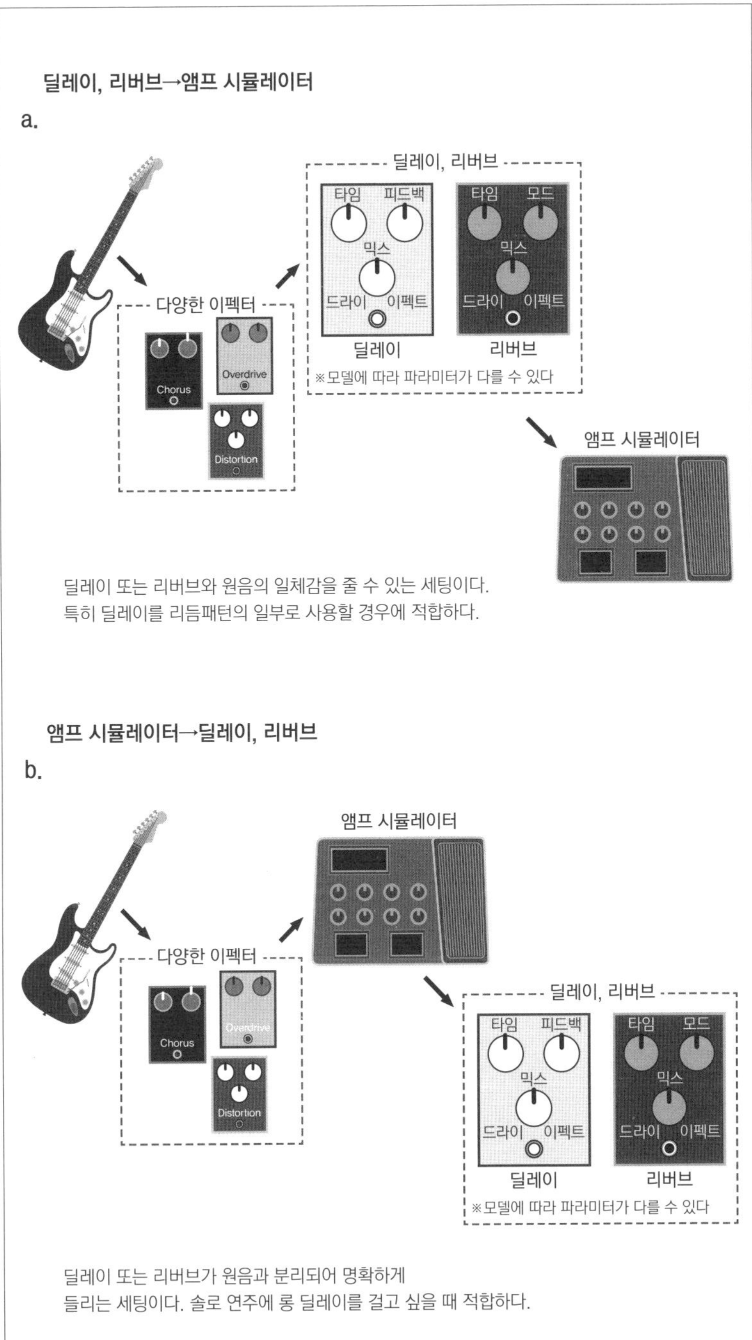

딜레이 또는 리버브와 원음의 일체감을 줄 수 있는 세팅이다.
특히 딜레이를 리듬패턴의 일부로 사용할 경우에 적합하다.

딜레이 또는 리버브가 원음과 분리되어 명확하게
들리는 세팅이다. 솔로 연주에 롱 딜레이를 걸고 싶을 때 적합하다.

▲그림③ 이펙터를 연결하는 순서로 사운드가 바뀌는 설정 사례3 – 앰프 시뮬레이터와 딜레이, 리버브

Ⅰ 베이스 전용 이펙터의 의미를 이해하자

페달형 이펙터 중에서 '베이스 디스토션' 또는 '베이스 코러스' 등의 이름이 붙은 모델을 자주 볼 수 있다. 하지만 의외로 베이스용과 기타용 이펙터의 차이점을 이해하지 못하는 연주자를 가끔 만난다.

베이스는 일반적으로 기타보다 낮은 음역대를 담당하는 악기다. 베이스에 기타용 디스토션을 사용하면 고음역의 디스토션 성분만 강조되면서 베이스에서 가장 중요한 저음역이 깎이는 경우가 있다. 이것은 기타용 디스토션이 기타의 고음역 성분이 부스트 되도록 설계되어 있기 때문이다. 그리고 기종에 따라서 강조되는 주파수가 미세하게 다르며, 이것이 각 페달의 개성이 되기도 한다. 그리고 베이스용 디스토션은 저음역을 중심으로 부스트 되도록 설계되어 있으므로 기타용처럼 저음역이 깎이는 일은 없다.

마찬가지로 페이저와 플렌저, 오토 와우 등의 모듈레이션 계열은 악기의 원음에 모듈레이션이 발생하는 주파수 대역이 없다면 효과를 얻을 수 없다. 그러므로 베이스용은 모듈레이션의 중심 주파수가 기타용보다 낮게 설정되어 있다.

플렌저는 모듈레이션의 중심이 되는 딜레이 타임을 사용자가 설정할 수 있도록 만들어진 기종이 많다. 그런 기종은 딜레이 타임을 기타에 사용할 때보다 조금 길게(7ms 이상) 설정하면 베이스의 음역대에서도 명확한 효과를 볼 수 있다.

Ⅱ 베이스의 출력은 모노럴!

베이스를 스테레오용 이펙터에 연결하면 안된다는 법은 없다. 특히 디스토션을 걸고 하이 프렛을 연주할 때 스테레오 효과를 주면 아주 멋진 사운드를 낼 수 있다.

필자가 하고 싶은 말은 베이스의 핵심인 중저음 성분은 방향성이 적기 때문에 스테레오로 출력하더라도 거의 효과가 없다는 것이다.

홈시어터의 '5.1 서라운드'라는 용어의 '.1'은 바로 저음을 출력하는 서브우퍼를 의미한다. 숫자를 보면 알 수 있듯이, 일반적으로 서브우퍼는 1채널, 즉 모노럴이다. 인간은 80Hz 이하의 음역은 어느 방향에서 들리는지 명확하게 인식하지 못하므로, 서브 우퍼를 여러 채널로 나누는 것은 의미가 없는 일이다.

그러므로 중저음역을 중요시하는 베이시스트라면 사운드를 모노럴로 출력하는 것이 효과적이다.

그리고 최근 다시 유행하기 시작한 아날로그 레코드는 300㎐ 미만의 주파수는 기본적으로 모노럴에 가까운 형태로 출력한다. 모노럴이라 하더라도 센터에 정위할 필요는 없지만, 리버브와 코러스 등의 이펙터를 통해서 저음역을 스테레오로 출력한다면 바늘이 튀면서 제대로 된 커팅(음성신호에 따라서 LP판에 홈을 파는 작업을 커팅이라고 한다)을 할 수 없게 된다. 그러므로 중저음을 스테레오로 펼치는 것은 효과가 없을 뿐만 아니라, 다양한 문제를 일으킬 가능성을 가지고 있으므로 주의해야 한다.

물론 이것은 베이스기타뿐만 아니라 신서사이저 베이스와 피아노의 저음에도 해당되는 이야기다.

Ⅲ 이펙터 출력과 다이렉트 신호의 밸런스에 주의하자

베이스는 레코딩과 라이브PA 모두 DI와 마이킹을 함께 사용하는 것이 일반적이다. 이때 주의할 점은 시스템의 어느 단계에 DI를 연결하느냐는 것이다. 이펙터를 많이 사용하는 경우, 앞서 설명했듯이 저음역이 깎여버릴 경우가 있다. 따라서 앰프의 DI아웃과 앰프에 연결하기 직전에 DI를 연결하는 것이 아니라, 저음역이 깎일 가능성을 가진 이펙터 바로 앞에 DI를 연결해서 이펙터를 통과하기 전의 신호를 레코더와 PA로 보내는 것이 좋다(그림④a). 이렇게 세팅하면 모든 이펙터를 통과한 앰프 사운드와 DI를 통한 다이렉트 신호의 밸런스를 조절하면서 저음역이 깎이는 사태를 방지할 수 있다.

또한 앰프만으로 같은 효과를 얻고 싶다면, A+B루프가 가능한 AB스위치를 이펙터 앞에 연결하면 된다. 이펙터를 A루프에 연결하고, 다이렉트 신호가 통과하도록 B루프의 센드와 리턴을 짧은 패치케이블로 연결한다. 이 상태로 A+B 양쪽 루프의 신호를 믹스해서 출력하면 저음역이 깎이는 이펙터 신호와 다이렉트 신호를 함께 출력할 수 있다(그림④b).

디스토션 페달 중에는 이런 기능을 내장한 기종도 있다. 이런 페달에는 드라이브 사운드와 다이렉트 신호를 믹스하는 노브가 달려있으므로, 디스토션을 걸 때 저음이 깎이는 느낌이 들면 믹스 노브를 조절해서 다이렉트 신호를 보강해주

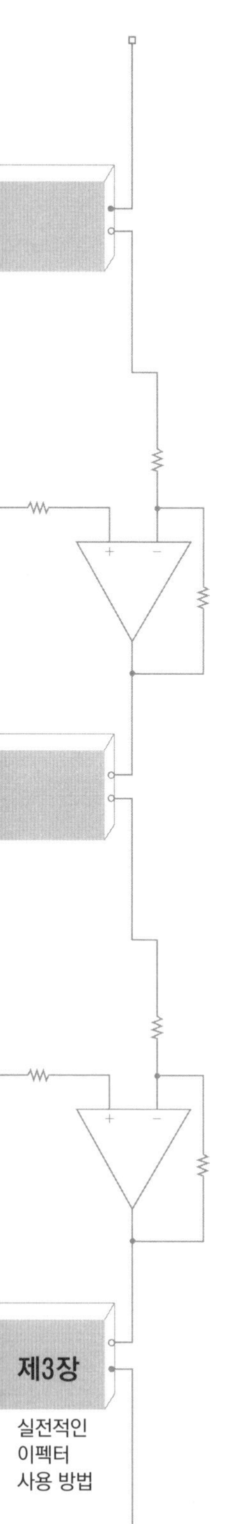

면 된다.

　이러한 패럴렐 연결은 베이스뿐만 아니라 다양한 경우에 사용할 수 있다. 하지만 디지털 이펙터의 경우 제3장에서 언급한 레이턴시 문제로 위상의 변화 때문에 원음과 믹스하면 오히려 톤깎임이 발생할 위험이 있으므로 아날로그 이펙터에만 적용하는 것이 좋다.

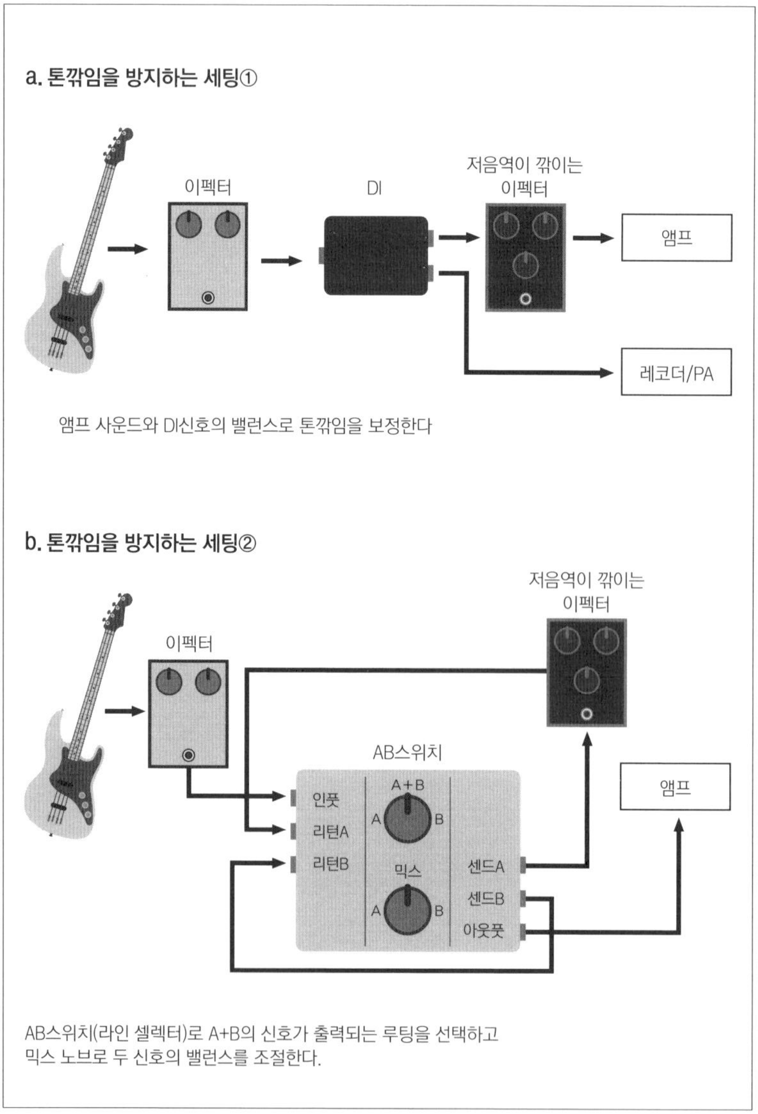

▲그림④ 이펙터로 인한 톤깎임을 방지하기 위한 루팅 방법

키보디스트, 일렉트로니카, DJ편

I 페달형 이펙터를 활용해보자

최근 출시되는 키보드는 다양한 음색을 내장하고 있으므로, 외부 이펙터를 사용하지 않는 경우가 많다. 프리셋에 내장된 스트링스의 음색만 사용한다면 그것으로 충분할 것이다. 하지만 빈티지 일렉트로닉 피아노와 클라비넷, 콤보 오르간 등의 음색을 메인으로 사용한다면 기타처럼 다양한 페달형 이펙터를 사용해보는 것도 충분한 가치가 있을 것이다.

우선 오버드라이브와 앰프 시뮬레이터를 사용해보자. 자연스러운 왜곡을 표현하려면 아날로그 이펙터가 훨씬 리얼한 사운드를 내 줄 것이다. 주의할 점은 키보드의 볼륨을 아주 많이 낮추고 테스트해야 한다는 것이다. 최근의 페달형 이펙터는 상당히 폭 넓은 인풋 레벨을 받아들일 수 있지만, 기타 레벨에 맞춰 설계된 드라이브 계열 이펙터에 라인 레벨을 출력하는 키보드를 입력하면 이펙터의 게인을 올리지 않아도 상당히 왜곡된 신호를 출력한다.

참고로 DI를 통해서 PA로 전송하는 것이 아니라, 기타 앰프에 연결해서 마이킹을 하면 훨씬 리얼한 느낌을 준다.

연주 도중에 여러 가지 노브를 마음대로 움직일 수 있다는 것도 페달형 이펙터의 매력이다. 딜레이 타임과 피드백을 실시간 조작하는 것도 가능하고, 와우 페달을 연결해서 리듬에 맞춰 밟으면 디지털 클라비넷과 오르간으로 70년대 펑크 느낌을 연출할 수 있다.

DJ와 일렉트로니카 계열의 아티스트 중에서도 페달형 이펙터 애호가들이 많다. 제2장 칼럼에서 소개한 필자가 PA를 담당하던 미국의 일렉트로니카 아티스트는 테이블 위에 페달형 이펙터를 나열해두고 MP3 플레이어를 재생하면서 '연주'를 한다. 이 정도면 페달형 이펙터는 '악기'가 된다. 플러그인 이펙터가 아무리 편리하더라도, 디지털 이펙터의 음질이 아무리 뛰어나더라도 '악기'로서 '연주'하기에는 무리다.

Ⅱ 리버브의 과도한 사용에 주의하자

키보드에 내장된 대부분의 프리셋은 리버브가 걸린 상태로 설정되어 있다. 여기서 주의할 점은 프리셋 리버브는 헤드폰으로 듣기에 가장 좋은 설정으로 세팅되어 있으므로, 이 상태로 공연과 녹음에 사용하기에는 힘들다.

예를 들어 녹음할 때에 리버브가 필요하다면 키보드 자체의 리버브를 끄고 믹싱 단계에서 리버브를 걸어주는 것이 좋다. 그렇게 하는 편이 훨씬 자연스럽고 선명한 리버브 효과를 얻을 수 있으며, 다른 악기와의 밸런스에 따라서 리버브 양을 조절할 수 있게 된다. 또한 키보드를 모노로 녹음하더라도 리버브를 스테레오로 걸 수 있다.

라이브 공연에서 리버브를 걸고 싶다면, 공연장의 음향에 맞춰 리버브 양을 조정하지 않으면 의도한 효과를 얻지 못하는 경우가 많다. 잔향이 아주 많은 공연장에서 리버브를 걸면 프레이즈를 구분할 수 없을 정도로 악기소리가 울리기 때문에 주의가 필요하다. 특수효과를 주기 위한 경우를 제외하고 리버브는 필요 최소한으로 사용하고, 잔향이 적은 공연장은 PA엔지니어에게 리버브를 걸어달라고 부탁하는 것이 좋다.

Ⅲ 스테레오 잭과 밸런스 TRS에 주의하자

이것은 최근 노트북을 사용하는 아티스트가 늘어나면서 발생하는 문제 중의 하나다.

노트북과 태블릿PC, 스마트폰, MP3 플레이어로 백킹 트랙을 재생하거나, 키보드의 음원으로 사용하면서 오디오 인터페이스를 사용하지 않고 스테레오 미니 잭을 사용하는 헤드폰 아웃으로 소리를 출력하는 경우가 많아졌다. 이때, 스마트폰을 가정용 오디오에 연결하듯이 양쪽 단자가 스테레오 미니로 된 케이블로 연결하고 표준 스테레오 변환 플러그를 사용해서 페달형 이펙터와 믹서의 라인 인풋 또는 DI로 연결하고 있지 않은가? 만약 이렇게 연결해서 제대로 된 소리가 났다면 그것은 아주 운이 좋았던 것이다.

그 이유를 설명하기 전에 올바른 연결방법을 살펴보자. 스테레오 아웃의 경우는 **그림⑤**처럼 된다. 또한 모노럴의 경우는 **그림⑥**이 된다.

만약 앞서 설명한 것처럼 스테레오 잭에 변환 플러그를 사용해서 기타용 페달 이펙터에 연결하면, 배터리로 작동하는 이펙터라면 전원이 켜지지 않을 가능성

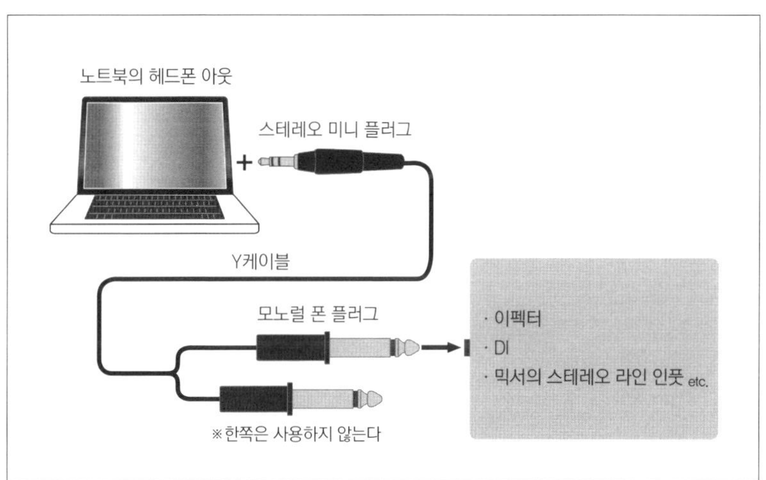

▲그림⑤ 스테레오 미니 잭의 올바른 연결 방법 – 스테레오의 경우

▲그림⑥ 스테레오 미니 잭의 올바른 연결 방법 – 모노럴의 경우

이 있다. 기타용 이펙터는 배터리의 불필요한 소모를 방지하기 위해서 인풋 단자에 잭을 끼우지 않으면 이펙터에 전원이 들어오지 않도록 만들어진 기종이 많다. 이런 기종의 잭은 기타용 케이블에 장착된 표준 모노럴 폰 플러그를 끼우면 전원이 들어오지만, 스테레오 폰 플러그를 끼우면 전원이 들어오지 않는 경우가 많다.

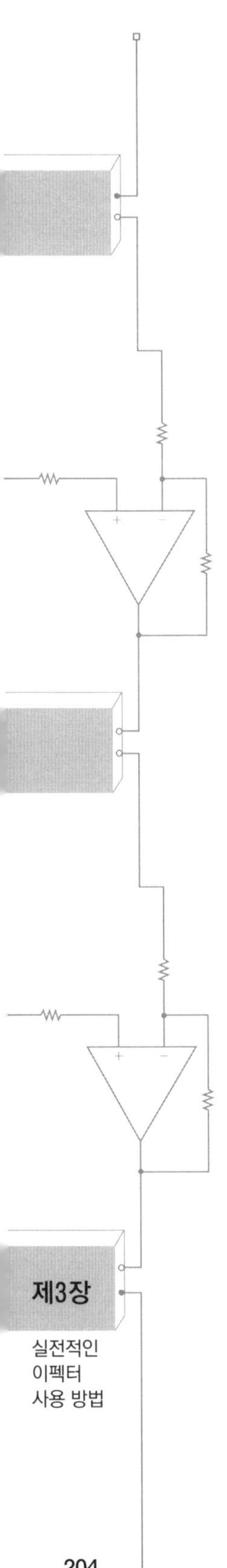

게다가 DJ용 및 키보드용으로 사용하는 소형 믹서의 라인 인풋에 연결할 때는 더욱 복잡해진다. 최근 출시되는 소형 믹서의 라인 인풋은 팁-링-슬리브(TRS) 사양의 밸런스 입력에 대응하는 기종이 많으며, DI 중에서도 이런 기종이 있다. 거기에 표준 스테레오 폰 플러그를 끼우면 되는 것일까?

제1장에서 설명했듯이 스테레오 폰 플러그는 이름처럼 L과 R의 스테레오 신호에 사용되는 경우와 TRS 사양의 밸런스 신호에 사용되는 두 가지 경우가 있지만, 양쪽은 전혀 호환되지 않는다.

헤드폰 아웃으로 출력되는 신호는 스테레오이며, 스테레오 폰 플러그의 팁 부분에 L채널, 링 부분에 R채널의 신호가 통과한다. 이에 비해 입력받는 장비의 TRS 밸런스 사양의 잭은 팁으로 들어오는 신호를 밸런스의 Hot(+), 링으로 들어오는 신호를 밸런스의 Cold(-)로 판단하고 링으로 들어오는 신호의 위상을 반전시켜서 팁의 신호와 믹스해버린다(**그림⑦**). 그 결과, 보컬 캔슬러를 사용한 것처럼 센터가 텅 빈 소리가 출력된다.

예를 들어 백킹 트랙을 재생할 경우, 센터에 위치한 킥과 스네어, 베이스가 거의 들리지 않고, 스테레오 리버브의 성분과 원래부터 좌우 한쪽으로 치우친 소리만이 희미하게 들리게 된다. 게다가 R채널의 위상이 반전되면서 희미하게 들리는 리버브 성분조차 플렌저가 걸린 것처럼 이상한 소리로 변하는 경우가 많다.

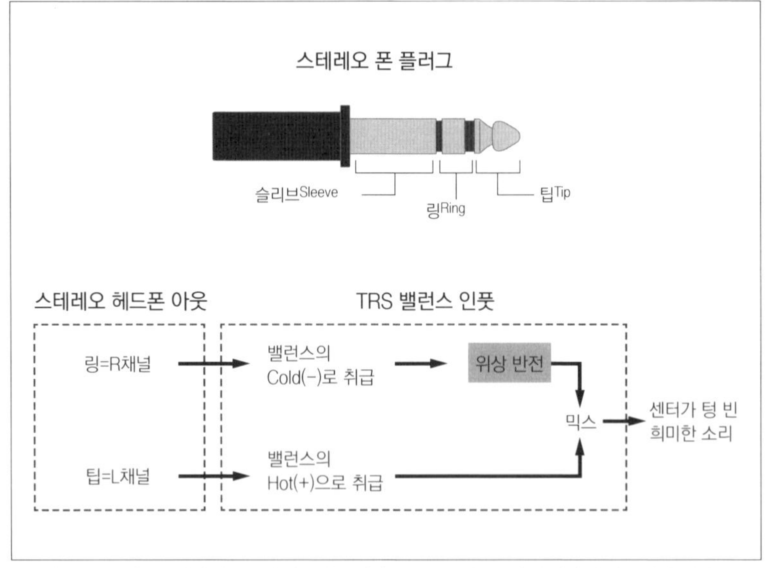

▲그림⑦ TRS 밸런스 사양의 모노럴 인풋에 스테레오 신호를 전송하면 센터가 텅 빈 소리가 간다

　이런 경우의 가장 큰 문제점은 작게나마 소리가 출력된다는 것이다. 특히 라이브 공연 직전에 서둘러 세팅을 하다가 소리가 작으면 믹서의 인풋 게인을 올리게 된다. 이렇게 하면 아주 나쁜 음질의 소리가 출력된다. 그리고 게인을 올린 상태로 어떠한 충격으로 스테레오 플러그가 흔들리거나 살짝 빠지면 팁과 링 중의 한쪽 신호가 끊어지면서 연결되어 있는 한쪽의 신호가 원래의 볼륨(청감상 5배 정도)으로 입력된다. 이러면 최악의 경우, PA스피커가 고장나기도 한다.

　이런 사고를 피하기 위해서도 노트북의 헤드폰 아웃을 사용한다면 스테레오 미니 플러그와 모노럴 플러그 두 개가 달린 Y케이블을 항상 준비하는 것이 좋다(사진①).

▲사진① 스테레오 미니 플러그와 두 개의 모노럴 플러그가 달린 Y케이블

I 스테이지 위에서 이펙터를 사용할 때의 주의점

최근에는 보컬리스트도 무대 위에서 이펙터를 사용하는 경우가 늘고 있으며, 이에 따라 보컬 전용 이펙터도 각 제조사에서 출시되고 있다. 보컬용 이펙터를 사용할 때의 주의점을 살펴보자.

● 보컬의 위치와 마이크의 방향에 주의하자

우선 보컬에 이펙터를 사용할 때는 서있는 위치와 마이크의 방향에 주의하고, 최대한 다른 악기소리가 보컬 마이크로 들어오지 않도록 해야 한다(**그림⑧**).

예를 들어, 다른 악기들이 큰소리로 연주하고 있는 상황에서 속삭이듯 노래를 불러야 하는 경우를 생각해보자. 일반적인 밴드 세팅이라면 드럼과 기타소리가 보컬과 비슷한 음량으로 보컬 마이크로 들어가게 된다. 그래서 보컬 마이크에 롱 딜레이를 걸면 스네어 드럼에도 롱 딜레이가 걸린다.

● 이펙터 사운드의 밸런스와 하울링에 주의하자

다음으로 주의할 점이 모니터 스피커에서 발생하는 하울링이다. 일반적으로 이펙터를 통과한 신호는 다이렉트 신호보다 하울링이 일어나기 쉽다. 그래서 보컬의

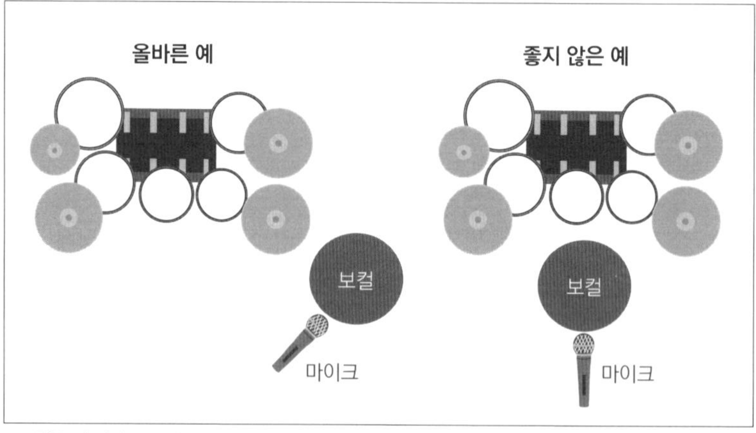

▲그림⑧ 속삭이듯 노래를 불러야 하는 경우의 보컬 위치

제3장

실전적인
이펙터
사용 방법

리버브와 딜레이는 PA엔지니어가 컨트롤하며, 이펙터의 리턴은 객석을 위한 메인 스피커로만 출력하고, 모니터 스피커로는 보내지 않거나 아주 조금만 보낸다.

보컬리스트가 마이크에 직접 이펙터를 연결하는 경우는 이런 방법으로 출력할 수 없기 때문에 모니터 스피커에도 이펙터를 통과한 신호가 같은 양으로 출력된다. 따라서 이펙터의 종류와 모니터 스피커의 상태에 따라서 모니터 스피커의 음량을 원하는 만큼 올리지 못하는 경우가 생긴다. 자신이 원하는 이펙터 밸런스를 유지한 채로 모니터 스피커의 음량을 높이고 싶다면 이펙터 앞에 XLR 단자를 가진 Y케이블 또는 DI를 사용해서 보컬의 다이렉트 신호만 PA로 보낸다 (그림⑨). 이 상태로 PA엔지니어에게 이펙터를 통한 신호를 메인 스피커로 출력하고, 다이렉트 신호만 모니터 스피커로 출력해달라고 부탁하자.

또한 하모나이저를 사용해서 혼자서 화음을 넣을 때는 보컬리스트가 직접 이펙터를 설정하면 밸런스를 맞추기 힘들다. 이것은 단순히 자신의 목소리는 마이크를 통하지 않더라도 자신의 머릿속에서 울리기 때문에 생목소리의 음량과 마이크를 통해서 모니터 스피커로 들리는 목소리를 더한 양만큼 이펙터의 음량을 올려버리기 때문이다. 따라서 보컬용 이펙터의 밸런스는 객석에서 메인 스피커의 소리를 들을 수 있는 사람이 결정하는 것이 좋다.

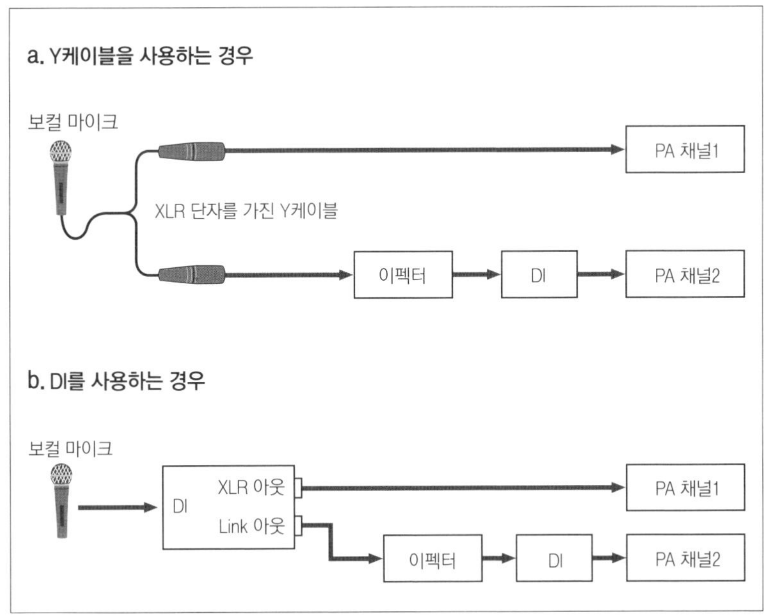

▲그림⑨ 보컬 마이크에 이펙터를 연결하는 경우의 모니터 방법

Ⅱ 보컬에 디스토션을 걸고 싶다

녹음실에서는 믹싱 단계에서 보컬에 디스토션을 사용하는 경우가 많다. 하지만 이것을 라이브에 적용하는 것은 좀처럼 쉽지 않다. 우선 디스토션 자체가 게인을 크게 증폭시켜서 신호를 왜곡시키는 이펙터이기 때문에 무대 위에서 보컬에 사용하면 피드백이 발생할 가능성이 높다. 성량이 크지 않은 보컬리스트는 무조건 피드백이 발생한다고 생각하는 것이 좋다. 성량이 어느 정도 크거나 샤우팅 창법을 사용하는 보컬리스트는 사용가능하지만, PA엔지니어에게 사전에 디스토션을 사용한다는 말을 해두고, 리허설 단계에서 하울링이 발생하지 않도록 PA용 이퀄라이저를 튜닝해두는 것이 좋다.

최근의 보컬용 이펙터 페달 중에는 디스토션을 내장한 기종이 많다. 이런 기종은 노이즈 게이트를 사용해서 보컬리스트가 노래를 하지 않을 때에는 신호를 차단해서 하울링을 억제하도록 설계되어 있다. 따라서 같은 곡 중에서 속삭이듯 부르는 부분과 디스토션을 걸고 샤우트하는 부분이 있다면, 속삭이는 부분에서 이펙터를 꺼두지 않으면 노이즈 게이트 때문에 소리가 끊어질 수 있으므로 주의하기 바란다.

Ⅲ 보코더와 토킹 모듈레이터

보코더와 토킹 모듈레이터를 보컬용 이펙터라고 구분해야 하는지는 의문이지만, 출력되는 신호가 보컬처럼 들리기 때문에 이번 장에서 설명하겠다.

보코더와 토킹 모듈레이터는 아주 캐릭터가 강한 이펙터이기 때문에 다른 이펙터를 추가하지 않고 그대로 사용하는 것이 효과적이다. 하지만 밴드 사운드와 잘 섞이지 않는다면 코러스 또는 플렌저를 가볍게 걸고 리버브를 살짝만 추가한 상태로 사용하자. 또한 최근에는 오토튠 계열 이펙터도 실시간 조작이 가능해져서, 라이브에서도 활용할 수 있게 되었다.

이펙터의 성격상 생목소리가 객석까지 직접 도달하는 창법을 가진 보컬리스트에겐 적합하지 않으며, Ⅰ에서 언급했듯이 다른 악기소리가 보컬 마이크로 들어가면 곤란해지므로 입을 최대한 마이크 가까이에 대고 노래하는 것이 좋다. 또한 보코더에 포함된 마이크는 무지향성이므로 주변의 소리를 모두 받아들이는 경우가 많다. 그러므로 라이브에서 보코더를 사용할 때는 단일지향성 마이크로 바꿔서 사용하는 것이 좋다.

PA편

I 그래픽 이퀄라이저를 사용하자

PA의 기본은 무엇보다 공연장의 음향 상태에 맞춰서 PA시스템을 튜닝하는 것이다. PA에 대해서는 스피커&앰프의 선택과 배치도 아주 중요하지만, 이 책의 범주를 넘어서기 때문에 생략하겠다. 게다가 밴드와 함께 다양한 공연장을 돌아다니는 엔지니어라면 공연장에 설치된 PA시스템을 사용할 것이다.

공연장에 맞게끔 PA시스템을 튜닝하기 위한 기본 도구는 그래픽 이퀄라이저다. 제2장에서 설명했듯이 그래픽 이퀄라이저는 주파수가 다른 피킹 타입 이퀄라이저 여러 대에 시각적으로 알기 쉽도록 페이더를 장착한 형태를 가진 것이다. 일반적으로 PA시스템에 사용되는 그래픽 이퀄라이저는 31밴드이며, 주파수는 ISO 규격에 따라서 **표①**처럼 배분되어 있다.

그래픽 이퀄라이저로 PA시스템을 튜닝하는 목적은 크게 두 가지다. 첫 번째는 메인과 모니터 스피커에서 출력되는 소리의 주파수를 조절해서 깔끔한 사운드를 만드는 것이다. 두 번째는 보컬 마이크의 하울링을 미연에 방지하는 것이다. 첫 번째 목적에 맞춰 제대로 튜닝한다면 하울링이 발생할 가능성은 낮아진다.

최근에는 측정용 마이크를 사용해서 노트북으로 공연장의 음향특성을 눈으로 보면서 튜닝하는 경우도 많아졌지만, 필자는 아직까지 보컬 마이크와 자신의 목

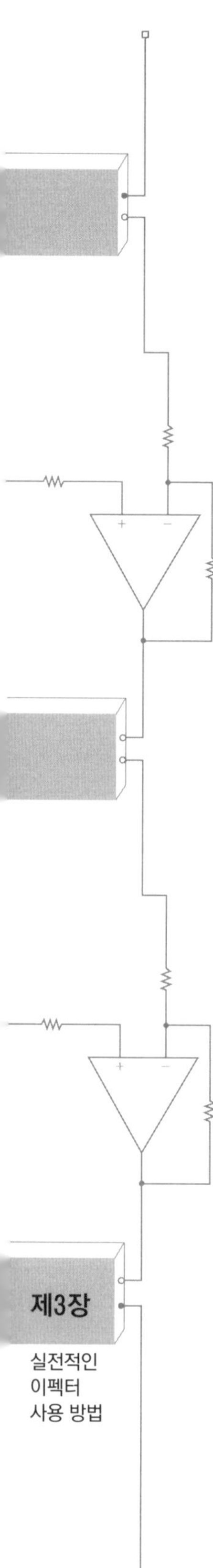

밴드	주파수	밴드	주파수	밴드	주파수
1	20	12	250	23	3.15k
2	25	13	315	24	4k
3	31.5	14	400	25	5k
4	40	15	500	26	6.3k
5	50	16	630	27	8k
6	63	17	800	28	10k
7	80	18	1k	29	12k
8	100	19	1.25k	30	16k
9	125	20	1.6k	31	20k
10	160	21	2k		
11	200	22	2.5k		

▲표① 그래픽 이퀄라이저 주파수(단위=Hz, k=킬로=1,000)

소리를 튜닝하고 있다. 왜냐하면 공연 당일에 사용하는 보컬 마이크에 맞춰서 튜닝을 해야 하울링이 발생하는 가능성을 낮출 수 있기 때문이다.

●스피커 튜닝방법

우선 믹서의 빈 채널에 보컬 마이크를 연결하고, 콘솔부스에서 보컬 마이크 방향을 보고 말을 하면서 조금씩 음량을 올린다. 음량을 많이 올린 상태에서 하울링이 발생할 것 같은 불필요한 주파수가 들린다면 그래픽 이퀄라이저로 그 부근의 주파수를 조금만 깎아보자. 이 작업을 충분한 음량으로도 안정적인 사운드가 나올 때까지 반복한다.

처음에는 어느 주파수를 내려야할지 잘 모르겠지만, 익숙해지면 재빨리 문제의 주파수를 발견할 수 있을 것이다. 주의할 점은 주파수를 잘 모른다고 많은 주파수 대역을 내려버리면 결국 전체적인 음량이 낮아지는 것이다. 만약 31밴드 중에서 절반 이상의 주파수가 내려갔다면 처음부터 다시 설정하는 것이 좋을 것이다.

모니터 스피커도 기본적으로는 같은 방법으로 튜닝을 한다. 하지만 모니터 스피커는 2인 1조로, 한사람은 스테이지 위의 모니터 스피커의 소리를 들으면서 다른 한사람에게 그래픽 이퀄라이저의 조정을 맡기는 것이 좋다.

최근에는 PA믹서도 디지털로 제작되고 있으며, Bluetooth 방식을 사용해서 태블릿PC로 디지털 믹서에 내장된 그래픽 이퀄라이저를 조작할 수 있다. 혼자서 모든 세팅을 해야할 경우에 아주 편리한 기능이다.

또한 그래픽 이퀄라이저의 튜닝이 끝낸 다음, 드럼과 베이스기타 등의 저음역 악기를 제외한 나머지 악기의 불필요한 저음역은 믹서의 각 채널에 장착된 하이 패스 필터로 차단하는 것이 좋다.

● 사운드 체크의 주의점

이제까지 밴드가 무대에 올라가기 전에 해야 할 튜닝에 대해서 알아보았다. 하지만 실제로 사운드 체크를 시작해보면 새로운 문제가 발생하는 경우도 있다. 이 책은 PA에 관한 책이 아니기 때문에 간단한 몇 가지 포인트만 설명하겠다. 하지만 PA튜닝은 공연장과 악기, 연주자의 특성을 모두 조합할 필요성이 있다는 것은 알아두기 바란다.

CD를 재생하면서 저음역이 잘 들리도록 튜닝하더라도, 실제 드럼의 킥드럼과 플로어 탐은 서브우퍼의 저음역에 반응해서 100Hz 전후의 피드백이 발생할 경우가 있다.

또한 성량이 적은 보컬리스트에게 충분한 음량으로 모니터 스피커를 들려주기 위해서 음질보다는 피드백을 억제하는 것을 우선한 세팅을 해야 하는 경우가 있으며, 관객의 입장 전과 입장 후의 음향상황이 크게 변하는 공연장도 있다. 아무리 PA시스템이 디지털로 바뀌고 자동화 되더라도 다양한 상황에 맞는 최적의 그래픽 이퀄라이저의 설정을 판단하는 것은 엔지니어의 귀라는 것을 잊지 말자.

Ⅱ 컴프레서와 노이즈 게이트

PA엔지니어가 컴프레서를 사용할 때 주의할 점은 마이크로 입력된 소리에 원하는 소리 이외의 다른 악기소리가 함께 입력되는 경우다. 그런 상황에서 컴프레서를 과도하게 걸면 다른 악기소리의 레벨이 함께 올라가버린다. 예를 들어, 드럼의 오버헤드에 컴프레서를 걸면 바로 옆에 있는 기타 앰프의 레벨이 함께 올라가는 것이다. 그래서 PA엔지니어가 컴프레서를 사용할 때는 보컬이 샤우팅을 할 때와 베이스가 디스토션을 걸고 솔로 연주를 할 때처럼 급격한 변화가 생길 때에 일정한 레벨을 유지하기 위한 용도로만 사용하는 것이 좋다.

하지만 컴프레서가 심하게 걸린 킥드럼과 스네어 소리가 필요할 경우가 있다. 그럴 때는 컴프레서 앞에 노이즈 게이트를 연결해서 킥드럼과 스네어가 울리지

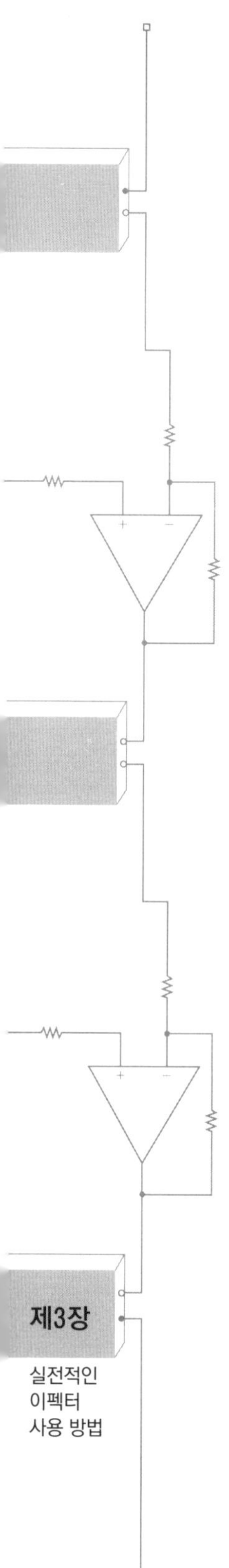

않을 때의 불필요한 신호의 유입을 차단하는 것이 좋다(**그림①**). 이때, 노이즈 게이트의 드레숄드를 너무 올려두면 드러머가 여리게 연주할 때의 드럼소리까지 끊어지므로 주의하기 바란다. 만약에 피아니시모부터 포르테시모까지 다이내믹 레인지가 크게 변화하는 음악이라면, 피아니시모로 연주하는 부분은 수동으로 노이즈 게이트를 조작할 필요가 있다.

또한 컴프레서를 건 보컬의 신호를 모니터 스피커로 출력하면 하울링이 발생하기 쉬우므로 주의하자. 몇 개의 채널을 그룹으로 묶어서 이펙터를 함께 사용할 수 있다면 보컬에 단독으로 컴프레서를 사용하지 말고 그룹 전체의 메인 스피커 출력에만 컴프레서를 걸면 모니터 스피커의 하울링을 억제할 수 있을 것이다.

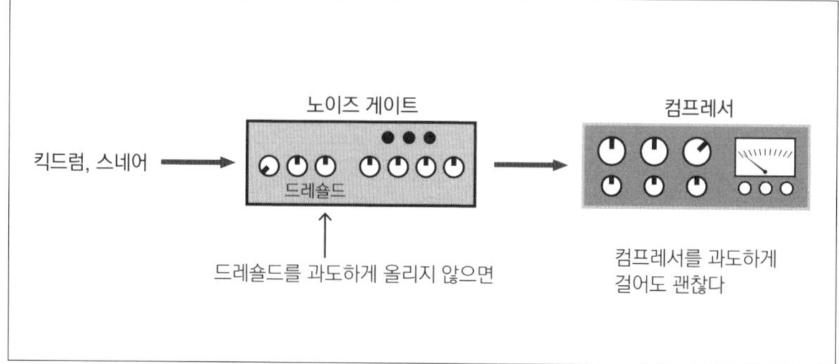

▲그림① 노이즈 게이트와 컴프레서를 함께 사용하는 방법

Ⅲ 딜레이와 리버브 테크닉

딜레이와 리버브는 PA엔지니어에게 필수적인 이펙터다. 어느 정도 큰 공연장이라면 딜레이와 리버브를 두 대씩 사용하는 것이 기본이며, 작은 공연장은 한 대씩만 사용하기도 한다. 가장 일반적인 밴드용 세팅은 아래의 **표②**와 같다.

	설정1	설정2	용도
딜레이①	쇼트 딜레이	피드백을 적게	보컬용으로 사용
딜레이②	롱 딜레이	피드백을 많이	보컬과 리드악기의 솔로연주에 사용
리버브①	쇼트 룸	–	드럼용으로 사용
리버브②	롱 홀	롱 플레이트	보컬용으로 사용

▲표② PA용 이펙터의 표준적인 세팅

이제까지 몇 번이나 설명했듯이 리버브는 공연장의 음향상황에 따라서 적합한 길이와 양이 변하므로, 같은 아티스트의 공연이라도 공연장마다 세팅을 달리할 필요가 있다. 또한 그래픽 이퀄라이저의 항목에서 말한 것처럼 관객의 입장 전과 입장 후의 음향상황은 크게 변하기 때문에 공연이 시작한 후의 조정도 놓쳐서는 안된다.

딜레이는 전혀 필요가 없는 경우도 있다. 하지만 기억해둬야 할 것은 연주자가 리버브를 많이 걸어달라고 요구하면 리버브만 올리는 것이 아니라 딜레이와 리버브를 조합하는 편이 더욱 효과적일 것이다. 그럴 경우에는 탭 템포 기능을 활용해서 딜레이 타임을 8분음 또는 4분음 타이밍으로 맞춰준다. 그리고 딜레이 성분에서 하이와 로우를 이퀄라이저로 깎은 다음에 리버브로 보낸다. 이렇게 하면 딜레이 성분은 그다지 돋보이지 않으면서 자연스럽게 리버브를 강조할 수 있다(**그림②**). 악기 소리가 큰 음악에 이 방법을 사용하면, 보컬의 리버브 성분이 밴드 사운드에 묻히지 않으므로 효과적이다.

참고로 보컬과 스네어, 퍼커션 등의 악기에 롱 리버브와 곡의 템포와 어긋난 피드백이 긴 딜레이를 순간적으로 걸어주는 '덥Dub'이라는 독특한 테크닉도 있

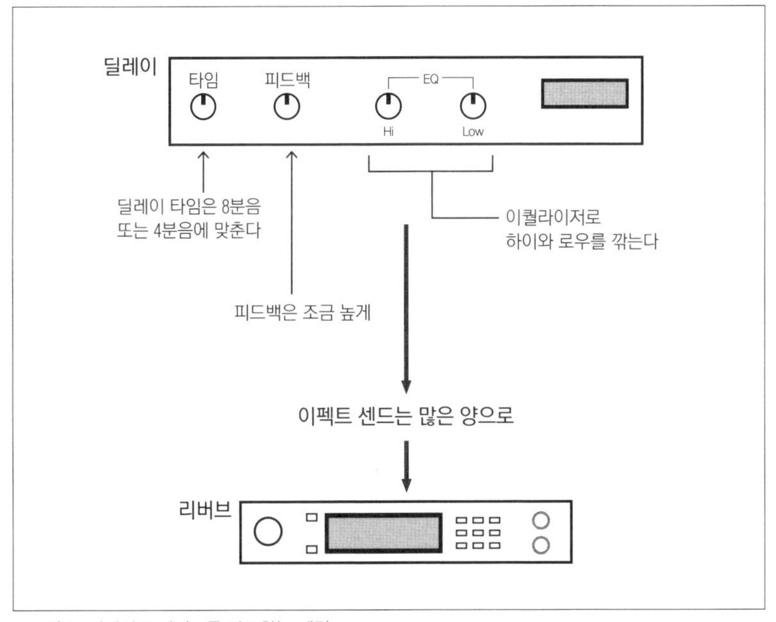

▲그림② 딜레이로 리버브를 강조하는 세팅

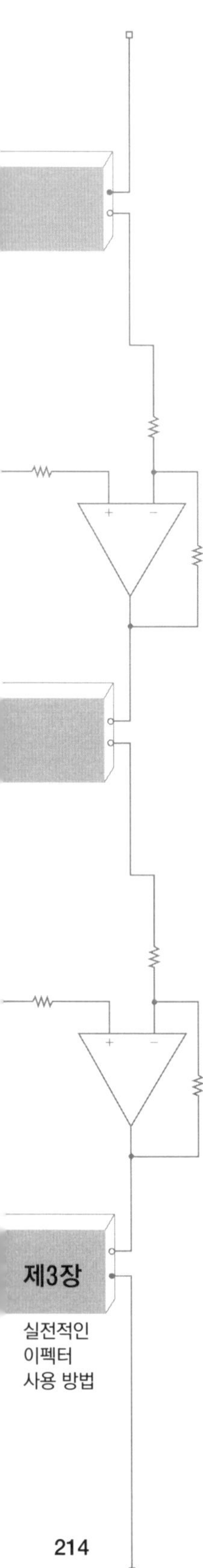

다는 것을 알아두자.

그리고 엔지니어에 따라 방법은 다르지만, 딜레이와 리버브의 리턴 레벨을 미리 설정해두고 원하는 타이밍에 센드 레벨만 순간적으로 올려서 사용하는 방법과 센드 레벨을 미리 설정해두고 리턴 레벨만 순간적으로 올리는 방법도 있다.

딜레이에 관한 고급 테크닉 중에서 딜레이의 리턴을 다시 한 번 같은 채널의 센드로 보내고 피드백을 발생시키는 방법이 있다. 이것은 딜레이음이 끝없이 지속되거나 서서히 커지는 효과를 만드는 방법이다. 이때 딜레이 채널의 이퀄라이저 설정에 따라서 딜레이음의 음색이 서서히 변하는 효과도 줄 수 있다. 하지만 이 방법은 PA스피커를 망가트릴 가능성이 있으므로 많은 연습을 한 다음에 실전에 사용하기 바란다. 참고로 이 방법은 현재의 디지털 믹서로는 사용하기 힘들다.

레코딩편

Ⅰ 컴프레서, 리미터, 이퀄라이저의 사용

스튜디오에서 녹음을 할 때는 컴프레서와 이퀄라이저를 사용하지 않고 마이크로 입력된 그대로의 소리를 녹음해두는 것이 좋다는 말을 자주 듣는다. 원칙적으로는 올바른 방법이다. 특히 디지털 레코딩이 일반화된 90년대 후반부터 엔지니어는 테이프 히스 노이즈로부터 해방되었기 때문에 경미한 노이즈는 믹싱 단계에서 해결할 수 있게 되었다.

　하지만 엔지니어는 레코딩 단계부터 믹싱을 생각하고 녹음을 해야 한다는 사실에는 변함이 없다. 최근의 레코딩 시스템은 녹음을 하면서 모니터 스피커에만 이펙터를 거는 것이 가능하지만, 레이턴시 때문에 쉽지는 않다. 그래서 필자는 필요최소한의 컴프레서, 리미터 그리고 이퀄라이저를 사용하면서 녹음한다. 이 것은 녹음된 소리를 재생하면서 확인할 때, 연주자가 의도한 사운드로 들리느냐를 중요하기 생각하기 때문이다.

　밴드의 리듬 파트를 녹음할 때는 킥드럼에 어택이 빠른 컴프레서를. 스네어에는 어택을 강조하기 위해서 드레숄더가 높은 컴프레서를 걸어준다. 이것은 킥드럼의 피크를 억제하기 위함과 스네어 마이크로 유입되는 하이햇과 심벌 소리를 확인하기 위함이다. 예를 들어 아무런 이펙터를 걸지 않은 채로 좋은 음색을 만들어서 녹음한 음원에 믹싱 단계에서 컴프레서를 걸면 하이햇 소리가 커져서 노이즈 게이트를 사용해야만 하는 경우가 발생한다. 녹음할 때 컴프레서를 걸고 확인하면 이런 문제를 초기에 발견할 수 있으므로, 마이크 위치를 조정하면서 대처할 수 있다. 또한 베이스를 DI만으로 녹음할 경우에도 컴프레서와 이퀄라이저로 어느 정도의 음색을 만들어서 녹음하지 않으면, 연주자도 이것이 좋은 소리인지 아닌지 판단하기 힘들 경우가 많다.

　단, 합주실에 녹음장비를 가지고 가서 밴드와 함께 같은 공간에서 헤드폰으로 모니터하며 녹음할 때에는 클립을 방지하기 위한 리미터 이외에는 사용하지 않는 것이 좋다. 이것은 밴드와 같은 공간에서 제대로 모니터가 되지 않는 상태로는 적절한 컴프레서와 이퀄라이저의 설정을 찾기 힘들기 때문이다.

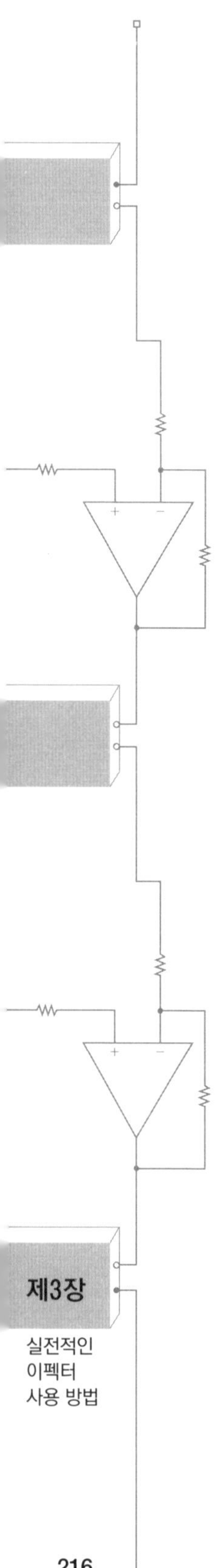

또한 보컬을 녹음할 때는 컴프레서를 가볍게 걸고 녹음하는 편이 목소리의 캐릭터를 판단하기 쉬워진다. 만약 보컬리스트가 곡의 일부분에서만 샤우팅을 한다면 클립을 방지하기 위해서 어택을 빠르게 설정한 컴프레서가 필수적이다.

반대로 나중에 어떻게 가공해야할지 판단이 서지 않는 소재는 컴프레서를 걸지 않고 녹음하는 것이 좋다.

필자의 경우, 대부분의 리듬 파트는 아직까지 2인치 24트랙 사양의 아날로그 테이프 레코더로 녹음을 하며, 히스 노이즈 때문에 이퀄라이저로 고음역을 어느 정도 올려서 녹음한다(이것은 가정용 테이프 플레이어에 내장된 돌비 시스템의 원리이기도 하다). 일단 테이프에 녹음된 음원을 믹싱 단계에서 이퀄라이저로 하이를 올리면 테이프 히스 노이즈가 더욱 강조되기 때문이다. 또한 컴프레서를 가볍게 걸고 녹음 레벨을 높게 설정하면 어느 정도 일정한 테이프 컴프레션과 새처레이션을 얻을 수 있다.

참고로 드럼과 기타 앰프에 여러 대의 마이크를 세우고 녹음할 때는 마이크끼리의 위상에 주의해야 한다. 여러 대의 마이크로 녹음한 소리가 이상하게 들릴 때는 이퀄라이저를 만지기 전에 마이크 채널의 위상반전 스위치를 눌러보기 바란다. 소리가 이상하게 들리는 원인이 위상 때문이라면 이것으로 해결될 것이다.

▦ 딜레이, 리버브는 녹음할 때 사용해야 할까?

일반적인 녹음이라면 딜레이와 리버브를 걸지 않고 녹음한다. 연주자가 딜레이와 리버브를 걸어달라고 요구하면, 헤드폰 모니터에만 들리도록 걸어준다.

하지만 기타리스트가 자신의 페달형 딜레이와 앰프의 리버브를 사용해서 연주할 때가 문제다. 이런 경우에는 사운드 체크를 할 때, 처음부터 끝까지 연주하도록 부탁하고 연주자와 상담한 다음에 판단하는 것이 좋다. 기타리스트 편에서도 언급했지만, 딜레이를 프레이즈의 일부분으로 사용한다면 앰프 앞에 딜레이를 걸어줘야 프레이즈의 일체감을 연출할 수 있다. 하지만 이렇게 녹음하면 후가공으로 원음과 딜레이음을 분리할 수 없다.

단순히 솔로 연주의 공간감을 연출하기 위해서 롱 딜레이와 리버브를 사용한다면, 연주자를 설득해서 믹싱 단계에서 딜레이와 리버브를 사용하는 것이 좋은 결과를 얻을 수 있을 것이다. 반대로 리버스 이펙터를 사용하거나 원음만으로는 얻을 수 없는 특수한 효과를 노린다면 이펙터를 악기의 일부로 사용하는 것이므로 당연히 이펙터를 걸고 녹음해야 한다.

어느 방법이 좋은지 판단하기 힘들 때의 가장 중요한 기준은 연주자가 기분 좋게 연주할 수 있느냐는 것이다. 기술적으로 후가공을 하는 편이 좋은 사운드를 만들 가능성이 높더라도, 결과적으로 연주의 퀄리티가 떨어지면 아무 의미가 없다. 항상 소리가 아닌 음악을 녹음해야 한다는 것을 잊지 말자.

Ⅲ 레코딩으로 만드는 효과

제2장에서 설명했듯이 이펙터 중에는 녹음 테크닉으로 얻을 수 있는 효과를 재현하려고 개발된 이펙터도 있다.

●더블링

녹음 방법으로 얻을 수 있는 효과 중에서 가장 원시적인 것이 더블링이다. 이것은 같은 보컬리스트가 동일한 멜로디를 두 번 이상 녹음해서 얻을 수 있는 효과다. 이것을 쇼트 딜레이 또는 피치 시프터를 사용해서 재현하는 이펙터도 있지만, 실제로 여러 보컬 트랙을 함께 재생하는 것이 가장 효과적이다. 제대로 된 더블링 효과를 만들기 위해서는 무엇보다 보컬리스트가 같은 음정과 타이밍으로 두 번 이상 부르는 것이 필수적이다. 만약 보컬리스트가 멜로디와 가사를 완전히 숙지하지 못한 상태라면 좋은 테이크가 녹음될 때까지 녹음을 반복하고, 제대로 된 테이크가 녹음되었다면 그것을 들으면서 보컬리스트가 자신이 노래한 타이밍을 파악하지 않으면 안된다. 또한 더블링은 여러 테이크를 같은 타이밍으로 재생하지 않으면 얻을 수 없으므로, 두 테이크를 L/R로 완전히 나눠버려도 효과가 없다.

더블링은 메인 보컬에는 그다지 사용하지 않으며, 주로 코러스에 사용한다. 필자는 '아~, 우~' 등의 가사가 없는 코러스는 반드시 두 번씩 녹음한다. 경우에 따라서는 스테레오로 만들 것을 생각해서 세 번 이상 녹음하는 경우도 있다.

●스테레오로 펼친다

스테레오로 만드려고 생각하는 트랙은 두 테이크를 녹음해서 좌우로 펼치면, 이펙터를 사용하는 것보다 훨씬 효과적이다. 디스토션 기타와 박수, 작은 편성의 현악기와 브라스 등에 적용해보자.

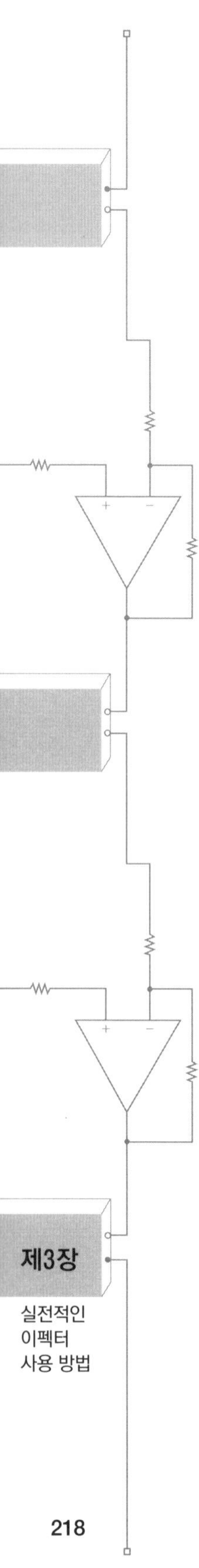

제3장

실전적인
이펙터
사용 방법

●룸 마이크의 활용

또 한 가지 녹음으로 얻을 수 있는 대표적인 효과는 룸 마이크다. 드럼은 물론 기타 앰프를 녹음할 때 룸 마이크를 설치해서 별도의 트랙에 녹음해두면, 리버브로 공간감을 표현하는 것과는 다른 느낌의 효과를 얻을 수 있다. 룸 마이크는 '어느 정도 음원에서 떨어진 위치에 마이크를 둔다'는 설명밖에 할 수가 없다. 왜냐하면 자신의 귀로 좋은 울림이 발생하는 위치를 직접 찾아야 하기 때문이다. 필자는 드럼의 경우는 3~4m 떨어진 곳에 킥드럼보다 조금 높은 위치에 마이크를 설치하지만, 벽을 향해서 설치하거나 바닥을 향해서 설치하는 것도 효과적일 때가 있다. 스테레오로 녹음하는 경우도 있지만, 필자는 오케스트라와 합창단을 제외한 대부분의 경우에는 모노럴로 녹음한다.

믹싱편

I 이퀄라이저의 기본

드디어 이펙터가 제대로 된 위력을 발휘하는 믹싱 편이다. 가장 기본적인 이퀄라이저부터 알아보자.

  믹싱할 때 이퀄라이저의 기본적인 역할은 각 트랙의 불필요한 주파수를 깎아내는 것과 마이크의 위상을 체크하는 것이다.

●불필요한 주파수를 깎아내는 방법

믹싱에서 가장 성가신 주파수는 100Hz 이하의 저음역이다. 킥드럼과 베이스기타 등의 저음역 악기를 제외한 나머지 트랙은 하이패스 필터로 저음역을 커트하고 믹싱을 시작하는 것이 좋다. 각 트랙을 솔로로 들으면서 하이패스 필터의 주파수를 올리면서, 소리가 과도하게 얇아지지 않을 정도로 조절한다. 이렇게 해두면 킥드럼과 베이스기타가 불필요한 저음역에 방해받지 않고 깔끔하게 들릴 것이다.

  다음으로 필요이상의 중~고음역이 포함된 트랙은 파라매트릭 이퀄라이저의 Q를 좁게 설정하고 조금 깎아낸다. 예를 들어 대형 베이스 앰프를 좁은 부스에서 마이크로 녹음하거나, 어쿠스틱 기타를 마이크로 녹음하면 공간과 스피커 캐비닛, 악기 보디의 울림 때문에 특정 주파수가 항상 울리는 상태로 녹음되는 경우가 있다. 또는 특정 음정을 연주할 때만 급격하게 음량이 올라갈 수도 있다. 마이크의 위치를 조정해서 해결되는 경우도 있지만, 해결하기 힘든 경우도 있다. 이런 불필요한 울림을 방치해두면 그 주파수 때문에 다른 악기소리가 탁하게 들린다. 이런 불필요한 울림을 녹음 단계에서 제거해야만 믹싱을 하기 쉬워진다.

  구체적으로 설명하자면 파라매트릭 이퀄라이저의 Q를 좁게 설정하고 부스트한 다음에 주파수 대역을 움직이다보면 불필요한 울림이 가장 강조되는 부분을 찾을 수 있다. 이렇게 찾아낸 주파수는 원음을 해치지 않는 범위 안에서 깎아낸다.

●가장 중요한 주파수를 강조하는 이퀄라이징

각 트랙의 정리가 끝났다면 조금 더 창조적인 이퀄라이징을 알아보자. 강조하고 싶은 주파수를 찾아서 Q를 비교적 넓게 설정하고 조금만 강조해주면, 전체 음량을 올린 것보다 훨씬 돋보이는 소리가 된다. 어느 악기의 어느 주파수를 강조해야 하는지는 상황에 따라 다르기 때문에 자신의 귀로 판단할 수밖에 없다. 시행착오를 반복하면서 경험을 쌓다보면 자신이 원하는 소리를 만들기 위한 포인트 주파수를 찾아낼 수 있을 것이다. 표③은 비교적 일반적인 '주요 주파수의 포인트'다. 하지만 악기와 앰프의 튜닝, 녹음 방법에 따라서 달라질 수 있으므로 참고만 하기 바란다.

음원	상세	주요 주파수
킥드럼	핵심 주파수	100Hz 이하
	비터의 어택	2.5KHz 이상
스네어	핵심 주파수	100Hz~220Hz
	어택 포인트	700Hz~1.2KHz
	스내피의 울림	3KHz 이상
베이스기타	핵심 주파수	150Hz 이하
	핑거링 프레이즈의 포인트	250Hz~700Hz
	슬랩의 포인트	1.2KHz~2.5KHz
기타	저음역의 포인트	100Hz~250Hz
	중음역의 포인트	400Hz~800Hz
	고음역의 포인트	1.5KHz~4KHz
피아노	피아노가 루트음을 담당할 때 저음역의 포인트	150Hz
	중음역의 포인트	500Hz~1.5KHz
	고음역의 포인트	3KHz 이상
보컬	저음역의 포인트	150Hz~400Hz
	중음역의 포인트	300Hz~800Hz
	보컬의 질감을 결정하는 포인트	1.2KHz~3KHz
	고음역의 포인트	4KHz 이상

▲표③ 악기별 주요 주파수의 포인트

주의할 점은 항상 전체적인 느낌을 살피면서 각 트랙의 이퀄라이저를 조절해야 하는 것이다. 예를 들어 기타와 키보드가 비슷한 음역대를 연주할 경우, 같은 주파수를 함께 강조하면 서로 충돌해서 전체적인 음색이 흐려진다. 최대한 악기마다 다른 음역대를 강조하면, 많은 악기들이 섞여있어도 모든 악기들이 명확하게 들리는 믹싱을 할 수 있다.

Ⅱ 컴프레서, 리미터의 기본

믹싱에서 컴프레서와 리미터를 사용하는 목적은 크게 두 가지가 있다. 첫 번째는 클립을 방지하고 일정한 레벨을 유지하기 위한 소극적인 목적과 톤 메이킹에 컴프레션을 활용하는 적극적인 목적이다.

첫 번째 목적은 모든 믹싱 작업에 필요하다. 두 번째 목적은 자연스러운 사운드를 원하는 재즈와 클래식 등의 어쿠스틱 악기가 많은 믹싱에서는 그다지 사용하지 않는다.

● 클립 방지와 일정한 레벨 유지

우선은 대략적인 밸런스를 맞추고 처음부터 끝까지 들으면서 갑자기 음량이 커지거나 작아지는 부분이 없는지 체크한다. 만약 그런 부분이 있다면 어떤 악기 때문인지 원인을 파악하고 그 악기 트랙을 컴프레서로 처리해야 하는지 판단한다. 돌출된 부분을 처리하기 위해서라면 컴프레서의 어택을 빠르게, 드레숄드를 높게 설정한다. 이렇게 하면 돌출된 부분을 억제하면서 다른 부분은 변화가 생기지 않는다.

다음으로 레벨 차이가 큰 베이스와 커팅 기타의 다이내믹 레인지를 일정하게 만들고 싶다면 컴프레서의 어택과 릴리스를 느긋하게, 레시오를 낮게 설정하고 음량이 갑자기 작아지는 부분을 제외한 모든 부분에서 가볍게 컴프레서가 작동할 정도로 드레숄드를 설정한다. 이렇게 해도 충분한 효과를 얻지 못한다면 나중에 설명할 오토메이션을 함께 사용한다.

● 컴프레션으로 톤 메이킹을 한다

적극적인 톤 메이킹에 사용할 경우를 알아보자. 예를 들어 드럼의 룸 마이크에 어택과 릴리스를 빠르게 설정한 컴프레서를 깊게 걸어서 박력있는 사운드를 연

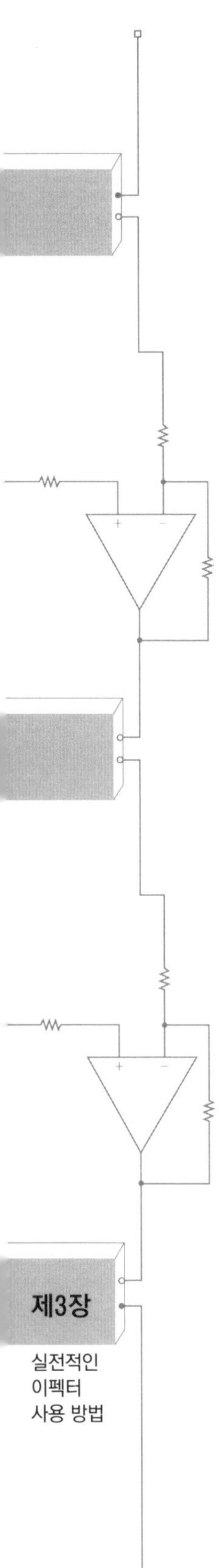

출할 수 있다. 그리고 스네어와 커팅 기타에 어택과 릴리스를 더욱 빠르게 설정하면 어택 부분을 강조함과 동시에 레벨을 일정하게 유지하면서 리듬감을 연출할 수 있다.

이렇게 사용할 때의 중요한 포인트는 컴프레서의 기종 선택과 어택, 릴리스 타임의 설정이다. 예를 들어 박력을 연출하고 싶다면 진공관 또는 옵토 타입, 어택을 강조하고 싶다면 VCA 타입을 주로 사용한다. 참고로 FET 타입은 기종에 따라서 모든 상황에 사용할 수 있다. 빈티지 컴프레서 중에는 어택, 릴리스, 레시오를 사용자 마음대로 설정하지 못하는 기종이 많으며, 특정한 목적에서만 효과적인 경우가 많다.

컴프레서에 익숙하지 않은 초보자는 고급 하드웨어와 빈티지 시뮬레이터 플러그인보다 DAW에 탑재된 기본 컴프레서로 어택, 릴리스, 레시오, 드레숄드의 다양한 설정을 테스트하면서 기능을 파악하는 것부터 시작하자.

또한 고급 테크닉 중에서 패럴렐 컴프레션이라는 테크닉이 있다. 이것은 컴프레서를 건 신호와 걸지 않은 신호 또는 두 가지의 다른 컴프레서를 건 신호를 믹스하는 방법으로, 보다 폭 넓은 음색을 만들 수 있다.

록 드럼을 믹싱할 때, 전체적으로 어택과 릴리스를 아주 빠르게 설정한 컴프레서로 박력을 연출하면서도 킥드럼과 스네어의 어택을 강조하고 싶다고 가정해보자. 이런 경우에는 모든 드럼 마이크를 하나의 그룹으로 묶어서 출력함과 동시에 킥드럼과 스네어를 각각 다른 그룹으로 출력하도록 설정한다. 그리고 드럼 전체 그룹에는 박력을 연출하기 위한 컴프레서 설정, 킥드럼과 스네어에는 어택을 강조하기 위한 컴프레서 설정을 한다. 이때 스네어 마이크로 유입된 하이헷이 함께 부각된다면 스네어의 개별 그룹의 컴프레서 앞에 노이즈 게이트를 인서트한다(PA편 참조). 이렇게 설정한 다음 드럼 전체 그룹과 킥드럼, 스네어 개별 그룹의 밸런스를 조절하면 박력과 어택 모두를 살린 드럼 사운드를 만들 수 있다.

●과도한 사용에 주의하자!

마지막으로 컴프레서의 과도한 사용에는 주의하기 바란다. 컴프레서를 깊게 걸면 어떤 소리라도 음압이 증가하고 박력이 살아난다. 하지만 필요이상으로 모든 소리를 압축해버리면 다이내믹스가 없는 평범한 믹스가 되어버린다. 컴프레서는 전체적인 느낌을 살피면서 필요한 곳에만 사용하도록 하자.

특히 믹싱의 마무리 단계에서 맥시마이저(Waves의 L3 Maximizer를 가리키며, BBE SOUND의 Sonic Maximizer와는 다른 컴프레서 겸 리미터다. 참고로 Sonic Maximizer는 인핸서 계열로 분류된다) 등으로 음압을 높이는 것에 주의해야 한다. 이것은 데모와 러프 믹스처럼 참고하기 위한 음원을 만들 때는 효과적이지만, 최종 믹싱에 사용하면 마스터링 엔지니어가 음질을 개선할 여지를 제한해버린다. 만약에 맥시마이저를 깊게 건 사운드가 마음에 든다면 그것을 사용한 믹스와 사용하지 않은 믹스를 모두 만들어서 마스터링 엔지니어에게 건네는 것이 좋다.

Ⅲ 사이드 체인의 활용

컴프레서와 노이즈 게이트 중에는 사이드 체인이라는 기능을 가진 기종이 많다. 이에 대한 설명은 제2장에서 이미 했지만, 실제로 사용하는 방법을 알아보자.

대표적인 예로, 앰비언스와 룸 마이크로 녹음한 트랙에 노이즈 게이트를 사용하는 게이트 에코라는 방법이 있다. **그림③**처럼 룸 마이크 트랙에 노이즈 게이트를 인서트하고, AUX센드를 사용해서 노이즈 게이트의 사이드 체인 인풋에 스네어 트랙을 보낸다. 이때 스네어의 음량을 바꾸더라도 영향을 받지 않도록 AUX센드는 프리 페이더 리슨(Pre Fader Listen : 채널의 페이더를 통과하기 전의 신호를

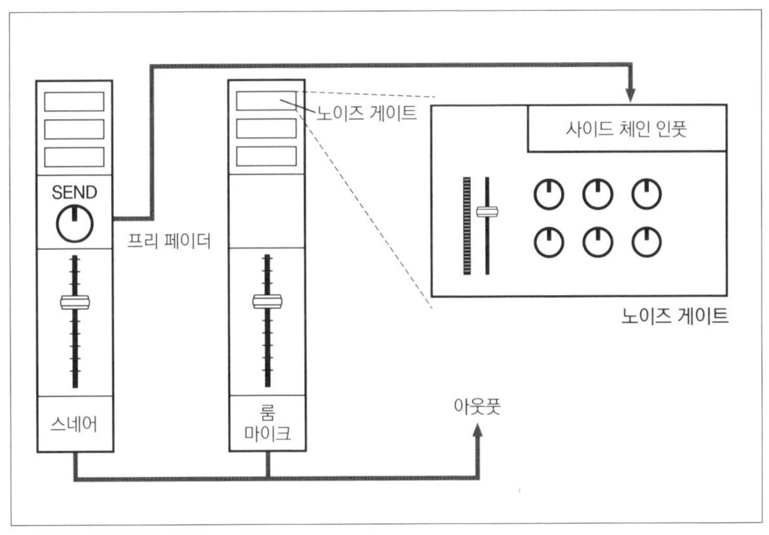

▲그림③ 게이트 에코를 만드는 방법

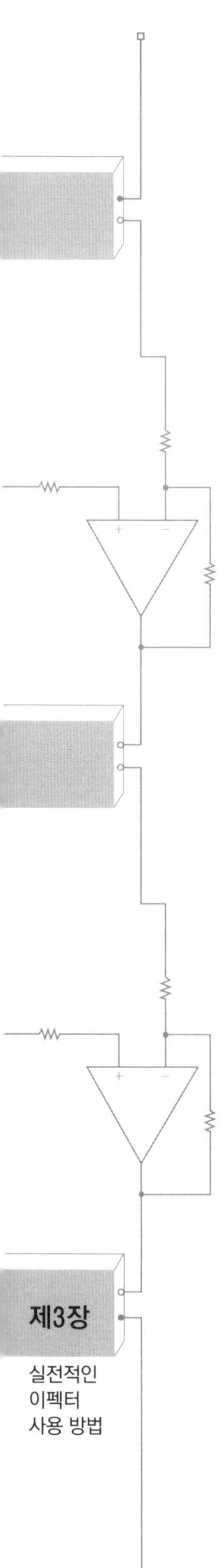

들을 수 있도록)으로 설정한다. 이렇게 하면 스네어가 울릴 때만 룸 마이크 트랙의 소리가 들리는, 80년대에 유행하던 게이트 에코 사운드를 만들 수 있다.

이 방법을 사용하면, 게이트 에코뿐만 아니라 다양한 사운드를 드럼의 어택에 맞추서 울리게 할 수 있다. 예를 들어 낮은 주파수의 사인파를 출력하는 오실레이터에 노이즈 게이트를 인서트하고 킥드럼과 플로어 탐의 트랙에 사이드 체인을 보내면 일반적인 드럼 소리로는 표현할 수 없는 저음역을 추가할 수 있다.

킥드럼과 베이스기타가 동일한 음역대를 함께 울리면 음량이 갑자기 커지거나, 마스킹 효과 때문에 소리가 사라지는 경우가 있다. 이럴 때는 사이드 체인 컴프레서를 사용하면 효과적으로 대처할 수 있다. **그림④**처럼 베이스 트랙에 컴프레서를 인서트하고, 레시오를 1.5~2 정도로 설정한다. 그리고 AUX센드로 컴프레서의 사이드 체인 인풋에 킥드럼을 입력한다. 이어서 킥드럼이 울리는 타이밍에 베이스의 음량이 자연스럽게 내려가도록 드레숄드를 조정한다.

클럽 음악에서 자주 들을 수 있는 킥드럼의 비트에 맞춰 트랙 전체가 꿈틀대는 효과를 연출할 수 있는 덕킹Ducking 컴프레서라는 이펙터는 사이드 체인을 응용한 것이다.

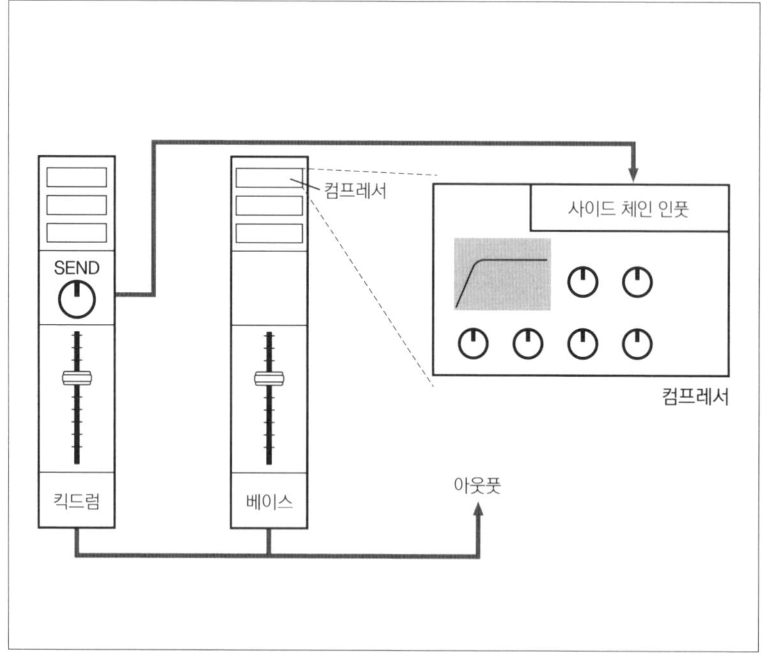

▲그림④ 킥드럼이 울리는 타이밍에 베이스기타에 컴프레서를 걸어주는 사이드 체인 컴프레서

Ⅳ 딜레이와 리버브 테크닉

믹싱할 때 딜레이와 리버브를 사용하는 방법은 기본적으로 PA와 같다. 하지만 가장 큰 차이점은 '공간의 울림'이 존재하지 않는다는 것이다. 하지만 스튜디오 부스의 울림이 너무 적어서 부자연스러운 소리가 녹음된다면, 앰비언스 마이크 트랙을 더해주면 자연스러워질 것이다.

하지만 킥드럼과 베이스기타에 앰비언스 마이크를 더하면 저음역이 탁해질 가능성이 있으므로 사용하지 않는 것이 좋다.

또한 딜레이와 리버브가 많거나 부족하다고 느껴지는 것은 항상 상대적이다. 예를 들어 앰비언스를 전혀 더하지 않은 백킹 트랙 위에 리버브를 살짝 추가한 보컬을 올리면 리버브가 상당히 돋보인다. 반대로 기타와 키보드에 딜레이와 리버브를 많이 더한 믹스에서는 보컬에 상당량의 리버브를 걸어도 많다고 느껴지지 않는다. 다시 말해, 특정 악기의 리버브와 딜레이를 돋보이게 하려면 그 부분에서 다른 악기에 딜레이와 리버브를 사용하지 않거나 줄이면 된다는 것이다.

표④는 리버브와 딜레이의 일반적인 타임과 사용 예다. 참고하기 바란다.

이펙터	타임	사용 예
리버브	1s 이하	룸 앰비언스, 드럼의 게이트 리버브
	1s~2s	가장 많이 사용되는 홀 타입과 플레이트 타입
	3s 이상	리버브 효과를 강조하기 위한 롱 리버브
딜레이	15ms~100ms 피드백 적게	더블링, 원음과 딜레이음을 스테레오로 출력해도 좋다
	100ms~180ms 피드백 적게	보컬용 슬랩 에코
	140ms~200ms 피드백 많이	60년대 스타일의 사이키델릭 에코, 롱 리버브와 함께 사용하면 그런지 록 스타일의 보컬에 잘 어울린다
	250ms~350ms 피드백 아주 많이	임팩트가 필요한 타이밍에 스네어와 보컬에 걸면 덥 사운드를 연출할 수 있다
	300ms 이상 템포에 맞춘다 피드백 많이	전형적인 롱 딜레이, 보컬과 기타 솔로에 어울린다. 딜레이음에 리버브를 걸면 훨씬 효과적이다

▲표④ 리버브와 딜레이의 일반적인 타임과 사용 예

V 디지털 시대의 왜곡과 노이즈

80년대까지 레코딩 엔지지어는 왜곡과 노이즈를 줄이기 위해서 많은 노력을 기울였다. 그런 와중에 디지털 레코더가 등장하자 아날로그 테이프 레코더의 히스 노이즈와 왜곡이 없다는 점 때문에 기뻐했다.

그 후로 20여년이 지났지만, 오히려 최근에는 아티스트와 엔지니어들이 모이면 어떻게 해야 아날로그의 따뜻한 느낌과 새처레이션을 재현할 수 있느냐는 이야기밖에 하지 않는다. 이것은 왜곡과 노이즈가 사라지고 나니 아날로그 특유의 질감이 그리워진 것이다.

왜곡과 노이즈가 없는 깔끔한 소리로 녹음된다는 것이 디지털 레코딩의 장점이기도 하지만, 단점이 되기도 한다.

디지털 시스템으로 작업하는 믹싱에서는 아날로그의 질감을 표현하기 위해서 다양한 형태로 왜곡과 노이즈를 추가해주는 이펙터를 사용한다.

● 새처레이션

우선 새처레이션을 살펴보자. 이 효과는 디스토션 계열 이펙터로만 만들어 낼 수 있는 것은 아니다. 아날로그 테이프 레코더와 빈티지 아날로그 컴프레서는 입력신호를 필요이상으로 올리면 신호에 왜곡이 일어나면서 새처레이션이 발생한다. 빈티지 이펙터와 테이프 레코더를 재현한 플러그인 중에서 이런 기능까지 재현한 모델이 많다.

당연히 이런 하드웨어와 플러그인에는 '드라이브' 또는 '게인'이라고 적힌 노브가 없다. 새처레이션을 얻기 위해서는 왜곡이 발생할 정도까지 인풋 레벨을 올리고 청감상 다른 악기들과의 밸런스를 생각하면서 아웃풋 레벨을 내리는 방식으로 조절한다. 이것은 제2장의 앰프 시뮬레이터에서 설명한 게인과 마스터 볼륨으로 왜곡과 음량을 조절하는 것과 같은 원리다. 또한 컴프레서는 어택과 릴리스, 레시오의 설정으로 새처레이션을 조절할 수 있다. 그리고 컴프레서로 인한 새처레이션은 다른 소리와 섞이면 왜곡된 것처럼 들리지 않으며, 왜곡으로 인해 증가한 배음 성분 때문에 소리의 존재감과 박력이 커진다.

● 디스토션을 강조하는 방법

믹싱 단계에서 디스토션을 강조하는 방법을 설명하겠다. 일단 녹음된 디스토션 기타와 디스토션 베이스 트랙에 다시 한 번 디스토션을 걸어보자. 이것은 앰프 시뮬레이터 플러그인이 보급되면서 고안된 방법이다. 녹음할 때에 큰 앰프를 사용할 수 없었거나, 녹음실에 있던 앰프로 녹음했지만 다른 앰프로 녹음한 것처럼 소리를 바꾸기 위한 테크닉이다. DI로 녹음한 베이스 트랙에 앰프 시뮬레이터를 사용해서 마이크로 녹음한 느낌을 연출하는 방법도 자주 사용한다.

●새로운 캐릭터를 만들기 위한 디스토션

녹음할 때 앰프 게인이나 디스토션 이펙터를 사용하기 힘든 소재에 믹싱 단계에서 오버 드라이버 또는 앰프 시뮬레이션으로 새로운 캐릭터를 만들어 주는 것도 자주 사용되는 방법이다. 이것은 DAW가 등장하기 이전부터 하드웨어 앰프 시뮬레이터를 사용해서 이미 행하던 방법으로, 보컬 트랙에 TECH21의 SansAmp를 걸어주는 방법이 가장 대표적이라고 할 수 있다. 페달형 이펙터는 리앰프를 사용해서 믹서와의 레벨과 임피던스를 맞춰야할 필요가 있지만, 이 방법을 사용하는 엔지니어가 많아지면서 믹싱에 사용하기 위한 랙 타입 앰프 시뮬레이터가 등장했다. 현재는 플러그인을 사용해서 손쉽게 다양한 소재에 디스토션을 걸어주는 것이 가능하다. 그리고 엔지니어를 위해서 멀티 밴드로 세밀한 편집이 가능한 디스토션 플러그인까지 등장했다.

앞서 설명한 보컬 이외에도 드럼의 룸 마이크에 앰프 시뮬레이터를 걸어주거나 리버브에 디스토션을 걸어서 독특한 효과를 만들 수 있다.

Ⅵ 편집으로 만드는 효과음

레코딩 편에서도 설명했지만, 이펙터를 사용하지 않고 다양한 효과음을 만들 수 있다. DAW의 보급과 함께 오디오 데이터의 편집 작업이 믹싱 작업의 일부분이 되면서, 다양한 효과음을 직접 만드는 것이 가능해졌다.

●리버스

아날로그 시대부터 엔지니어가 자주 만들던 효과음이 바로 리버스다. 이것은 원래 오픈 릴 테이프를 반대로 감아서 녹음한 다음, 원래대로 되돌려서 재생하는 방법으로, 당시에는 아주 손이 많이 가는 작업이었다. 지금은 오디오 데이터를 선택해서 리버스를 실행하기만 하면 바로 만들 수 있으므로 아주 간편해졌다. 리버스는 드럼과 퍼커션, 피아노, 어쿠스틱 기타 등의 감쇠음을 가진 악기에 효

과적이다. 편집할 때의 중요한 포인트는 리버스된 소리가 끊어지기 순간을 원래
의 박자에 맞추는 것이다.

●더블링

레코딩 편에서 설명한 믹싱으로 더블링 효과를 만드는 방법을 익혀두면, 더블링
트랙을 녹음하지 못했을 경우에 큰 도움이 된다. 같은 프레이즈가 반복될 경우
에 사용할 수 있는 더블링 방법을 알아보자.

　예를 들어 후렴이 세 번 반복되는 곡에서 백킹 보컬이 같은 프레이즈를 부른
다고 생각해보자. 그리고 메트로놈을 들으면서 각 코러스의 템포도 일정하게 맞
춰서 녹음했다고 가정한다. 이 경우, 백킹 보컬의 순서를 **그림⑤**처럼 바꿔보자.
이것으로 각 후렴을 두 번씩 녹음한 것과 같은 효과를 얻을 수 있다.

　같은 방법을 조금 더 세밀하게 사용하면 한번 밖에 녹음하지 않은 박수소리에
더블링 효과를 주거나, 스네어를 여러 사람이 연주하는 마칭 밴드처럼 들려줄
수 있다.

　최근의 DAW에는 퀄리티가 뛰어난 타임 스트레치 기능이 탑재되어 있다. 이것
을 사용하면 메트로놈 없이 녹음한 소재라도 타이밍을 맞춰서 이 방법을 사용할

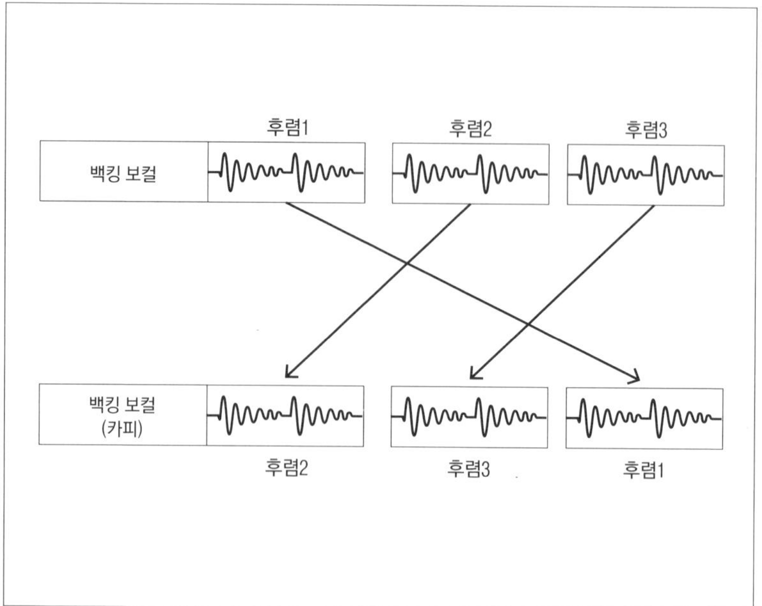

▲그림⑤　백킹 보컬의 더블링

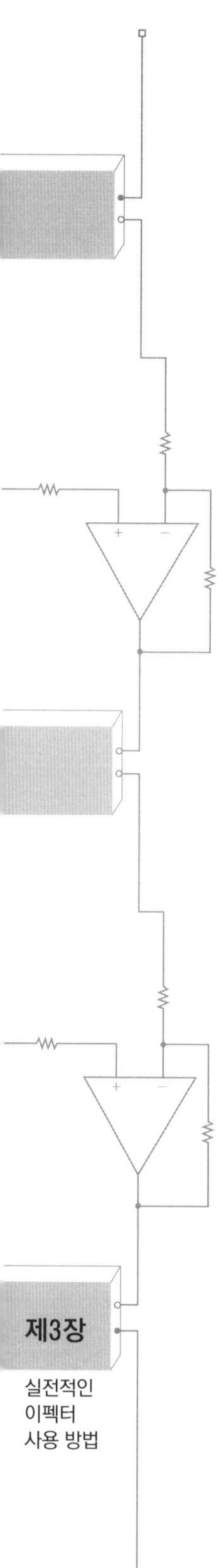

수 있다.

●커트, 카피, 페이스트

DAW는 커트, 카피, 페이스트를 사용해서 오디오 데이터를 MIDI 데이터처럼 자유자재로 편집할 수 있다. 이것을 사용하면 이펙터로는 만들 수 없는 효과음까지 만들 수가 있다.

카피&페이스트로 딜레이를 만들어보자. 보컬 트랙 중에서 하나의 단어만 세 번 반복하는 딜레이를 만들고 싶다면, 보컬 트랙을 세 번 카피한다. 편의상 카피한 3개의 트랙을 카피1, 카피2, 카피3이라고 하겠다. 다음으로 카피한 트랙에서 원하는 부분만 남기고 나머지 부분을 잘라버린다. 카피1을 원래의 트랙보다 점8분음 뒤로, 카피2를 카피1보다 점8분음 뒤로, 카피3을 카피2보다 점8분음 뒤로 이동시킨다. 그리고 원음부터 카피3까지 점점 음량이 작아지도록 볼륨을 설정한다. 이것으로 보컬 트랙의 일부분에만 딜레이가 걸린 것처럼 들릴 것이다(그림⑥).

하지만 이런 작업은 딜레이 이펙터를 사용하는 편이 훨씬 간단하다. 편집으로 딜레이 효과를 만드는 묘미는 이제부터다. 각 딜레이음은 완전히 독립된 오디오

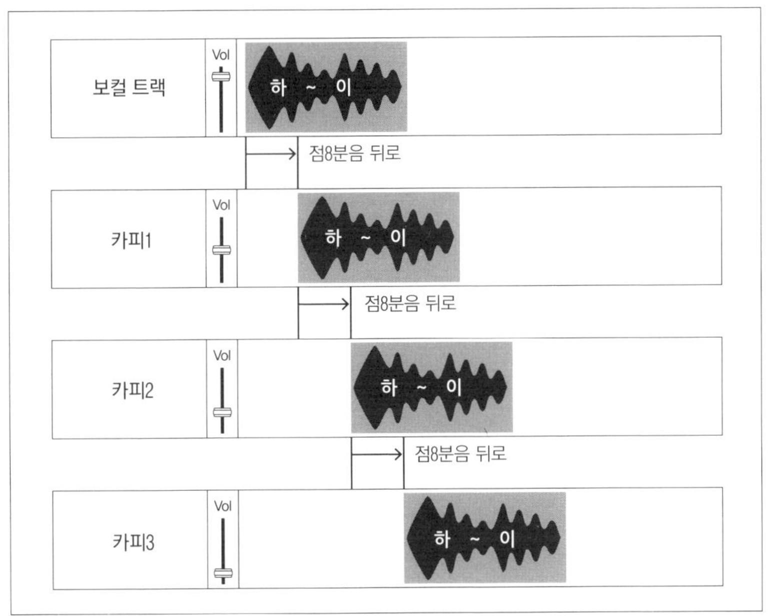

▲그림⑥ 카피&페이스트로 만든 딜레이

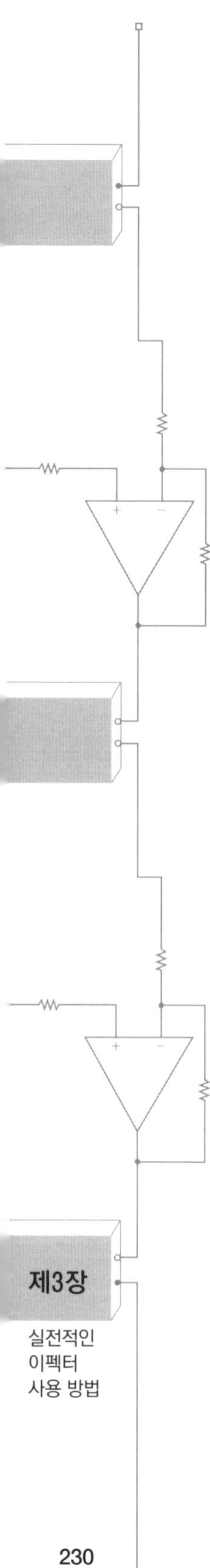

트랙이므로 각각에 전혀 다른 처리를 할 수 있다. 예를 들어 카피1을 왼쪽, 카피 2를 센터, 카피3을 오른쪽에 배치하면 딜레이음이 왼쪽에서 오른쪽으로 이동하는 효과를 만들 수 있다. 그리고 카피3의 리버브양을 카피1, 2보다 많이 설정하면 딜레이가 반복하면서 멀리 날아가는 듯한 느낌을 연출할 수 있다. 반대로 카피3을 짧게 커트하면, 세 번째 딜레이에 게이트를 건 느낌을 줄 수 있다. 박자에 맞춰서 커트하면 독특한 그루브를 연출할 수 있을 것이다. 세 번의 딜레이 중에서 한 곳에만 리버스 효과를 주는 것도 가능하다.

또한 각 트랙에 전혀 다른 플러그인을 걸 수도 있으므로 카피1에 플렌저, 카피 2에 오토 와우, 카피3에 디스토션을 거는 등의 아주 독특한 효과를 만들 수도 있는 것이다.

이렇게 편집으로 만드는 효과는 다양한 음악 속에서 들을 수 있다. 하지만 그것이 어떻게 만들어낸 효과인지 잘 모르는 아티스트도 많다. 그러므로 엔지지어는 아티스트가 원하는 사운드를 잘 이해하고 그에 맞는 효과를 제안해주는 역할까지 해야 한다.

Ⅶ 오토메이션의 활용

DAW 이전의 오토메이션은 값비싼 고급 레코딩 콘솔이라도 각 채널의 볼륨 페이더와 뮤트 채널을 기억하는 기능이 전부였으며, 그 외의 모든 기능은 직접 손으로 조작했다. 상당히 복잡한 믹싱 작업은 엔지니어 혼자 할 수 없었으므로, 어시스턴트와 아티스트까지 함께 도와야 했다.

90년대 말에 DAW가 등장하면서 모든 파라미터의 동작을 기억하고, 세밀한 편집까지 할 수 있게 되었다. 이것은 말 그대로 혁명적인 사건으로, 믹싱 작업은 오토메이션과 오디오 데이터의 편집에 의해서 이전과는 전혀 다른 방법으로 진행하게 되었다. 무엇보다도 엔지니어의 작업이 편곡자와 프로듀서의 역할과 밀접해졌다고 할 수 있다.

●오토메이션으로 각 부분마다 최적의 세팅을 만든다

그럼 이펙터의 오토메이션을 살펴보자. 우선 컴프레서와 이퀄라이저에 오토메이션을 사용하면 리버브와 딜레이로 보내는 센드 양을 각 부분마다 바꿀 수 있다. 예를 들어 컴프레서는 작은 음량일 때 일정한 밸런스를 유지하기 위한 설정을 하고, 후렴부분에서는 왜곡이 발생하지 않도록 드레숄드를 오토메이션으로 올려준다. 노이즈 게이트는 큰 음량일 때 킥과 스네어를 게이트로 커트하고, 작은 음량일 때는 게이트를 열어서 작은 소리들이 사라지지 않도록 설정할 수 있다. 밴드의 음량이 클 때에만 보컬의 이퀄라이저로 중음역을 보강해서 잘 들리도록 하거나, 기타 솔로의 마지막 롱 톤에만 딜레이를 거는 작업도 쉽게 할 수 있다.

또한 오토메이션은 아주 세밀한 편집이 가능하므로 보컬 트랙의 한 음절에만 이펙터를 걸 수도 있다.

● 오토메이션 자체를 이펙터로 사용한다

이펙터의 설정을 오토메이션으로 컨트롤하는 것만이 아니라, 오토메이션 자체를 이펙터로 사용할 수 있다.

가장 간단한 것은 오토 팬이다. 좌우로 소리를 이동시키는 단순한 효과지만, 팬을 오토메이션으로 설정하면 이동하는 타이밍을 쉽게 리듬에 맞출 수 있다. 게다가 '매뉴얼'이라는 파라미터를 가진 플렌저의 모듈레이션 뎁스를 0으로 해두고, '매뉴얼'을 오토메이션으로 움직이면서 세밀한 플렌저 효과를 만들 수 있다. 이 방법은 단순히 파형을 위아래로만 움직이는 것이 아니라, 플렌저를 악기의 프레이즈처럼 표현할 수 있다. 대부분의 필터 계열 이펙터에 적용할 수 있으며, 이퀄라이저의 게인을 오토메이션으로 움직여서 와우 효과를 만들 수도 있다.

이처럼 편집과 오토메이션을 잘 활용하면 이펙터는 무한의 가능성을 갖게 된다. 하지만 과도한 사용은 금물이다.

Ⅷ 소리의 확산, 이동, 배치

믹싱 작업의 중요한 포인트 중의 하나는 트랙의 배치다. 이 책은 믹싱에 관한 책이 아니므로, 소리의 배치에 관한 자세한 설명은 할 수 없지만, 트랙을 배치할 때 효과적인 다양한 이펙터를 설명하겠다.

스테레오는 기본적으로 팬을 좌우 양쪽으로 펼치거나 센터에 배치한다. 하지만 이때, 이펙터의 도움을 받으면 배치의 베리에이션을 늘일 수 있다.

●소리의 확산

기타, 베이스, 드럼으로 편성된 트리오 밴드를 믹싱한다고 가정해보자. 기타 한 대로는 확산감이 부족하다고 느껴진다면, 쇼트 딜레이를 사용해서 정위를 살짝 바꾼 트랙을 하나 만들어서 확산감을 강조할 수 있다.

기타 트랙을 10~50ms 정도의 피드백이 없는 쇼트 딜레이로 보내고, 원음을 왼쪽, 딜레이음을 오른쪽에 배치한다. 기본적으로 기타는 왼쪽에서 들리지만, 전체적으로 확산감이 생길 것이다. 또한 딜레이 타임을 조금씩 바꾸면 소리의 확산감과 정위가 변하는 것을 느낄 수 있다. 이때, 딜레이의 위상을 반전시키면 갑자기 확산감이 커지고 좌우 스피커 바깥에서 소리가 들리는 느낌을 연출할 수도 있다.

스테레오의 확산감을 강조해주는 스테레오 익스펜더라는 이펙터 중에는 위상반전 테크닉을 사용하는 기종이 많다. 주의할 점은 위상반전을 사용해서 확산감을 준 트랙은 모노럴로 재생할 때 소리가 이상하게 변할 수 있다는 점이다.

스테레오 익스펜더 중에서 WAVES S1 Stereo Imager는 주파수를 분할하는 기술을 사용해서 모노럴로 출력해도 소리가 바뀌지 않는다.

●원근감의 연출

다음으로 소리의 원근감을 만들어보자. 소리를 앞쪽으로 나오도록 연출하고 싶다면, 리버브와 딜레이를 사용하지 말고 이퀄라이저로 하이와 로우를 부각시키고 컴프레서로 음압의 밸런스를 일정하게 유지한 채로 음량을 다른 악기보다 조금 크게 해보자.

소리를 멀리서 들리게 하고 싶다면 이와 반대로 설정한다. 우선 음량을 다른 트랙보다 조금 낮추고 하이패스 필터 또는 이퀄라이저로 로우를 커트한다. 하이패스 필터의 경우 커트하는 주파수를 점점 올리다보면 소리가 멀어지는 것이 느껴질 것이다. 이 상태로 이퀄라이저를 사용해서 고음역을 깎아주면 소리가 더욱 멀리서 들리게 된다. 여기에 리버브를 추가해보자. 딜레이와 리버브를 함께 사용해도 좋다. 딜레이와 리버브의 양을 늘일수록 소리는 점점 멀어진다. 최종적으로는 원음보다 리버브음을 크게 하거나 원음을 0으로 하고 리버브음만 출력하면 아주 멀리서 소리가 들릴 것이다. 하지만 리버브와 딜레이가 스테레오로 펼쳐져 있는 경우와 모노럴일 경우에는 다른 느낌의 소리가 된다.

트랙을 배치할 때 스테레오가 좋은지, 모노럴이 좋은지는 곡 전체를 잘 듣고 판단해야 한다. 같은 스테레오라도 이펙터를 통한 다음 출력된 소리와 단순히 두 개의 모노럴 트랙을 좌우로 펼쳐서 출력하는 소리는 느낌이 전혀 다르다.

무작정 모든 트랙을 스테레오로 펼치면 각 소리가 충돌해서 전체적인 사운드가 탁해진다. 반대로 스테레오로 펼친 소리 안에 모노럴 트랙을 배치하면 서로 명확하게 들리는 경우가 있다. 중요한 것은 모노럴과 스테레오가 서로 잘 들리도록 조합하는 것이다.

또한 베이시스트 편에서 언급했듯이 저음역을 스테레오로 펼치는 것은 의미가 없으며, 아날로그 LP로 제작할 경우에 발생하는 문제도 있다. 따라서 100㎐ 이하의 주파수 성분이 중요한 악기는 스테레오보다 모노럴로 좋은 음색을 만드는 것이 좋다.

Ⅸ 하드웨어 이펙터의 프린트

DAW가 주류를 이루고 있는 지금도 하드웨어 이펙터의 매력은 외면하기 힘들다. 그래서 아직도 필자를 포함해서 DAW로 믹싱할 때 하드웨어 이펙터를 함께 사용하는 사람들이 많다. 하지만 이때 문제가 되는 것이 이펙터의 재현성이다. DAW로 믹싱하는 최대의 장점은 세션 파일을 세이브 해두면 언제든지 세션을 열고 같은 데이터로 믹싱 작업을 할 수 있다는 것이다. 이것은 P183에서 이미 언급했던 내용이다. 하지만 하드웨어 이펙터를 함께 사용할 때는 이것이 힘들다.

예를 들어 하드웨어 이펙터의 세팅을 종이에 메모해두거나 카메라로 이펙터 노브의 위치를 찍어서 세션 파일과 함께 보관하는 방법도 있지만, 렌탈 스튜디오에서 1차 믹싱을 하고 2차 믹싱을 다른 스튜디오에서 한다면 같은 하드웨어 이펙터를 사용하지 못하는 경우가 있다.

이때 가장 확실한 방법은 하드웨어 이펙터를 사용하는 경우, 이펙터가 걸린 악기소리 자체를 오디오 트랙으로 녹음해두는 것이다. 이 방법은 일반적으로 '이펙터를 프린트한다'고 표현한다.

리버브와 딜레이처럼 센드 방식으로 사용하는 이펙터는 AUX채널로 입력된 효과음만 새로운 오디오 트랙으로 녹음한다. 보컬에 빈티지 하드웨어 리버브를 사용했다면 믹싱 작업에서 리버브 양과 설정을 더 이상 바꾸지 않아도 된다고 판단된 시점의 리버브음을 DAW로 입력해서 오디오 트랙에 녹음한다. 이렇게 하면 하드웨어 리버브가 없더라도 리버브음을 사용할 수 있다(**화면①**). 또한 이 방법은 리버브 리턴의 음량과 음색을 편집, 오토메이션 또는 플러그인 이펙터로 컨트롤할 수 있다는 장점이 있다.

디스토션과 컴프레서처럼 인서트 방식으로 사용하는 이펙터는 이펙터가 걸린 소리를 그대로 오디오 트랙에 녹음한다. 예를 들어 드럼의 스테레오 믹스 그룹 전체에 진공관 방식의 하드웨어 컴프레서를 걸었다면, 드럼의 스테레오 믹스가 완성된 시점에서 컴프레서의 아웃을 DAW에 스테레오로 입력해서 오디오 트랙에 녹음한다. 그리고 원래의 드럼 믹스 그룹은 뮤트한다.

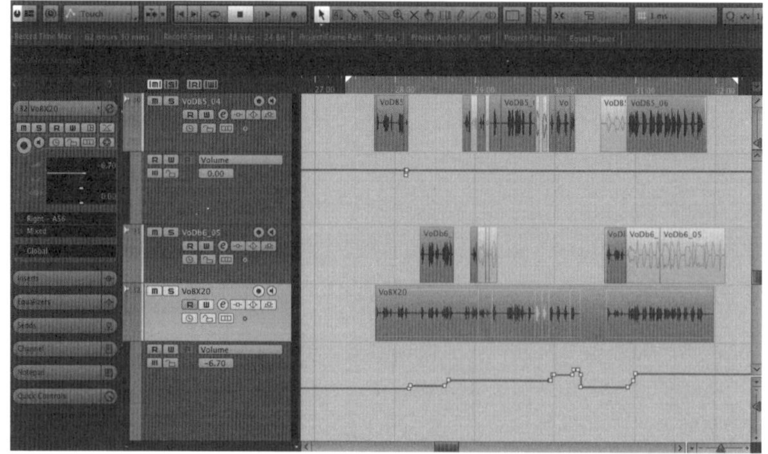

▲화면① 보컬 트랙에 건 AKG BX20 리버브를 오디오 트랙에 프린트한 화면이다. 리버브의 레벨을 오토메이션으로 지정해두었다

마스터링편

I 마스터링의 기본

필자는 '마스터링이란 구체적으로 무슨 작업이냐?'는 질문을 자주 받는다. 마스터링 스튜디오에 와서 시간과 노력을 들여서 만든 믹스 트랙을 최대한 좋은 음질로 발매하고 싶다는 생각과 믹스 트랙의 음색이 마스터링 때문에 바뀌는 것을 원치 않는 생각이 복잡하게 교차하는 사람들이 많다. 마스터링의 기본적인 목표는 마스터링된 사운드를 아티스트와 믹싱 작업을 한 엔지니어가 들었을 때 '믹스 트랙과 큰 변화는 없지만 무언가 소리가 좋아졌다'고 느낄 수 있도록 하는 것이다. 물론 믹싱 자체에 미흡한 점이 있다면 마스터링에서 보완하기도 한다.

그러므로 마스터링에서 가장 중요한 것은 믹스 트랙을 듣고, 무엇이 부족하고 무엇이 불필요한지 판단하는 것이다. 아래의 항목을 참고하기 바란다.

- 어딘가에 불필요한 주파수가 존재하지는 않는가?
- 불필요한 주파수들이 충돌해서 전체적인 사운드가 흐려지지 않았는가?
- 초고음역과 초저음역은 충분한가 또는 과도하지 않은가?
- 메인 보컬과 악기의 존재감은 충분한가?
- 소리의 확산감은 충분한가?
- 전체적으로 컴프레서를 걸어줄 필요가 있는가?
- 시판되고 있는 CD와 비교해서 음량은 충분한가?

이때의 판단 기준은 곡 분위기와 아티스트가 원하는 방향성에 따라서 변하므로 아티스트, 프로듀서에게 확인해둘 필요가 있다. 필자는 마스터링에 익숙하지 않은 아티스트에게는 참고로 하고 싶은 음원이 있다면 반드시 들려달라고 요청한다. 일단 방향성이 정해지면 거기에 맞는 AD/DA컨버터와 연결 케이블, 심지어 전원 케이블까지 교체하는 경우도 있다.

● 이퀄라이저

마스터링에 가장 많이 사용되는 이펙터는 이퀄라이저다. 하드웨어든 플러그인이든 상관없지만, 위상특성이 뛰어난 이퀄라이저는 하나쯤 가지고 있는 것이 좋다. 반드시 유명하거나 비싼 기종일 필요는 없다. 중요한 것은 자신이 가진 이퀄라이저의 특성을 잘 파악하고 활용하느냐다. 자신에게 익숙한 이퀄라이저라면 문제가 되는 주파수를 발견했을 때에 어느 정도의 Q설정으로 얼마만큼 커트해야 하는지 쉽게 알 수 있을 것이다.

믹싱이 상당히 잘 된 경우에는 이퀄라이저로 음색을 크게 바꾸지 않는 것이 좋다. 하지만 아무래도 거슬리는 주파수가 있다면 Q를 좁게 설정해서 전체적인 음색을 해치지 않을 정도만 커트하는 것이 좋다. 예를 들어 베이스가 어느 음정을 연주할 때에만 발생하는 주파수가 있다면, 다른 소리에 영향을 주지 않도록 이퀄라이저의 오토메이션으로 베이스가 그 음정을 연주하는 부분만 커트하도록 설정한다.

반대로 믹싱이 전체적으로 빈약하거나 음색이 탁하다면 넓은 Q를 가진 파라메트릭 이퀄라이저 또는 쉘빙 이퀄라이저로 전체 사운드의 밸런스를 다시 잡는다. 그리고 고음역을 전체적으로 올린 탓에 심벌의 특정 주파수가 거슬리거나, 저음역을 올리면서 킥드럼의 중저음이 너무 크게 들리는 경우에는 앞서 설명했듯이 특정 주파수를 찾아서 커트하면서 밸런스를 조정한다.

어느 정도의 이퀄라이저 처리가 필요한지는 믹싱의 완성도에 따라서 달라진다. 거슬리는 주파수 한곳만 내리거나 올려서 마스터링이 끝나는 경우도 있고, 고음역과 저음역을 보강한 다음 5~10군데 정도의 주파수를 조정해야 하는 경우도 있다. 중요한 것은 어느 정도 처리한 다음 원래의 믹스 트랙과 비교해보는 것이다. 이론적으로는 불필요한 주파수를 정리해서 깔끔한 사운드를 만들었다고 생각되더라도 결과적으로 원래의 믹스 트랙이 지향하는 이미지와 달라지면 안되기 때문이다.

마스터링을 위한 이퀄라이징 테크닉의 첫걸음은 원하는 주파수를 찾아서 적절한 방법으로 처리하는 능력을 익히는 것이다. 다음으로 필요한 것이 아티스트가 지향하는 이미지대로 만들기 위해서는 문제의 주파수를 완벽하게 제거하는 것이 좋은지, 어느 정도 남겨두는 것이 좋은지를 판단하는 능력을 기르는 것이다.

● 컴프레서, 리미터

다음으로 마스터링에서 컴프레서와 리미터를 사용하는 방법을 알아보자.

마스터링 엔지니어는 믹싱 엔지니어에게 '마스터 채널에 컴프레서를 너무 심하게 걸지 말라'고 부탁하는 경우가 많다. 이것은 마스터링 작업에서 음압에 필요한 만큼의 컴프레서를 추가로 걸 수는 있지만, 믹싱 단계에서 마스터 채널에 걸린 컴프레서 때문에 왜곡된 트랙을 마스터링 단계에서 복구하는 것은 거의 불가능하기 때문이다. 또한 과도한 컴프레서가 필요한 곡이라도 이퀄라이저 처리를 한 다음에 컴프레서를 거는 것이 좋은 결과를 가져오는 경우도 있다.

믹싱 단계에서 마스터 채널에 컴프레서를 걸면 각 악기소리의 일체감과 박력이 증가한다. 하지만 악기가 많이 사용된 음원은 소리가 탁해지고 각 악기소리가 잘 들리지 않는 경우도 있다. 그러므로 마스터링 단계에서 컴프레서를 거는 것이 좋다고 판단되는 경우에는 이퀄라이저 처리를 하면서 컴프레서의 레시오, 어택, 릴리스를 조정하고 컴프레서로 인한 박력을 표현하면서도 사운드가 탁해지지 않도록 주의한다. 이때 같은 주파수를 이퀄라이저로 처리하더라도 컴프레서 이전에 처리하는 것과 이후에 처리하는 것은 전혀 다른 음색으로 들린다.

이처럼 컴프레서로 분위기를 바꾸는 극단적인 처리를 하지 않더라도 마스터 채널의 다이내믹 레인지가 CD와 레코드와 같은 미디어의 허용범위를 초과하지 않도록 하기 위해서는 컴프레서 또는 리미터가 필요하다. 하지만 이런 경우에는 컴프레서를 사용한 느낌이 들지 않도록 작업하는 것이 바람직하다. 따라서 믹스 전체에 하나의 컴프레서를 거는 것보다 주파수 대역을 나눈 멀티밴드 컴프레서를 사용하거나, 센터와 사이드를 MS(Mid-Side)라는 프로세스로 나눠서 처리하기도 한다. 이 경우 어택 타임은 일반적인 악기용보다 빠르게 하고, 레시오는 1.2:1에서 2:1 정도로 낮게 설정한다.

또한 MS처리를 한 다음에 사이드의 레벨을 센터보다 높게 설정하면 확산감이 증가한다. 이것과 이퀄라이저 또는 멀티밴드 컴프레서를 조합하면 음질변화를 억제하면서 대역별로 확산감을 조정할 수 있다.

CD와 MP3 등의 디지털 미디어를 위한 마스터링을 할 때는 피크가 0dB를 초과하는 것을 방지하기 위해서 마지막 단계에 브릭 월 리미터^{Brick Wall Limiter}를 사용하는 경우가 많다. 이것은 오디오 신호를 설정한 레벨 이하로 억제해주는 특수한

엔지니어가
알아야 할
이펙터
세팅

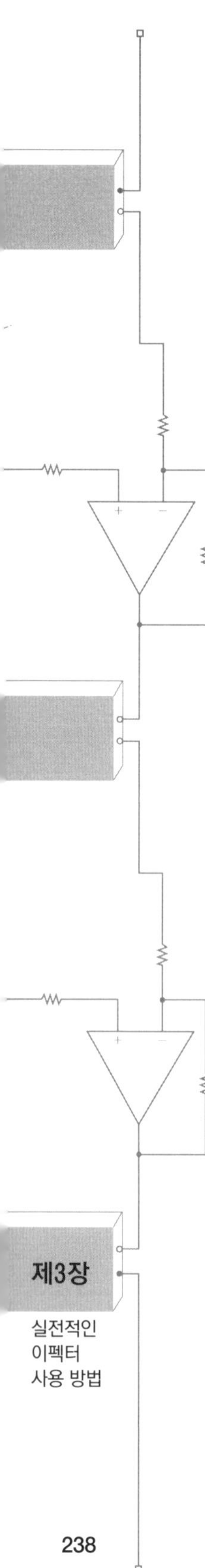

리미터로, 특히 클립을 방지하면서 음량을 올리기 위해서 사용할 때는 맥시마이 저라고 부르는 경우도 있다.

●하드웨어와 소프트웨어

위와 같은 프로세스를 모두 하드웨어로 하려면 이퀄라이저부터 브릭 월 리미터 까지 완전히 위상특성을 맞추고, 멀티밴드와 MS처리가 가능한 마스터링용 콘솔 을 준비해야 한다. 하지만 이런 장비들을 조달하는 것만으로 상당한 예산이 필 요하다. 아날로그 시스템에서 좌우 채널의 위상특성을 맞추기 위해서는 하나하 나의 장비를 엄선하는 것부터 시작해야 하므로 쉬운 작업이 아니다. '마스터링 사양'이라고 표기된 장비가 일반적인 장비보다 비싼 것은 그런 이유 때문이다. 그리고 아날로그 시대의 마스터링은 전용장비를 갖춘 마스터링 스튜디오에서 마스터링 엔지니어가 하지 않으면 불가능한 작업이었다.

디지털 시대에 등장한 플러그인 이펙터들은 이론적으로 위상특성이 통일되어 있으며, CPU 속도가 빨라지면서 DAW 내부의 레이턴시와 위상 문제도 대부분 자동으로 보정해준다. 그러므로 디지털은 비교적 저렴한 시스템이라도 원리를 알면 누구라도 마스터링을 할 수 있다. 구체적인 방법은 P243에서 설명하겠다.

참고로 마스터링용 올-인-원 플러그인은 이퀄라이저, 컴프레서, 멀티밴드 컴 프레서, MS처리, 브릭 월 리미터 등이 하나의 패키지로 구성된 것을 말한다.

Ⅱ 디지털 음원과 아날로그 레코드

CD라는 매체는 이미 mp3 등의 디지털 음원에 음악시장을 양보했다고 할 수 있 다. 하지만 여전히 물리적인 기록매체를 남기고 싶어하는 아티스트와 그것을 소 장하려는 팬의 욕구가 부활하면서 아날로그 레코드가 다시 유행하려는 조짐을 보이고 있다.

이번에는 디지털 음원을 위한 마스터링과 아날로그 레코드를 위한 마스터링 의 차이점을 가볍게 알아보자.

●음압

만약 80년대에 발매된 CD를 가지고 있다면 DAW에 인코딩해서 최근에 발매된 CD를 인코딩한 음원의 파형과 비교해보기 바란다. 아마도 너무 큰 음량차이 때문에 깜짝 놀랄 것이다. 최근의 CD는 음량이 아주 작아지는 부분을 제외한 전체적인 파형이 트랙 위아래를 가득 메운 것처럼 보일 것이다. 이것은 브릭 월 리미터로 음압을 피크 직전의 허용 한계치까지 올린 것을 의미한다. 하지만 이것은 결코 음질을 좋게 하려는 이유 때문이 아니다. 90년대 이후부터 레코드 회사의 세일즈, 마케팅 담당자들 사이에서 '음량이 큰 편이 잘 팔린다'는 말이 돌았다. 이 말은 당시에는 인터넷이 없어서 음악을 구매하려면 레코드 가게에 가야만 했고, 레코드 가게에서 헤드폰으로 시청했을 때 음량이 크면 임팩트도 커지지 때문이었다. 하지만 요즘에는 의미가 없어진 일이라고 할 수 있다.

음압을 올리는 작업은 마스터링의 기본 목적인 음질향상과는 조금 거리가 멀다. 90년대 중반에 WAVES L1과 L2를 비롯한 맥시마이저가 개발되고, 비교적 쉽게 음압을 올릴 수 있게 되자 레코드 회사간에 음압을 올리는 경쟁이 시작되었다. 음질의 변화를 최소화하면서 음압을 올릴 수 있는 플러그인들이 많이 등장했지만, 지금은 그러한 플러그인을 사용해도 음질의 변화를 피할 수 없을 정도로 CD음량의 기준이 높아져버렸다.

물론 음악에 따라서는 한계치까지 음압을 올리는 것이 훨씬 멋진 경우도 있다. 하지만 사실 한계치까지 음압을 올리면 다이내믹 레인지가 좁아지고, 불필요한 주파수의 포화감이 증가해서 사운드 자체가 탁해지는 경우가 많다. 그래서 마스터링을 할 때는 음압을 한계치까지 올린 상태라도 좋은 소리로 들리도록 작업해야 한다. 그러기 위해서는 먼저 문제가 되는 주파수와 사운드의 확산감을 정리하는 작업을 한 다음에 음압을 올린다. 그리고 음압을 올린 후에 또 다시 문제가 되는 주파수가 발생하면 그 주파수를 정리하는 작업이 필요하다.

또한 브릭 월 리미터와 맥시마이저도 컴프레서, 리미터의 일종이기 때문에 당연히 음압이 높아진다. 특히 음량이 큰 악기들은 왜곡이 발생하며, 킥드럼과 메인 보컬 등의 밸런스가 변하는 경우가 많다. 이럴 경우에는 멀티밴드 컴프레서로 보정해야 한다.

최근에는 음압을 한계치까지 올리는 경쟁은 진정되었지만, 앞으로는 지금보다 음량을 작게 만드는 것이 유행할 가능성도 있다. 사실 음량이 작은 편이 음질적인 메리트가 많기 때문에 마스터링을 하기 전에 그 장르의 일반적인 음량을 확인하고, 아티스트와 어느 정도의 음량으로 만들 것인지 논의하면서 불필요한 음압 올리기는 피하는 것이 좋다.

● CD용 마스터링

CD를 제작할 경우는 최종 오디오 파일을 44.1㎑/16bit로 만들어야 한다. 원래의 파일이 24bit나 32bit, 혹은 48㎑나 96㎑였다면 비트레이트를 변환해주는 디더링 Dithering이라는 기술을 사용해서 컨버팅해야 한다.

이것은 24 또는 32bit의 해상도를 최대한 해치지 않으면서 16비트로 변환해주는 기술로, 특히 피아니시모가 많은 음원에서 큰 효과를 발휘한다. 이론적으로는 항상 사용하는 것이 좋지만, 경우에 따라서는 사용하지 않는 편이 좋은 결과를 가져오기도 한다. 그러므로 항상 귀로 듣고 판단할 수밖에 없다. 최근 가장 많이 사용되는 디더는 APOGEE UV22HR이며, 이것을 기본적으로 내장하고 있는 DAW도 있다(**화면②**).

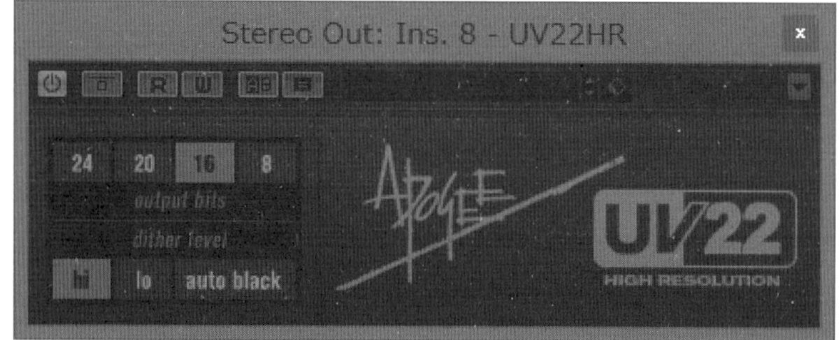

▲화면② STEINBERG Cubase에 내장된 디더 플러그인 APOGEE UV22HR

● 디지털 음원용 마스터링

디지털 음원용 마스터링은 MP3로 납품해야하는 경우와 자신이 직접 WEB 사이트에 업로드하는 경우를 제외하고, 최대한 고해상도의 WAV 또는 AIFF파일로 납품한다. 예를 들어 원래의 음원이 24bit/96㎑라면 그대로 납품하는 것이 좋다.

● 아날로그 레코드용 마스터링

아날로그 레코드용 마스터링은 앞선 작업과 사정이 전혀 다르다. 가장 먼저 알아야할 점은 아날로그 레코드는 CD처럼 음압을 올리는 것은 전혀 의미가 없다는 것이다. 아날로그 레코드의 경우 최종적인 사운드를 결정하는 것은 마스터링이 아니라 마스터 디스크에 홈을 파는 커팅 작업이다. 따라서 레코드의 최종적인 음량은 커팅 작업으로 결정된다.

아날로그 레코드는 물리적으로 팔 수 있는 홈의 수가 제한되어 있다. 그러므로 음원이 길어질수록 홈을 굵게 팔 수 없기 때문에 음량을 올릴 수 있는 한계가 점점 낮아진다. 반대로 음원의 길이가 짧다면 어느 정도 음량을 올릴 수 있는 한계가 높아진다. 그리고 디지털과 달리 0㏈를 조금 넘어서도 클리핑 노이즈가 발생하지 않으므로 브릭 월 리미터를 사용하더라도 올릴 수 있는 음량의 한계치는 크게 다르지 않다. 즉, 아날로그 레코드의 음량을 올리고 싶다면 음원의 길이를 짧게 하는 것이 가장 효율적이다. 아날로그 레코드는 CD나 디지털 음원과 달리 이동하면서 감상하는 일은 거의 없다. 듣는 이는 방안에서 레코드의 음원을 가장 듣기 좋게 오디오의 볼륨을 조절해서 들을 것이다. 그렇게 생각하면 아날로그 레코드는 무작정 음량을 올리거나, 다른 레코드와 음압을 맞추는 것이 무의미하다고 볼 수 있다.

아날로그 레코드의 마스터링에서 또 한 가지 주의해야 할 점은 스테레오의 위상이다. CD나 디지털 음원과 달리 물리적인 바늘의 움직임으로 기록, 재생되는 아날로그 레코드의 특성상, 좌우 채널의 위상 차이를 이용한 스테레오 이펙터는 바늘에 무리한 움직임을 요구하게 된다. 그래서 심하면 바늘이 튀어 오르는 경우도 발생한다. 이것은 특히 300㎐보다 낮은 저음역의 좌우 위상이 맞지 않으면 큰 문제가 된다. 그러므로 아날로그 레코드용 마스터링은 저음역의 위상을 잘 체크하고, 필요하다면 300㎐ 이하의 스테레오 이미지를 모노럴에 가깝게 만들어 줘야 한다. 레코드 커팅 공장에는 '300㎐ 이하는 모노럴로 할 것'이라는 주의사항을 크게 적어놓은 곳도 있다.

이 작업은 주파수 대역을 나눠서 저음역만 팬을 좁히거나, MS처리가 된 경우는 저음역 부분의 사이드만 음량을 내려서 모노럴에 가까운 상태로 만든다. 마스터링 플러그인 중에는 파라미터로 스테레오 이미지를 컨트롤할 수 있는 기종이 있으므로 그것을 사용하면 될 것이다. 하지만 믹스 단계에서 아날로그 레코드를 위해서 저음역의 위상을 체크해두는 것이 가장 좋은 방법이다.

알아둬야 할 것은 베이스가 한쪽 채널로 치우친 상태라도 음원 전체가 스테레오가 아니라면 위상의 문제는 일어나지 않는다. 예를 들어 비틀즈의 초기 음반은 스테레오라도 한쪽 채널은 리듬파트의 모노럴, 다른 한쪽 채널을 화음파트의 모노럴 채널이다. 이런 식으로 작업하면 큰 문제는 일어나지 않는다는 것이다. 하지만 위상 문제를 마스터링 작업으로 해결해야 한다면 저음역은 센터 모노럴

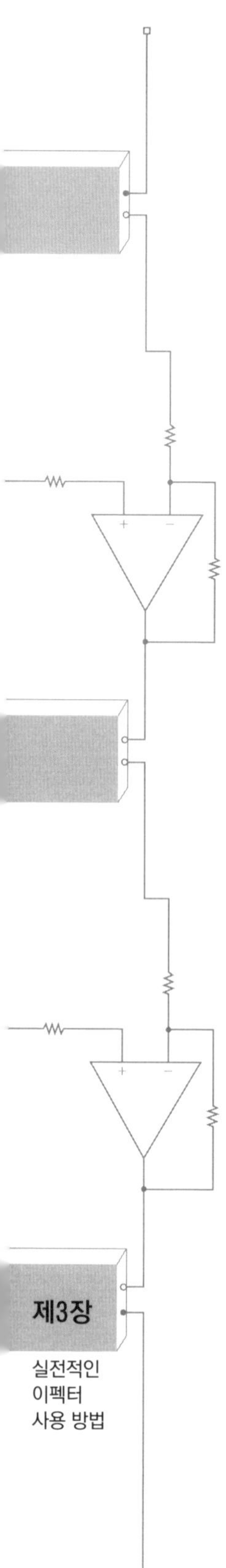

로 만들어야 한다.

아날로그 레코드용 마스터링은 20㎐ 이하와 19㎑ 이상의 가청범위를 넘어선 주파수를 필터로 깎아내야 한다. 이것은 플러그인 이퀄라이저 중에서 하이패스 필터와 로우패스 필터로 처리할 수 있다. 음악적인 음색에 영향을 주지 않기 위해서는 어느 정도 급격한 커브를 가진 필터를 사용하는 것이 좋다.

마지막으로 아날로그 레코드의 납품은 최대한 고해상도의 오디오 파일로 하는 것이 좋다. 따라서 원래의 음원이 24bit/96㎑라면 그대로 납품하는 것이 좋다.

표⑤는 아날로그 레코드의 각 사이즈와 회전수에 대응한 수록가능 시간표다. 하지만 수록 가능 시간은 프레스 공장과 커팅 엔지니어에 따라서 달라질 수 있다. 음원에 중저음역이 얼마나 포함되어 있는지도 관련된다. 일반적으로 45RPM이 33RPM보다 음질은 좋다. 또한 7인치 33RPM은 가장 커팅하기 어려운 포맷이므로 표⑤에 적힌 권장시간 이내의 음악이라도 음질적으로 만족스럽지 못한 결과를 얻을 수도 있다.

사이즈	스피드	권장시간	최대시간
7인치	33RPM	약 6분 30초	약 7분 30초
7인치	45RPM	약 4분 30초	약 6분
10인치	33RPM	약 13분	약 14분
10인치	45RPM	약 10분	약 11분
12인치	33RPM	약 20분	약 23분
12인치	45RPM	약 12분	약 14분

▲표⑤ 아날로그 레코드 기록가능 시간

Ⅲ DAW로 만드는 마스터링 콘솔

이제까지 설명한 멀티밴드 처리와 MS처리 등의 마스터링 테크닉을 직접 체험하기 위한 마스터링 콘솔을 만들어보자. 이것은 DAW의 믹서를 사용해서 만들 수 있다.

Ⅰ에서 언급했듯이 믹싱의 완성도가 상당히 높다면, 가벼운 이퀄라이저 처리와 음압을 올리는 정도로 충분한 마스터링을 할 수 있다. 따라서 이런 경우에는 마스터링 콘솔이 반드시 필요하지는 않다. 또한 지금부터 설명할 마스터링 콘솔의 기능을 모두 내장한 플러그인도 존재한다. 하지만 실제로 콘솔을 만들어보면 마스터링의 기능적인 부분을 훨씬 잘 이해할 수 있을 것이다.

● MS란?

실제로 마스터링 콘솔을 만들어보기 전에 MS처리에 대한 이해도를 높여두자. 이것은 원래 2대의 마이크를 사용한 스테레오 녹음 테크닉 중의 하나다. 쌍지향성과 단일지향성 마이크를 조합해서 사이드와 미드(센터)의 소리를 녹음하고, 재생할 때에 '센터+사이드'와 '센터-사이드'의 소리를 좌우로 배치해서 스테레오를 만드는 방법이다(**그림⑦**).

여기서 '+'는 신호를 믹스하는 것을 말하며, '-'는 양쪽의 파형을 역상으로 만들어서 믹스하는 것을 말한다. 역상으로 만든 신호를 원래의 신호와 믹스하면 같은 성분이 상쇄되면서 들리지 않게 된다. 이것을 페이즈 캔슬레이션^{Phase Cancelation}이라고 한다.

▲그림⑦ MS 스테레오 녹음의 마이크 세팅

● 센터와 사이드의 소리를 추출하는 원리

마스터링에서 스테레오 소재를 센터와 사이드로 나눌 때는 앞서 설명한 이론을
반대로 사용한다. 간단한 수학 방정식처럼 느껴질 수도 있다.

그림⑧처럼 스테레오의 좌우를 더하면 센터의 소리만 추출할 수 있다.

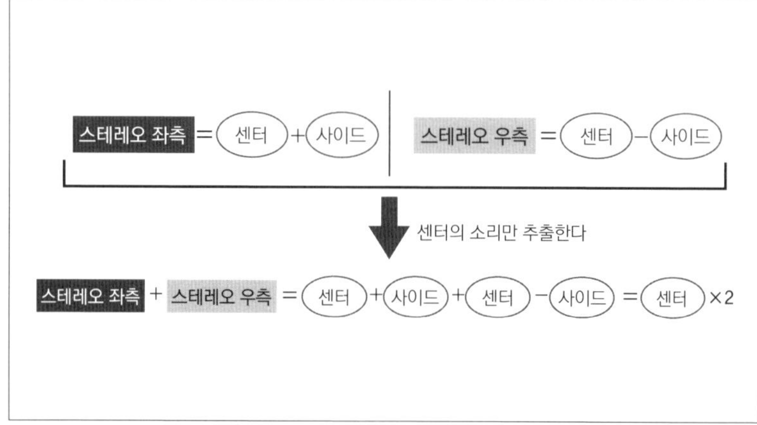

▲그림⑧ 센터의 추출

다음으로 추출한 센터의 신호를 스테레오 신호에 역상으로 추가해주면 스테
레오 신호에서 사이드만 추출할 수 있다(그림⑨).

▲그림⑨ 사이드의 추출

● DAW 믹서로 MS처리

이제까지 설명한 순서를 DAW 믹서로 작업하면 그림⑩처럼 된다. 주의할 점은
좌우 채널을 함께 MS처리하면, 신호의 한쪽 채널에 이퀄라이저를 걸면 반대쪽
채널도 영향을 받는다. 그러므로 그림⑩처럼 먼저 좌우 트랙에 다른 이퀄라이저
설정을 적용해야 한다면 MS처리를 하기 전에 작업한다. 그리고 두 트랙을 합쳐
서 MS처리를 한다.

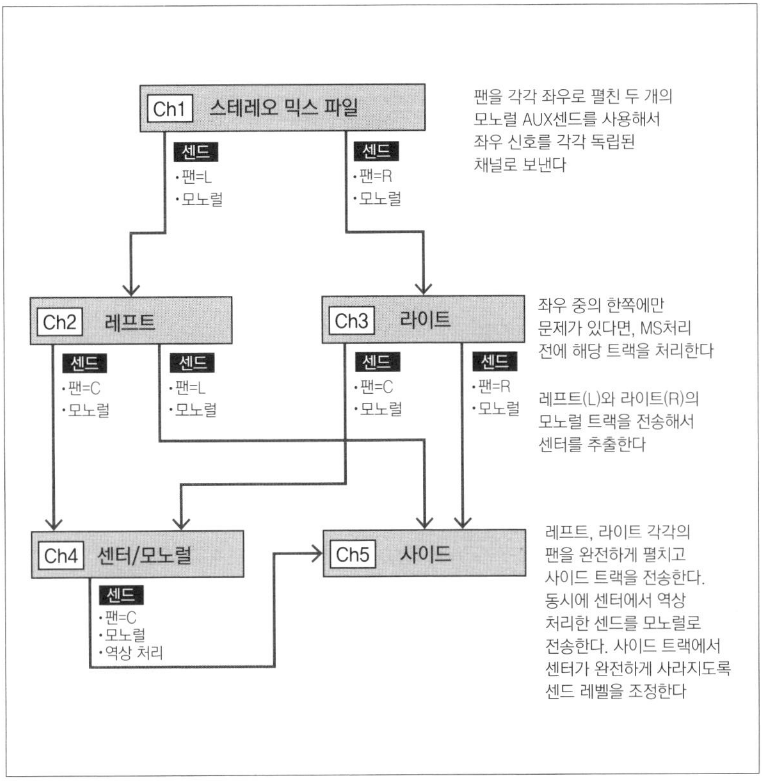

![그림 다이어그램]

▲그림⑩ DAW 믹서로 만드는 MS처리

신호의 역상 처리는 각 채널과 AUX센드에 장착된 페이즈 리버스 스위치를 사용하거나, 장착되지 않은 DAW라면 페이즈 리버스 기능을 가진 플러그인을 사용한다.

MS처리로 센터와 사이드로 분리한 신호를 3~5개의 주파수 대역으로 나눈다. 일단 로우, 로우미드, 하이미드, 하이의 4대역으로 나눠서 설명하겠다. 대역 분할의 포인트는 250㎐ 전후, 1㎑ 전후, 5㎑ 전후가 일반적이지만, 가장 적합한 포인트는 장르에 따라서 어느 정도 바뀐다.

주파수 대역을 나누는 것은 '크로스 오버'라고 불리는 필터를 사용한다. 크로스 오버는 일반적으로 스피커용 하드웨어 프로세서로 알려져 있지만, 믹싱에 사용하는 이펙터와 플러그인 중에서 크로스 오버라는 명칭을 가진 기종은 없다. 그래서 멀티밴드 컴프레서의 솔로 기능을 주로 사용한다.

멀티밴드 컴프레서는 이름처럼 신호를 몇 개의 주파수 대역으로 나눠서 대역별로 다른 컴프레서를 걸어주는 것이다. 따라서 신호를 각 대역으로 나누기 위한 크로스 오버를 내장하고 있다.

여기서는 컴프레서 기능은 사용하지 않고 크로스 오버만을 사용해서 밴드 솔로 기능으로 원하는 대역을 추출한다. 컴프레서가 작동하지 않도록 레시오를 1:1, 드레숄드를 최대로 설정한다(**그림⑪**).

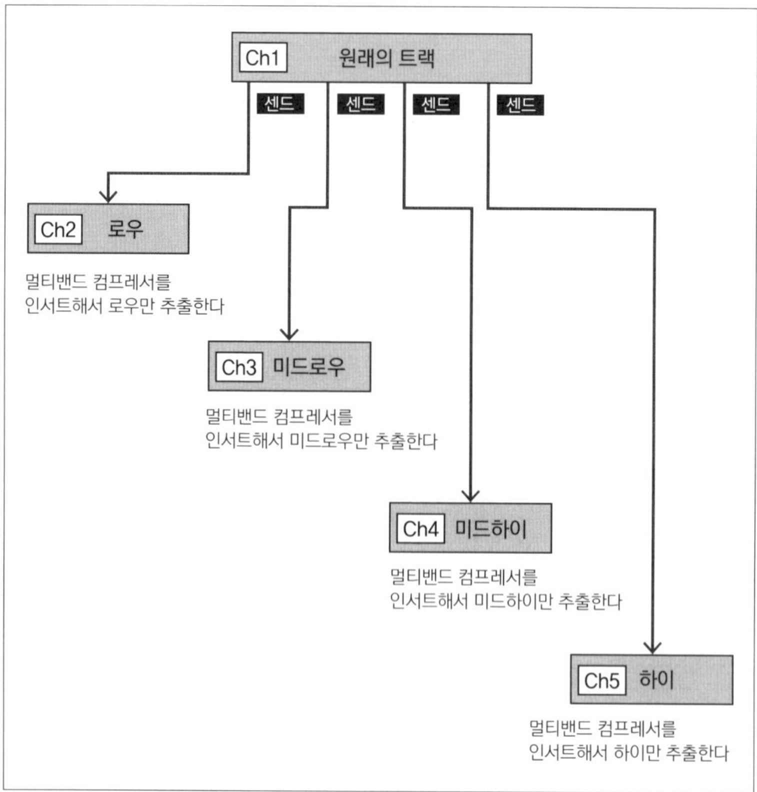

▲그림⑪ 4밴드 주파수 대역을 추출하는 방법

●마스터링 콘솔을 만드는 방법

그림⑫를 참조하면서 마스터링 콘솔을 만들어보자. 하지만 DAW마다 페이즈 리버스의 방법과 센드를 모노럴로 만들 때의 레벨 보정 방법이 다르므로 책의 내용대로 만든다고 바로 사용할 수 있는 것은 아니라는 것을 알아두기 바란다. P249에서 설명할 캘리브레이션을 잘 읽고 모든 센드와 각 대역의 페이더 레벨을 조정하자.

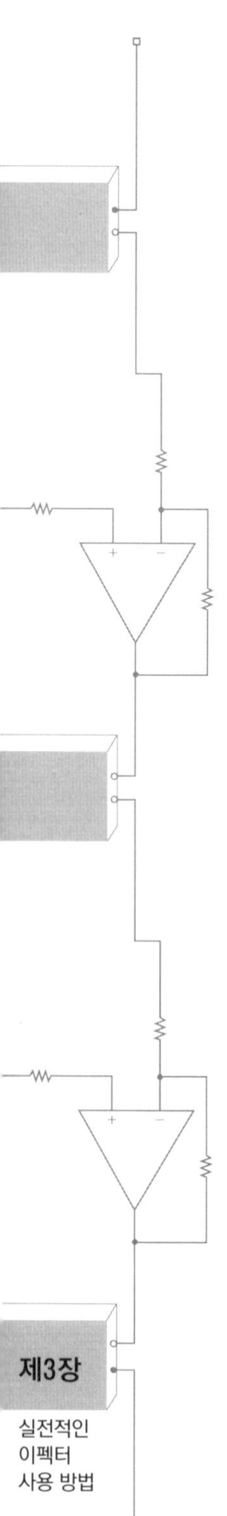

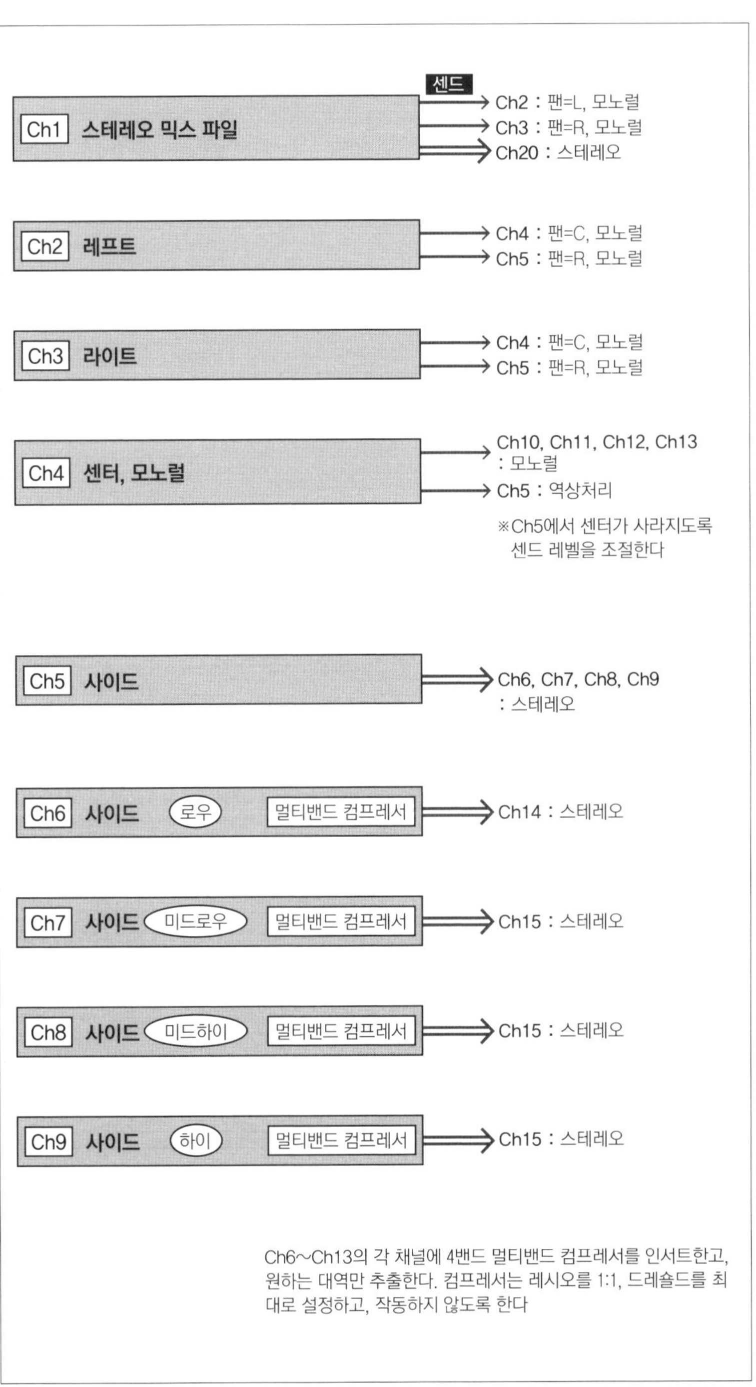

▲그림⑫ DAW로 만드는 마스터링 콘솔

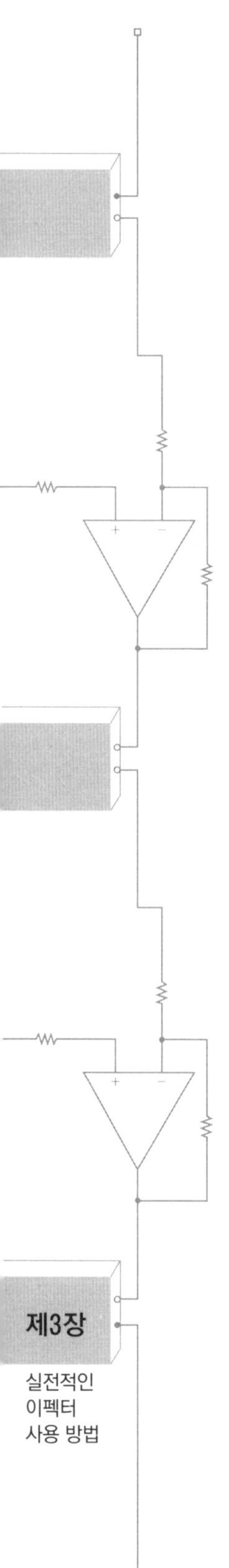

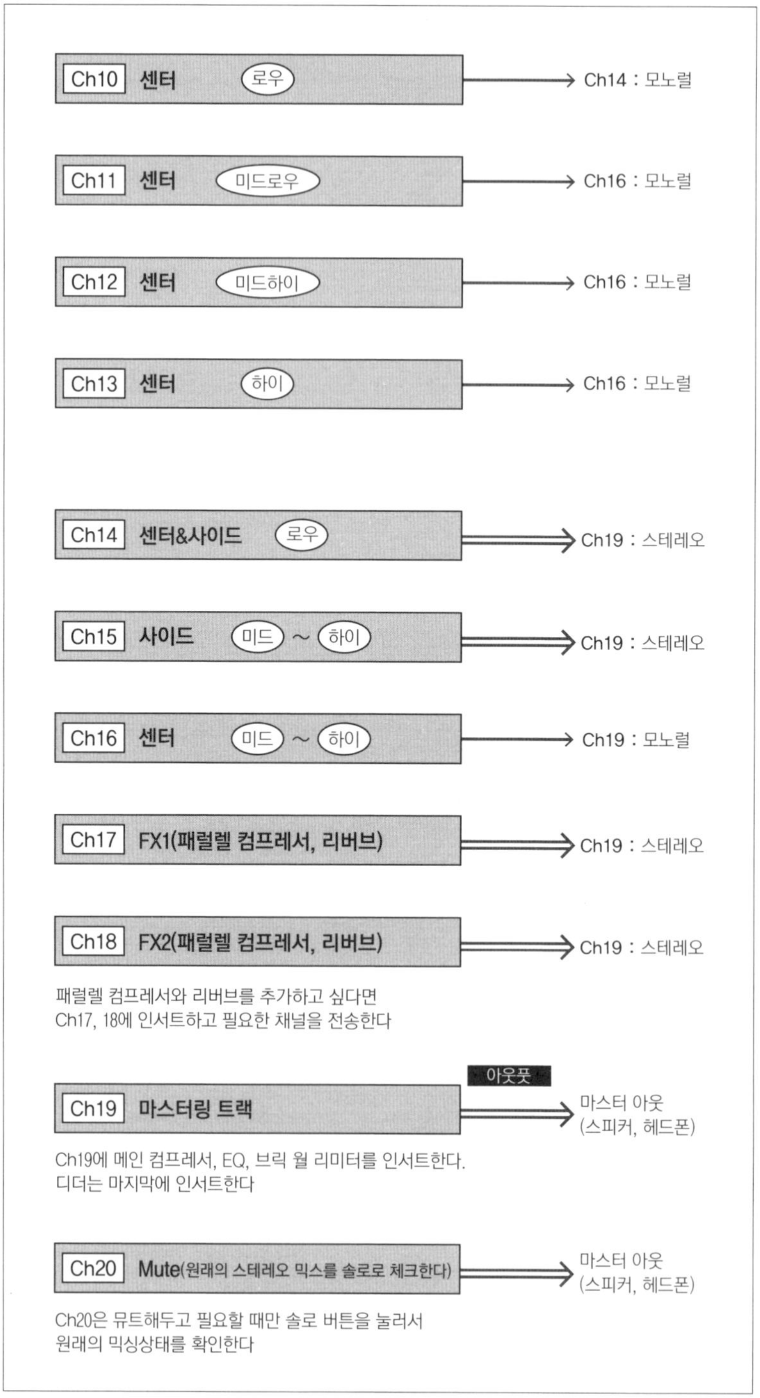
Ch10 센터 로우 → Ch14 : 모노럴
Ch11 센터 미드로우 → Ch16 : 모노럴
Ch12 센터 미드하이 → Ch16 : 모노럴
Ch13 센터 하이 → Ch16 : 모노럴
Ch14 센터&사이드 로우 ⇒ Ch19 : 스테레오
Ch15 사이드 미드 ~ 하이 ⇒ Ch19 : 스테레오
Ch16 센터 미드 ~ 하이 → Ch19 : 모노럴
Ch17 FX1(패럴렐 컴프레서, 리버브) ⇒ Ch19 : 스테레오
Ch18 FX2(패럴렐 컴프레서, 리버브) ⇒ Ch19 : 스테레오
패럴렐 컴프레서와 리버브를 추가하고 싶다면
Ch17, 18에 인서트하고 필요한 채널을 전송한다
아웃풋
Ch19 마스터링 트랙 ⇒ 마스터 아웃 (스피커, 헤드폰)
Ch19에 메인 컴프레서, EQ, 브릭 월 리미터를 인서트한다.
디더는 마지막에 인서트한다
Ch20 Mute(원래의 스테레오 믹스를 솔로로 체크한다) ⇒ 마스터 아웃 (스피커, 헤드폰)
Ch20은 뮤트해두고 필요할 때만 솔로 버튼을 눌러서
원래의 믹싱상태를 확인한다

● 캘리브레이션

그림⑫의 마스터링 콘솔을 캘리브레이션하는 방법과 실제 사용방법을 설명하겠다.

모든 트랙의 페이더와 활성화된 AUX센드의 레벨을 0dB로 맞춘다.

MS처리에서 설명했듯이 역상처리된 센터를 사이드 트랙으로 보내서 센터를 지우는 처리는 Ch4 센터에서 센드 레벨을 0에서 서서히 올리면 Ch5의 사이드 트랙에서 센터가 작아지다가 특정 포인트에서 완전히 사라진다. 하지만 센드 레벨을 계속 올리다보면 센터가 다시 들리기 시작할 것이다. 센터가 완전하게 사라지는 포인트에 맞추는 것이 정확한 설정이다. 우선 이 부분의 캘리브레이션을 제대로 해두는 것이 가장 중요하다.

직접 만든 콘솔은 Ch5 사이드를 멀티밴드로 나누기 위해서 4개의 트랙으로 전송한다. MS처리의 캘리브레이션을 확인하고 싶다면, 일단 각 트랙의 센드를 뮤트하고 Ch5 사이드를 마스터 아웃으로 출력해서 확인한다.

Ch4 센터와 Ch5 사이드는 4개의 대역으로 나누기 위해서 각각 4개씩, 총 8트랙으로 전송하고 있다. 이 8트랙에서 주의할 점은 인서트한 멀티밴드 컴프레서의 대역 분할 주파수를 모두 동일하게 설정해야 한다는 것이다. 주파수 설정을 바꾸고 싶다면 한 채널의 설정을 바꾼 다음, 그 설정을 카피해서 나머지 7개의 트랙에 붙여 넣고 각 채널에 필요한 대역만 솔로로 켠다.

그리고 8트랙은 아래처럼 3개의 그룹으로 나눈다.

1 : 센터와 사이드의 로우 그룹(Ch14)

2 : 사이드의 미드~하이 그룹(Ch15)

3 : 센터의 미드~하이 그룹(Ch16)

센터와 사이드의 로우 그룹은 앞서 설명했듯이 저음역을 스테레오로 출력할 때 발생하는 문제에 대처하기 위함과 전체 사운드의 음압 중에서 저음역이 차지하는 비율이 높아서 독립적인 컴프레서 처리가 필요할 경우가 많기 때문이다. 반대로 미드~하이는 사이드와 센터를 별도로 처리하는 것이 여러 가지로 좋으므로 각각 별도의 그룹으로 묶어둔다.

그리고 각 그룹은 최종적으로 Ch19의 마스터링 트랙에 스테레오로 전송한다. 마스터링 트랙에서 이퀄라이저와 컴프레서, 브릭 월 리미터 등의 처리를 하는 것이다.

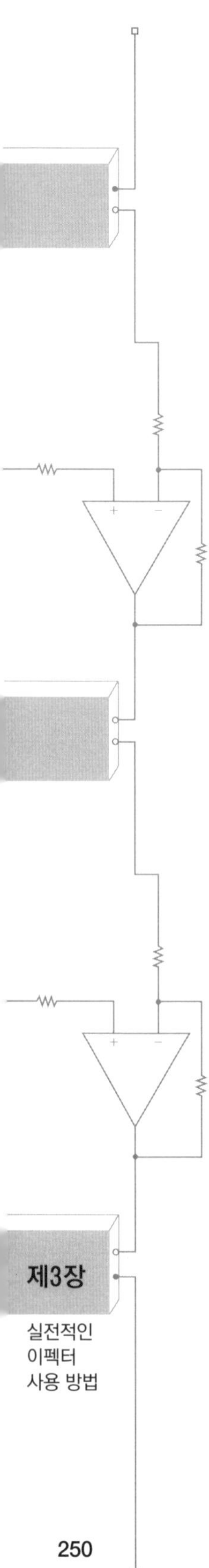

마스터링 작업 중에 원래의 믹싱 음원과 비교하기 위한 트랙이 Ch20이다. 이 트랙은 뮤트해뒀다가 필요할 때만 솔로 버튼을 눌러서 들을 수 있도록 해둔다.

최종적인 캘리브레이션의 확인은 마스터링 콘솔을 통과한 소리에 아무런 처리를 하지 않을 경우 원래의 믹싱 음원과 동일한지 확인하는 것이다. 콘솔을 통과하는 것만으로 소리가 변한다면 마스터링을 하는 의미가 없어진다. 그러므로 확인을 위해서 원래의 믹싱 음원이 들어있는 Ch20의 페이즈 리버스 버튼을 켠다. 만약 마스터링 콘솔을 통과한 소리가 믹싱 음원과 완전히 동일하다면 역상처리한 Ch20과 상쇄되어 아무런 소리가 나지 않을 것이다. 하지만 DAW에 따라서는 센드의 패닝 때문에 레벨이 변할 가능성도 있다. 그럴 때는 역상처리한 Ch20의 레벨을 -10㏈부터 서서히 페이더를 올려보자. 어딘가에서 소리가 완전히 사라지는 위치가 있다면 거기서 페이더를 멈춘다. 예를 들어 3㏈에서 소리가 사라지면 Ch2와 Ch3에서 센터와 사이드로 보내는 모든 센드 레벨을 3㏈ 내린다. 이렇게 하면 Ch20이 0㏈일때 소리가 완전히 사라질 것이다.

만약에 Ch20의 페이더가 0㏈보다 낮을 때에 소리가 사라진다면 반대로 Ch2와 Ch3의 센드를 그만큼 올리면 되지만, DAW에 따라서는 센드에서 클리핑이 발생할 가능성도 있다. 이때는 센드의 설정을 그대로 놔두고 사용하는 편이 좋을 것이다. 필자는 STEINBERG Nuendo로 마스터링 콘솔을 만들어서 사용하고 있지만, 다양한 테스트를 해본 결과, Ch20이 -3㏈에서 소리가 완전히 사라지도록 모든 센드 레벨을 캘리브레이션하는 것이 좋은 소리를 낼 수 있었다.

●활용법① ~ Ch14, Ch15, Ch16을 마스터하자

콘솔을 제대로 사용하려면 Ch14, Ch15, Ch16의 세 그룹을 완벽하게 이해해야 한다. 문제가 있는 주파수를 세밀하게 처리하기 위해서는 Ch19의 마스터링 트랙에 이퀄라이저를 인서트하는 것이 좋지만, 전체 사운드의 확산감을 바꾸거나 저음역과 중고음역의 밸런스를 변경하는 것은 세 그룹의 밸런스를 조정하거나 각각 다르게 설정된 컴프레서를 거는 것이 훨씬 자연스러운 효과를 얻을 수 있다(그림⑬).

세 그룹의 분할에는 절대적인 정답이 없으며, 엔지니어 또는 트랙에 따라서 달라질 수 있다. 예를 들어 미드만 다른 그룹으로 묶거나 미드의 센터와 사이드를 하나로 묶어서 컴프레서 처리를 하는 경우도 있다. 이것은 어디까지나 필자의 생각이므로, 이 부분에 관해서는 자신의 취향에 따라서 선택하는 것이 좋을

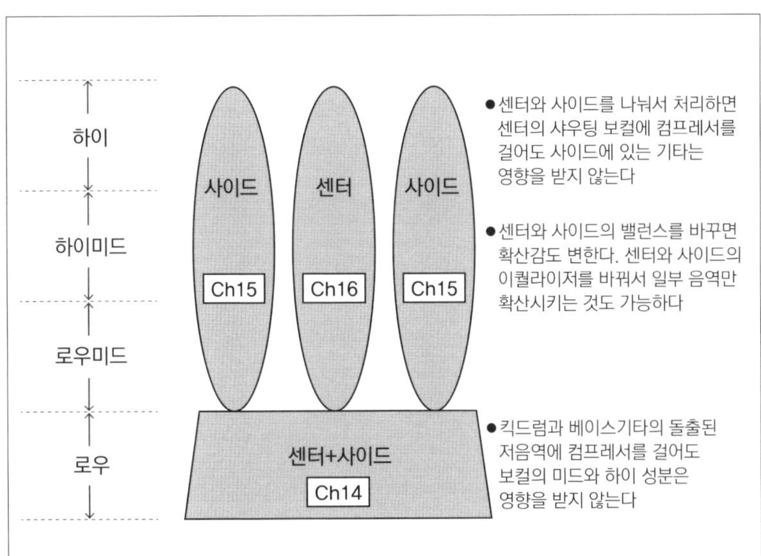

▲그림⑬ 세 그룹으로 나눈 처리 방법

것이다. 필자는 평소와 다른 분할을 하거나 패럴렐 컴프레서 또는 리버브를 사용하고 싶을 때에는 다음에 설명할 FX라는 트랙을 활용하고 있다.

●활용법② ~ 세 그룹을 나누기 이전의 센터와 사이드의 4대역

세 그룹으로 나누기 전에, 센터와 사이드를 각각 4개의 대역으로 나눈 트랙의 레벨 밸런스를 바꿔보는 것도 좋다. 필자는 킥드럼과 베이스기타를 타이트하게 강조하고 싶을 때는 센터 로우의 레벨을 0.5dB 정도 올리는 경우가 많다. 또한 보컬의 레벨이 불안정해서 마스터링 작업으로 정리할 때에는 보컬리스트의 음역대에 맞춰서 센터의 로우미드 또는 하이미드의 레벨을 오토메이션으로 처리한다.

한 가지 주의해야 할 것이 있다. 사이드와 센터로 나눈 트랙 중의 한쪽에 이퀄라이저나 컴프레서를 인서트하면, 인서트하지 않은 트랙과의 위상관계가 변하는 경우가 있다. 이로 인해 음색이 의도하지 않은 방향으로 변하거나 위상간섭 때문에 노이즈가 발생하기도 하며, 좌우 채널이 바뀌는 경우도 있다.

이런 경우에는 플러그인 처리가 필요 없는 트랙에도 같은 플러그인을 인서트하고 플러그인이 작동하지 않도록 설정하면 해결될 것이다. 큰 폭으로 이퀄라이저 처리를 하면 위상에 영향을 주기 때문에 MS처리로 센터와 사이드로 나눈 트랙은 과도한 이퀄라이저 처리를 하지 않는 것이 좋다.

●활용법③ ~ 마스터링 트랙의 정리

마지막 단계는 모든 신호가 모이는 마스터링 트랙을 정리하는 것이다. P237에서 설명했듯이 문제가 되는 주파수의 처리와 전체 사운드의 일체감을 강조하기 위한 마스터 컴프레서 처리를 하고, CD와 디지털 음원용 마스터링은 클리핑을 방지와 음압을 올리기 위해서 마지막에 브릭 월 리미터를 인서트한다. 그리고 레벨과 위상을 살피기 위한 미터 플러그인을 인서트한다. 그리고 CD전용 마스터 음원이라면 미터 플러그인 다음에 UV22 등의 디더를 인서트하고 16bit로 변환해야 한다.

이 시점에서 Ch20의 솔로 버튼을 눌러서 원래의 믹싱 음원과 비교해보면 음량이 상당히 커졌을 것이다. 마스터링 트랙의 페이더를 어느 정도 내려서 두 음원의 레벨을 비슷하게 맞추고 두 음원을 비교하면서 사운드가 원하는 방향으로 작업되었는지 확인한다. 앞서 설명했듯이 믹싱 자체에 큰 문제가 없다면 '변한 부분은 없지만 소리가 좋아졌다'고 느껴지는 것이 좋은 마스터링이다. 스스로는 좋은 소리라고 생각하지만 원래의 믹싱 음원과 다른 느낌이 든다면 다시 한 번 작업 과정을 돌아볼 필요가 있다.

●활용법④ ~ 아날로그용 마스터링

아날로그용 마스터링에서 브릭 월 리미터는 음압을 올리기 위함이 아니라 돌출된 피크를 억제하기 위해서 사용한다. 그 다음에 상당히 급격한 커브를 가진 하이패스 필터와 로우패스 필터를 가진 이퀄라이저를 인서트하고 20Hz 이하과 19㎑ 이상의 주파수를 깎아낸다. 그리고 좌우 채널의 위상이 동일한지 확인하기 위한 위상 미터(Phase Correlation Meter)를 인서트하고, Ch15와 Ch16을 뮤트하고 저음역의 위상을 체크한다.

위상 미터라는 것은 스테레오의 위상을 XY그래프로 나타내는 오실로스코프와 달리 하나의 막대그래프로 위상이 어긋난 부분을 점으로 표시한다(화면③).

이 미터는 중앙이 0, 오른쪽 또는 위가 +, 왼쪽 또는 아래가 -로 표기되고, 신호가 모노럴이라면 최대치인 +1을 표시한다. 만약 좌우의 위상이 완전하게 역상이라면 최소치인 -1을 표시한다. 아날로그용 마스터의 경우 저음역은 항상 미터가 +1이나 최대한 가깝게 위치해야 한다. 만약에 미터가 0에 가까이 오거나 0을 넘어서 마이너스 방향으로 움직인다면 Ch14의 팬을 센터에 두거나 Ch6의 레벨을 낮춰서 저음역의 폭을 줄이는 처리를 해야 한다.

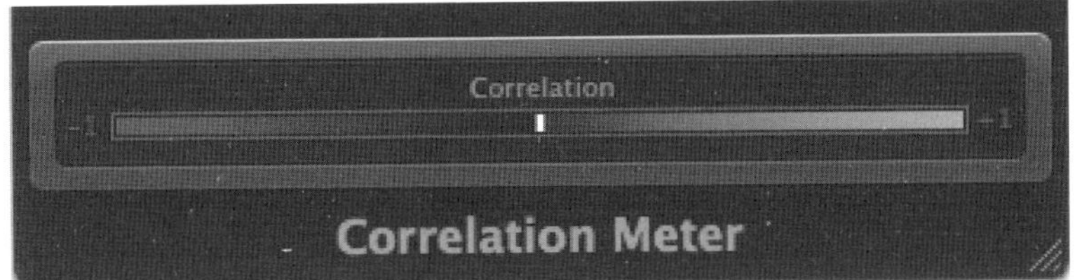

▲화면③ APPLE Logic의 위상 미터 플러그인 Correlation Meter

●설정이 자유로운 마스터링 콘솔

이제까지 마스터링 콘솔에 관한 설명을 했지만, 최근에는 마스터링 콘솔 자체를 하나로 통합한 IZOTOPE Ozone 등의 플러그인도 존재한다(**화면④**). 하지만 이런 플러그인을 제대로 사용하기 위해서는 우선 구조를 이해해야만 한다. 그러기 위해서는 스스로 콘솔을 조합해보는 것이 가장 좋다.

또한 필자가 플러그인이 아닌 직접 만든 콘솔을 사용하는 것은 설정을 내가 원하는 대로 할 수 있다는 이유 때문이다. 앞서 설명했듯이 최종적인 그룹은 자신의 작업방식과 음악 장르에 따라서 변할 수 있고, 원하는 위치에 원하는 플러그인을 사용할 수도 있다. 예를 들어 하드웨어 콘솔에서는 불가능에 가까운, 위상과 메인터넌스에 대한 걱정 없이 빈티지 장비의 플러그인을 원하는 만큼 사용할 수 있는 콘솔을 조합해서 프로젝트마다 다른 빈티지 장비를 적용할 수도 있다. 이런 환경을 무료 플러그인만으로 만들 수 있는 요즘의 마스터링 엔지니어는 단순히 믹싱 음원을 정리하는 것만이 아니라, 1㏈이하의 미묘한 범위 내의 변화를 가지고 얼마나 창조적인 작업을 할 수 있느냐를 시도해볼 수도 있게 되었다.

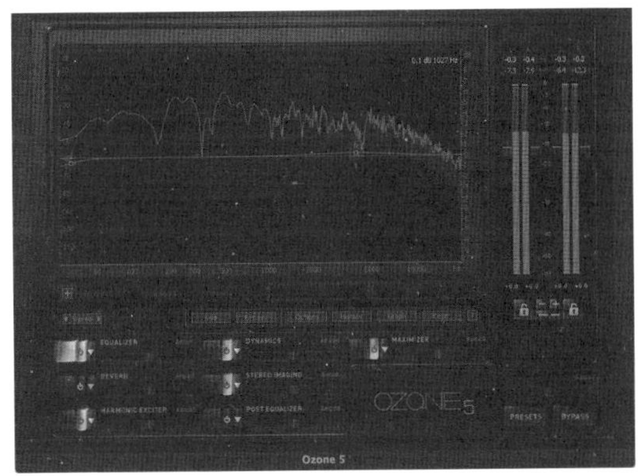

▲화면④ 다양한 마스터링용 도구를 탑재한 플러그인 IZOTOPE Ozone

용어 색인

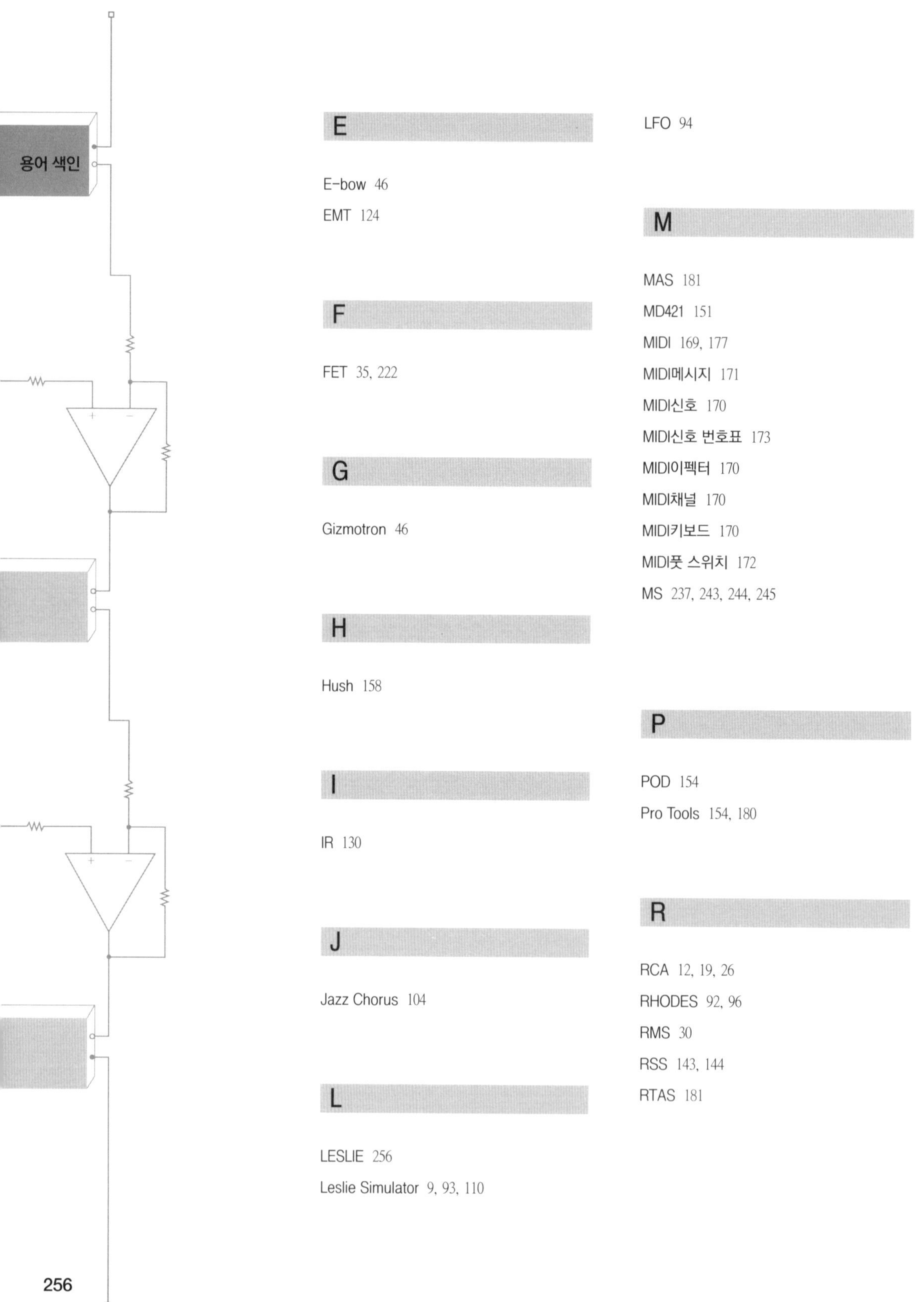

용어 색인

S

S/N 117
Sans Amp 154
SM57 151
SM58 151
Solina String-Ensemble 107

T

TDM 181

U

USB 122, 168, 171, 174

V

VCA 30, 35, 222
VCF 48
VST 174, 181

W

WAV 240

X

XLR 12, 19, 26

Y

Y케이블 205, 207

ㄱ

게인 리덕션 29, 36, 162
그래뉼러 신서사이저 139
그래픽 이퀄라이저 50, 209, 210
기음 48, 84, 160
기타 신서사이저 177

ㄴ

노이즈 9, 11, 21, 22, 28, 41, 42
노이즈 게이트 41, 45
노이즈 리덕션 41
노이즈 플로어 42

ㄷ

다이내믹 레인지 28, 35, 41, 212, 221, 237
다이내믹 마이크 151
다이렉트 박스 24, 26
단형파 95
더미 헤드 143
더블링 193, 217, 228
더커 37
덥 118, 213

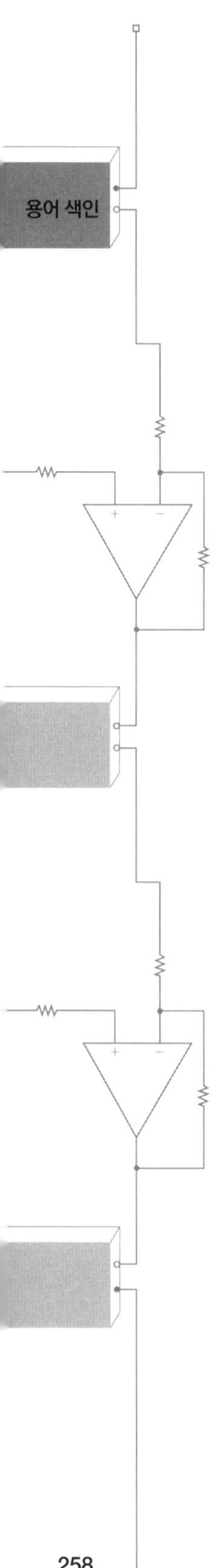

ㄹ

ㅁ

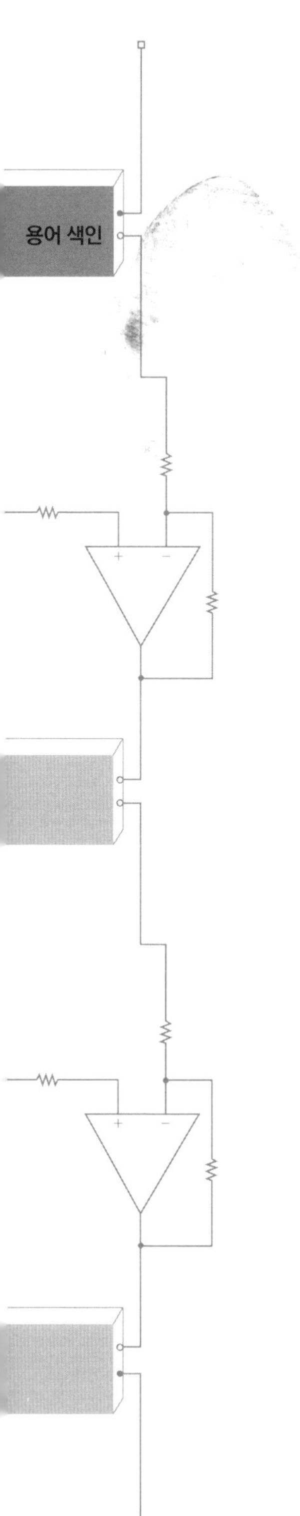

용어 색인

맺음말

21세기가 되면서 음악제작 환경은 급속하게 변하고 있습니다. CD는 풍전등화처럼 사라질 위기에 처해있고, 필자를 비롯한 엔지니어들의 상황도 많이 변했습니다. 필자는 오스트레일리아 멜버른과 일본 도쿄를 오가며 연주자와 엔지니어로 활동하다가 최근에는 멜버른에서의 엔지니어, 프로듀서로서의 활동 비중이 커지고 있습니다. 최근에는 헤비한 록밴드부터 뉴웨이브, 블루스, 클래식, 싱어송라이터까지 장르를 초월한 작업을 하고 있습니다. 또한 레코딩, 믹싱, 마스터링부터 PA와 페스티벌 프로덕션 매니저까지 음악과 관련된 다양한 역할을 맡고 있습니다. 이 책은 최근에 엔지니어로서 경험한 최대한 많은 내용을 담으려고 노력했습니다.

빈티지 이펙터는 멋진 소리를 내어주지만, 필자가 제작한 대부분의 CD는 플러그인 이펙터와 최소한의 하드웨어만으로 제작했습니다. 이렇듯 현재는 이펙터의 원리를 제대로 이해하고 있으면 최소한의 장비로도 멋진 작품을 만들 수 있는 환경이 되었습니다.

이 책을 활용해서 자신이 가지고 있는 이펙터의 능력을 최대한으로 끌어내기 바랍니다.

안자이 나오무네

안자이 나오무네 Nao Anzai

1962년 출생. 작곡가, 신서사이저 오퍼레이터, 사운드 엔지니어, 프로듀서로 활동하고 있다. 80년대 후반부터 '+B', 'EDITION DeLUXE', 'Radii&Ludi' 등의 밴드에서 활동했으며 2003년부터 호주 멜버른에서 엔지니어 겸 프로듀서로 활동중이다. 직접 프로듀싱한 밴드 'Laura'의 앨범이 2004년 Beat Magazine 의 올해의 싱글 상을 수상했으며, 멜버른의 음악잡지와 라디오 방송국으로부터 다양한 상을 획득했다. 싱어송라이터 Tripod의 앨범으로 호주의 그래미상 이라 불리는 ARIA 어워드에 두 번 노미네이트 되었다. 2009년부터 AWME(오스트레일리안 월드 뮤직 엑스포)의 프로덕션 매니저를 역임하는 외에 Kurt Vile, Vampillia, This Will Destroy You 등의 PA엔지니어로도 활동하는 등, 멜버른에서 가장 바쁜 엔지니어라고 할 수 있다.

연주자와 엔지니어를 위한

이펙터 교과서

2014년 5월 20일 발행
2023년 6월 1일 3쇄 발행

지은이 안자이 나오무네 Naomune Anzai
펴낸이 하성훈
펴낸곳 서울음악출판사
주소 서울시 서초구 반포대로 22길 85 에덴빌딩 3층
인터넷 홈페이지 www.seoul-music.co.kr
등록번호 제2001-000299호 · **등록일자** 2001년 4월 26일

번역 이종훈
편집 신창식
디자인 양은주
마케팅 신동수

SHIN EFFECTOR NO ZENCHISHIKI
©2013 Naomune Anzai
All rights reserved.
Original edition published in Japanese by Rittor Music, Inc.
RittorMusic

값 18,000원
ISBN 978-89-97185-74-0

※잘못 만들어진 책은 구입처에서 교환해 드립니다.